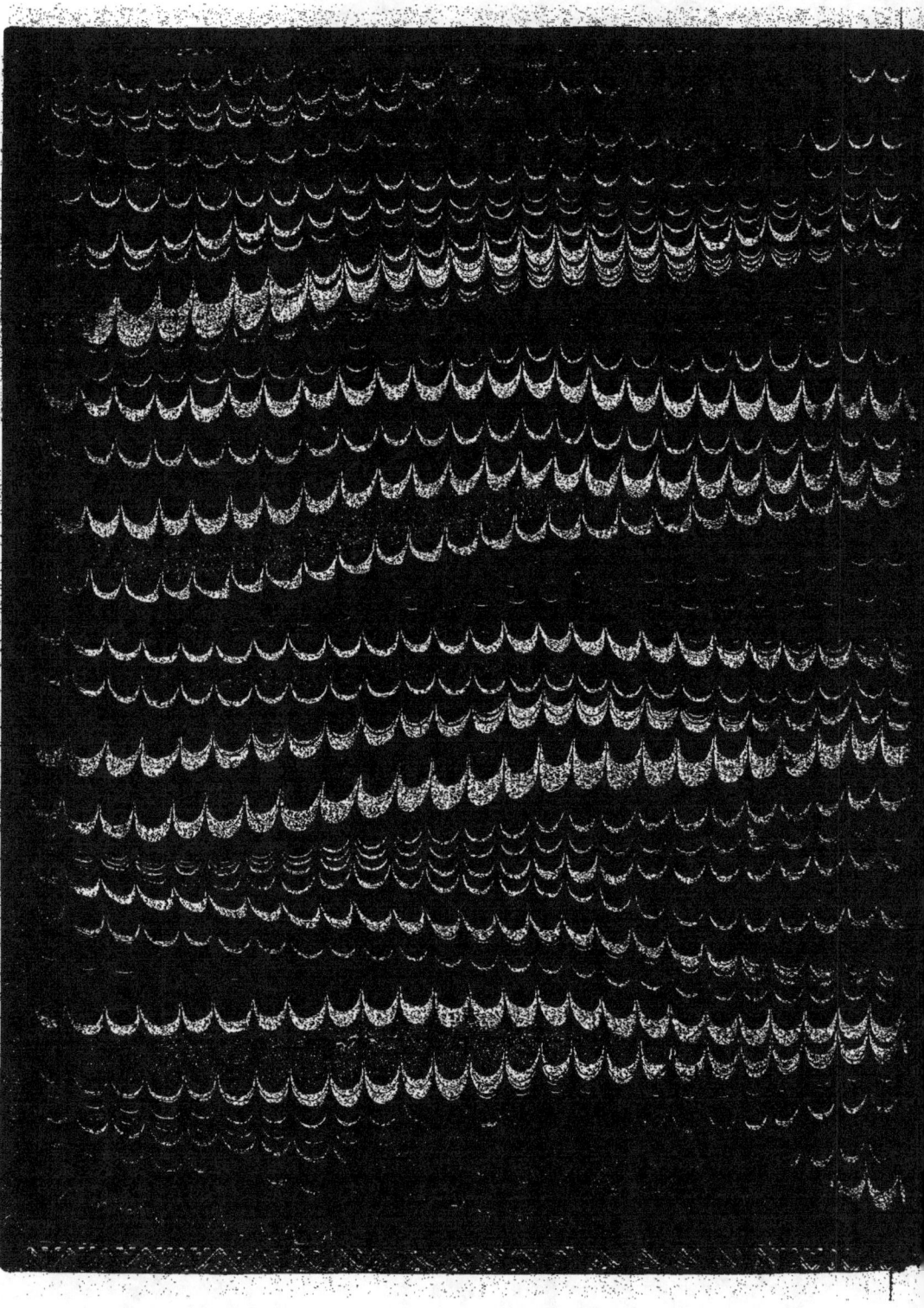

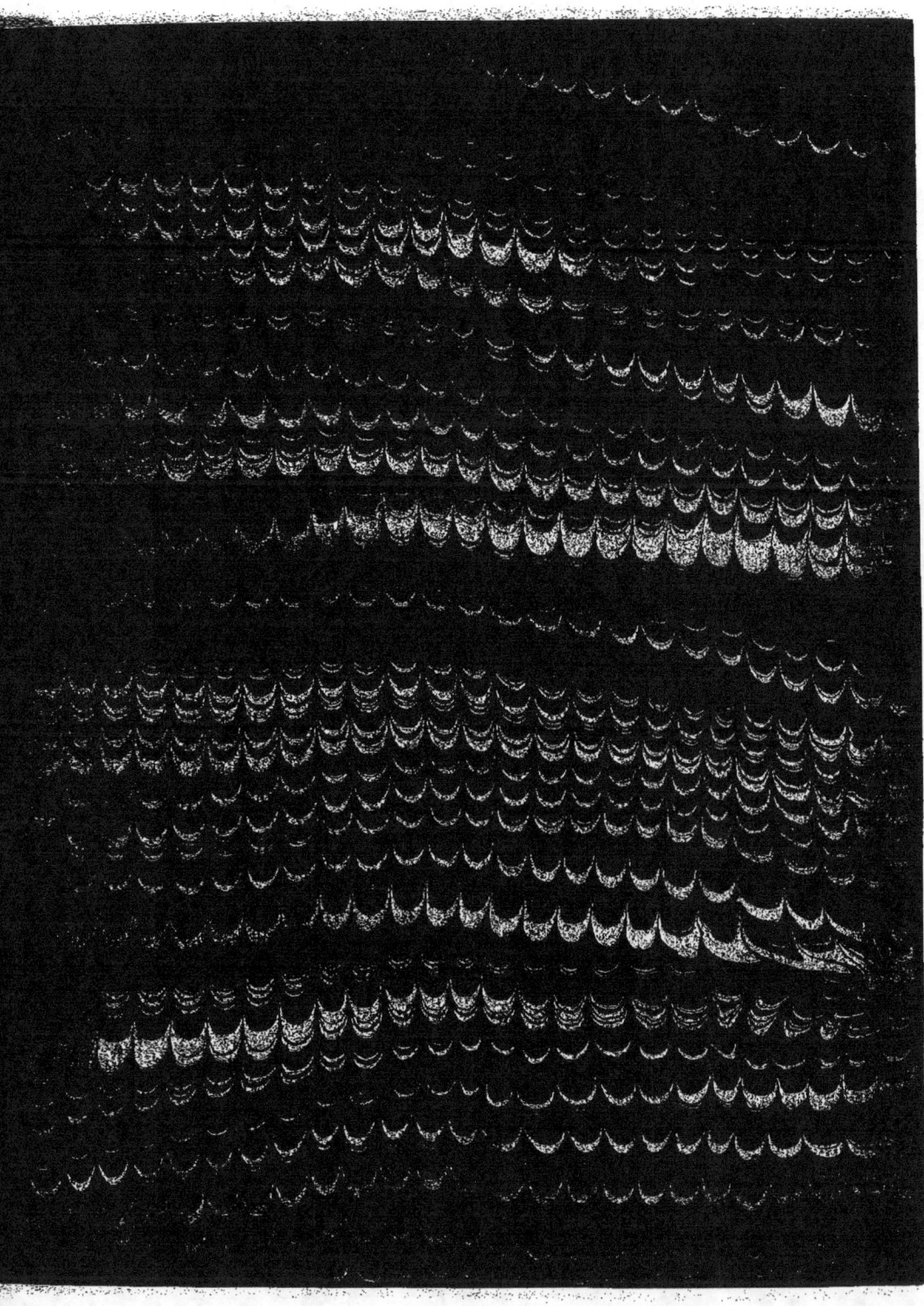

18339
H

CATALOGUE
DES LIVRES
DE
M. L. D. D. L. V.
TOME II.

La Vente de cette Bibliotheque se fera en la maniere accoutumée, au plus offrant, & dernier enchérisseur, vers le mois de Novembre 1767, après la S. Martin, & sera indiquée par des Affiches particulieres.

CATALOGUE DES LIVRES

PROVENANS

DE LA BIBLIOTHEQUE

DE M. L. D. D. L. V.

DISPOSÉ ET MIS EN ORDRE,

Avec une Table Alphabétique des Auteurs,

Par GUILL. FRANÇ. DE BURE le jeune.

TOME SECOND.

A PARIS,

Chez GUILL. FRANÇOIS DE BURE le jeune,
Libraire, Quai des Augustins.

M. DCC. LXVII.

CLASSE
CINQUIEME.

HISTOIRE.

SECTION I.

PROLEGOMENES HISTORIQUES.

Introductions & Traités préparatoires à l'étude de l'Histoire, avec les Traités critiques & apologétiques pour & contre l'Histoire & les Historiens.

3859 Antonii Riccoboni, Rhodigini, de Historiâ Commentarius, in quo quid sit Historia, & quibus legibus contineatur præsertim ostenditur. *Venetiis, Joann. Barilettus, 1568, in-8. v. m.*

3860 Joann. Bodini Methodus ad facilem Historiarum cognitionem, cum additionibus. *Parisiis, Martinus Juvenis, 1572, in-8. v. m.*

Tome II. A

HISTOIRE.

3861 Bartholomæi Keckermanni Commentarius de naturâ & proprietatibus Historiæ. *Hanoviæ, Guilielm. Antonius*, 1610, *in-12. rel. en carton.*

3862 Degorei Whéar Relectiones hyemales; sive, de Ratione & Methodo legendi utrasque Historias Civiles & Ecclesiasticas; accedunt, Mantissa de Historicis Gentium particularium; Gabr. Naudæi Bibliographia politica, & Justi Lipsii Epistola de Historiâ, nec-non de Historicos legendi ordine, & de modo fructus ex iis excerpendi, cum indice. *Cantabrigiæ, Joann. Hayes*, 1684, *in-8. v. br.*

3863 Traité des conditions & de la maniere d'escrire l'Histoire, par le sieur de Silhon. *Paris, Pierre Rocolet*, 1635, *in-16. v. m.*

3864 Méthode pour étudier l'Histoire, où l'on établit des principes pour la lire utilement; avec des remarques & un Catalogue raisonné des principaux Historiens, &c. par M. l'Abbé Lenglet du Fresnoy. *Paris, Ant. Urb. Coustelier*, 1713, 2 *vol. in-12. v. f.*

3865 Christoph. Sandii Notæ & Animadversiones in Gerardi Joannis Vossii Libros tres de Historicis latinis. *Amstelodami, Janss. Waësberge*, 1677, *in-12. v. br.*

3866 Histoire abrégée des Empires & Royaumes du Monde avec une Critique assez exacte d'un grand nombre d'Autheurs anciens & nouveaux. *La Fléche, veuve Georges Griveau*, 1702, *in-8. baz.*

SECTION II.

GÉOGRAPHIE.

I.

Introductions & Traités préparatoires à l'étude de la Géographie.

3867 Philippi Cluverii Introductio in universam Geographiam, tàm veterem quàm novam, cui adjuncta est Dan. Heinsii Oratio in obitum ejusd. Cluverii. *Lugd. Batav. ex Offic. Elzevirianâ, 1624, in-4. vel.*

3868 Introduction à la Géographie universelle, ou Méthode pour apprendre d'une maniere facile & agréable les élémens de cette Science, par P. Violier. *Amsterdam (Rouen), 1701, in-12. baz.* } " 15.

3869 Abrégé méthodique de la Géographie. *Paris, Charles de Sercy, 1698, in 12. v. m.*

3870 Tables de la Géographie ancienne & nouvelle, ou Méthode pour s'instruire avec facilité de la Géographie, & connoître les Empires, Monarchies, Royaumes, Etats, Républiques & Peuples, tant anciens que nouveaux; avec la Division de toutes les parties du Monde, par MM. Sanson, Géographes. *Paris, 1679, grand in-fol. v. br. (gravé.)* } 2- 6.

3871 L'A. B. C. du Monde, par Pierre du Val, Géographe du Roi. *Paris, chez l'Auteur, 2 vol. in-12. v. m.*

HISTOIRE.

1. ⎰ 3872 Compendium Geographiæ ; *Item*, Hispa-
   ⎱ niæ, Galliæ & Italiæ Descriptio brevis, cum
   itinerariis. *Ultrajecti, Gilbertus à Zill*, 1659,
   *in-*12. *v. br.*

3. ⎧ 3873 Thomæ Rivii Historia Navalis antiqua,
   ⎪ in Libros IV digesta. *Londini, Rob. Barker*,
   ⎨ 1633, *in-*8. *v. br.*
   ⎪ 3874 Ejusdem Rivii Historiæ Navalis mediæ
   ⎩ Libri III. *Londini, Rich. Hodgkinsonne*, 1640,
   *in-*8. *baz.*

II.

Géographie proprement dite, ou Cosmogra-
graphie & description de l'Univers.

6. 4. 3875 La Cosmographie universelle de tout le
        Monde, recueillie par plusieurs Auteurs ;
        Munster, François de Belle-forest & autres.
        Paris, Sonnius, 1575, 3 *vol. in-fol. v. f.*

3. 18. 3876 La Cosmographie universelle, contenant
       la description de tous les Pays du Monde,
       par André Thévet, & illustrée de diverses
       figures des choses les plus remarquables, qui
       étoient demeurées inconnues jusqu'au temps
       de l'Auteur. *Paris l'Huillier*, 1575, 2 *vol. in-*
       fol. G. P. v. f.

1. 16. ⎧ 3877 Histoire universelle du Monde, conte-
       ⎪ nant l'entiere description & situation des
       ⎪ IV Parties de la Terre, & l'Origine, Mœurs,
       ⎨ Loix, Coûtumes, Religion & Cérémonies de
       ⎪ toutes les Nations, par Franç. de Belle-forest.
       ⎪ *Paris, Gerv. Mallot*, 1577, *in-*4. *v. f.*
       ⎪ 3878 Plans, pourtraitz & descriptions de plu-
       ⎩ sieurs Villes & Forteresses de toutes les IV Par-

HISTOIRE.

ties du Monde, avec leurs fondations, leurs antiquités & la maniere de vivre des différens Peuples qui les habitent, le tout mis en ordre par Ant. du Pinet. *Lyon, J. d'Ogerolles*, 1564, *in-fol. fig. mar. r.*

3879 La Division du Monde, contenant la Déclaration des Provinces & Régions d'Asie, Europe & Affrique; ensemble les Passages par lesquels on peut passer des Gaules ès Parties d'Italie, avec les noms des Archevêchés, Evêchés & Abbayes du Royaume de France, & leur taxe en Cour de Rome; la maniere de faire un Empereur en deux sortes, comme se fait un Roi dans un nouveau Royaume; comme se peut faire un Duc & un Comte; & la calculation des deniers qui peuvent être levés en France. *Lyon, Benoît Rigaud*, 1590, *in-16. v. m.*

3880 Le Théatre de l'Univers, ou l'Abrégé du Monde, contenant les Descriptions particulieres de tous les Etats, Empires, Monarchies, Républiques & Principautés du Monde, par Chataunieres de Grenaille. *Paris, Ant. Robinot*, 1643, 2 *vol. in-8. mar. vieux.*

3881 La Géographie universelle, contenant les Descriptions, les Cartes & les Blasons des principaux Pays du Monde, par Pierre Duval. *Paris, N. Pépingué*, 1670, 2 *vol. in-12. v. f.*

3882 Dénombrement des Princes Souverains de l'Univers, avec la Description abrégée de leurs Etats, par Pierre Duval. *Paris, Jean Guignard*, 1650, *in-8. v. m.*

3883 Le Monde: ou la Description générale de ses IV Parties avec tous les Empires, Royau-

HISTOIRE.

mes & Républiques, par Pierre Davity, avec des remarques & des augmentations données par J. Bapt. de Rocoles. *Paris, Béchet,* 1660, *in-fol. G. P. mar. r.*

3884 Description générale de l'Europe, avec tous ses Empires, Royaumes, Etats & Républiques, par le même Pierre Davity, avec des remarques & des augmentations données par le même J. Bapt. de Rocoles. *Paris, Béchet,* 1660, 4 *vol. in-fol. G. P. mar. r.*

3885 Description générale de l'Asie avec tous ses Empires, Royaumes & Républiques, par le même Pierre Davity, avec des remarques & des augmentations données par le même Jean Bapt. de Rocoles. *Paris,* 1660, *in-fol. G. P. mar. r.*

3886 Description Générale de l'Afrique & de l'Amérique, avec tous leurs Etats, Empires, Royaumes & Républiques, par Pierre Davity, avec des remarques & des augmentations données par le même J. Bapt. de Rocoles. *Paris, Béchet,* 1660, 2 *tom. en un vol. in-fol. G. P. mar. r.*

3887 Le Grand Théatre des différentes Cités du monde, trad. du latin de Georges Bruin & François Hogenberg, en langue françoise. *Bruxelles,* 1574, 6 *tom. en* 3 *vol. in-fol. G. P. mar. rouge. fig. enluminées.*

3888 Trésor de Cartes, contenant les Tableaux de tous les pays du monde, enrichis de belles descriptions, par Jean de la Haye. *Francfort, Mathias Becker, sans date d'année, in-8, oblongo. vel.*

III.

Géographes anciens & modernes, Grecs & Latins, Francois, &c.

3889 Geographiæ veteris Scriptores Græci minores, cum interpretatione latinâ, dissertationibus ac annotationibus Henrici Dodwelli & Joann. Hudson. *Oxoniæ, è Theatro Sheldoniano*, 1698, *& ann. seqq.* 4 vol. *in*-8. *fig. v. br.*   9⁰.

3890 Anonymi Ravennatis, qui circà sæculum VII vixit, de Geographiâ Libri V. ex MSS. Codd. Bibliothecæ Regiæ eruti, cum notis D. Placidi Porcheron, Monachi Benedictini. *Parisiis, Sim. Langronne*, 1688, *in*-8. *v. br.*   6.

3891 Chorasmiæ & Mawaralnahræ; hoc est, Regionum extrà fluvium Oxum Descriptio, ex Tabulis Abulfedæ Ismaëlis Principis Hamah, Arab. & latinè, ex Interpretat. Johannis Gravii. *Londini*, 1650, *in*-4. *v. f.*   1.

3892 Auctores vetustissimi in unum collecti & editi; *scilicet*, Myrsili Lesbii Liber de origine Italiæ; M. Porcii Tractatus de origine gentium; Archilochus Græcus de temporibus; Metasthenès Persa de judicio temporum & annalium Persarum; Philonis Breviarium de temporibus; Xenophon de æquivocis; C. Sempronius de Chorographiâ Italiæ; Q. Fab. Pictor de aureo sæculo & origine urbis Romæ; Antonini Pii itinerarium; Berosus Babylonicus de temporibus; Manethonis Ægyptii supplementum pro Beroso, & Decretum Desiderii, Regis Italiæ. *Venetiis, per Bernardi-*   12.

HISTOIRE.

num Venetum, anno 1498. ═ Zachariæ Lilii Vicentini Orbis terræ Breviarium. *Editio vetus, absque loco & anno, sed circà ann.* 1500 *excusa, in-*4. *v. br.*

1. 3.
3893 Geographiæ Poëticæ, *id est* Universæ terræ Descriptionis ex optimis ac vetustissimis latinis Poëtis Libri IV, studio Lamberti Danaei, *Lugduni, Ludovic. Cloquemin,* 1580, *in-*8. *v. m.*

3894 Pomponii Melæ de Situ orbis Libri III; quibus accedunt, tractatus varii, scilicet; Julius Solinus; Itinerarium Antonini Augusti; Vibius Sequester; P. Victor de regionibus urbis Romæ; & Dionysius Afer de Situ orbis, Prisciano interprete: hæc omnia in unum collecta & edita. *Florentiæ, per Hæredes Philippi Juntæ,* 1519, *in-*8. *relié en carton.*

1. 10.
3895 Iidem Pomponii Melæ de Situ orbis Libri III; ex editione & cum annotationibus Petri Joannis Olivarii. *Parisiis, Petrus Regnault,* 1539, *in-*8. *relié en carton.*

3896 Caii Julii Solini Poly-histor, sive Liber de Situ orbis ac Mirabilibus mundi. *Editio vetus Parisiensis, absque ullâ loci & anni indicatione, sed paulò antè annum* 1500 *Typis mandata, in-*4. *v. m.*

* *In fronte voluminis hæc leguntur.*
Lodoicus Xantonensis Episcopus, Guillermo Tardivo Aniciensi.

Lauda & mirare hec impressa volumina lector;
Scripta quibus cedit pagina queq₃ manu
Venduntur parvo; nec punctũ aut littera desit.
Vera recognoscit tardivus, ecce: lege.

3897

HISTOIRE.

3897 Francisci Christophori de Scheyb Peutingeriana Tabula itineraria, quæ in Augustâ bibliothecâ Vindobonensi servatur, cum dissertationibus. *Vindobonæ, ex Typog. Trattnerianâ*, 1753, *in-fol. maximo fig. mar. r.* — 41. 4.

3898 Antonini Augusti Itinerarium Provinciarum; nec-non Vibius Sequester de Fluminum nominibus, & P. Victor de Regionibus urbis Romæ, cum Libello Dionysii Afri de Situ orbis, ex interpret. Prisciani. *Lugduni, Hæred. Sim. Vincentii, absque anni notâ, in-8. v. f.* — " 15.

3899 Idem Antonini Augusti Itinerarium, ad diversos MSS. Codd. emendatum, cum commentariis; ex editione Hieronymi Suritæ. *Colon. Agrippinæ Arnoldus Mylius*, 1600, *in-8. v. f.* — 1.

3900 Claudii Rutilii, Numatiani Galli, Itinerarium, carmine latino conscriptum, cum animadversionibus Theodori Sitzmani. *Lugduni, Nic. Jullieron*, 1616, *in-8. v. f.* — " 12.

3901 Ejusdem Itinerarii editio altera, cum notis integris Josiæ Simleri, Josephi Castalionis, Petri Pithœi, Theodori Sitzmani, Casparis Barthii & Joann. Georg. Grævii, ex Musæo Thomæ Janson ab Almeloveen. *Amstelodami, Joann. Wolters*, 1687, *in-12. v. br.*

3902 Itinerarium Galliæ Narbonensis, carmine latino conscriptum, cum duplici appendice, id est, universæ ferè Galliæ Descriptio, cui accedit Glossarium Prisco-gallicum, seu de linguâ Gallorum veteri Dissertatio, authore Johanne Isacio Pontano. *Lugd. Batav. Thomas Basson*, 1606, *in 12. v. f.* — 1. 8.

3903 Pauli Hentzneri Itinerarium Germaniæ, — " 12.

Angliæ, Galliæ & Italiæ, cum indice locorum & rerum memorabilium: accessere monita peregrinatoria duorum doctiss. virorum, & incerti auctoris Epitome præcognitorum Historicorum. *Noriberga, Abrah. Wagenmannus, 1629, in-8. v. f.*

IV.

Descriptions & Cartes géographiques.

§. 1. *Descriptions particulieres de diverses Parties de la terre, & Collections de Républiques.*

3904 Georgii Hornii Ulyssea, sive Studiosus peregrinans, omnia lustrans littora. *Lugd. Batav. ex Offic. Corn. Driehuysen, 1671, in-12. v. f.*

3905 Description des Côtes d'Angleterre, d'Ecosse, de France, d'Espagne, de Hollande, avec la distance des lieux, &c. pour l'intelligence & l'utilité de la navigation, en Anglois, *Londres, Will. Fisher, 1671, in-4. fig. v. m.*

3906 Philippi Cluverii Commentarius de tribus Rheni alveis & ostiis, item de quinque populis quondam accolis, scilicet de Toxandris, Batavis, Caninefatibus, Frisiis, ac Marsacis, cum tab. geographicis. *Lugd. Batav. Lud. Elzévir, 1611, in-4. relié en carton.*

3907 Joann. Isacii Pontani Disceptationes chorographicæ de Rheni divortiis, atque ostiis, eorumque accolis populis: in quibus præter cætera Geographorum atque Historicorum præstantissimi, Cæsar, Strabo, Mela, Plinius,

HISTOIRE.

Ptolemæus, & omnium maximè Corn. Tacitus illustrantur & explicantur, & à pravis insuper ac sinistris, quod ad hoc argumentum interpretationibus præsertim Philippi Cluverii, vindicantur. *Amstelodami, Henr. Laurentius,* 1614, *in-8. vel.*

3908 Regnorum Daniæ & Norwegiæ ut & Ducatuum Slesvici & Holsatiæ regionumque ad ea spectantium Descriptio nova, iconibus præcipuarum civitatum adornata, cum Præfatione de rebus gestis Normannorum. *Amstelodami, Ægid. Jansson. Valckenier,* 1655, *in-12. fig. v. br.*

3909 Cosmographiæ Introductio, insuper IV Americi Vespucii Navigationes, studio Ludov. Boulongerii. *Impr. per Joh. de la Place, absq. notâ anni in-4. fig. v. m.*

3910 Descriptio ac delineatio geographica detectionis freti, sive transitûs ad occasum suprà terras Americanas in Chinam atque Japonem ducturi, recens investigati ab Henrico Hudsono Anglo: *Item* Exegis super tractu recens detecto cui nomen: Australis incognita, cum descriptione terrarum Samoïedarum & Tingoehorum, &c. *Amstelodami, Hessselius Gerardus,* 1613, *in-4. fig. v. f.*   1. 10.

3911 La Description géographique des provinces & villes plus fameuses de l'Inde Orientale, mœurs, loix & coutumes des habitans d'icelle, par Marc Paule, Gentilhomme Venitien, & trad. en françois. *Paris, Jeh. Longis,* 1556, *in-4. v. m.*

3912 Scriptores varii de Rebus publicis tam antiquis quàm recentioribus, in unum collecti   24. 1.

12　HISTOIRE

cum Jo. Angelii, Werdenhagen Introductione, & aliorum Tractatibus politicis de regimine Principum, &c. *In Hollandiâ, ex Offic. Elzeviriana vel Blaviana, div. ann. seqq.* 49 vol. in-16. rel. en vélin.

§ 2 *Atlas généraux & particuliers, & Recueils de Cartes Géographiques.*

80.19　3913　Le Grand Atlas, ou Cosmographie Blaviane, en laquelle la terre est représentée dans des Cartes, & illustrée de descriptions, par Jean Blaeu. *Amsterdam, Jean Blaeu,* 1663, 12 vol. grand in-fol. vélin. (*Cartes enluminées*).
* *Plusieurs volumes de cet Exemplaire sont endommagés.*

38.1　3914　Atlas universel ou Recueil de Cartes géographiques de Guill. de Lisle. *Paris,* 1700, & ann. suiv. grand in-fol. v. m. *Cartes enluminées, & des premieres épreuves.*

13.10　3915　Atlas d'Europe, par MM. Nicolas & G. Sanson, contenant CLXXXI Cartes géographiques. *Paris,* 1669, grand in-fol. v. m. (*Cartes enluminées*).

8.13　3916　Atlas Chorographique, historique & portatif des Elections du Royaume, Généralité de Paris divisée en XXII Elections, & représentée dans toutes ses parties par autant de Cartes particulieres, avec le nombre des paroisses & des feux, la position des villes, bourgs, villages, routes &c. par une Société d'Ingénieurs, & mises au jour par le sieur Desnos, avec des descriptions historiques par M. l'Abbé Régley. *Paris, Desnos,* 1763, in-4. G. P, v. m.

HISTOIRE. 13

3917 Atlas Anglois, ou Description générale de l'Angleterre, contenant les Cartes géographiques de chaque Province, avec les Généalogies des plus illustres Familles, & les Archevêchés & Evêchés. *Londres, Dav. Mortier*, 1715, *grand in-fol. v. m.*

3918 Atlas de la navigation & du commerce qui se fait dans toutes les parties du monde, dressé sur les Mémoires les plus récens, & suivant les nouvelles Observations. *Amsterdam, Louis Renard*, 1715, *grand in-fol. v. éc. avec les Cartes enluminées.*

3919 L'ardente ou flamboyante Colomne de la Mer, descrite par Jacq. Colom. *Amsterdam*, 1644, & ann. suiv. *in-fol. magno fig. v. m.*

3920 Le Neptune François, ou Recueil de Cartes marines gravées par ordre du Roi. *Paris, Impr. Royale*, 1693, *grand in-fol. v. f. Cartes enluminées.*

3921 Le même Neptune François, nouvelle édition donnée par les soins & avec quelques remarques de M. Bellin. (*Paris*, 1754), *grand in-fol. mar. r.*

3922 L'Hydrographie Françoise, ou Recueil des Cartes dressées au dépôt des plans de la Marine pour le service des vaisseaux du Roi, par le sieur Bellin, Ingénieur de la Marine. *Paris*, 1756, *in-fol. maximo Cartes enluminées.*

3923 Atlas Maritime, ou Recueil de Cartes & Plans des IV parties du monde, divisé en cinq volumes, & publié sous les ordres de M. le Duc de Choiseul, par le sieur Bellin, In-

24   HISTOIRE.

génieur de la Marine. *Paris*, 1764, 5 *vol. in*-4. *magno*, *m. r. Cartes enluminées*.

12. 3924 Musæum Geographicum, ou Catalogue de Cartes géographiques, par Jean Hubner, (en Hollandois). *La Haye*, *Van der Kloot*, 1735, *in* 12. *v. m.*

3925 Nouveau Catalogue géographique, plans de villes, Cartes marines, &c. nécessaires pour former un bon Atlas. *Paris*, *Julien*, 1765, *in*-12. *v. m.*

§ 3. *Dictionnaires Géographiques.*

3926 Dictionnaire Géographique & historique, contenant une description exacte de tous les Etats, Royaumes, Provinces, & Villes, par Michel Ant. Baudrand, avec des corrections & des additions données par lui-même, & mises au jour par Louis Baudrand de la Combe son frere. *Paris*, *Debats*, 1705, 2 *tom.* en un *vol. in-fol. v. br.*

3927 Dictionnaire universel géographique & historique, contenant la description des Royaumes, Empires, Etats, Provinces, &c. avec les mœurs, coutumes & cérémonies particulieres des peuples, par Thomas Corneille. *Paris*, *Coignard*, 1708, 3 *vol. in-fol. v. f.*

V.

Voyages & Relations.

§ 1. *Collections de Voyages & de Relations*

3928 Collectiones Peregrinationum in Indiam Orientalem & Indiam Occidentalem, XXV.

HISTOIRE.

partibus comprehensæ: Opus illustratum figuris fratrum de Bry & Meriani. *Francof. ad Mœnum*, 1590, & ann. seqq. 5 vol. *in-fol. vel. & v. br.*

* *In hoc exemplari desiderantur partes quatuor posteriores Peregrinationum in Indiam Occidentalem, nec-non Tomi X. XI. & XII. Indiæ Orientalis.*

§ 2. *Voyages généraux faits dans plusieurs parties du monde, & rassemblés dans le même volume.*

3929 Les Voyages fameux du sieur Vincent le Blanc, dans les IV parties du monde, redigés sur ses Mémoires, par Pierre Bergeron, & augmentés par le sieur Coulon. *Paris, Gerv. Clouzier*, 1658, *in-4. v. br.* } 1. 10.

3930 Nouveau Voyage de Grece, d'Egypte, de Palestine, d'Italie, de Suisse, d'Alsace & des Pays-Bas, fait en 1721, 1722 & 1723, par C. D. S. M. *La Haye, Pierre Gosse*, 1724, *in-12. v. m.*

3931 Les Voyages fameux de Piëtro della Vallée, Gentilhomme Romain, avec un dénombrement des choses les plus remarquables qu'il a vues dans la Turquie, l'Egypte, la Palestine, la Perse & les Indes Orientales, trad. de l'italien en françois. *Paris, Gervais Clouzier*, 1670, 4 vol. *in-4. v. br.* } 7.

3932 Speculum Orientalis, Occidentalisque Indiæ Navigationum, quarum una Georg. à Spilbergen classis cum potestate Prefecti; altera Jacobi le Maire auspiciis Imperio directa annis 1614, & seqq. ad 1618 exhibens novi in Mare Australe transitûs, & incognitarum terrarum } 2. 8.

inventionem cum figuris æneis. *Lugd. Bat. Nic. à Geelkercken*, 1619, *in*-4. *oblongo fig. v. f.*

§ 3. *Voyages particuliers de l'Europe.*

3933 Voyage d'Italie & du Levant de MM. Fermanel, Fauvel, Baudouin de Launay, & de Stochove, sieur de Sainte Catherine. *Rouen, Jacq. Hérault*, 1664, *in*-12. *v. m.*

3934 Nouveau Voyage d'Italie, par Maximilien Misson, avec figures. *La Haye, Henri Van Bulderen*, 1694, 2 vol. *in*-12. *v. m.*

3935 Autre édition du même Voyage d'Italie. *La Haye, (Paris)*, 1727, 3 vol. *in*-12. *fig. v. br.*

3936 Autre édition du même Voyage d'Italie. *La Haye, Henri Van Bulderen*, 1731, 3 vol. *in*-12. *fig. v. f.*

3937 Histoire d'un Voyage littéraire fait en 1733, en France, en Angleterre & en Hollande, avec un Discours préliminaire de M. de la Croze, touchant le système étonnant & les *Athei detecti* du P. Hardouin, & une Lettre sur les convulsions risibles du Chevalier Folard. *La Haye, Adrien Moetjens*, 1736, *in*-8. *v. m.*

3938 Relation d'un Voyage en Angleterre, où sont touchées plusieurs choses qui regardent l'estat des Sciences & de la Religion, par Samuel Sorbiere. *Paris, Louis Billaine*, 1664, *in*-12. *v. br.*

3939 Histoire & Relation du Voyage de la Reine de Pologne, & du retour de Madame la Mareschalle

HISTOIRE.

reschalle de Guébrian, Ambassadrice extraordinaire & Sur-Intendante de sa conduite, par la Hongrie, l'Autriche, &c. avec un Traité particulier du Royaume de Pologne & de ses Princes, par Jean le Laboureur. *Paris, Toussain Quinet*, 1648, *in-4. v. br.*

3940 Caroli Ogerii Ephemerides, sive Iter Danicum, Suecicum & Polonicum, cum esset in comitatu illustr. Claudii Memmii Comitis Avauxii, ad Septentrionis Reges extraordinarii Legati : accedunt Nic. Borbonii ad eundem Legatum Epistolæ hactenùs ineditæ ; nec-non ejusdem Ogerii Poëmata quædam. *Lutetiæ Parisiorum, Petrus le Petit*, 1656, *in-8. v. f.*

3941 Les Voyages de M. Deshayes, Baron de Courmesvin, en Dannemarc, avec des annotations. *Paris, Pierre Bienfait*, 1664, *in-12. v. m.*

} 1. 4.

§ 4. *Voyages particuliers faits en Asie.*

3942 Les Navigations & Pérégrinations Orientales du sieur de Nicolay, Seigneur d'Arfeuille, avec les figures au naturel, tant d'hommes que de femmes, selon la diversité des Nations & de leur port, maintien & habits. *Lyon, Rouille*, 1568, *in-fol. fig. v. m.*

6. 10.

3943 Navigatio ac Itinerarium Joann. Hugonis Linscotani in Indiam Orientalem, è belgico latinè reddit. cum figur. æneis. *Hagæ Com. ex Offic. Alberti Henrici*, 1599, *in-fol. fig. v. f.*

3944 Histoire de la Navigation de Jean Hugues de Linsçot, & de son voyage aux Indes Orientales, avec les annotations de Bernard Palu-

} 3. 3.

Tome. II. C

danus, sur la matiere des Plantes & des Epiceries, trad. du bas allemand en françois, avec des fig. en taille douce. *Amstelredam*, *H. Laurent*, 1610, *in-fol. fig. v. f.*

3945 Autre édition du même Livre. *Amsterdam*, *Evert Cloppenburgh*, 1638, *in-fol. fig. vel.*

3946 Relation journaliere du Voyage du Levant faict & descript par Haut & Puissant Seigneur Henry de Beauveau, avec figures en taille douce. *Nancy*, *Jacob Garnich*, 1615, *in-4. v. m.*

3947 Voyages de François Pyrard de Laval, contenant ses Navigations aux Indes Orientales, Maldives, Moluques, Brésil, avec la Description des mœurs, police & gouvernement de ces pays, & plusieurs singularités d'Histoire naturelle; avec un Dictionnaire de la langue des Maldives. *Paris*, *Samuel Thiboust*, 1619, *in-8. vel.*

3948 Voyage du Levant fait par le commandement du Roy en 1621, par le sieur D. C. *Paris*, *Adr. Taupinart*, 1629, *in-4. fig. v. m.*

3949 Relation d'un Voyage des Indes Orientales, par Charles Lockyer, (en Anglois). *Londres*, *Samuel Crouch*, 1711, *in-8. v. br.*

3950 Philippi à Sanctissimâ Trinitate Itinerarium Orientale, in quo varii successus itineris, plures Orientis regiones, earum Montes, Maria & Flumina, series Principum, incolæ Christiani & Infideles, animalia, arbores, plantæ & fructus, Religioforum in Oriente Missiones, ac varii celebres eventus describuntur. *Lugduni*, *Anton. Jullieron*, 1649, *in-8. v. m.*

3951 Relaçaõ do novo Caminho que fez por

terra e mar, vindo da India para Portugal no anno de 1663, o Padre Manoel Godinho da Companhia de Jefu. *Em Lisboa, Henrique Valente de Oliveira, 1665, in-4. fig. v. m.*

3952 Bernardi de Breydenbach, Decani Ecclefiæ Maguntinenfis, Opufculum fanctarum Peregrinationum in montem Syon, ad venerandum Chrifti fepulchrum in Hierufalem, atque in montem Synaï. *Impr. per Petrum Drach, civem Spirenfem, anno falutis 1490, die 29 Julii, in-fol. fig. mar. r.*

3953 Johannis de Mandeville, Itinerarium Terræ Sanctæ, è gallico fermone, in latinum tranflatum. *Impr. Venetiis, caracteribus gothicis, abfque anni notâ.* ⸺ Ludolphi, Paftoris Ecclefiæ de Suchen, Libellus de Itinere ad Terram Sanctam. *Editio vetus, litteris gothicis excufa, abfque anni indicatione, in-4. v. m.*

3954 Veridica Terræ Sanctæ Regionumque finitimarum, ac in eis mirabilium Defcriptio, authore Joanne Hoft de Romberch Kyrspenfi. *Venetiis, in ædib. Joann. Tacuini de Tridino, 1519, in-8. v. f.*

3955 Itinerarium B. Antonini Martyris, de membranis veteribus defcriptum è Mufæo Cl. Menardi, cum annotat. aliquot vocum obfcurarum. *Juliomagi Andium, Petr. Avril, 1640, in-4. baz.*

3956 Difcours du Voyage d'Outremer au S. Sépulchre de Jérufalem & autres lieux de la Terre-Sainte, par Gabriel Giraudet. *Paris, Thomas Brumen, 1585, in-8. vel.*

3957 Voyage de Siam des Peres Jéfuites envoyés par le Roi aux Indes & à la Chine, avec leurs observations astronomiques, & leurs remarques de Physique, de Géographie, d'Hydrographie & d'Histoire, mis au jour par le Pere Guy Tachard. *Paris, Arnould Seneuze*, 1686, *in-*4. *v. br.*

3958 Relation du Voyage & de l'Ambassade de S. Excellence Evert Ysbrant Ides, envoyé par le Czar vers l'Empereur de la Chine, (*en Anglois*), avec figures en taille douce. *Londres, W. Freeman,* 1706, *in-*4. *fig, v. br.*

§ 5. *Voyages particuliers faits en Afrique & en Amérique.*

3959 Voyages d'Afrique, où sont contenues les Navigations des François, entreprises en 1629 & 1630, sous la conduite de M. le Commandeur de Razilly, ès costes occidentales des Royaumes de Féz & de Maroc, &c. avec des observations par Jean Armand, Turc de nation. *Paris, Nic. Trabouillet,* 1632, *in-*8. *vel.*

3960 Histoire d'un Voyage faict en la Terre du Brésil, autrement dite, Amérique, par Jean de Léry. *Impr. pour Ant. Chuppin,* 1578, *in-*8. *vel.*

3961 Copie de quelques lettres sur la navigation du Chevalier de Villegaignon, ès terres de l'Amérique, oultre l'Æquinoctial jusques soubs-le-Tropique de Capricorne, contenant sommairement les fortunes encourues en ce voyage, avec les mœurs & façons de vivre des Sauvages du pays. *Paris, Martin le jeune,* 1557, *in-*12. *v. m.*

3962 Voyages de M. le Baron de la Hontan dans

HISTOIRE. 21

l'Amérique Septentrionale, avec figures. *La Haye*, (*Rouen*), 1709, 2 *vol. in*-12. *v. br.*

§ 6. *Voyages imaginaires, ou Relations supposées.*

3963 Histoire des Pirates Anglois contenant toutes leurs avantures, pirateries, meurtres, cruautés & excès, trad. de l'Anglois, du Capitaine Charles Johnson. *Utrecht, Jacques Broëdelet*, 1725, *in*-12. *v. br.*   5. 19.

3964 Relation d'un Voyage du Pôle Arctique, au Pôle Antarctique par le centre du monde, avec la description de ce périlleux passage, & des choses merveilleuses & étonnantes qu'on a découvertes sous le Pôle Antarctique, avec figures. *Paris, Noël Pissot*, 1723, *in*-12. *v. br.*   1. 4.

3965 Voyages du Capitaine Gulliver à Liliput, Brobdingnac, Laputa, & aux pays des Houyhnhms, trad. de l'Anglois, (du doct. Jonathan Swift), par l'Abbé Guyot des Fontaines. *Paris, Guérin & de la Tour*, 1762, 2 *vol. in*-12. *v. m.*   3. 6.

SECTION III.

CHRONOLOGIE.

I.

Introductions & Traités préparatoires à l'étude de la Chronologie.

3966 Guill. Beveregii Institutionum Chronologicarum Libri II, unà cum totidem Arithmeticès Chronologicæ libellis & appendice. *Londini*, Typis *Thomæ Roycroft*, 1669, *in-4. v. f.*

II.

Chronologie Technique; ou Traités dogmatiques du temps, & de ses parties.

§ I. *Traités singuliers de l'Année & des Mois, des Epoques & des différens Calendriers des Nations.*

3967 Sethi Calvisii Chronologia, ex auctoritate potissimùm S. Scripturæ, & Historicorum fide dignissimorum; cui præmissa est Isagoge Chronologica in quâ diversæ diversorum in diversis Epochis, Annorum quantitates & formæ explicantur, characteres annorum infallibiles ostenduntur, & Chronologorum errores deteguntur, &c. *Lipsiæ*, Jac. *Apelius*, 1605, *in-4. v. f.*

HISTOIRE.

3968 Johannis Marshami Diatriba Chronologica. *Londini , Typis Jac. Flesher , 1649 , in-4. v. br.*

3969 Caroli Bovilli, Samarobrini, Ætatum mundi septem Supputatio. *Parisiis , Jod. Badius Ascensius ,* 1520 *, in* 4 *v. m.*

1.

3970. Epochæ celebriores Astronomis, Historicis , Chronologis Chataiorum, Syro-Græcorum, Arabum , Persarum, Chorasmiorum usitatæ , ex traditione Ulugbeigi , Indiæ citra extràque Gangem Principis, arabicè & latinè, ex recensione & cum Comment. Johannis Gravii. *Londini , Typ. Jac. Flesher ,* 1650.

━ Chorasmiæ & Mawaralnahræ , hoc est , Region. extrà fluvium Oxum Descriptio, ex Tab. Abulfedæ Ismaëlis , Principis Hamah. arab. & lat. *Londini ,* 1650, *in-*4. *v. m.*

4.

3971 Samuëlis Petiti Eclogæ Chronologicæ , in quibus de variis annorum Judæorum, Samaritanorum , Græcorum, Macedonum, Syro-Macedonum , Romanorum typis , cyclisque veterum Christianorum Paschalibus disputatur. *Parisiis , Car. Morellus ,* 1632 , *in-*4. *v. f.*

1. 10.

3972 Thomæ Lydiat Tractatus singularis de variis Annorum formis, usurpatis à Gentibus quarum illustria fuerunt regna & res gestæ , præcipuè verò de antiquissimâ & optimâ ; quo passim Josephi Scaligeri his de rebus opiniones minùs probabiles , ac demùm Christoph. Clavii , Jesuitæ , atque totius Collegii Mathemat. Pontificiorum artificum novitii anni Gregoriani errores & ineptiæ redarguuntur. *Londini , ex Offic. Nortonianâ ,* 1605 , *in-*8. *v. m.*

2. 10.

3973 Roberti Pontani , Caledonii Britanni, de

HISTOIRE.

sabbaticorum annorum periodis Chronologica, à Mundi exordio ad nostra usque tempora. *Excudebat Gulielmus Iones*, 1619, *in*-4. *v. br.*

3974 Joannis Lalamantii, Doct. Med. exterarum ferè omnium & præcipuarum Gentium anni Ratio, & cum Romano collatio. *Impr. anno* 1571, *in*-8. *v. m.*

3975 Georgii Purbachii, Germani, Theorica nova Planetarum; Francisci Maurolyci Computus Ecclesiasticus, sive de ratione Anni; & Henrici Glareani, Helvetii, de Geographiâ, vel Rudim. Mathemat. Liber unus, cum figuris. *Colon. Agripp. Arnoldus Mylius*, 1603, *in*-8. *relié en peau.*

3976 Erycii Puteani, Olympiades sola manu ut veræ annis Mundi respondent, computatæ. *Lovanii, Corn. Coenesteynius*, 1626, *in*-4. *relié en carton*

3977 Theodori Gazæ, Thessalonicensis, Liber de Mensibus Atticis, è græco latinè redditus à Joanne Perrello; accedit ejusd. Perrelli Tractatus de Ratione Lunæ & Epactarum secundùm Gazam, cum Tabulâ perfecti ambitûs annorum intercalarium. *Basileæ, Balthasar Lasius*, 1536, *in*-8. *v. f.*

3978 Rabbi Mosis, Majemonidæ, Tractatus de consecratione Calendarum, & de ratione intercalendi, ex hebræo latinè redditus à Ludov. de Compiegne. *Parisiis, Petrus Promé*, 1669, *in*-12. *relié en carton.*

3979 Pauli Eberi, Kitthingensis, Calendarium historicum. *Witteberga, Haredes Georgii Rhauu*, 1559, *in*-8. *v. m.*

3980

3980 Josephi Simonis Assemani, Bibliothecæ Vaticanæ Præfecti, Kalendaria Ecclesiæ universæ, in quibus, tùm è vetustis Marmoribus, tùm ex Codicibus, Tabulis, Parietinis, pictis, Scriptis, Scalptisve, Sanctorum nomina, Imagines & Festi per Annum Dies Ecclesiarum Orientis & Occidentis, præmissis uniuscujusque Ecclesiæ originibus, recensentur, describuntur, notisque illustrantur. *Romæ, Faustus Amidei*, 1755, 6 vol. in-4. C. M. v. f.

§ 2. *Dissertations chronologiques & particulieres sur différens points obscurs de l'Histoire, avec les disputes qui se sont élevées dans l'Eglise à ce sujet, & concernant principalement le jour de la Naissance & celui de la Mort de J. C. la célébration de la Pâque, &c.*

3981 Hieronymi Wecchietti, Florentini ab Ægypto, Doctoris Theologi, de Anno primitivo ab exordio Mundi ad annum Julianum accommodato, & de sacrorum temporum ratione Libri VIII. *Augustæ Vindelicorum, Andreas Aperger*, 1621, in-fol. magno, vélin. rare.

3982 Wilhelmi Langi, Soc. Jesu, de Annis Christi Libri duo, quorum primus varios variarum gentium annos & tempora exponit; secundus, Epochas nobiliores quæ Christi Domini Passionem & Nativit. tempus demonstrat. *Lugd. Batav. Joan. Maire*, 1649, in-4. v. m.

3983 Henrici Philippi, Soc. Jesu, Quæstiones chronologicæ de Annis Domini Julianis &

Nabonaffari : & æra Mundi Judaïca inter fe componendis; in quibus & Calendarii Romani explicatio, cum Epactis, Calendis, Nonis, Idibus & initiis menfium Græcorum, Syro-Chaldæorum, Ægyptiorum, &c. & modus conftruendi Tabulas connexionis ærarum. *Colon. Agripp. Joann. Kinckius*, 1630. ⸺ Ejufd. Philippi, Quæftiones chronologicæ de Annis nati & paffi Salvatoris. *Ibid*, 1630, *in*-4. *v. m.*

3984 Francifci Leveræ, Romani, Liber de invictâ veritate anni, menfis & diei Paffionis & Refurrectionis J. C. ejufque Nativitatis. *Romæ, Ang. Bernabo*, 1668. ⸺ Benedicti Millini Differtatio hiftorica de Anno quo natus eft Chriftus, & de Anno quo paffus eft. *Romæ, Fab. de Falco*, 1669. ⸺ Francifci Leveræ Confutatio differtationis hiftoricæ præcedentis, de Anno quo natus & paffus eft Chriftus. *Romæ, Ang. Bernabo*, 1669, *in*-4. *v. f.*

3985 Ægidii Bucherii, Atrebatis, Sociét. Jefu Commentarius in Victorii Aquitani Canonem Pafchalem fcriptum anno Chrifti vulgari CCCCLVII. & nùnc primùm in lucem editum; quo veterum etiàm tempore Chrifti Judæorum & primorum Chriftianorum Cycli Pafchales exponuntur, verufque Paffionis Chrifti dies & annus eruitur, &c. *Antverpiæ, ex Offic. Plantinianâ, Moretus*, 1633, *in-fol. v. br.*

3986 Paulina de rectâ Pafchæ celebratione & de die Paffionis D. N. J. C. Opus Pauli Germani de Middelburgo, Epifcopi Forofemproniensis. *Forosempronii*, *Octavianus Petrucius*, 1513, *in fol. mar. bl. rare.*

3987 Alberti Pighii, Campensis, Liber de Æquinoctiorum Solsticiorumque Inventione, necnon de ratione paschalis celebrationis, & de restitutione Ecclesiastici Kalendarii. *Parisiis*, 1520, *in-fol. v. f.* — 1.

3988 Petri Pitati Veronensis, paschales atque noviluniorum mensurni Canones, in quibus de variâ paschalis solemnitatis observatione ; de mense paschali ; de Hebraïcâ anni quantitate ; de erroribus in Paschæ celebratione, & de vero Passionis ac Resurrectionis J. C. die, disseritur, cum calendario novo romano. *Venetiis, apud Juntas*, 1537, *in-4. relié en carton.* — 3. 15.

3989 Joann. Harduini, Soc. Jesu Dissertatio historica de supremo Christi Domini Paschate, *Parisiis, Joann. Anisson*, 1693, *in-4. v. f.*

3990 Traduction françoise du Système d'un Docteur Espagnol (Louis de Léon), sur la derniere Pasque de J. C. avec des réflexions sur ce système, & sur la discipline des anciens Quarto-décimans, par rapport à ce sujet, par le Pere Gabriel Daniel de la Comp. de Jésus. *Paris, Simon Bénard*, 1695, *in-12. v. br.* — 2. 10.

ID## III.

Chronologie Historique, ou l'Histoire réduite & disposée par Tables, Divisions Chronologiques & par années.

3991 La Chaîne Historique, ou l'Histoire Sacrée & Profane réduite en tables, & divisée en trois Livres par Ignace Poindreux. *Paris, Colin*, 1668, *in-fol. mar. r. doré à compartimens.*

3992 Tables Chronologiques de l'Histoire Ancienne & Moderne, depuis le commencement du monde jusqu'à présent, par Jean Rou. *Paris*, 1672, *grand in-fol. v. f.* (*XVI. Tables*) (*gravé*).

3993 Le Berger Chronologique contre le prétendu Géant de la Science des temps; ou défenses contre les menaces & deffis inutiles du Pere Pétau, Jésuite, insérées dans son *Rationarium temporum*, touchant les défauts qu'il dit estre en la Sainte Chronologie du Monde, avec la Démonstration des erreurs dudit Pere Pétau sur l'ordre des temps, &c. par Jacques d'Auzoles Lapeyre. *Paris, Gervais Alliot*, 1633, *in-8. vel.*

3994 Remarques sur l'Ouvrage d'Isaac Newton intitulé la Chronologie des Anciens Royaumes, par Arthur Bedford (en Anglois). *Londres, Charles Ackers*, 1728, *in-8 vel. vert.*

3995 Chronicon Alexandrinum, idemque Astronomicum & Ecclesiasticum, græcè & latinè editum, operâ & studio Matthæi Raderi, Soc.

HISTOIRE.

Jesu. *Monachii*, *ex formis Annæ Bergiæ viduæ*, anno 1615, *in-*4. *v. br.*

3996 Michaëlis Aitsingeri, Austriaci, Pentaplus regnorum Mundi, cum Tabulis Chronologicis. *Antverpiæ*, *Christoph. Plantin*, 1579, *in-*4. *v. m.*

3997 Abrahami Bucholzeri Index generalis Chronologicus ab initio mundi, & curis Gottfridi Bucholzeri filii locupletatus & continuatus usque ad finem anni 1598. *Gorlicii*, *Johann. Ramba*, 1599, *in-*8. *vel.*

3998 Freculphi, Episcopi Lexoviensis, Chronicorum Libri duo; quorum *prior*, ab initio mundi usque ad Octaviani Cæsaris tempora & Salvatoris nostri Christi Nativitatem; *posterior*, dehinc usque ad Francorum & Longobardorum Regna, rerum gestarum Historiam continet. *Excud. Hieron. Commelinus*, 1597, *in-*8. *v. m.*

3999 Henrici Philippi, Soc. Jesu Synopsis generalis sacrorum temporum, continens, seriem annorum ab orbe condito ad Constantini Magni Imperium; Sacrarum Litterarum intelligentiæ accommodata, cum tabulis chronologicis. *Coloniæ Agrippinæ*, *Joann. Kinckius*, 1624, *in-*4. *v. f.*

4000 Chronologia Sacra-Profana à mundi conditu ad annum 1592, Authore Davide Ganz; cui addita sunt Capitula Elieseri continentia succinct. Historiæ Sacræ recensionem à creatione mundi usque ad Mardochæi ætatem, cum veterum Rabbinorum commentariis, ex hæbræo in lat. translata per Guill. Henr. Vorſtium. *Lugd. Batav. Joann. Maire*, 1644, 2 tom. en un vol. *in-*4. *v. f.*

4001 Novæ, veræ, & exactè ad calculum aſtronomicum revocatæ Chronologiæ, ſeu temporum ab origine mundi ſupputationis capita præcipua, quibus tota temporum ratio continetur; & innumerabiles omnium Chronologorum errores deteguntur; è Muſæo Joannis Georgii Herwart ab Hohenburg. *Monachii Bavariarum, ex Offic. Nic. Henrici*, 1612, *in-*4. *v. m.*

4002 Monachi anonymi, Altiſſiodorenſis, Chronologia ſeriem temporum & Hiſtoriam rerum in orbe geſtarum continens ab origine mundi ad annum à Chriſti ortu M. CC. cum appendice, ab anno M. CCI. ad ann. M. CC. XXIII. nùnc primùm in lucem edita, ſtudio & operâ Nic. Camuzæi Tricaſſini. *Trecis, Nat. Moreau*, 1608, *in-*4. *v. f.*

4003 Johann. Schmidii, Diarium hiſtoricum continens res memorabiles anni ſingulis diebus geſtas, cum ſerie Imperatorum & Indice. *Noribergæ, Sim. Halbmayerus*, 1630, *in -* 8. *v. m.*

4004 Donati Boſſii, Cauſidici Mediolanenſis, Hiſtoria geſtorum dictorumque memorabilium, & temporum ac conditionum & mutationum humanarum ab orbis initio uſque ad ejus tempora. *Mediolani, per Ant Zarotum Parmenſem, anno* 1492, *in-fol. mai. r.*

4005 Le Miroir hiſtorial, contenant l'Hiſtoire univerſelle de tout ce qui s'eſt paſſé depuis le commencement du monde, comp. en latin par

HISTOIRE. 31

Vincent de Beauvais, & tranflaté en françois. Paris, *Nic. Couteau*, 1531, 5 *vol. in-fol go-tiq. v. br.*

4006 Liber qui dicitur Fafciculus temporum, five Chronica Mundi; omnes Antiquorum Chronicas complectens, cum figuris. *Editio vetus, litteris gothicis excufa, abfque ullâ loci & anni indicatione, in-fol. relié en carton.*

4007 Ejufdem Operis editio altera. *Impr. impensâ & arte mirâ Erhardi Rodolt de Augufta,* anno 1481, *in-fol. fig. v. m.*

1.

4008 La Grande Mer des Hyftoires, contenant l'Hiftoire univerfelle depuis le commencement du Monde jufqu'à préfent. *Paris, le Rouge,* 1488, 2 *vol. in-fol.* G. P. *mar. r.*

2. 16.

4009 Autre édition du même Livre. *Paris, Nic. Couteau,* 1543, 2 *tom. en un vol. in-fol. gotiq. mar. r.*

2.

4010 Liber Cronicarum ab initio mundi, cum figuris & imaginibus. *Nuremberga, per Anton. Koberger,* anno 1493, *in-fol.* C. M. *v. m.*

8. 19.

4011 Obras Chronologicas de Don Gafpar Ibañes de Segovia, Marquez de Mondejar, publicadas por la orden de la Academia Valenciana. *En Valencia, Bordaʒar de Artaʒu,* 1744, *in-fol. v. m.*

1. 10.

I V.

Hiftoire Univerfelle.

§ 1. *Hiftoires univerfelles de tous les temps & de tous les lieux, depuis la création du Monde.*

4012 Nucleus Hiftoriæ univerfalis, cùm Sacræ,

HISTOIRE.

tùm Profanæ, Auctore Gabriele Bucelino. *Ulmæ, Johannes Gorlinus*, 1652, *in-*12. *vel.*

8 2. 10. 4013 Justini Historici in Pompeii Trogi Historias Libri XLIV. *Venetiis*, anno 1470, *in-fol. vélin. Editio primaria, & exemplar impressum in membranis.*

* *In hoc Exemplari desiderantur folia quædam ad calcem voluminis, quæ continent Libros Justini* XLII. XLIII. & XLIV.

47. 4014 Eædem Justini Historiæ. *Mediolani, per Antonium Zarothum,* 1474, *in-fol. maroquin rouge.*

1. 4015 Eædem Justini Historiæ, quibus accedit Lucii Ann. Flori Romana Historia in compendium redacta. *Mediolani, apud Minutianum*, anno 1502, *in-fol. v. antique.*

4016 Eædem Justini Historiæ, cum annotationibus & variis lectionibus diversorum Authorum, ex editione Matthiæ Bernecceri: accedunt Prologi Historiarum Philippicarum Pompeii Trogi, à Jacobo Bongarsio nunc primùm editi, cum notis ejusdem & emendationibus Francisci Modii & Johann. Freinshemii. *Argentorati, Simo Paullus,* 1666, *in-*8. *vel.*

1. 4017 Eædem Justini Historiæ cum notis Variorum selectissimis. *Lugduni, Claud. Bourgeat,* 1670, 2 tom. en un vol. *in-*12. *v. m.*

4018 Histoire universelle de Trogue Pompée, reduite en abregé par Justin, & trad en françois par le sieur de Collomby Cauvigny. *Rouen, Jean & Dav. Berthelin,* 1666, *in-*12. *v. br.*

2. 4020 Nicolai Gurtleri Origines mundi, & in

HISTOIRE.

to Regnorum, Rerum-publicarum, Populorum, horumque Duces, Migrationes, Dii, Religio, Mores, Instituta, Res gestæ, civiles, sacræ, bellicæ referuntur omnia ad loca & tempora sua, ex ipsis fontibus ferèque propriis Historicorum verbis, ad modum Historiæ universalis, &c. cum indicibus. *Amstelodami, ex Offic. Westenianâ*, 1708, *in-4. baz.*

4021 Alberti, Abbatis Stadensis, Historiographia, à condito orbe usque ad ann. Christi M. CC. LVI. quo opere vetus Historia, imprimis verò Res germanicæ illustrantur, cum appendice. *Witteberga, excud. Joh. Schmidt*, 1608, *in-4. v. br.*

4022 Chronique universelle depuis le commencement du monde jusqu'à l'an 1321, *MSS. sur vélin*, décoré de lettres capitales peintes en or & en couleurs. ══ Les Epitaphes d'Hector & d'Achilles composées en ryme françoise, *MSS. sur vélin*. ══ L'Histoire du Miroüer des Dames mariées, c'est à savoir de la noble & constante Griselidis, Marquise de Saluces, *MSS. sur vélin*. ══ La Vie de Sainte Marguerite, composée en ryme françoise, *MSS. sur vélin*, imparfait à la fin, *in-fol. non relié*. 26. 19.

4023 Le Compendium hystorial de l'Histoire Universelle, extrait de divers Auteurs, & translaté de latin en françois. *Paris, Vérard*, 1509, *in-fol. gotiq. v. m.* 1.

4024 Chronique & Histoire universelle depuis le commencement du Monde jusqu'à l'Empereur Charles Quint, dressée premierement par Jean Carion, & augmentée par Philippe Melanchton & Gaspar Peucer, & translatée en françois 2. 12.

Tome II. E

par Simon Goulard. *Impr. par Jean Berjon*, 1579, 2 tom. en 5 vol. in 8. v. f.

4025 La même Chronique & Histoire universelle. (*Genève*), 1580, 2 vol. in-8. v. br.

4026 Le Promptuaire de tout ce qui est advenu plus digne de mémoire depuis la création du Monde jusqu'à préfent, par Jean d'Ongoys Morinien. *Paris, Jean de Bordeaux*, 1579, in-16. v. m.

4027 XXIX Livres d'Histoire déduite depuis le Déluge jufqu'au temps préfent, par Jean Sleidan ; en laquelle est premierement compris l'Etat des IV Empires Souverains ; puis de la Religion & de la République jufqu'à la mort de l'Empereur Charles V. *Impr. par Jean Crespin*, en 1563, in-fol. v. m.

4028 Histoire des chofes mémorables advenues en la Chreftienté, trad. du latin de Laurent Surius, par Jacq. Eftourneau. *Paris*, 1570, in-8. v. m.

4029 Les Antiquités & Singularités du Monde, par Ant. Couillard, Seigneur du Pavillon, près Lorris. *Paris, Jean Dallier*, 1557, in-8. mar. bl.

4030 La Bibliotheque hiftoriale de Nicolas Vignier, contenant la difpofition & concordance des temps, des Hiftoires & des Hiftoriographes, avec l'Etat de l'Eglife, des Monarchies & des Républiques. *Paris, Abel l'Angelier*, 1587, 3 vol. in-fol. v. f.

4031 Chronologie hiftorique & univerfelle, qui contient tous les Evénemens mémorables qui font arrivés depuis le commencement du Monde jufqu'à préfent, avec leurs Epoques &

leurs principales circonstances, par M. Gayot. *Liége, F. A. Barchon*, 1737 & *ann. suivantes*, 20 *vol. in*-12. *v. m.*

4032 Les Chroniques & gestes admirables des Empereurs d'Occident, avec les Effigies d'iceulx; mis en françois par Guill. Guéroult. *Lyon, Balthazar Arnoullet*, 1552, 2 *tom. en un vol. in*-4. *v. m.*

4033 Briefve Chronologie, ou Sommaire des temps, contenant la suite des anciens Peres, Monarques, Empereurs, Rois, Hommes illustres, avec leurs faicts & gestes les plus insignes; plus, la Chronique Ecclésiastique, ou brief état de l'Eglise; le tout tiré des meilleurs Historiographes, par P. D. Gaillard. *Paris, Jean Houzé*, 1621, *in*-12. *vel.*

4034 Abrégé de l'Histoire Universelle, concernant l'Histoire Ecclésiastique, par Henry le Bret. *Paris, Guill. Desprez*, 1679, 3 *vol. in*-12. *v. br.*

4035 L'Abrégé royal de l'alliance Chronologique de l'Histoire sacrée & profane des Patriarches, Juges & Rois de l'Ancien Testament, des Souverains Pontifes de l'Eglise, des Empereurs de Rome, de Grece, d'Allemagne, Payens, Chrestiens & Othomans, &c. avec le Lignage d'Outremer, les Assises de Jérusalem, & un Recueil historique de Piéces anciennes, par le Pere Philippe Labbe. *Paris, Gaspar Meturas*, 1651, 2 *vol. in*-4. *v. f.*

4036 Introduction générale à l'Histoire sacrée & profane, contenant son parfait usage, par J. Bapt. de Rocoles. *Paris, Pierre le Petit*, 1672, 2 *vol. in*-12. *v. br.*

4. 4. 4037 Introduction à l'Histoire des principaux Etats, tels qu'ils sont aujourd'hui dans l'Europe, trad. de l'Original allemand de Samuël de Puffendorf, par Claude Rouxel. *Amsterdam, Société,* 1710, 4 vol. *in-*12. *v. f.*

11. 16. 4038 Introduction à l'Histoire générale & politique de l'Univers, où l'on voit l'origine, les révolutions, l'état présent & les intérêts des Souverains, commencée par Samuël de Puffendorf, & continuée par Bruzen de la Martiniere, avec le supplément. *Amsterdam, Chastelain,* 1743 & ann. *suiv.* 11 vol. *in-*12. *v. br.*

§ 2. *Histoires universelles de certains temps & de certains lieux, écrites par des Auteurs contemporains & autres; là où sont aussi compris les Journaux & Dictionnaires historiques, Gazettes, Mémoires, &c.*

1. 6. 4039 Les Vies de cinquante Personnes illustres, avec l'entredeuz des tans, contenant l'Histoire universelle depuis Auguste jusqu'à nous, par le sieur P. de Dampmartin. *Montpellier, Jean Gillet,* 1599, *in-*4. *v. f.*

4040 Sigeberti, Gemblacensis Cænobitæ, Chronicon ab anno 381 ad 1113, cum Insertionibus ex Historiâ Galfridi, & Additionibus Roberti Abbatis. *Parisiis, Joann. Parvus,* 1513, *in-*4. *v. f.*

1. 4041 Joann. Henrici Boëcleri, Commentarius de Rebus sæculi à Christo nato IX & X, per seriem Germanicorum Cæsarum. *Argentorati, Joh. Joach. Bockenhofferus,* 1656, *in-*4. *v. f.*

4042 Recueil des faits mémorables advenus depuis Pharamond, premier Roi des François,

HISTOIRE. 37

tant en France qu'en d'autres lieux , jufqu'à l'an 1577 , avec le Catalogue des Papes depuis S. Pierre jufqu'à Grégoire XIII , & celui des Empereurs depuis Oct. Céfar , jufqu'à Rudolphe , fils de Maximilian. *Lyon , Bén. Rigaud ,* 1577 , *in-*16. *vélin.*

4043 Abrégé de l'Hiftoire univerfelle depuis Charlemagne jufqu'à Charles Quint, par François-Marie Arouët de Voltaire. *Londres , Jean Nourfe ,* 1753 , 3 *vol. in-*12. *mar. r.*   4

4044 Pauli Jovii, Novocomenfis, Epifcopi Nucerini , Hiftoriarum fui temporis volumina duo. *Lutetiæ Parifiorum , Michaël Vafcofan ,* 1553 , 2 *vol. in-fol. v. f.*   2.

4045 Hiftoire univerfelle de Paolo Jovio, Evêque de Nocéra , trad. du latin en françois , par Denys Sauvage , Seigneur du Parc-Champenois. *Lyon , Guill. Rouille ,* 1558 , 2 *vol. in-fol. v. antiqué.*   3. 2.

4046 La même Hiftoire univerfelle de Paolo Jovio , trad. en françois. *Paris , Dupuys ,* 1570 , 2 *tom. en un vol. in-fol. baẑane.*   1. 9.

4047 Joannis Sleidani, Commentarii de Statu Religionis & Reipublicæ, Carolo V Cæfare. *Excud. Conradus Badius ,* 1559 , *in-*16. *v. f.*   1 - 4.

4048 Jul Cæfaris Bulengeri, Hiftoriarum fui temporis Libri XIII , quibus Res toto orbe geftæ , ab anno 1560 ad annum ufque 1612 , continentur. *Lugd. Hæred. Guill. Rouillii ,* 1617, *in-fol. v. f.*   1. 1.

4049 Michaëlis ab Iffelt , Commentarius rerum in orbe geftarum à captâ Antverpiâ ; hoc eft , ab Augufto menfe anni 1585 , ufque ad Septembrim anni 1586, ex variis fcriptis editif-   2. 2

HISTOIRE.

que Libellis congestus, *Coloniæ*, *Godefridus Kempensis*, 1586, *in-8. v. f.*

4050 Histoire universelle de Jacq. Auguste de Thou, contenant les choses mémorables arrivées de son temps, trad. en françois par Pierre du Ryer. *Paris, Courbé*, 1659, *3 vol. in-fol. v. f.*

4051 Chronologie Septennaire, ou Histoire de la Paix entre les Roys de France & d'Espagne, contenant les choses les plus mémorables advenues en divers endroits de l'Europe depuis le commencement de l'année 1598, jusqu'à la fin de l'année 1604; avec le succès de plusieurs Navigations faictes aux Indes Orientales, Occidentales & Septentrionales, par Pierre Victor Palma Cayet. *Paris, Jean Richer*, 1609, *in-8. v. f.*

4052 Remarques d'Histoires, ou Descriptions chronologiques des choses plus memorables passées tant en France qu'ès Pays étrangers, depuis l'an 1600 jusqu'à présent, par Claude Malingre, *dict* de St. Lazare.. *Paris, Cl. Collet*, 1632, *in-8. v. m.*

4053 Adolphi Brachelii Historia rerum nostri temporis, bello & pace per Europam atque in Germaniâ maximè gestarum, ab anno 1618, usque ad ann. 1654, cum diversis variorum Principum & Virorum illustrium fig. æneis, *Amstelodami, Jacob. van Meurs*, 1655, *2 vol. in-12. fig. baz.*

4054 Francisci Viliotti, Civis & Med. Montis-Regalis, Descriptio variorum Europæ eventuum ab anno 1643, ad annum usque 1659, cum appendice. *Monte-Regali, Typ. Franc.*

HISTOIRE. 39

Mariæ Gislandi, 1667, *in*-8. *mar. rouge.*

4055 Mémoires de ce qui s'est passé dans la Chrestienté depuis le commencement de la Guerre en 1672, jusqu'à la Paix concluë en 1679, par le Chevalier Temple, & trad. de l'anglois en françois. *La Haye, Adrian Moëtjens*, 1693, *in*-12. *v. f.*

4056 Nouvelles ou Mémoires historiques, contenant ce qui s'est passé de plus remarquable dans l'Europe depuis 1672 jusqu'en 1679, par Madame la Comtesse d'Aunoy. *Lyon, Hilaire Baritel*, 1693, 2 *vol. in*-12. *v. m.*

4057 Ernesti Bogislaimoscheroschi Relationes historicæ memoratu dignæ rerum præcipuarum toto orbe terrarum gestarum, à mense Januario anni 1684, usquè ad mensem Junium ejusdem anni, *Francof. ad Mœnum*, 1684, *in*-12. *v. m.*

4058 Recueil de diverses Relations remarquables des principales Cours de l'Europe, écrites pour la plûpart par des Ambassadeurs qui ont résidé à ces Cours, & trad. en françois avec des remarques. *Cologne, Pierre du Marteau*, 1681 *in*-12. *vel.*

4059 L'Espion Turc & ses Relations secrètes envoyées à Constantinople, contenant les événemens les plus considérables arrivés pendant la Vie de Louis le Grand, trad. de l'arabe par Jean-Paul Marana. *Amsterdam, Abr. de Hoogenhuysen*, 1696, *in*-8. *vel.*

4060 Le même Espion Turc dans les Cours des Princes Chrétiens, ou Lettres & Mémoires d'un Envoyé Secret de la Porte dans les Cours de l'Europe, où l'on voit les Découvertes

HISTOIRE.

qu'il a faites dans toutes les Cours où il s'est trouvé, avec une dissertation curieuse de leurs forces, politique & religion. *Cologne*, (*Rouen*), 1710, 6 vol. *in-12. fig. v. br.*

4061 Dictionnaire Théologique, Historique, Poëtique, Cosmographique & Chronologique par le sieur de Juigné Broissiniere, sieur de Mollires. *Paris, Guill. le Bé*, 1668, *in-4. v. br.*

4062 Dictionnaire Historique & Critique de Pierre Bayle. *Rotterdam, Reinier Leers*, 1702, 3 vol. *in-fol. bazane.* (IIe *édition*).

4063 Le même Dictionnaire de Pierre Bayle, avec des remarques critiques, & la Vie de l'Auteur, par M. des Maizeaux. *Amsterdam*, (*Paris*), 1734, 5 vol. *in-fol. v. m.*

SECTION IV.

HISTOIRE ECCLESIASTIQUE.

I.

Histoire Ecclésiastique proprement dite, ou l'Histoire de l'Eglise ancienne & nouvelle, Judaïque & Chrétienne, & premierement, Histoire Ecclésiastique universelle, tant de l'ancien que du nouveau Testament.

4064 Sulpitii Severi Historiæ Sacræ Libri II, ab orbe condito ad ann. Christi CCCLXXXVII. nec-non Opuscula alia quædam ejusdem Authoris, cum notis Variorum selectioribus, accurante

HISTOIRE.

curante Georgio Hornio. *Lugd. Bat. Franciscus Hackius*, 1647, *in-8. vel.*

4065 M. Bonaventuræ Rousseau de Basoches, Parisiensis, Compendium Historiæ Sacræ, in quo, universa quæ à mundo condito, usque ad Christum natum gesta sunt, breviter ac dilucidè perstringuntur. *Parisiis*, *Tussanus du Bray*, 1634, *in-12. relié en carton.*

4066 Joann. Thomæ Freigii Mosaïcus, continens Historiam Ecclesiasticam 2494 annorum, ab orbe condito usque ad Mosis mortem. *Basileæ*, *Seb. Heinric-Petri*, 1583, *in-8. v. f.*

4067 Codex vetus, *MSS. in membranis*, in quo continetur: Historia scholastica veteris & novi Testamenti, à Petro (Comestore), Presbytero Trecensi, *in-fol. v. vieux.*

4068 Magistri Petri Comestoris Historia scholastica veteris & novi Testamenti. *Argentinæ*, 1515, *in-fol. v. m.*

4069 Eusebii Pamphili Ecclesiasticæ Historiæ Libri X; nec-non ejusdem de Vitâ Imperatoris Constantini Libri IV, gr. & lat. ex editione & cum notis Henrici Valesii. *Parisiis, Antonius Vitré*, 1659, *in-fol. v. br.*

4070 Theodoriti, Episcopi Cyri, & Evagrii Scholastici, Historia Ecclesiastica gr. & lat. ex editione & cum notis Henrici Valesii. *Parisiis, Petrus le Petit*, 1673, *in-fol. v. br.*

4071 Socratis Scholastici, & Hermiæ Sozomeni Historia Ecclesiastica gr. & lat. ex editione & cum annotationibus Henr. Valesii. *Parisiis, Ant. Vitré*, 1668, *in-fol. v. br.*

4072 Cassiodori Historia Ecclesiastica Tripartita, Theodorici, Socratis & Sozomeni. *Editio*

HISTOIRE.

vetus absque ullâ loci & anni indicatione, sed Typis excusa circà annum 1475, *in-fol. v. m.*

4073 Eusebii, Cæsariensis, Historia Ecclesiastica, ex interpretatione Ruffini, Præsbyteri Aquilegiensis. *Mantuæ, per Johan. Schallum*, anno 1479, *in-fol. mar. r.*

4074 Eadem Eusebii, Cæsariensis, Historia Ecclesiastica, correcta & emendata per Goffredum Boussardum. *Parisiis, Petrus Levet,* 1497. == Cassiodori de Regimine Ecclesiæ primitivæ Historia tripartita, ex Socrate, Sozomeno, & Theodorico; è græco latinè reddita. *Editio vetus absque loco & anno, in-4. gotiq. v. f.*

4075 Les X Livres de la Mémoire des choses chrétiennes tirés de l'Histoire Ecclésiastique d'Eusébe, &c. & mis en abrégé par Haymo, Evesque de Halberstat, & trad. en françois par Guy Gaussart. *Paris, Guill. Chaudiere,* 1573, *in-*8. *v. m.*

4076 L'Histoire Ecclésiastique translatée de latin en françois, par Messire Claude de Seyssel. *Paris, Vivant Gaultherot, sans date, in-*8. *gotiq. baz.*

4077 Histoire de l'Eglise, depuis J. C. jusqu'à l'an DCCXCIX, par Messire Ant. Godeau, Evesque de Vence. *Paris, (Hollande),* 1680, 6 *vol. in-*12. *v. f*

4078 Histoire de l'Eglise & de l'Empire, depuis la naissance de J. C. jusqu'à présent, par Jean le Sueur. *Genêve, Herman Widerhold,* 1674, 4 *vol. in-4. mar. r.*

4079 Abrégé des Annales Ecclésiastiques de César Baronius, faict en Italien par François Panigarole, Evesque d'Aste, & trad. en françois par Philippe de Pellevé, Seigneur de Rébès. *Paris, Cl. Hulpeau*, 1627, *in*-4. *v. m.*

I I.

Histoire Ecclésiastique particuliere, c'est-à-dire distinguée par ordre d'Eglises & de Nations.

§ 1. *Histoire Ecclésiastique de l'Eglise Latine ou Occidentale, avec les Traités particuliers qui y ont rapport.*

4080 Mémoires pour servir à l'Histoire Ecclésiastique, depuis l'année 1728, jusques & compris 1765. *Utrecht*, 1735 *& ann. suiv.* 19 vol. *in*-4. *v. m.*

§ 2. *Histoire Ecclésiastique d'Italie.*

4081 Histoire des choses mémorables passées en la ville de Rome, l'an du grand Jubilé, 1575, trad. du latin en françois. *Lyon, Benoist Rigaud*, 1578, *in*-8. *v. m.*
4082 Joannis Tomci, Marnavitii Bosnensis, Regiæ Sanctitatis Illyricanæ Fœcunditas. *Romæ, Typis Vaticanis*, 1630. ⸺ Urbani Papæ II, Constitutio contrà Astrologos Judiciarios qui de statu Reipublicæ Christianæ, vel Sedis Apostolicæ, seu Vitâ Romani Pontificis aut ejus consanguineorum judicia facère, &c. *Romæ*, 1631. ⸺ Constitutio Sixti V, Papæ, contrà exercentes Astrologiæ judiciariæ Artem. *Romæ*, 1585, *in*-4. *vélin.*

F ij

4083 Antonii Caraccioli, de Sacris Ecclesiæ Neapolitanæ Monumentis Liber singularis; in quo pleraque in eâ, à primævâ ipsius per Apostolorum Principem institutione usque ad ann. Christi ferè nongentesimum gesta narrantur, illustrantur, & ad veritatem Historicam revocantur; operâ & studio Francisci Bolviti, Neapolitani. *Neapoli, Beltranus,* 1645, *in-fol. v. f.*

4084 Jo. Ant. Castellionæi, Antiquitates Mediolanenses, ex urbis Parœciis collectæ, ichnographicis ipsarum tabulis recentibus, rerum Memoriis, variis Ecclesiasticis ritibus auctæ & illustratæ. *Mediolani, Joann. Bapt. Bidell,* 1625, *in-4. v. f.*

§ 3. *Histoire Ecclésiastique de France.*

4085 Dionysii Sammarthani & aliorum Benedictinorum Gallia Christiana, in Provincias Ecclesiasticas distributa; quâ series & Historia Archiepiscoporum, Episcoporum & Abbatum Franciæ, vicinarumque ditionum ab origine Ecclesiarum ad nostra tempora deducitur, & probatur ex authenticis instrumentis ad calcem appositis. *Parisiis, ex Typ. Regiâ,* 1716 & *ann. seqq.* 11 *vol. in-fol. v. m.*

4086 Germani Millet, Monachi S. Dionysii, Ord. S. Benedicti, vindicata Ecclesiæ Gallicanæ de suo Areopagitâ Dionysio gloria. *Parisiis, Dion. Béchet,* 1638, *in-8. v. m.*

4087 Description de l'Eglise royale des Invalides, avec des figures en taille-douce, des vignettes, cul-de-lampes, &c. *Paris, Impr. Royale,* 1706, *in-fol. G. P. fig. mar. r.*

HISTOIRE.

4088 Martini Marrier, Historia Monasterii S. Martini à Campis. *Parisiis, Seb. Cramoisy*, 1637, *in-4. v. br.*

4089 Flodoardi, Præsbyteri & Canonici Remensis, nec-non Abbatis Monasterii S. Remigii, Historiæ Remensis Ecclesiæ Libri IV, in lucem editi studio & operâ Georgii Colvenerii, cum scholiis & appendice, nec-non Catalogo omnium Archiepiscoporum Remensium. *Duaci, Joann. Bogardus*, 1617, *in-8. v. br.*

4090 Histoire de l'Eglise Métropolitaine de Rheims, composée premierement en latin par Flodoard, jadis Chanoine de cette Eglise, & trad. en françois par Nicolas Chesneau. *Rheims, Jean de Foigny*, 1580, *in-4. mar. r.*

4091 Guill. Marlot Historia Metropolis Remensis. *Insulis, Nic. de Rache*, 1666 & 1679, 2 *vol. in-fol. v. br.*

4092 Table Chronologique de l'Histoire Ecclésiastique de Rheims, par Pierre Cocquault. *Rheims, veuve Fr. Bernard*, 1650, *in-4. vel.*

4093 Les Annales de l'Eglise Cathédrale de Noyon, jadis dite de Vermand, avec des recherches sur les Vies des Evesques & autres monumens du Diocèse, par Jacq. le Vasseur. *Paris, Robert Sara*, 1633, 2 *vol. in-4. v. f.*

4094 Li-Huns en Sang-Ters; ou Discours de l'antiquité, priviléges & prérogatives du Monastere de Li-Huns, vulgairement Li-Hons en Sang-Ters, situé près Roye en Picardie, originairement de l'Ordre de S. Benoist, & depuis incorporé sous le titre de Doyenné Prieuré en l'Ordre de Cluny, par Sébastien Rouillard. *Paris, Jean Barbote*, 1627, *in-4. v. m.*

HISTOIRE.

4095 Nicolai Camuzat., Tricassini, Promptuarium sacrarum antiquitatum Tricassinæ Diœcesis, in quo præter seriem historicam Tricassinorum Præsulum ; origines præcipuarum Ecclesiarum, vitæ etiam Sanctorum qui in eâdem Diœcesi floruerunt, continentur. *Aug. Trecarum*, *Natalis Moreau*, 1610, *in-8. v. m.*

4096 Dissertation historique & critique sur l'origine & l'ancienneté de l'Abbaye de S. Bertin, & sur la supériorité qu'elle avoit autrefois sur l'Eglise de S. Omer. *Paris*, *Jacq. Guérin*, 1737, *in-12. v. m.*

4097 Chronicon Cameracense & Atrebatense, sive Historia utriusque Ecclesiæ à Balderico Noviomensi & Tornacensi Episcopo, conscripta, & nunc in lucem edita, cum notis Georgii Colvenerii. *Duaci*, *Joannes Bogardus*, 1615, *in-8. v. br.*

4098 Chronologie historiale des Archevesques de Rouen, par Jean Dadré. *Rouen*, *Jean Crevel*, 1618, *in 8. v. m.*

4099 Requeste & Mémoire présenté au Roi pour Jacques Nic. Colbert, Archevêque de Rouen, contre Claude de St. George, Archevêque de Lyon, au sujet de la Primatie, prétendue par l'Archevêque de Lyon dans la Province de Normandie, avec les réponses & autres piéces concernant ce Procès. *Paris*, 1698, 2 vol. *in-fol. v. m.*

4100 Les Vies des Evesques du Mans, avec plusieurs belles remarques sur la Chronologie, par le Pere Dom Jean Bondonnet, Religieux Bénédictin. *Paris*, *Edme Martin*, 1651, *in-4. vélin.*

HISTOIRE. 47

4101 Relation abrégée de la Mission de Châlons-sur-Saone, en 1745. *Lyon, Aymé de la Roche, 1746, in-4. relié en carton.* } 1.

4102 L'auguste Basilique de l'Abbaye royale de Sainct Arnoul de Metz, de l'Ordre de S. Benoist; où sont contenuës les Bulles, Fondations & Priviléges octroyés à cette Abbaye par les Evesques, Papes, Princes & Empereurs, avec les preuves par André Valladier. *Paris, Pierre Chevalier, 1615, in-4. v. m.* — 1. 4.

4103 Joannis Maan Historia Sanctæ & Metropolitanæ Ecclesiæ Turonensis. *Aug. Turonum, 1667, in-fol. bazane.* — 2. 8.

4104 Defense des Priviléges de la noble & insigne Eglise de S. Martin de Tours, contre MM. Matthieu Isoré d'Hervault, Archevêque de Tours, avec autres Piéces relatives au Procès. *Paris, 1708, in-fol. v. m.* — 2. 3.

4105 Histoire des Evesques de Poictiers, avec les preuves, par Jean Besly. *Rouen, Robert Bertault, 1647, in-4. mar. vieux.* — 2. 11.

4106 Les Antiquités historiques de l'Eglise royale de S. Aignan d'Orléans, par le sieur R. Hubert. *Orléans, Gilles Hotot, 1661, in-4. v. f.*

4107 Petri de Marca Dissertatio de Primatu Lugdunensi, nec-non de cæteris Galliarum Primatibus. *Parisiis, vid. Joann. Camuzat, 1644, in-8. v. m.* — 2.

4108 Histoire Ecclésiastique du Diocèse de Lyon, traitée par la suite chronologique des Vies des Archevesques, Comtes de Lyon & Primats de France, avec les plus mémorables antiquités de la très illustre Eglise Cathédrale, — 2. 11.

de toutes les Collégiales, Abbayes, Prieurés, &c. avec les preuves & le Catalogue des Bénéfices, par Jean Marie de la Mure. *Lyon, Marcelin Gautherin,* 1671, *in-4. baz.*

4109 Les Masures de l'Abbaye royale de l'Isle-Barbe-lès-Lyon ; ou Recueil historique de tout ce qui s'est fait de plus mémorable en cette Eglise depuis sa fondation jusqu'à présent ; avec le Catalogue de tous ses Abbés, tant réguliers que séculiers, & les généalogies & preuves de Noblesse de tous ceux qui ont été reçus dans cette Abbaye, par Claude le Laboureur. *Lyon, Cl. Galbit,* 1665, *& Paris, Jean Couterot,* 1681, *2 tom. en un vol. in-4, v. f.*

4110 Histoire de l'Eglise Métropolitaine & Primatiale de Saint André de Bourdeaux, où il est traité de la noblesse, droits, honneurs & prééminences de cette Eglise, avec l'Histoire de ses Archevesques, & le Pouillé des Bénéfices du Diocèse, par Hiérome Lopès. *Bourdeaux, G. de la Court,* 1668, *in-4. v. m.*

4111 Histoire des Evesques de Nismes, où l'on voit ce qui s'est passé de plus mémorable dans cette Ville pendant leur Episcopat, par rapport à la Religion ; par M. Ménard. *La Haye, P. Gosse,* 1737, *2 vol. in-12. v. éc.*

4112 Joannis Plantavitii de la Pause, Episcopi Lodovensis, Chronologia Præsulum Lodovensium. *Impr. anno* 1634, *in-4. v. m.*

4113 Histoire de l'Eglise Angélique de Notre-Dame du Puy, composée par le R. P. Théodore, Prêtre & Religieux Hermite de St. Jean Baptiste. *Au Puy, Ant. de la Garde,* 1693, *in-8. baz.*

4114

HISTOIRE.

4114 De l'eſtat de l'Egliſe du Périgord depuis le Chriſtianiſme, par le Pere Jean Dupuis, Récolet. *Périgueux, Pierre & Jean Dalluy*, 1629, *in-4. v. m.* — 9.

4115 Hiſtoire de la Sainte Egliſe de Vienne, contenant la vie & les actions remarquables des 106 Archeveſques qui en ont tenu le Siége depuis l'an 62 de J. C. qu'elle fut fondée par S. Creſcent, Diſciple de S. Paul, juſqu'en 1708; par M. Drouet de Maupertuy. *Lyon, Jean Certe*, 1708, *in-4. v. br.* — 2. 8.

4116 Hiſtoire de la Sainte Egliſe de Vienne en Dauphiné, par C. Charvet. *Lyon, Cizéron*, 1761, *in-4. fig. v. m.* — 2. 11.

4117 Les Antiquités de l'Egliſe de Valence, avec des réflexions ſur ce qu'il y a de plus remarquable dans ces antiquités, par Jean de Catellan. *Valence, Jean Gilibert*, 1724, *in-4. v. br.* — 1. 10.

4118 R. P. Joannis, Columbi Manuaſcenſis, è Soc. Jeſu, de rebus geſtis Valentinorum & Dienſium Epiſcoporum Libri IV, nec-non ejuſdem Authoris Liber ſingularis de Catholicitate Joannis Monlucii, Valentini & Dienſis Epiſcopi. *Lugduni, Jonas Gautherin*, 1638, & 1640, *in-4. v. m.* — 1. 4.

4119 Recherches des ſainctes Antiquités de la Voſge, par Jean Ruyr. *Eſpinal, Ambroiſe Ambroiſe*, 1633, *in-4. v. f.* — 3. 12.

4120 Les Tableaux ſacrés de la Gaule Belgique, contenant l'ordre & ſuite des Papes & de tous les Eveſques des Pays-Bas, avec les Saints qui ſont honorés en tous leurs Dioceſes, & la Bibliotheque des Théologiens & autres Ecri- — 6. 10.

Tome II. G

vains célebres, anciens & modernes de ces Pays, par Guill. Gazet. *Arras, Guill. de la Riviere*, 1610, *in-8. v. m.*

§ 4. *Histoire Ecclésiastique d'Angleterre, d'Ecosse & d'Irlande.*

4121 Jacobi Usserii Antiquitates Ecclesiarum Britannicarum ; quibus inserta est pestiferæ adversùs Dei gratiam à Pelagio Britanno, in Ecclesiam inductæ Hæreseos Historia. *Dublinii*, 1639, *in-4. v. m.*

4122 Ejusdem Jacobi Usserii, Archiepiscopi Armachani, Opuscula duo, nùnc primum latinè edita, quorum alterum est de Episcoporum & Metropolitanorum origine, alterum de Asiâ proconsulari ; accessit veteris Ecclesiæ Gubernatio Patriarchalis ab Edwardo Brerewood descripta ; & præmittitur Appendix de Antiquâ Ecclesiæ Britannicæ libertate & privilegiis. *Londini, Samuel Smith*, 1687, *in-8. v. f.*

4123 Venerabilis Bedæ Historiæ Ecclesiasticæ Gentis Anglorum Libri V, unà cum reliquis ejusdem Authoris operibus historicis, in unum collectis curâ & studio Joannis Smith. *Cantabrigiæ, Typis Academicis*, 1722, *in-fol. C. M. vélin.*

4124 Joannis Juelli, Episcopi olìm Salisburiensis, Apologia Ecclesiæ Anglicanæ latinè conscripta, cum versione græca Joh. Smith. *Oxonii, Guill. Turner*, 1639, *in-8. v. f.*

4125 Innocentia & Constantia Victrix ; sive Commentariolus de vitæ ratione & marty-

HISTOIRE.

rio XVIII Carthusianorum, qui in Angliæ Regno sub Henrico VIII, ob Ecclesiæ defensionem & nefarii Schismatis detestationem crudeliter trucidati sunt ; conscriptus à Franc. Mauricio Chancæo, Anglo, & editus à Simone Weissero, Carthusiano. *Impr. anno 1608, in-8. fig. v. f.*

4126 Henrici Wharton Historia de Episcopis & Decanis Londinensibus, nec-non de Episcopis & Decanis Assavensibus, à primâ Sedis utriusque fondatione ad ann. 1540, cum appendicibus. *Londini, Rich. Chiswell,* 1695, *in-8. v. br.*

4127 Edicta duo Elizabethæ, Reginæ Angliæ, contrà Sacerdotes Soc. Jesu, & alumnos Seminariorum, quibus non solum illi ut perduelles conscribuntur, sed Angli omnes qui in iisdem Collegiis vivunt revocantur : unâ cum Apologiâ D. Gulielmi Alani pro iisdem Sacerdotibus Soc. Jesu, & Admonitione Christianâ ad afflictos Catholicos Angliæ. *Aug. Treviror. Edm. Hatotus,* 1583, *in-8. v. m.*

4128 Les trois Livres du Docteur Nicolas Sanders, contenant l'origine & progrès du Schisme d'Angleterre, esquels est descrite une Narration ou Histoire Ecclésiastique depuis le temps de 60 ans, pitoyable certes & calamiteuse, avec les augmentations de Edouard Rishton, & trad. en françois. *Impr. en* 1587, *in 8. v. br.*

4129 Considérations politiques & historiques sur l'établissement de la Religion Prétendue Réformée en Angleterre. *Paris, Panckoucke,* 1765, *in-12. broché.*

HISTOIRE.

§ 5. *Histoire Ecclésiastique d'Allemagne, des Pays-Bas, &c.*

4130 Caroli Carafæ, Episcopi Aversani, Commentaria de Germaniâ sacrâ restauratâ sub summis Pontificibus Gregorio XV, & Urbano VIII, regnante Imper. Ferdinando Secundo : accedunt Decreta, Diplomata & Privilegia aliqua, quæ in favorem Religionis Catholicæ & Catholicorum in Germaniâ emanârunt. *Coloniæ Agrippinæ, Corn. ab Egmond, 1639, in-8. v. f.*

4131 Basilea Sacra, sive Episcopatûs & Episcoporum Basileensium Origo ac Series. *Bruntruti, Joann. Henr. Straubhaar, 1658, in-8. mar. r.*

4132 M. Justini Pertuchii, Rectoris Monast. Tenstadiensis, Chronicon Portense, in quo continentur veteris Portæ Fundatio, Translatio, Abbates, Indulgentiæ, &c. *Lipsiæ, Jac. Apelius, 1612, 2 tom. en un vol. in-4. fig. v. br.*

4133 Defensio Abbatiæ Imperialis S. Maximini per Nicolaum Zyllesium ejusdem Abbatiæ officiorum Præfectum supremum, quâ respondetur Libello contra præfatam Abbatiam ab Authore anonymo, anno 1633 Treviris edito. *Ediderunt Religiosi fratres Imper. Monast. S. Maximini juxtà muros Trevirenses, anno 1638, in-fol. vélin bl.*

4134 Joann. Chrysostomi Vandersterre, Vita S. Norberti Canonicorum Præmonstratensium Patriarchæ, Magdeburgensium Archiepiscopi, totius Germaniæ Primatis, & Antverpiensium

HISTOIRE.

Apoſtoli, cum notis R. D. Polycarpi de Hertoghe. *Antverpiæ, ex Offic. Plantinianâ,* 1656, *in-*8. *v. br.*

4135 Arnoldi Raiſſii, Duacenatis, Belgica Chriſtiana; ſive Synopſis ſucceſſionum & geſtorum Epiſcoporum Belgicæ Provinciæ. *Duaci, Barth. Bardou,* 1634, *in-*4. *v. f.*

4136 Hiſtoire Eccléſiaſtique du Pays-Bas, contenant l'ordre & ſuite de tous les Eveſques & Archeveſques de chacun Diocèſe, avec un riche Recueil de leurs faicts plus illuſtres, & les fondations des Egliſes, Abbayes, Prieurés, Monaſtéres, Colléges, &c. par Guill. Gazet, & miſe au jour par Guillaume Moncarré. *Arras, Guill. de la Riviere,* 1614, *in-*4. *v. br.*

4137 Joann. Lindebornii Hiſtoria ſive Notitia Epiſcopatûs Daventrienſis, ex Eccleſiarum membranis, Monaſteriorum tabulis authenticis, annotatis & claſſicis Authoribus eruta, ac publici juris facta. *Coloniæ Agrippinæ, Joach. à Metelen,* 1670, *in-*8. *v. f.*

4138 Joannis Molani Militia ſacra Ducum & Principum Brabantiæ, cum annotationibus Petri Louwii Sylvæducencis. *Antverpiæ, Vid. & Joann. Moretus,* 1592, *in-*8. *v. m.*

§ 6. *Hiſtoire Eccléſiaſtique des Pays & des Régions étrangeres, avec l'Hiſtoire des Miſſions entrepriſes pour la propagation de la Foi.*

4139 Antiquitates Eccleſiæ Orientalis Diſſertationibus epiſtolicis enucleatæ, & à diverſis Authoribus conſcriptæ, cum Vitâ Joannis

Morini. *Londini*, *Geo. Wells*, 1682, *in-8.*
vel.

4140 Clementis Galani Historia Armena ecclesiastica & politica. *Coloniæ*, anno, 1686, *in-8. v. f.*

4141 Eutychii Ægyptii, Patriarchæ Orthodoxorum Alexandrini, Scriptoris ut in Oriente admodùm vetusti ac illustris, ità in Occidente tùm paucissimis visi, tùm perrarò auditi, Ecclesiæ suæ origines : ex ejusdem Arabico sermone in linguam latinam nunc primùm editæ cum Commentario Joannis Seldeni. *Londini*, *Rich. Bishop*, 1642, *in-4. v. f.*

4142 Défense de l'Histoire des Patriarches d'Alexandrie & de la collection des Liturgies Orientales, contre un Ecrit intitulé *Défense de la Mémoire de feu M. Ludolf*, par Eusébe Renaudot. *Paris*, *J. Bapt. Coignard*, 1717, *in-12. v. br.*

4143 Thomæ Smith, Presbyteri Oxon. de Ecclesiæ Græcæ statu hodierno, Epistola. *Oxonii*, *e Theatro Sheldoniano*, 1676, *in-8. v. br.*

4144 Beati Victoris, Episcopi Patriæ Uticensis, Historia persecutionum quas in Aphricâ olim circa D Augustini tempora Christiani perpessi sunt, sub Genserycho & Hunerycho Vandalorum Regibus. *Coloniæ*, *Eucharius*, 1537, *in-8. v. m.*

4145 Josephi Acosta, Soc. Jesu, de promulgando Evangelio apud Barbaros, sive de procurandâ Indorum salute Libri VI. *Lugduni*, *Laurentius Anisson*, 1670, *in-8. v. f.*

4146 Justi Heurnii, Admonitio de Legatione evangelicâ apud Indos capessendâ. *Lugd. Ba-*

tav. ex Offic. Elzeviriana, 1718, in-8. v. f.
4147 Requeste rémonstrative addressée au Roi d'Espagne sur la conversion du nouveau Mexico, par Jean de Santander & Alphonse de Bénavidès, trad. de l'espagnol en françois par feu François Paludanus, Religieux de l'Ordre de S. François. *Bruxelles, Franç. Vivien*, 1631, *in-12. v. f.*
4148 Mémoires & Instructions chrétiennes sur le sujet des Missions étrangeres, & particuliérement de celles qui se font en Turquie & autres pays du Levant. *Paris, Pierre de Bresche*, 1644, *in 8. v. f.*
4149 Epistolæ indicæ & japonicæ de multarum Gentium ad Christi fidem per Soc. Jesu conversione : *Item*, de Tartarorum potentiâ & moribus, nec-non de totius penè Asiæ Religione. *Lovanii, Rutgerus Velpius*, 1570, *in-8. v. f.*
4150 Sancti Francisci Xaverii Epistolarum Libri IV, latinitate donati à Petro Possino, & omnibus Operariis Evangelicis perutiles. *Lugduni, Ant. Molin*, 1682, *in-12. v. br.*
4151 Lettres du Bienheureux Pere Sainct François Xavier, de la Compagnie de Jésus, Apôtre du Japon, trad. en françois. *Paris, Seb. Cramoisy*, 1628, *in-8. v. m.*
4152 La Syrie Sainte, ou l'Histoire des Missions de la Compagnie de Jésus en Syrie, par le Pere Joseph Besson. *Paris, Jean Hénault*, 1660, *in-8. v. m.*
4153 Nicolai Trigautii, Belgæ, Soc. Jesu, de christianâ Expeditione apud Sinas susceptâ à Patribus Societ. Jesu, Libri V, ex P. Matthæi

Riccii Commentariis excerpti ; in quibus Sinensis Regni Mores, Leges atque Instituta & novæ illius Ecclesiæ difficillima primordia accuratè & fideliter describuntur. *Augustæ, Vindel. Christoph. Mangius*, 1615, *in-*4. *v. m.*

4154 Nouvelle Histoire de la Chine, ou, la Mort de la Reyne Mere du Roi de la Chine, les Cérémonies qui se firent à ses funérailles, & les dernieres guerres que les Chinois ont eues contre les Tartares sont fidélement racontées, avec le progrès que les Peres de la Compagnie de Jésus ont fait faire à la Religion Chrétienne en ces quartiers, trad. de l'espagnol de D. Francisco Herrera Maldonado, en françois par Belle-Fleur Percheron. *Paris, Veuve Chastellain*, 1622, *in-*8. *v. f.*

4155 Relacion de la Entrada de algunos Padres de la Compañia de Jesus en la China, y de cosas muy notables que vieron en el mismo Regno, por Estevan de Villareal. *En Valencia, Juan Chrysostomo Garriz*, 1606, *in-*8. *v. f.*

4156 Cultura Evangelica en el Imperio de la China por los Religiosos de la Compañia de Jesus, compuesta por el Padre Alvaro Semmedo, e publicada por Manuel de Faria y Sousa. *En Madrid, Juan Sanchez*, 1642, *in-*4. *v. f.*

4157 Brevis Japaniæ Insulæ Descriptio, ac rerum quarumdam in eâ mirabilium à Patribus Soc. Jesu nuper gestarum Narratio : *Item*, Insigne quoddam Martyrium quod in Aphricâ quidam pro Christianâ Religione Catholicâ invictâ constantiâ subiit. *Colon. Agripp. ex Offic.*

Offic. Birckmannicâ, 1582, *in-*8. *v. f.*

4158 Narratio Persecutionis adversùs Christianos excitatæ in variis Japoniæ Regnis ann. 1628, 1629 & 1630, italicè conscripta per Andream Palmerium, Sacerd. Soc. Jesu, & latinè reddita à quodam ejusd. Soc. Jesu Sacerdote. *Antverpiæ, Joann. Meursius*, 1635, *in-*8. *v. f.*

4159 Relationes de Morte gloriosâ novem Christianorum Japonensium, qui pro fide catholicâ in Regno Fingensi Sassumano & Firandensi occubuerunt. *Moguntiæ, ex Offic. Joann. Albini*, 1612, *in-*8. *vel.*

4160 Triunfo de la Fée en los Reynos del Japon, por los annos de 1614 & 1615, por D. Lope de Vega Carpio. *En Madrid, Viuda de Alonzo Martin*, 1618, *in-*12. *v. m.*

4161 Conquista espiritual hecha por los Religiosos de la Compañia de Jesus, en las Provincias del Paraguay, Parana, Uruguay y Tape, escritta por el Padre Antonio Ruiz, de la misma Compañia. *En Madrid, en la Emprenta del Reyno*, 1639, *in-*4. *v. f.*

4162 Relacion Historial de las Missiones de los Indios que llaman Chiquitos, que estan à cargo de los Padres de la Comp. de Jesus de la Provincia del Paraguay, por el Padre Juan Patricio Fernandez. *En Madrid, Manuel Fernandez*, 1726, *in-*4. *vel.*

4163 Histoire de ce qui s'est passé en Ethiopie, Malabar, Brasil & ès Indes Orientales, tirée des Lettres escrites ès années 1620 jusqu'à 1624, addressée au R. P. Mutio Vitelleschi, Général de la Compagnie de Jésus, trad. de

Tome II. H

l'italien en françois par le Pere Jean Darde, Jésuite. *Paris, Seb. Cramoisy*, 1628, *in-8. vel.*

4164 Relation de ce qui s'est passé en la nouvelle France, en l'ann. 1638, envoyée au Pere Provincial de la Compagnie de Jésus en la Province de France, par le R. Pere Paul le Jeune. *Paris, Seb. Cramoisy*, 1638, *in-8. v. m.*

III.

Histoire Catholique & Pontificale.

§ 1. *Histoire générale & particuliere des Conciles.*

4165 Leonis Allatii in Roberti Creyghtoni apparatum, versionem & notas ad Historiam Concilii Florentini scriptam à Sylvestro Syropulo, de unione inter Græcos & Latinos, Exercitationes. *Roma, excud. Mascardus*, 1665, *in-4. v. f.*

4166 Historia del Concilio Tridentino, nella quale si scoprono tutti gli artificii della Corte di Roma per impedire che né la verita di Dogmi si palesasse, né la riforma del Papato & della Chiesa si trattasse, di Pietro Soave Polano, con la Epistola dedicatoria del Arcivescovo Antonio de Dominis. *In Londra, Giovan Billio*, 1619, *in-fol. mar. r.*

4167 Histoire du Concile de Trente escrite en italien par Fra. Paolo Sarpi, & trad. en françois, avec des notes critiques, historiques & théologiques par Pierre Franç. le Courayer. *Amsterdam, Jean Westein*, 1736, 2 *vol. in-4. v. f.*

4168 Cæsaris Aquilinii, Dissertatio de tribus Historicis Concilii Tridentini. *Amstelodami, Elizeus Weyerstraten*, 1662, *in-*8. *v. f.*

§ 2. *Histoires & Vies des Papes, avec l'Histoire des Conclaves, & les Dissertations singulieres qui ont été faites principalement au sujet de la Papesse* JEANNE.

4169 Joannis Ciampini, Romani, Examen Libri Pontificalis, sive vitarum Romanorum Pontificum, qui sub nomine Anastasii Bibliothecarii circumferuntur. *Romæ, Joann. Jac. Komarek*, 1688, *in-*4. *broché.*

4170 Bapt. Platinæ Liber de Vitis Summorum Pontificum à S. Petro ad Sixtum IV, Pont. Max. *Venetiis, per Joann. Vercellensem, anno* 1485, *in-fol. v. m.* (*litteris quadratis*).

4171 Joann. Stellæ, Sacerdotis Veneti, Opus de vitis ac gestis Summorum Pontificum ad Julium II, Pont. Max. deductum, & fideliter impressum juxtà Exemplar editum Basileæ, anno 1507. *Impr. anno* 1650, *in-*12. *v. m.*

4172 L'Histoire & la Vie des Papes, depuis S. Pierre jusqu'à Clément X, recueillie des Auteurs anciens & modernes. *Lyon, Franç. Comba*, 1680, *in-*12. *baz.*

4173 Vita Sancti Leonis IX Papæ, Leucorum anteà Episcopi, Authore coëtaneo Wiberto, Archidiacono. *Lutet. Parisiorum, Seb. Cramoisy*, 1615. === Vita Sancti Caroli Comitis Flandriæ, Martyris, ab Authore coëtano Fr. Gualtero, Tarvanensis Ecclesiæ Canonico. *Ibid.* 1615, *in-*8. *relié en carton.*

H ij

HISTOIRE.

1. 4174 La Vie du Pape Pie V, tirée des meilleurs Autheurs par le Pere Thomas Moniot. *Bruxelles, Franç. Foppens, 1672, in-12. v. br.*

2. 4175 Histoire du Pape Clément XI, par M. Réboulet. *Avignon, Cl. de Lorme, 1752, 2 tom. en un vol. in-4. v. m.*

1. 6. 4176 Histoire de la Papesse Jeanne, trad. du latin de M. de Spanheim en françois par M. l'Enfant. *Cologne, 1694, in.12. v. f.*

1. 14. 4177 Erreur populaire de la Papesse Jeanne. *Impr. en 1588, in-12. baz.*

2. 1. 4178 Erreur populaire de la Papesse Jeanne, par Florimond de Raemound. *Lyon, Benoist Rigaud, 1595, in-8. v. m.*

1. 11. 4179 Traicté singulier de tout ce qui s'observe en la Cour de Rome, tant par le Saint Pere que par les Cardinaux, touchant les Cérémonies des Chapelles, Consistoires, Visites, grand Jubilé, Vacance du S. Siége, &c. par F. Tantouche. *Paris, Jean Ballagny, 1623.* ⹀ Des Suscriptions, Tiltres & soubscriptions dont les Cardinaux ont accoutumé d'user, escrivant en italien, par le même. *Paris, 1623, in-12. relié en carton.*

16. 4180 Relation de la Cour de Rome, faite l'an 1661 au Conseil du Prégadi par l'Excell. Seigneur Angelo Corraro, Ambassadeur de la République de Vénise auprès du Pape Alexandre VII. *Leyde, Almarigo Lorens, 1663, in-12. vel.*

§. 3. *Histoire des Cardinaux.*

4181 Purpura Docta, seu Vitæ, Legationes,

HISTOIRE.

Res gestæ, Obitus aliaque memoratu digna Cardinalium qui ingenio, doctrinâ, eruditione & scriptis ab anno redemptionis humanæ 540 usque ad ætatem nostram inclaruêre; desumpta ex Alphonso Ciaconio, Andreâ Victorello, Aug. Oldoino, aliisque præst. Scriptoribus, ac monimentis variis, &c. cum notis Georg. Josephi Eggs. *Monachii, Joann. Jac. Remy*, 1714, *3 vol. in-fol. v. f.*

4182 Compendio de la Vida y Hazanas del Cardinal Don Fray Francisco Ximenes de Cisneros, y del Officio y Missa Muzarabe, por Eugenio de Robles. *En Toledo, Pedro Rodriguez*, 1604, *in-4. mar. c.*

4183 Ludov. Donii d'Attichy, de Vitâ & Rebus gestis Cardinalis Petri Berulli, Congregationis Oratorii D. N. J. C. in Galliâ Fundatoris, Libri duo. *Parisiis, Sebastianus Cramoisy*, 1649, *in-8. relié en carton.*

4184 La juste Balance des Cardinaux vivans, dans laquelle la principale partie de leurs actions, leur naissance, leurs intérêts, puissance, leurs richesses, leurs charges & dignités; leurs vertus, mérites & défauts sont représentés, trad. de l'italien en françois. *Paris, Edme Pépingué*, 1652, *in-12. v. br.*

I V.

Histoire Monastique & des Ordres Religieux & Militaires.

§ 1. *Histoire Monastique des différens Ordres, de S. Benoist, de Cluny, des Camaldules, des Chartreux, de S. François, &c.*

4185 Cleri totius Romanæ Ecclesiæ subjecti, seu Pontificiorum omnium Ordinum omninò utriusque sexûs Habitus, artificiosissimis figuris quibus Francisci Modii singula octosticha adjecta sunt, nunc primùm à Judoco Ammanno expressi; addito Libello singulari ejusdem Fr. Modii Brugensis, in quo cujusque Ordinis Ecclesiastici origo, progressus, & vestitûs ratio breviter ex variis historicis delineatur, *Francoforti, Sig. Feyrabendius,* 1585, *in-*4, *v, m.*

4186 Lucæ Eremitæ, Hispani, Romualdina, seu Eremitica Montis Coronæ Camaldulensis Ordinis Historia, in V Libros partita. *In Eremo S. Mariæ de Ruah, in agro Patavino,* 1587, *in-*8. *v. f.*

4187 Archangeli Hastivillii, Romualdina, seu Eremitica Camaldulensis Ordinis Historia, in duos Libros partita. *Parisiis, Seb. Cramoisy,* 1631, *in-*8. *v. m.*

4188 Joannis de la Mainferme, Præsbyteri, Clypeus nascentis Fontebraldensis Ord. contrà priscos & novos ejus calumniatores; in quo agitur de beato Roberto Arbrissellensi & alum-

nis ejus. *Parisiis*, *vid. Georg. Josse*, 1684,
3 *vol. in-8. v. br.*

4189 Michaëlis Cosnier, Sacerdotis Pictavensis, Opuscula duo; quorum primus de vitâ Roberti de Arbresello Fontebraldensis Ordinis Institutoris tractat; secundus verò, quæstiones aliquot de potestate Abbatissæ continet, cum notis. *Flexiæ*, *Georg. Griveau*, 1641, *in-4. v. m.*   1. 10.

4190 Auberti Miræi, Bruxellensis, Chronicon Ordinis Cistercienfis. *Coloniæ Agrippinæ*, *Bernard Gualtherus*, 1614, *in-8. v. m.*   1. 12.

4191 Philippi à Sanctiss. Trinitate, Carmelitæ discalceati, Historia Carmelitani Ordinis; in quâ ejus fondatio, successio, progressus ac variæ vicissitudines describuntur. *Lugduni*, *Ant. Jullieron*, 1656, *in-8. v. m.*   1.

4192 Histoire des Hommes illustres de l'Ordre de S. Dominique, c'est-à-dire, des Papes, des Cardinaux, des Prélats, des célebres Docteurs & des autres grands personnages qui ont le plus illustré cet Ordre, par le Pere Antoine Touron. *Paris*, *Babuty*, 1743 & *ann. suiv.*   23. 1.
6 *vol. in-4. v. m.*

4193 Sommaire de l'Histoire des Freres Mendians des deux Ordres de S. Dominique & de S. François. *Amsterdam*, *Compagnie*, 1734,   3.
in-12. v. m.

4194 Chronique & institution de l'Ordre du Pere Sainct François, c'est-à-dire, des Freres Mineurs, trad. en françois, par D. Santeul.   12.
Paris, 1600, 4 *vol. in-4. v. f.*

4195 Histoire générale de l'Ordre sacré des Minimes, composée par le R. P. Louis Donyd'Attichy. *Paris, Seb. Cramoisy*, 1624, 2 *vol. in*-4. *v. m.*

4196 Les Annales des Freres Mineurs Capucins, trad. en françois par le Pere Antoine Calufe. *Paris, de Bats*, 1675, 2 *vol. in-fol. v. f.*

4197 Les Annales de Freres Mineurs, composées en latin par le R. P. Luc Waddinghes, réduites en abrégé & trad. en françois par le R. P. Sylveftre Caftet. *Tolofe, Guill. Louis Colomiez*, 1680, 8 *tom. en* 4 *vol. in*-4. *v. f.*

4198 Bartholomæi de Pifis, Liber Conformitatum Vitæ S. Francifci ad vitam Domini Noftri J.C. *Mediolani, Zanotus Caftilioneus, anno* 1513, *in-fol. v. f. rare.*
* *Editio incaftrata.*

4199 Hiftoire de l'Ordre de Sainct François, extraite du fameux Livre des Conformités, & trad. en françois. *Genêve, Conrad. Badius*, 1560, *in-*8. *v. m.*

4200 Petri Dorlandi, olim Cartufiæ Prioris, Chronicon Cartufienfe; in quo de Viris fui Ordinis illuftribus, rebufque in eodem præclarè geftis, nec non & admiranda plurimarum Cartufiarum conftructione pertractatur, cum annotationibus Theodori Petraei, Carthufiæ Colonienfis alumni. *Colon. Agrippinæ, Petr. Cholinus*, 1608, *in-*8. *v. br.*

§ 2. *Hiftoire Monaftique des Clercs réguliers & des Congrégations régulieres, Jéfuites, Peres de l'Oratoire, &c.*

4201 Vita & Martyrium Magiftri Thomæ, Prioris

Prioris regalis Abbatiæ S. Victoris Parisiensis, authore Philippo Gourreau. *Parisiis, Car. Savreux*, 1665, *in-*12. *v. f.*

4202 Vita S. Ignatii Loyolæ, fundatoris Soc. Jesu, authore Joanne Petro Maffeio. *Lugduni, Ant. Molin*, 1658, *in-*12. *mar. noir.*

4203 Vita Petri Fabri, qui primus fuit Sociorum B. Ignatii Loyolæ, Soc. Jesu, conscripta à Nic. Orlandino, ex eâdem Societate. *Lugduni, Petrus Rigaud*, 1617, *in-*8. *v. m.*

4204 Imagines Præpositorum Generalium Societatis Jesu, delineatæ & æreis formis expressæ ab Arnoldo van Westherhout ; additâ perbrevi uniuscujusque vitæ descriptione, lat. & ital. conscriptâ à Nicolao Galeotti. *Romæ, Monaldini*, 1751, *in-fol. fig. v. m.*

4205 Augustini Turturæ de vitâ Hieronymi Æmiliani, Congregationis Somaschæ Fundatoris, Libri IV. *Mediolani, Hæredes Pontii*, 1620, *in-*8. *v. m.*

4206 Celsi de Rosinis, Cæsenati, Lyceum Lateranense ; *id est*, Elogia illustrium Scriptorum Ordinis Clericor. Canon. regul. Salvatoris Lateranensis, in quibus eorum Opera edita recensentur, editionesque notantur, cum indicibus. *Cæsenæ, ex Typ. Nerii*, 1649, 2 tom. en un vol. *in-fol. v. br.*

§ 3. *Histoire Monastique des Religieux & Religieuses de différens Ordres.*

4207 Histoire de la fondation de l'Ordre de Notre-Dame de la Mercy, pour la rédemption des Captifs, contenant l'antiquité & excellence

Tome II. I

dudit Ordre, avec des remarques sur les cho-
ses qui y sont arrivées depuis 400 ans, par le
Pere Jean Latomy. *Paris, Séb. Huré*, 1618,
in-12. relié en carton.

4208 Johannis Trithemii, Auberti Miræi, &
Joann. de Carthagena, Tractatus de ortu &
progressu ac viris illustribus Ordinis gloriossi-
mæ Dei Genitricis, semper Virginis Mariæ de
Monte Carmelo, cum aliis quibusdam Opus-
culis. *Coloniæ Agrippinæ, Jodocus Kalckoven*,
1643, *in-8. v. m.*

4209 Histoire de l'establissement & du progrès
du premier Monastere des Religieuses Annon-
ciades Célestes de la ville de Lyon, composée
par la révérende Mere Marie Hiéronisme
Chausse. *Lyon, veuve Chavance*, 1699, *in-4.
bazane.*

4210 Vita & Institutiones beatæ Catharinæ Bo-
noniensis, virginis, Abbatissæ Cænobii Cor-
poris Christi, Bononiæ, Ordinis S. Claræ;
accedit Concio R. P. Christophori Veruchini,
Cappucini, de ejusdem Catharinæ excellentiis,
ex italicâ linguâ in latinam translata à Matthiâ
Thannero. *Friburgi Brisgoiæ*, 1628, *in-8.
v. f.*

§ 4. *Histoire des Monasteres de différens Ordres,
& de diverses Nations.*

4211 Martiniana; id est, Litteræ, Tituli, Cartæ,
Privilegia & documenta fundationis, dotatio-
nis & confirmationis Monasterii seu Prioratûs
Conventualis S. Martini à Campis. *Parisiis,
Nic. Dufossé*, 1606, *in-8. v. f.*

HISTOIRE.

4212 Philippi Brasseur Origines omnium Hannoniæ Cænobiorum, octo Libris digestæ, cum auctario de Collegiatis ejusdem Provinciæ Ecclesiis. *Montibus, Typis Philippi Waudræi,* 1650, *in-8. v. br.*

4213 Rogerii Dodsworth & Guill. Dugdale, Monasticon Anglicanum; sive Pandectæ Cœnobiorum Benedictinorum, Cluniacensium, Cisterciensium, Catthusianorum, à primordiis ad eorum usque dissolutionem, ex MSS. Codd. ad Monasteria olim pertinentibus; Archivis Turrium Londinensis, Eboracensis, Curiarum Scaccarii, Augmentationum, & Bibliothecis diversis digest. *Londini, Richard. Hodgkinsonne,* 1655 & 1673, 3 *vol. in-fol.* mar. r. fig. de Hollar...... rare.

§ 5. *Histoire des Confrairies & des Congrégations de piété.*

4214 Histoire des Flagellans, où l'on fait voir le bon & le mauvais usage des flagellations parmi les Chrestiens, trad. du latin de l'Abbé Boileau en françois. *Amsterdam, Henri du Sauzet,* 1732, *in-12. v. br.*

4215 L'Innocence opprimée par la calomnie, ou l'Histoire de la Congrégation des Filles de l'enfance de Notre Seigneur J. C. *Toulouse, Pierre de la Noue,* 1688, *in-12. v. br.*

4216 L'Institution, indulgences, priviléges & devoirs de la Confrairie du S. Scapulaire de Notre-Dame du Mont Carmel, par le Pere Toussaint de S. Luc. *Paris, Urb. Coustelier,* 1696, *in-16. v. m.*

I ij

§ 6. *Histoire des Ordres Militaires & de Chevalerie.*

1. 12. 4217 Description de l'Isle de Malte & de l'Ordre des Chevaliers de S. Jean de Jérusalem, avec l'état général de cet Ordre fait en 1716. *MSS. sur papier*, *petit in-4. v. br.*

3. 12 4218 Histoire des Chevaliers de l'Ordre de S. Jean de Hiérusalem, contenant leur admirable Institution & Police, la suite des Guerres de la Terre-Sainte, leurs Voyages, Entreprises, &c. avec les Priviléges de cet Ordre, & les Remarques de Fr. A. de Nabérat, trad. en françois par Jean Baudouin. *Paris, Soly, 1629, in-fol. fig. v. f.*

1 6. 10. { 4219 Recueil des Priviléges des Papes, Empereurs, Rois & Princes de la Chrestienté, en faveur de l'Ordre de Hiérusalem, par le Sieur Chevalier des Clozeaux. *Paris, André Chouqueux, 1659, in-4. v. m.*

4220 Le Martyrologe des Chevaliers de S. Jean de Hiérusalem dits de Malte, contenant leurs Eloges, Armes, Blasons, Preuves de Chevalerie & descente généalogique, avec la suite des Grands Maîtres, & le Catalogue des Commanderies, &c. par Matthieu de Gousflancourt, avec figures en taille douce. *Paris, Franç. Noël, 1643, 2 vol. in-fol. fig. mar. r.*

1. 4. 4221 Statuti dell' Ordine de' Cavalieri di S. Stefano, ristampati con aggiunte in tempo del S. Cosimo II, Gran Duca di Toscana & Gran Maestro dell' Ordine. *In Firenze, Pietro Cecconcelli, 1620, in-4. v. m.*

1. 4222 Chronica de las tres Ordenes y Cavalle-

rias de Sanctiago, Calatrava, y Alcantara; en la qual se trata de su origen y succeso, y notables Hechos en Armas de los Maestres y Cavalleros de ellas, compuesta por el Licenciado Frey Francisco de Rades y Andrada. *En Toledo, Juan de Ayala*, 1572, *in-fol. v. m.*

4223 Historia de las Ordeñes Militares de Santiago, Calatrava, y Alcantara, desde su Fundacion hasta el Rey Don Filippe Segundo: Ordeñada por el Licenciado Francisco Caro de Torres. *En Madrid, Gonçales*, 1629, *in-fol. v. br.*

4224 Diffiniciones de la Orden y Cavalleria de Calatrava, conforme al Capitulo general celebrado en Madrid, anno de 1600. *En Valladolid, Sanchez*, 1603, *in-fol. v. f.*

4225 Difiniciones y establecimientos de la Orden y Cavalleria d'Alcantara. *En Madrid, Sanchez*, 1609, *in-fol. v. f.*

V.

Histoire Sainte.

§ 1. *Actes des Martyrs, Passions & Martyrologes.*

4226 Antonii Bosii Historia Passionis B. Cæciliæ Virginis, Valeriani, Tiburtii & Maximi Martyrum; nec-non Urbani & Lucii Pontificum & Martyrum Vitæ, atque Paschalis Papæ I Litteræ de eorum sanctorum corporum Inventione & in urbem Translatione, &c. *Romæ, Steph. Paulinus*, 1600, *in-4. v. m.*

4227 Brevis Explicatio Martyrii S. Ursulæ & undecim millium Virginum Britannarum, per Richardum Vitum conscripta. *Duaci, Petrus Auroi*, 1610, *in*-8. *v. m.*

4228 Traditio antiqua Ecclesiarum Franciæ seu totius Imperii Occidentalis, de verbis Usuardi, quæ in ipsius Martyrologio ad festum Assumptionis B. Mariæ Virginis referuntur vindicata per Claud. Joly, Canon. Ecclesiæ Parisiensis, adv. Librum Jacobi Gaudini Canonici eædem Ecclesiæ cui Titulus est *Assumptio Mariæ Virginis vindicata*, &c. *Senonis è Typogr. Lud. Prussurot*, 1672, *in*-12. *v. br.*

§ 2. *Vies des Saints & des Personnages illustres en piété, de tous les Ordres & de toutes les Nations, & de toute qualité & condition, depuis le commencement du monde jusqu'à présent.*

4229 Vies des Saints de l'ancien Testament, tirées de l'Ecriture Sainte, avec des réflexions extraites des Ouvrages des SS. Peres. *Paris, Charles Robustel*, 1704, 4 *vol. in*-8. *v. br.*

4230 Eloges des Personnes illustres de l'ancien Testament pour donner quelque teinture de l'Histoire Sacrée, comp. en vers françois par le Sieur Doujat, avec figures en taille douce. *Paris, Gabr. Martin*, 1688, *in*-8. *v. m.*

4231 Elogios de Mugeres insignes del viejo Testamento, por Don Martin Carillo, *En Huesca, Pedro Bluson*, 1627, *in*-4. *vel.*

4232 La Vie d'Adam écrite en italien par Lorédano, & trad. en François. *Paris, Edme Couterot*, 1695, *in*-12. *v. br.*

HISTOIRE. 71

4233 Gilberti Gaulmyn de Vitâ & Morte Mo-
fis Libri tres, hebr. & latinè, cum notis.
Parifiis, Tuffanus du Bray, 1629, *in*-8. *v. br.*   1.

4234 La noble & très-excellente Hyſtoire des
trois Rois, qui vindrent adorer J. C. à Bé-
thléem ; c'eſt à ſavoir, Gaſpar, Melchior &
Balthazar, tranſlatée de latin en françois. *Pa-
ris, Pierre le Caron, ſans date d'année, en
caractères gotiq.* ═ Le Livre de Monſeigneur
S. Pierre de Lucenburg, lequel il envoya à
une ſienne ſœur pour la retraire des états mon-
dains, & eſt appellé, la Diéte de Salut, *ſans
indicat. de Ville, ni nom d'Imprimeur, & ſans
date, in*-4. *gotiq. v. br.*   6. 1.

4235 Bonini Mombritii Acta & Vitæ Sancto-
rum. *Editio primaria ; Mediolani, per Anto-
nium Zarotum Parmenſem excuſà antè annum
1480, 2 vol. in-fol. C. M. mar. bl. rare.*   200.

4236 Liber qui dicitur Viola, ſeu Legendæ
Sanctorum totius anni. *Editio vetus abſque loci
& anni indicatione, ſed circà annum* 1475, *
publicata, in-fol. mar. r.*   31.

4237 Ejuſdem Operis quod inſcribitur Viola
Sanctorum *Editio altera recentior, abſque
ullâ loci & anni indicatione, in-fol. v. f.*   6.

4238 Jacobi (de Voragine) Januenſis, Legenda
aurea Sanctorum, *alias* Hiſtoria Longobardica
vocitata. *Editio vetus, abſque ullâ loci & anni
indicatione, ſed, ut conjicitur, Typis ex-
cuſa antè annum* 1475, *in-fol. relié en bois.*   3.

4239 Eadem Legenda. *Editio anni* 1494, *in-*4.
baz.   1.

4240 Eadem Legenda aurea Sanctorum. *Editio
vetus abſque loco & anno, caracteribus gothi-*

cis excusa circà annum 1500, in-fol. v. f.

4241 Eadem Legenda aurea Sanctorum. *Lugduni, Johann. de Wingle*, 1507, *in-fol. v. vieux.*

4242 La Légende dorée & aussi des Saincts nouveaulx, extraicte & translatée de latin en françois au plus près du latin, selon le vray sens de la Lettre. *Lyon, Nicolas-Philipe Almant*, 1485, *in-fol. gotiq. v. f.*

4243 Claudii à Rota Legenda Sanctorum & Sanctarum. *Lugduni, Mauricius Roy*, 1555, *in-4. v. m.*

4244 Andreæ Brunner, Soc. Jesu, Vitæ & Elogia Sanctorum, in singulos anni dies tributa. *Antverpiæ, Henr. Aertsens*, 1660, *in-12. v. br.*

4245 La Vie des Saints pour tous les jours de l'année, avec des réflexions tirées des SS. Peres, & la Vie de notre Seigneur J. C. *Paris, Ch. Robustel*, 1700, 4 *vol. in-8. v. br.*

4246 CODEX perantiquus & bonæ notæ, in quo continentur; 1°. Liber qui vocatur *Paradisus*, seu de vitâ Sanctorum Patrum; 2°. Liber de Poenitentiâ Thaïsis; 3°. Liber Sancti Athanasii de Exortatione Monachorum; 4°. Liber Juliani Episcopi Toletani prognosticorum futuri sæculi; 5°. Eusebii Cæsariensis Omelie ad Monachos; 6°. Liber singularis de conflictu viciorum & virtutum; 7°. Vita S. Alexii Confessoris Christi; 8°. Vita Sanctæ Mariæ quæ peccatrix appellatur. *in-fol. relié en parchemin.*

4247 Le Vite de Sancti Padri, vulgarizate per diversi eloquentissimi Doctori. *In Venetia, per Antonio di Bartolomeo da Bologna, l'anno del Signore* 1476, *in-fol. m. r.*

4248

4248 Beati Hieronymi Vitæ Sanctorum Patrum & Heremitarum. *Editio vetus, absque loci & anni indicatione, Typis mandata verò circà ann. 1470, in-fol. mar. c.* 6.

4249 Solitudo, five Vitæ Patrum Eremicolarum per antiquissimum Patrem D. Hieronymum eorumdem Primarium olìm conscripta; nùnc verò CVIII tabulis æneis repræsentata per Joann. & Raphaël. Sadeler fratres, *anno 1600.*══Solitudo, five Vitæ Fœminarum Anachoritarum, ab Justo Sadeler XXIV tab. æneis repræsentatæ. *Anno 1621, in-4. fig. oblongo, v. br.* 12.

4250 Les Vies des SS. Peres des déserts & de quelques Saintes, écrites par des Peres de l'Eglise, & autres anciens Auteurs Ecclésiastiques trad. en françois par Arnauld d'Andilly. *Paris, Pierre le Petit, 1662, 3 vol. in-8. v. br.* 4. 19.

4251 La Sacra Historia di Sancto Mauritio, Arciduca della Legione Thebea, & de i suoi valorosi Campioni, scrita del Guglielmo Baldesano, con la solennissima Traslatione delle venerande Reliquie d'esso Generale Thebeo, e d'altri Compagni, con miracoli & altre cose notabili, &c. *In Torino, Dom. Tarino, 1604, in-4. v. f.*

4252 Vita Philippi Benicii, Florentini, ord. Servorum B. Mariæ Virginis, operâ & studio Damiani Granæ, Veronensis, in ære incisa, ad alendam pietatem universi sui Ordinis. *Romæ, excudebat Ant. Tempesta anno 1591, in-8. fig. v. m.* 1. 10.

4253 Leonardi Perini, Soc. Jesu, Vita S. Ni-

74 HISTOIRE.

colai, Myrenſis Epiſcopi, Lotharingiæ Patroni, collecta ex diverſis & probatis Auctoribus. *Muſſiponti, Joann. Appier, 1627, in-12.* relié en carton.

4254 Hilarionis de Coſte Vita Sanctæ Elizabethæ, Luſitaniæ Reginæ, in Sanctorum numerum relatæ ab Urbano VIII, Summo Pontifice, anno 1625, ex variis Auctoribus collecta. *Lutetiæ Pariſiorum, Rob. Stephanus, 1626, in-8. v. m.*

4255 La Vie & les Miracles de S. Thomas, Archevefque de Cantorbie, en Angleterre, par Charles du Canda. *S. Omer, Charles Boſcard, 1615, in 4. vél.*

§ 3. *Hiſtoire des Lieux Saints, des Egliſes, Cimetieres, &c. comme auſſi l'Hiſtoire des Egliſes, des Images, des Miracles, &c.*

4256 Hiſtoire de Notre-Dame de Lieſſe célébre en Miracles, avec les Statuts de la Confrairie fondée en ſa Chapelle. *Toloſe, Jean Martel, 1619, in-12. v. m.*

4257 La même Hiſtoire, avec l'embeliſſement de pluſieurs figures nouvelles & convenantes. *Rheims, Edme Moreau, 1629, in-12. v. m.*

4258 La même Hiſtoire Miraculeuſe de Notre-Dame de Lieſſe, avec une Inſtruction pour les Pélerins qui vont rendre leurs vœux dans ſa Sainte Chapelle, par le ſieur de Saint-Perés, le tout enrichi de figures & de vignettes. *Paris, Jean Piot, 1657, in-8. fig. v. m.*

4259 La même Hiſtoire de Notre-Dame de Lieſſe, par M. Villette, avec figures gravées en taille douce par Thomaſſin. *Lion, Franç. Meunier*, 1728, *in*-8. *fig. baʒ.*

4260 Hierothonie de J. C. ou Diſcours des Saints Suaires de Notre Seigneur J. C. trad. du latin de Jacq. Chifflet en françois, avec figures. *Paris, Séb. Cramoiſy*, 1631, *in*- 8. *fig. v. f.*

§ 4. *Meſlanges, Traités ſinguliers, & Diſſertations particulieres qui regardent l'Hiſtoire Eccléſiaſtique.*

4261 Jacobi Fabri, Stapulenſis, Diſceptatio hiſtorica de Mariâ Magdalenâ, & Triduo Chriſti. *Pariſiis, Henr. Steph.* 1517, *in*-4. *v. m.*

4262 Rev. Patris Joann. Fiſcher, Roffenſis in Angliâ Epiſcopi, de unicâ Magdalenâ Libri III, adversùs Jacobi Fabri Libellum de tribus Magdalenis. *Pariſiis, in ædibus Jodoci Badii Aſcenſii*, 1519, *in*-4. *v. m.*

4263 Friderici Spanhemii filii Diſſertationes IV hiſtoricæ, quarum *prima* de temerè creditâ Petri in urbem Romam profectione tractat; *Secunda*, de Ærâ converſionis Paulinæ & annexis; *tertia*, de Apoſtolatu & Apoſtolis; *quarta*, de Æqualitate veterum Metropoleon cum Romanâ, ſeu de Canone VI Concilii Nicæni primi. *Lugd. Batavor. Dan. à Gaesbeeck*, 1679, *in*-8. *vél.*

4264 Paulli Paciaudii de cultu S. Johannis Baptiſtæ Antiquitates chriſtianæ; accedit in veterem ejuſdem Ordinis Liturgiam commentarius, cum figuris æneis. *Romæ, excudeb. Fratres Palearini*, 1755, *in*- 4. *fig. v. m.*

4265 Joann. de Launoy Differtatio duplex, una continens Judicium de Auctore vitæ Sancti Maurilii Andegav. Episcopi; altera, Renati Andegavensis Episcopi Historiam attingens. *Lutetiæ Parisiorum, Edmund. Martin*, 1650, *in-*8. *v. m.*

4266 R. P. Francisci Georgii Garnefelt Elucidationes sacræ in V Libros de Imaginibus antiquorum Eremitarum; in quibus Vita, Res gestæ & Obitus eorundem compendiosè describuntur & illustrantur; accedit item Vita S. Johannis Chrysostomi, Patriarchæ Constantinop. cum adnotationibus historicis & chronologicis. *Coloniæ Agrippinæ, Ant. Boëtzerus*, 1621, *in-*8. *v. br.*

V I.

Histoire Ecclésiastique des Hérésies & des Hérétiques, avec l'Histoire des Inquisitions.

4267 Gerardi Joann. Vossii Historiæ de controversiis quas Pelagius ejusque reliquiæ moverunt, Libri VII. *Amstelodami, Lud. & Dan. Elzevirii*, 1655, *in-*4. *v. br.*

4268 Dissertation critique & théologique sur le Monothélisme & sur le sixième Concile général, par le sieur Corgne. *Paris, Veuve Mazieres*, 1741, *in-*12. *v. br.*

4269 Liberati, Archidiaconi Ecclesiæ Carthaginensis, Breviarium causæ Nestorianorum & Eutychianorum, notis & dissertatione illustratum, operâ & studio Joannis Garnerii Soc.

Jefu. *Parifiis, Seb. Mabr. Cramoify,* 1675, *in*-8. *v. br.*

4270 Histoire des Scismes & Hérésies des Albigeois, par Jehan Gay. *Paris, Pierre Gaultier,* 1561, *in*-8. *v. m.*

4271 Histoire des Albigeois, & Gestes de noble Simon de Mont-Fort, descrite en latin par Pierre des Vallées Sernay, Moine de l'Ordre de Citeaux, & trad. en françois par Arnauld Sorbin. *Paris, Guillaume Chaudiere,* 1569, *in*-8. *v. m.*

4272 Histoire des Albigeois, touchant leur Doctrine & leur Religion, contre les faux escrits qui ont été semés d'eux, & les escripts dont on les a à tort diffamés, avec la cruelle & longue guerre qui leur a été faicte pour ravir leurs terres & Seigneuries, fous couleur de vouloir extirper l'hérésie, par Jean Chassanion. *Impr. par Pierre de Sainct-André,* 1595, *in*-8. *mar. r.*

4273 Sommaire de l'Histoire de la guerre faicte contre les Hérétiques Albigeois, Extrait du Trésor des Chartres du Roi, par Jehan du Tillet, sieur de la Bussiere. *Paris, Rob. Nivelle,* 1590, *in*-8. *v. f.*

4274 Histoire des Guerres faictes en plusieurs lieux de la France, tant en la Guienne & Languedoc contre les Hérétiques, qu'ailleurs contre les ennemis de la Couronne, &c. avec la Relation de ce qui est advenu en France depuis l'an 1200 jusqu'à l'an 1311, auquel tous les Templiers furent détruits; mise en langue françoise par J. Fornier. *Tolose, Jacq. Colomiés,* 1562, *in*-4. *vél.*

4275 Theatrum crudelitatum Hæreticorum nostri temporis ; cum fig. æneis. *Antverpiæ, Adr. Hubertus*, 1587, *in-*4. *fig. v. m.*

4276 Jo. Hermanni ab Elſwich, Commentatio de Reliquiis Papatûs Ecclesiæ Lutheranæ temerè afflictis. *Hamburgi, Jo. Wolfg. Fickweiler*, 1721, *in-*8. *v. br.*

4277 Historia vera de vitâ, obitu, sepulturâ, accusatione hæreseos, condemnatione, exhumatione, combustione, honorificâque tandem restitutione beatorum atq. Doct. Theologorum Martini Buceri & Pauli Fagii, quæ intra annos XII. in Angliæ Regno accidit ; *item*, Historia Catharinæ Vermiliæ, Petri Martyris Vermillii castiss. conjugis, &c. cum Orationibus, Concionibus, Epitaphiis, & Carminibus encomiasticis, collectore Cunrado Huberto. *Argentinæ, Paulus Machæropæus*, 1562, *in-*8. *v. m.*

4278 L'Histoire & Recueil de la triumphante & glorieuſe victoire obtenue contre les séduicts & abuſés Luthériens mescréans du pays d'Aulſays & autres, par très puiſſant Prince & Seigneur Antoine, Duc de Calabre, de Lorraine & de Bar, par Nicolas de Volcyre. *Paris*, 1526, *in-fol. gotiq. v. m.*

4279 Histoire du Calvinisme, contenant ſa naiſſance, ſon progrès, ſa décadence & ſa fin en France, par M. Soulier, Prêtre. *Paris, Edme Couterot*, 1686, *in-*4. *v. br.*

4280 Histoire des perſécutions & martyrs de l'Eglise de Paris depuis l'an 1557 juſqu'au temps du Roi Charles IX. *Lyon*, 1563, *in-*8. *v. m.*

HISTOIRE.

4281 Remonſtrance à ceux de la Religion Réformée du bas Languedoc qui ont pris les armes contre le Roi, avec un brief examen de la reſponſe imprimée & publiée ſous le nom du Gentilhomme des Sévennes. *Impr. en* 1629, *in-*8. *v. br.*   8 . 19 .

4282 Remonſtrance envoyée au Roy par la Nobleſſe de la Religion Réformée du Pays & Comté du Maine ſur les aſſaſſinats, pilleries, ſaccagemens, violemens de femmes & autres excès horribles commis depuis l'Edit de pacification. *Au Mans, Jerôme Olivier,* 1565, *in-*8. *v. m.*   8 . 19 .

4283 Hiſtoire des Edits de Pacification, & des moyens que les P. Réformés ont employés pour les obtenir; contenant ce qui s'eſt paſſé de plus remarquable depuis la naiſſance du Calviniſme juſqu'à préſent, par le ſieur Soulier. *Paris, Ant. Dezallier,* 1682, *in-*8. *v. br.*   2 . 19 .

4284 De l'Edit de Nantes, exécuté ſelon les intentions de Henry le Grand, en ce qui concerne l'eſtabliſſement d'exercice public de la Religion prétendue Réformée, & ſelon les ordres qu'il a donnés à ce ſujet; avec les articles ſécrets de l'Edit du 17 Septembre 1577, par Bernard Meynier, de la Comp. de Jéſus. *Paris, Ant. Vitré,* 1670, *in-*8. *v. br.*   1 . 10 .

4285 Hiſtoire du Fanatiſme renouvellé, où l'on raconte fidelement les ſacriléges, les incendies, & les meurtres commis dans les Sévennes, & les châtimens qui en ont été faits. *Touloufe (Rouen), Nic. Hénault,* 1703, *in-*12. *bazane.*   1 . 13 .

4286 Le Fanatiſme renouvellé, ou Hiſtoire des   2 . 8 .

sacriléges, des incendies, des meurtres & des autres attentats que les Calvinistes ont commis dans les Cévennes, & des châtimens qu'on en a fait, par le R. Pere l'Ouvreleuil, Prêtre de la Doctrine Chrestienne. *Avignon, Jos. Charles le Chastanier*, 1704, 4 *vol. in-*12. *baʒane.*

1. 4287 Tableaux de la désobéissance & Rébellion des Hérésiarques ou chefs d'Héresies, contre les Empereurs, Roys & Souverains ; contenant leurs propositions scandaleuses, les textes de leur Doctrine, les exemples déplorables de ce qui s'est passé en la Chrestienté, & le sommaire des malheurs qui en procédent, par le sieur Daniel Bourguignon. *Paris, René Giffart*, 1619, *in-*8. *v. m.*

1. 4288 Conradi Heresbachii Historia Anabaptistica, cum notis theologicis, historicis, ac politicis, operâ & studio Theodori Strackii ; accedit Lamberti Hortensii Liber tumultuum Anabaptistarum. *Amstelodami, Henr. Laurentius*, 1637, *in-*8. *v. f.*

1. 4289 Historia Spinozismi Leenhofiani, publicâ in Belgio authoritate novissimè damnati, ex authenticis documentis collecta à Gottlob. Friderico Jenichen. *Lipsiæ, Jo. Herebordus Klosius*, 1707, *in-*12. *v. br.*

1. 4290 Stanislai Orichovii, Roxolani, Chimæra, sive de Stancari, funestâ Regno Poloniæ sectâ. *Coloniæ, Maternus Cholinus*, 1563, *in* 8. *v. m.*

12-16. 4291 F. Nicolai Eymerici, Ord. Prædicat. Directorium Inquisitorum, cum Commentariis Francisci Pegne, nec non indice Hæresum & rerum ac verborum. *Venetiis, Zalterius*, 1607, *in-fol. v. m.*

SECTION

SECTION V.

Histoire profane des Monarchies anciennes.

I.

Histoire des Juifs, générale & particuliere.

4292 L'Histoire de Josephus de la bataille Judaïque, translatée du latin en françois, en l'honneur de Dieu & de la Vierge Marie, & aussi de toute la Cour célestielle. *Paris, Ant. Vérard*, 1492, *in-fol. baz*. — 4.

4293 Hegesippi, Scriptoris gravissimi, de Bello Judaïco & Urbis Hierosolymitanæ excidio Libri V, cum notis, annotationibus & scholiis Cornelii Gualtheri Gandavensis. *Coloniæ, Maternus Cholinus*, 1559, *in-8. relié en carton*. — 1. 13.

4294 Le premier Livre d'Egésippus des faicts chevaleureux des Princes Juifs durant le siége & destruction de Hiérusalem, transl. de latin en françois par Jean Millet de Sainct-Amour. *Paris, Pierre Tierry*, 1551, *in-4. v. m.*

4295 La destruction de Hiérusalem faite par Vespasien, Empereur de Rome, & Titus son fils; & comme Pilate mourut à Vienne par le jugement & décret de l'Empereur & des Sénateurs de Rome. *Paris, Nic. Bonfons, in-4. gotiq. mar. bl.* — 16.

4296 Nic. Serrarii, Soc. Jesu, Rabbini & Herodes; sive de totâ Rabbinorum gente, partitione, creatione, auctoritate, pluribusque re- — 1.

bus aliis & facris & prophanis, maximè de Herodis tyranni Natalibus, Judaïfmo, Uxoribus, Liberis, & Regno Libri III, adv. Jof. Scaligeri Eufebianas annotationes & Jo. Drufii refponfionem. *Moguntiæ, Balt. Lippius,* 1607, *in-*8. *v. m.*

4297 J. Drufii de Hafidæis quorum mentio in Libris Machabæorum Libellus. *Franekeræ, Ægid. Radæus,* 1603. ═ Ejufdem Drufii Refponfio ad Serrarium de tribus Sectis Judæorum ; acceffit Jofeph. Scaligeri Elenchus Trihærefii Nic. Serrarii. *Franequeræ, Ægid. Radæus,* 1605. ═ Ejufd. Drufii ad Minerval Serrarii Refponfio. *Ibid,* 1606, *in-*8. *v. m.*

4298 Ejufdem Drufii Refponfio ad Serrarium de tribus Sectis Judæorum ; acceffit Jofephi Scaligeri Elenchus Trihærefii Nicolai Serrarii. *Franequeræ, ex Offic. Ægidii Radæi,* 1605, *in-*8. *relié en carton.*

II.

Hiſtoire générale des IV Monarchies anciennes, ou Empires.

§ 1. *Hiſtoire des deux premieres Monarchies, c'eſt-à-dire, des Chaldéens, des Babyloniens, des Aſſyriens, des Médes & des Perſes.*

4299 Joann. Sleidani de IV Summis Imperiis Libri III. *Argentorati, Rihelius,* 1556, *in-*8. *vélin.*

4300 Reineri Reineccii Hiſtoria Julia, feu Syntagma heroïcum trium priorum Monarchiarum. *Helmæstadii , Jacobus Lucius , 1594 , 1595 & 1597 ; 3 vol. in-fol. vél. rare.*

§ 2. *Histoire grecque, IIIme MONARCHIE; qui comprend les Athéniens , les Lacédémoniens , les Syriens , les Egyptiens , les Carthaginois & autres peuples habitans différentes parties de l'ancienne Grèce.*

4301 Dares Phrygius de excidio Trojæ , cum figuris. *Parisiis, in Offic. Nic. de Pratis , 1520, in-4. fig. mar. r.*   3.

4302 Codex vetus , *MSS. in Membranis* , in quo continetur ; Liber de Casu Trojæ, seu Historia Trojana, composita per Guillelm. Columpnam Messanensem. *in-fol. relié en bois.*   6.

4303 Ejusdem Guidonis de Columna Messanensis , Historia destructionis Urbis Trojæ *Argentinæ , 1486.* = Historia Alexandri Magni , Regis Macedoniæ , conscripta ab authore incerto. *Argentinæ , 1486 , in-fol. v. f.*   6.

4304 Dionis Chrisostomi, Prusensis Philosophi, Oratio ad Ilienses de captivitate Urbis, è græco latinè reddita , interprete Francisco Philelpho. *Cremonæ, per Bernardinum de Misintis, Papiensem , & Cæsarem Parmensem , anno 1492 , in-4. mar. r.*   3.

4305 Herodoti Halicarnassei Historiarum Libri IX, nec-non Libellus de vitâ Homeri , è græco latinè redditi, interpretibus Laurentio Vallâ & Conrado Heresbachio , ex recognitione verò Jodoci Badii Ascensii. *Parisiis, Joh. Parvus , 1528 , in-fol. v. m.*   1. 11.

4306 Eorumdem editio altera, cum annot. Henr.   3. 1.

HISTOIRE.

Stephani & apologiâ pro Herodoto. *Excud. H. Steph.* 1566, *in-fol. v. f.*

4307 Les trois premiers Livres des Histoires de Hérodote de Halycarnasse, transl. de grec en françois par Pierre Saliat. *Paris, Langelier,* 1551, *in-fol. relié en carton.*

4308 Thucydidis Athenienſis, Historiographi clariss. de bello Peloponnesiaco Libri VIII, in latinum sermonem translati à Laurentio Valla, cum indice. *Parisiis, Ascensius & Joan. Parvus,* 1528, *in-fol. v. m.*

4309 La Cyropédie ou l'Histoire de Cyrus, traduite du grec de Xénophon par M. Charpentier, de l'Académie Françoise. *Paris, Ant. de Sommaville,* 1659, *in-fol. G. P. mar. r.*

4310 La Retraite des dix mille, ou l'Expédition de Cyrus contre Artaxercès, trad. du grec de Xénophon en françois par Nic. Perrot d'Ablancourt. *Paris, Pierre le Petit,* 1648, *in-8. vél.*

4311 Un MANUSCRIT sur papier de l'an 1475, & assez mal conservé, qui contient l'Histoire des gestes & faits d'Alexandre le Grand, trad. du latin de Quinte Curce en françois. *grand in-fol. relié en bois.*

4312 Histoire des Successeurs d'Alexandre le Grand, extraicte de Diodore Sicilien, & des Vies de Plutarque, translatée en françois par Claude de Seyssel. *Paris, Josse Badius,* 1530, *in-fol. v. m.*

4313 G. Postelli, de Magistratibus Atheniensium Liber singularis. *Parisiis, Michaël Vascosanus,* 1541, *in-4. v. m.*

4314 Relation de l'estat présent de la Ville d'Athènes, écrite par un Autheur anonyme, avec

HISTOIRE.

un abrégé de ses antiquités & des remarques par Jacob Spon. *Lyon*, *Louis Pascal*, 1674, *in*-12. *fig. baz.*

4315 Nic. Cragii, Ripensis, de Republicâ Lacædemoniorum Libri IV, nec-non Heraclidæ Pontici, de politiis Libellus, cum interpretatione latinâ ejusdem Cragii. *Ex Offic. Santandreanâ*, 1593, *in*-4. *relié en carton.*

4316 Christophori Hendreich, Carthago, sive de Carthaginensium Respublicâ Libri IV. *Francof. ad Mœn. Andr. Becmanus*, 1664, *in*-8. *v. f.*

4317 Petri Petiti Dissertatio de Amazonibus, quâ, an verè extiterint necne, ultrò citròque conjecturis & argumentis disputatur, multa etiam ad eam gentem pertinentia ex antiquis monumentis eruuntur atque illustrantur, cum figuris æneis. *Lutet. Parisior. Andreas Cramoisy*, 1685, *in*-12. *fig. v. br.*

§ 3. *Histoire Romaine*, IVe MONARCHIE, *depuis la fondation de l'ancienne Rome jusqu'au démembrement & à la fin de l'Empire Romain.*

4318 Les Histoires de Polybe translatées du grec en françois, par Louis Maigret. *Lyon*, *de Tournes*, 1558, *in-fol. v. f.*

4319 Les mêmes Histoires de Polybe avec les fragmens ou extraits du même Autheur, concernant la plûpart, des Ambassades, trad. en françois par Pierre du Ryer. *Paris*, *Courbé*, 1655, *in-fol. v. f.*

4320 Caii Crispi Sallustii Opera omnia, ex recognitione Philippi Beroaldi Bononiensis. *Pa-*

risiis, per Magistrum Udalricum, cognomento Géring, circà annum 1480, *in* 4. *mar. c.*

4321 Eadem Sallustii Opera. *Venetiis, per Baptistam de Tortis*, 1481, *in-fol. v. f.*

4322 Eadem Sallustii Opera omnia, cùm Commentario Laurentii Vallensis, ex recognitione Pomponii. *Venetiis, Bernardinus Benalius, absque notâ anni, in-fol. non relié.*

4323 Eadem Sallustii Opera ex editione Francisci Madii. *Venetiis, per Joann. Vercellensem, absque anni indicatione, in-fol. v. m.*

4324 Eadem Sallustii Opera, cum quibusdam ejusdem Fragmentis, è Scriptoribus ab Aldo Manutio collectis, cum Scholiis & indice. *Romæ, Paulus Manutius*, 1564, *in-8. mar. vert antiqué.*

4325 Eadem Sallustii quæ extant Opera, cum notis integris & selectis Diversorum : accedunt Julius Exsuperantius, Porcius Latro, & fragmenta Historicorum veterum, cum notis A. Popmæ, ex editione & cum animadversionibus Josephi Wasse; cum Vitâ Salustii, Scriptore Joanne Clerico. *Cantabrigiæ, Typ. Academicis, Corn. Crownfield*, 1710, *in-4. v. f.*

4326 Eadem Sallustii Opera quæ extant, ad usum Scholarum Universitatis Parisiensis. *Parisiis, Joann. Desaint*, 1729, *in-12. v. br.*

4327 Eadem Sallustii quæ extant Opera, ex recensione Gottlieb Cortii. *Glasguæ, in ædibus Academicis, Typ. Rob. & Andr. Foulis*, 1751, *in-12. v. f.*

4328 Les Œuvres de Crispe Salluste, Prince des Historiens Romains, trad. en françois avec des annotations, par Jean Baudoin. *Paris, Jean Richer*, 1617, *in-4. v. m.*

HISTOIRE.

4329 Caii Jul. Cæsaris Commentariorum Libri qui extant, cum indice Raymundi Marliani. *Venetiis, Theodor. de Regazonibus de Asula*, 1490, *in-fol. non relié.*

4330 Iidem, ex recognitione Lucæ Olchinensis, cum eodem indice Raymundi Marliani. *Venetiis, per Augustinum de Zannis de Portesio*, 1517, *in-fol. non relié.* } 1. 3.

4331 Iidem, nec-non Eutropii Epitome belli gallici, ex Suetonii Tranquilli monumentis. *Parisiis, Vascosan,* 1543, *in-fol. v. br.*

4332 Iidem, ex editione Jucundi Veronensis, & cum Commentariis Henrici Glareani. *Lutetiæ Parisiorum*, 1544, *in-8. v. br.*

4333 Iidem, cum scholiis & emendationibus Joann. Mich. Bruti. *Venetiis, ex Offic. Aldi*, 1564, *in-8. v. f.* } 1.

4334 Iidem, accuratissimè cum Libris editis & MSS. optimis collati, recogniti & correcti; ex editione & cum notis Samuëlis Clarke: Editio præclara figuris æneis elegantissimis adornata. *Londini, Typ. Jacobi Tonson,* 1712, *in-fol. C. M. fig. mar. r.* 20 4.

4335 Iidem, anglicè editi cum notis variantibus, ex recensione Martini Bladen, & cum figuris æneis. *Londini, J. Knapton,* 1726, *in-8. fig. v. br.* 1. 16.

4336 Les Commentaires de Jules César translatés de latin en françois par Estienne de Laigue dict Beauvoys & Robert Gaguin. *Paris, Gall. du Pré,* 1531, *in-fol. v. br.*

4337 Les mêmes Commentaires de J. César trad. en françois. *Paris, Pierre Gaultier,* 1545, *in-16. v. m. (lettres rondes).* } 1. 13.

HISTOIRE.

1. 10. 4338 Les mêmes Commentaires de César trad. en françois par Nicolas Perrot d'Ablancourt. *Paris, Pierre le Petit,* 1652, *in-*4. *baz.*

30. 4339 Dionysii Halycarnassei Originum sive antiquitatum Romanarum Libri XI, è græco latinè redditi ; interprete Lampo Birago. *Tarvisii, per Bernardinum Celerium de Luere,* anno 1480, *in-fol. mar. r.*
* *Editio primaria.*

6. 4340 Titi-Livii Decadum quatuordecim Micrologia. *Codex vetus MSS. in chartâ, in-fol. relié en bois.*

6. 4341 Titi-Livii Opera omnia quæ extant, cum præfatione Joann. Andreæ, Episcopi Aleriensis; ex recognitione Lucæ Porri. *Tarvisii, per Joann. Vercellensem,* anno 1485, *in-fol. v. m.*

3. 16. 4342 Eadem, cum Epitome Luc. Ann. Flori in reliquos Titi-Livii Libros qui desiderantur. *Amstelodami, Guill. Blaeu,* 1633, *in-*12. *baz.*

1. 4. 4343 Les Concions & Harangues de Tite Live, nouvellement trad. en françois par J. de Amelin. *Paris, Vascosan,* 1567, *in-*8. *v. f.*

4. 10 4344 Les Décades de Tite-Live trad. en françois par Blaise de Vigenère, avec des annotations & des figures pour l'intelligence de l'antiquité romaine, &c. *Paris, veuve Langelier,* 1617, 2 *vol. in-fol. G. P. mar. r.*

3. 2. 4345 M. Velleii Paterculi Historia Romana, cum notis Gerardi Vossii. *Amstelodami, ex Offic. Elzevirianâ,* 1664, *in-*12. *mar. r.*

3. 4346 Eadem, ex recensione Steph. Andreæ Philippe. *Lutet. Parisior. Mich. Steph. David,* 1746, *in-*12. *v. f.*

4347

HISTOIRE.

4347 Les Annales de Corneille Tacite, trad. en françois par Estienne de la Planche. *Paris, Abel Langelier*, 1581, *in-4. v. m.* — 1.

4348 Las Obras de Cornelio Tacito, traducidas de latin en castellano por Emanuel Sveyro. *En Anvers, Juan Bellero*, 1619, *in-8. vél.*

4349 Lucii Ann. Flori Historia Romana, ex editione & cum notis Claudii Salmasii, qui Lucium Ampelium addidit, è codice MSS. nunquam antehac edito. *Lugd. Batav. apud Elzevirios*, 1638, *in-12. vél.* — 3. 19.

4350 Eadem, cum observationibus politicis Jacobi Zevecotii. *Amstelodami, Joann. Janssonius*, 1638, *in-12. v. f.* — 2-12-

4351 C. Suetonii Tranquilli de Vitis XII Cæsarum Libri duodecim, cum Commentariis M. Antonii Sabellici. *Venetiis, per Bapt. de Tortis*, 1490, *in-fol. v. m.*

4352 La Vie des XII Césars, écrite par Suétone, & translat. de latin en françois par Guill. Michel dit de Tours. *Paris, Gall. du Pré*, 1520, *in-fol. v. br.* — 4.

4353 Suétone Tranquille, de la Vie des XII Césars, trad. en françois avec des remarques par Jean Baudoin. *Paris, Jean de Heuqueville*, 1621, *in-4. v. br.*

4354 Appiani Alexandrini Historiæ, è græco latinè redditæ, interprete Petro Candido. *Venetiis, Christoph. de Pensis*, 1500, *in-fol. vél.* — 1.

4355 Appian Alexandrin, Historien Grec, traitant des guerres des Romains, & translaté de grec en françois par Claude de Seyssel & le Seigneur des Avenelles. *Paris, Pierre du Pré*, 1569, *in-fol. v. m.* — 1. 4.

Tome II.   M

HISTOIRE.

4356 Herodiani Historiarum Libri VIII, græc. & lat. ex interpretatione Angeli Politiani, & cum emendationibus quibusdam Henr. Stephani, *Excud. Henr. Steph.* 1581, *in-4. v. f.*

4357 Histoire d'Hérodien, trad. du grec en françois, avec des remarques sur la traduction. *Paris, veuve Claude Barbin,* 1700, *in-12. v. f.*

4358 Historiæ Augustæ Scriptores, ex Recognitione Domitii Calderini. *Venetiis, per Bernardinum Novariensem, anno* 1489, *in-fol. non relié.*

4359 Histoire Romaine continuée depuis le commencement de l'Empire de Dioclétian & de Maximian jusqu'à celui de Valentinian & de Valens, avec les Epitomes de Messala Corvinus, Aurelius Victor, & Sextus Rufus, par M. l'Abbé de Marolles. *Paris, Toussaint du Bray,* 1630, *in-fol. v. m.*

4360 Les Gestes romaines, avec les Statuts & Ordonnances des Héraults d'Armes, translatés de latin en françois par Robert Gaguin. *Paris, Vérard, sans date d'année, in-fol. fig. v. f.*

4361 Histoire des deux Triumvirats depuis la mort de Catilina jusqu'à celle de César; depuis celle de César jusqu'à celle de Brutus, & depuis celle de Brutus jusqu'à celle d'Antoine, avec l'Histoire d'Auguste, par M. de Larrey. *Amsterdam (Trévoux),* 1715, 2 *vol. in-12. v. f.*

4362 Chroniques & Gestes admirables des Empereurs Romains, avec effigies d'iceulx, par Guill. Guéroult. *Lyon, Balthazar Arnoullet,* 1552, *in-4. v. m.*

HISTOIRE.

4363 Histoire d'Ælius Séjanus, recueillie de divers Auteurs, & enrichie d'observations utiles & nécessaires, par Pierre Matthieu. *Rouen, Jacq. Besongne,* 1617, *in-*12. *v. m.* } 1.

4364 Histoire Romaine contenant ce qui s'est passé de plus mémorable depuis le commencement de l'Empire d'Auguste jusqu'à celui de Constantin le Grand, avec l'Epitome de L. Florus, depuis la fondation de la ville de Rome jusqu'à la fin de l'Empire d'Auguste, par N. Coeffeteau. *Paris, Cramoisy,* 1623, *in-fol. v. noir.* } 3.

4365 Histoire des grands Chemins de l'Empire Romain, par Nicolas Bergier. *Paris, C. Morel,* 1622, *in-*4. *v. f.*

I I I.

Histoire Byzantine, ou de l'Empire de Constantinople, jusqu'à la prise de la Capitale par les Turcs.

4366 Procopii Cæsariensis Anecdota, sive Historia Arcana; id est, Liber IX Historiarum, gr. & lat. ex versione Nicolai Alemanni, cum notis ejusdem. *Lugduni, Andreas Brugiottus,* 1623, *in-fol. v. f.* 6. 10.

4367 Michaëlis le Quien Oriens Christianus, in IV Patriarchatus digestus, quo exhibentur, Ecclesiæ, Patriarchæ, cæterique Præsules totius Orientis. *Parisiis, ex Typogr. regiâ,* 1740, 3 *vol. in-fol. C. M. v. m.* 61. 1.

SECTION VI.

PREMIERE PARTIE.

HISTOIRE MODERNE,
où des Monarchies qui subsistent aujour-d'hui. PREMIERE PARTIE, *comprenant les Monarchies de l'Europe.*

I.

Histoire d'Italie.

§ 1. *Descriptions & Notice générale de toute l'Italie.*

4368 Blondi Flavii, Forliviensis, Italiæ illustratæ Libri VIII, sive Descriptio Regionum totius Italiæ. *Romæ, in domo nobilis viri Johannis Philippi de Lignamine Messanensis, anno Domini,* 1474, *in-fol. mar. r.* rare.
* *Editio Primaria.*

4369 Cypriani Eichovii Index viatorius deliciarum Italiæ, cum figuris æneis. *Ursellis, Corn. Sutorius,* 1603. ══ Mathiæ Quadi, Sculptoris & Civis Coloniensis, Deliciæ Galliæ, sive Itinerarium per universam Galliam, cum fig. æneis. *Francof. ad Mœn. Sigismundus Latomus,* 1603. ══ Cypriani Eichovii Deliciæ Hispaniæ, sive Index viatorius, cum fig. æneis. *Ursellis, Corn. Sutorius, in-*4. *oblongo. fig. rel. en carton.*

HISTOIRE. 93

4370 Histoire de l'Italie, contenant la description de ses singularités, trad. du latin de Franç. & André Schot, par Claude Malingre. *Paris, Cl. Collet*, 1628, *in-8. relié en carton.* } 1. 18.

4371 Nouveau Théâtre d'Italie, ou description exacte des Villes, Palais, Eglises, &c. de cette partie de la Terre ; dressé sur les desseins de Jean Blaeu, & remis dans un nouvel ordre. *Amsterdam, Pierre Mortier*, 1704, 4 *tom. en* 3 *vol. grand in-fol. fig. vél.* 81.

4372 L'Italie illustrée, & représentée en CXXXV figures en taille-douce, dessinées & gravées par les plus fameux Graveurs des Pays-Bas, avec des explications en italien, en françois & en latin, *Leyde, C. Haak*, 1757, *in-fol. G. P. v. f.* 40.

§ 2. *Histoire générale d'Italie ou de l'ancien Royaume des Goths, des Vandales & des Lombards ; depuis sa décadence jusqu'à présent, avec l'histoire particuliere des Villes & des Provinces, &c.*

4373 Histoire des Guerres d'Italie advenues sous les regnes des Rois Charles VIII, Louis XII & François I, trad. de l'italien de Franc. Guicciardin en françois par Hiérôme Chomédey, avec des observations morales & politiques, par le sieur de la Nouë. *Paris, Cl. Morel*, 1612, *in-fol. mar. r.* 3.

4374 Galeatii Capellæ de rebus nuper in Italiâ gestis, ab anno Domini 1521 ad ann. 1530, Libri VIII. *Impr. anno* 1533. == Achillis Gassari Historiarum & Chronicorum Mundi 1.

HISTOIRE.

Epitome. *Impr. anno* 1533, *in-8. vel.*

4375 Josephi Riccii, Brixiani, Rerum Italicarum sui temporis Narrationes, quibus omnia bella, eventa, & notabiles casus continentur, ab anno 1613 usque ad ann. 1653. *Venetiis, Turrinus*, 1655, *in-4. v. br.*

4376 Castruccii Bonamici Commentariorum de Bello Italico Libri III, quibus accedit Commentarius ejusdem authoris, de rebus ad Velitras gestis. *Lugd. Batav.* 1750 & 1752, 3 *vol. in-4. v. f.*

4377 Cæsaris Grolierii Historia expugnatæ & direptæ urbis Romæ per exercitum Caroli V, Imperatoris, die VI Maii, anno 1527. *Parisiis, Seb. Cramoisy*, 1637, *in-4. v. m.*

4378 Pandulphi Collenutii Historiæ Neapolitanæ Libri VI, ex italico latinè, Joanne Nic. Stupano interprete. *Basileæ, Petrus Perna*, 1572, *in-4. v. m.*

4379 Julii Cæsaris Capacii Historiâ Neapolitana; in quâ antiquitas, Religio, moresque civium continentur. *Neapoli, Jo. Jac. Carlinus*, 1607, 2 *tom. en un vol. in 4. v. br.*

4380 Histoire de Naples & de Sicile, par Matthieu Turpin, contenant ce qui s'est passé de plus mémorable en Italie pendant CCCCXXXII ans, c'est-à-dire, depuis Roger Guischard, premier Conquérant de Naples en l'année M. C. XXVII jusqu'en l'année M. D. LIX, sous Henri II. *Paris, Rolin Baraigne*, 1630, *in-fol. baz.*

4381 Annali della felice citta di Palermo, nelli quali si contiene Palermo antico, Palermo sacro, e Palermo nobile, di Agostino Inveges,

In Palermo, Pietro dell' Isola, 1649, 1650 &
1651. 3 vol. in-fol. fig. mar. r. rare.
4382 Dichiarazioni della Pianta dell' antiche
Siracufe, e d'alcune fcelte Medaglie d'effe, è
de' principi che quelle poffedettero, defcritte
da D. Vincenzo Mirabella, con figure in rame.
In Napoli, Lazzaro Scorriggio, 1613, in-fol. 26.
fig. mar. r.
4383 M. Antonii Coccii Sabellici, Rerum Ve-
netarum ab Urbe conditâ Libri XXXIII. Ve-
netiis, arte & induftriâ Andreæ de Torrefanis de 12-
Afula, anno 1487, in-fol. C. M. vel.
* Editio Primaria.
4384 Clariffimi Oratoris Bernardi Juftiniani,
Opufculum de vitâ beati Laurentii, Patriar-
chæ Venetiarum. Venetiis, labore & induftriâ
Jacobi de Rubeis, Gallici, anno 1475, in-4. 3.
mar. r.
4385 Coriolani Cepionis, Dalmatæ, Opufcu-
lum de Geftis Imperatoris Petri Mocenici. Ve-
netiis, per Bernard. Pictorem, anno 1477, in 4. 1. 10.
v. f.
4386 Hiftoire du Marquis de Courbon, Maré-
chal des Camps & Armées de la République
de Venife, par le fieur Aymar, Juge de Pierre-
latte, avec figures. Lyon, Thom. Amaulry, 2- 10.
1692, in-12. fig. baz.
4387 Guill. Poftelli Commentatio de Etruriæ
regionis quæ prima in orbe Europæo habi-
tata eft Originibus, Inftitutis, Religione,
Moribus, & imprimis de Aurei fæculi doctri-
nâ, & vitâ præftantiffimâ quæ in Divinationis 18.
facræ ufu pofita eft. Florentiæ, 1551, in-4.
mar. bl.

HISTOIRE.

30. 4388 La Historia Fiorentina di M. Francesco Poggio, trad. di latino in lingua Fiorentina da Jacopo Poggio suo figliuolo. *In Vinegia, Jacopo de Rossi*, 1476, *in-fol. mar. bl.*
    * *Editio Primaria.*

30. 4389 La Historia Fiorentina di M. Lionardo Aretino, trad. de la lengua Latina in lingua Toscana da Donato Acciaioli. *In Vinegia, Jacomo de Rossi*, 1476, *in-fol. mar. bl.*
    * *Editio Primaria.*

1. 1. { 4390 Histoire Fiorentine de Nicolas Machiavel, trad. de l'italien en françois par le Seigneur de Brinon. *Paris, Guill. de la Nouë*, 1577, *in-8. v. f.*
    4391 La même. *Paris, Dan. Guillemot*, 1615, *in-8. v. m.*

48. 4392 Historia di Milano da M. Bern. Corio. *In Milano, Minutiano*, 1503, *in-fol. C. M. v. f. rare.*

60. 4393 Joannis Simonetæ Commentarii rerum gestarum Francisci Sphortiæ Mediolanensium Ducis, ab anno 1424 ad annum 1466, cum Epistolâ præfatoriâ Francisci Puteolani, Poëtæ Parmensis. *Mediolani, per Ant. Zarotum*, 1479, *in-fol. mar. bl. rare.*

16. 4394 Eorumdem Joh. Simonetæ Commentariorum Editio altera. *Mediolani, per Ant. Zarotum*, anno 1486, *in-fol. mar. bl.*

41. 4395 Historia de la citta di Cremona, e i Ritratti naturali de Duchi & Duchesse di Milano, da Mess. Antonio Campo, con figure in rame. *In Cremona, Hippolito Tromba & Hercol. Bartoli, l'anno* 1585, *in-fol. fig. mar. bl. rare*

1. 4396 Historia di Terni, descrita da Francesco Angeloni.

HISTOIRE.

Angeloni. *In Roma, Andrea Fei*, 1646, *in-4. v. br.*

4397 Annali castigatissimi della eccelsa e illustrissima Republica di Genoa, da fideli & approvati Scrittori per el Reverendo Signore Agostino Giustiniano, Genovese, Vescovo di Nebio accuratamente raccolti. *In Genoa, Ant Bellono*, 1537, *in-fol. mar. c.*   12-19.

4398 Petri Baptistæ Burgi Disceptatio de dignitate Genuensis Reipublicæ. *Genuæ, Jo. Mar. Farronus*, 1646, *in-fol. C. M. v. br.*

4399 Genuensis Reipublicæ Motus à Jo. Aloysio Flisco excitatus; ejusdem & L. Sergii Catilinæ comparatio, Authore Jacobo Maria Campanacio. *Bononiæ, Alex. Benacius*, 1588, *in-4. v. f.*   1.

4400 Théâtre des Etats de son Altesse Royale le Duc de Savoye, contenant la Description historique du Piémont, avec figures en taille douce. *La Haye, Adrian Moetjens*, 1700, 2 *vol. grand in-fol. vél.*   60.

4401 Amedeus Pacificus, seu de Eugenii IV & Amedei Sabaudiæ Ducis in suâ obedientiâ Felicis Papæ V nuncupati controversiis Commentarius. *Parisiis, Seb. Cramoisy*, 1626, *in-8. v. m.*   1. 19.

HISTOIRE.

II.

Histoire de France.

§ 1 *Topographie ou Description générale de la France.*

17. 4. 4402 Hadriani Valesii Notitia Galliarum ordine Litterarum digesta ; in quâ, Situs, Gentes, Oppida, Portus, Castella, Vici, Montes, Sylvæ, Maria, &c. Galliæ illustrantur; locorum antiquitates, varia eorum nomina vetera ac nova, Episcoporum ac Monasteriorum Origines, aliaque ad Hist. Francicam pertinentia notantur & explicantur. *Parisiis, Léonard*, 1675, *in-fol. v. f.*

3. 10. 4403 Le Catalogue des antiques érections des Villes & Cités, Fleuves & Fontaines, assises ès trois Gaules, c'est à savoir, Celticque, Belgicque & Aquitaine, par Gilles Corrozet & Claude Champier. *Lyon, Franç. Juste, sans indication d'année, in-16. gotiq. vél.*

6. 4. 4404 Nouveau dénombrement du Royaume, par Généralités, Elections, Paroisses, & feux. *Paris, Saugrain l'aîné*, 1720, 2 *tom. en un vol. in-4. v. br.*

4. 4. 4405 Jodoci Sinceri Itinerarium Galliæ, cum Iconibus Urbium. *Amstelodami, Jodoc. Jansonius*, 1655, *in-12. v. m.*

4. 5. 4406 La totale & vraye Description de tous les Passaiges, Lieux & Destroits, par lesquels on peut passer & entrer des Gaules en Ytalie, avec le nombre & tiltres des Cardinaux & Patriarches ; & la taxe des Archevêchés, Eves-

chés, Abbayes, &c. étant au Royaume &
Seigneurie de la Couronne de France. *Paris,
Touffaint Denys*, 1515, *in-4. gotiq. v. f.*

4407 Plans & Profils de toutes les principales
Villes & Lieux confidérables de France, par
le fieur Taffin. *Paris, Michel Vanlochon*,
1638, 2 *vol. in-4. oblongo, fig. mar. bl.* — 9. 12.

4408 Les Délices de la France, avec une def-
cription des Provinces & des Villes du Royau-
me, par Savinien d'Alquié. *Paris, René Gui-
gnard*, 1670, *in-12.* — 1. 6.

§ 2. *Préliminaires de l'Hifloire de France, com-
prenant l'Hifloire ancienne des Gaules, & la
Notice générale du Royaume de France, avec
les Traités préparatoires à fon intelligence.*

4409 Joan. Dan. Schoepflini, Vindiciæ Cel-
ticæ. *Argentorati, Amand. Konig*, 1754,
in-4. baz. — 2.

4410 Gaudentii Merulæ de Gallorum Cifalpino-
rum Antiquitate ac Origine Libri III. *Lugduni,
Seb. Gryphius*, 1538, *in-8. v. m.* — 3. 12.

4411 Antonii Goffelini Hiftoria Gallorum ve-
terum, in quâ de nomine & Origine Gallo-
rum, de Druïdibus & Sacris, de Equitibus
& Militiâ, & de plebe ac moribus differitur.
Cadomi, Petrus Poiffon, 1636, *in-8. v. m.* — 2. 9.

4412 Les Origines de l'ancien Gouvernement
de la France, de l'Allemagne & de l'Italie;
Ouvrage hiftorique où l'on voit dans leur ori-
gine, la Royauté & fes attributs, la Nation
& fes différentes claffes, les Fiefs & le Vaf-
felage, les Dignités, la Hiérarchie, la Ju- — 4.

tice, la compétence des Tribunaux, les Parlemens, &c. *La Haye*, (*Paris*), 1757, 4 *vol. in-*12. *broché.*

4413 Sommaire de l'Histoire des François, recueilly des plus certains Autheurs de l'ancienneté, & digeré en IV Livres, avec un Traité de l'origine, état & demeure des François, par Nicolas Vignier. *Paris, Nivelle,* 1579, *in-fol. v. f.*

4414 Roberti Gaguini Compendium super Francorum gestis & originibus. *Parisiis, Thilmannus Kerver,* 1507, *in-*8. *baz.*

4415 Thomæ Bartholini filii Dissertatio historica de Holgero Dano (*Ogier le Danois*) qui Caroli Magni tempore floruit. *Hafniæ, Matth. Goddichenius,* 1677, *in-*12. *v. m.*

4416 Bartholomæi Germon Disceptationes de veteribus Regum Francorum Diplomatibus, & arte secernendi antiqua & vera Diplomata à falsis. *Parisiis, Claud. Rigaud,* 1707, *in-*12. *v. br.*

4417 Les Illustrations de Gaule, & Singularités de Troyes, avec les deux Epîtres de l'Amant vert, & la Légende des Vénitiens; le tout composé tant en prose qu'en ryme par Jehan le Maire, de Belges, avec figures. *Paris, Geffroy de Marnef,* 1512, *in-*4. *fig. gotiq. mar. r.*

4418 Les mêmes. *Paris, Galliot du Pré,* 1531, *in-*8. *v. br.* (*lettres rondes*).

4419 Les mêmes, avec la Couronne Margaritique, & plusieurs autres Œuvres du même Auteur non jamais encore imprimées; le tout revu & restitué fidélement par Maître Ant.

du Moulin, Valet-de-chambre de la Royne de Navarre. *Lyon, Jean de Tournes,* 1549, *in-fol. vél. (lettres rondes).*

4420 La grande Monarchie de France composée par Claude de Seyssel, avec la Loi Salique, qui est la premiere & la principale Loi des François. *Paris, Galliot du Pré,* 1557, *in-8. v. m.*

4421 Liber Legis Salicæ, cum Glossario, sive Interpretatione rerum & verborum obscuriorum quæ in eâ Lege habentur, ex Bibliothecâ Francisci Pithœi. *Parisiis, Jac. Rézé,* 1602, *in-8. v. m.*

4422 La Loi Salique, Livret de la premiere & humaine vérité; là où sont en brief les origines autorités de la Loi Gallique nommée communément Salique; pour montrer à quel poinct fauldra nécessairement en la Gallique République venir; & que de ladicte République sortira ung Monarque temporel, par Guillaume Postel. *Paris,* 1552, *in-16. mar. bl. rare.*

4423 Le Tableau des Gaules, où, par raisons morales, naturelles & mathématiques, est montrée la prééminence de la France sur les autres parties du monde, avec l'origine des Gaulois & François, les qualités de leurs humeurs, & à quels offices, arts & sciences, un chacun d'eux peut être propre, par Louis Pascal de la Court. *Paris, Jean Bessin,* 1622, *in-8. v. m.*

4424 L'Empire françois, ou l'Histoire des Conquestes des Royaumes & Provinces dont il est composé, leurs démembremens & leur réunion à la Couronne, avec les Cartes généalogiques de la Maison Royale & celles des Princes & Grands Seigneurs qui les ont possédées, par Laurent Turquois. *Orléans, Hotot*, 1651, *in-fol. v. m.*

1. 10. 4425 Les Mémoires & Recherches de France & de la Gaule Acquitanique, du sieur Jean de la Haye, Baron des Coutaulx, contenant l'origine des Poictevins ; les faits & gestes des premiers Roys, Princes, Comtes & Ducs, avec leurs Armoiries & devises, &c. plus, l'estat de l'Eglise & de la Religion de la France, depuis l'an 1436 jusqu'à ce jourd'hui. *Paris, Jean Parant*, 1581, *in-8. v. m.*

2. 18. 4426 Les Recherches de la France par Estienne Pasquier. *Paris, Pierre Ménard*, 1643, *in-fol. G. P. v. br.*

3. 10. 4427 Lettres de Nicolas Pasquier, fils d'Estienne, contenant divers discours des affaires arrivées en France sous les règnes de Henry le Grand & Louis XIII, avec la Réponse aux Recherches des Recherches. *Paris, Gervais Alliot*, 1623, *in-8. v. f.*

§ 3. *Histoire générale de France.*

1. 4428 Journal de la France, ou Calendrier historique, contenant ce qui s'est passé de plus mémorable depuis l'origine de la Monarchie jusqu'à présent, avec un Abrégé de la Vie des Rois de France, & quelques remarques par l'Abbé Valerot. *Paris, Thiboust*, 1715, *in-12. v. br.*

3. 19. 4429 Le même Journal de la France. *Paris, Louis-Denys de la Tour*, 1722, *in-8. v. br.*

HISTOIRE.

4430 Recueil des Historiens des Gaules & de la France, contenant tout ce qui a été fait par les Gaulois, & qui s'est passé dans les Gaules avant l'arrivée des François; & plusieurs autres choses qui regardent les François depuis leur origine jusqu'à Clovis, par Dom. Martin Bouquet & autres Religieux Bénédictins. *Paris*, 1738 & *ann. suiv.* 10 *vol. in-fol. v. m.* 350.

4431 Pauli Æmylii Veronensis, Historici clarissimi, de rebus gestis Francorum Libri X, ex postremâ Auctoris recognitione; cui accedit Chronicon de Regibus Francorum, ad nostra usque tempora deductum. *Parisiis Mich. Vascosan*, 1544, *in-fol. v. f.* 1.

4432 Eorumdem Librorum Editio altera. *Parisiis, Audoënus Parvus*, 1548, *in-8. v. br.*

4433 Arnoldi Ferroni Burdigalensis de Rebus gestis Gallorum Libri IX, ad Historiam Pauli Æmylii additi, perductâ Historiâ usque ad tempora Henrici II. *Lutetia Parisior. Vascosan*, 1554, *in-fol. v. noir.* 2.

4434 Chroniques des Rois de France. *Paris*, 1491, *in-4. gotiq. mar. r.* 8. 19.

4435 Les anciennes & modernes Généalogies des Rois de France & mesmement du Roi Pharamond, avec leurs épitaphes & effigies par Jehan Bouchet. *Paris & Poictiers, Jacq. Bouchet*, 1531, *in-4. gotique fig. mar. r.* 3.

4436 Les Généalogies, Epitaphes & Effigies des Rois de France, avec le Sommaire des Gestes de XL Rois & deux Ducs qui régnerent en Germanie sur les François avant Pharamond, comp. tant en prose qu'en ryme par 3.

HISTOIRE.

Jehan Bouchet, avec le Chappelet des Princes, la Déploration de l'Eglise Militante, & autres Poësies du même Jehan Bouchet. *in fol. v. f. sans frontispice.*

2-10. 4437 La France Métallique contenant les actions célebres tant publiques que privées des Roys & des Reynes, remarquées en leurs Médailles d'or, d'argent & de bronze, tirées des plus curieux cabinets, avec des explications par Jacques de Bie. *Paris, Camuzat, 1636, 3 tom. en un vol. fig. v. br.*

3. 4438 Les Annales & Chroniques de France par Nicoles Gilles, & corrigées par Denys Sauvage. *Paris, Charles l'Angelier, 1558, in-fol. v. antiqué*

6. 4439 Inventaire général de l'Histoire de France, depuis Pharamond jusqu'à présent, illustrée par la conférence de l'Eglise & de l'Empire, par Jean de Serres. *Paris, Abraham Saugrain, 1600, 3 vol. in-8. mar. vieux*

3. 4440 Le même Inventaire général de l'Histoire de France. *Paris, veuve Jean Meiat, 1620, in-fol. v. f.*

21. 19. 4441 Abrégé de l'Histoire de France depuis Pharamond jusqu'au regne de Louis le Grand, avec les Portraits des Rois, par le sieur de Riencourt. *Paris, Mich. Brunet, 1695, 7 vol. in-12. v. br.*

2-10. 4442 Nouvel Abrégé chronologique de l'Histoire de France, par M. le Président Hénault. *Paris, Prault pere, 1744, in-8. v. f.*

§ 4.

§ 4. *Histoire générale de France sous plusieurs Regnes particuliers, écrite par des Auteurs contemporains ou autres.*

4443 Chroniques abrégées des Rois de France depuis le commencement du Monde jusqu'à Louis le Débonnaire, extraites de différens Auteurs. *Paris, Pierre Levet & Germain Bineault*, 1490, *in-*4. *gotiq. v. m.* 2-2-

4444 Gregorii Turonensis Historiæ Francorum Libri X, cum additamento, ex Bibliothecâ Laur. Bochelli. *Parisiis, Petrus Chevallier*, 1610, *in-*8. *v. m.* 2-19.

4445 L'Histoire Françoise, écrite par S. Grégoire de Tours, en laquelle sont décrites les conquestes des Gaules, les vies & gestes des premiers Rois, leurs affaires d'Estat & guerres tant estrangeres que civiles; ensemble les victoires des Martyrs sur les Infideles, & de l'Eglise sur les Hérétiques, &c. trad. du latin en françois, avec un Discours par le Seigneur d'Hémery d'Amboise. *Paris, Cl. de la Tour*, 1610, *in-*8. *v. f.* 1.10.

4446 Annales Regum Francorum Pipini, Karoli, & Ludovici, ab anno post Christum natum DCC. XLI. usquè ad DCC. LXXXVIII. collecti per quemdam Benedictinæ Religionis Monachum, cum vitâ Karoli Magni per Eginhartum conscripta. *Coloniæ, Jo. Soter*, 1521, *in-*4. *vél.* 1.

4447 Præclara Francorum Facinora, variaque ipsorum certamina, & quicquid Franciæ populo potuit contingere, ab anno Domini M. CC. ad ann. usquè M. CCCXI. quo Templarii è 3.

Tome II. O

medio tolluntur, in unum collecta & edita. *Absque notâ impressionis, in-12. v. m.*

4448 Les Chroniques & Annales des pays d'Angleterre & de Bretaigne, contenant les faits & gestes des Rois & Princes qui ont regné audit Pays, depuis Brutus premier fondateur de Tours, jusqu'au trépas de François II du nom, dernier Duc de Bretaigne, faictes & rédigées par Maître Alain Bouchard. *Paris, Gall. Dupré, 1531, in-fol. v. f.*

4449 Les mêmes Annales & Chroniques. *Paris, 1541, in-fol. gotiq. v. br.*

4450 Chroniques de France, d'Angleterre, d'Ecosse, d'Espagne, de Bretagne, de Gascogne, de Flandres & d'autres lieux circonvoisins, par Jean Froissart. *Paris, Vérard, 1518, 4 tom. en 3 vol. in-fol. gotiq. v. m.*

4451 Recueil diligent & profitable, auquel sont contenues les choses plus notables à remarquer de toute l'Histoire de Jean Froissart, illustré de plusieurs annotations par François de Belleforest. *Paris, Jean Hulpeau, 1572, in-16. v. m.*

4452 Les Chroniques de France, composées par Enguerrand de Monstrelet. *Paris, Ant. Vérard, sans date d'année, 3 tom. en 2 vol. in-fol. gotiq. v. m.*

4453 Les mêmes Chroniques de France & lieux circonvoisins, composées par Enguerrand de Monstrelet. *Paris, Jehan Petit, 1512, 3 vol. in-fol. gotiq. v. m.*

4454 Recueil de divers Mémoires, harangues remonstrances & lettres servant à l'Histoire de France, depuis le regne de Charles VII, jusqu'à celui de Louis le Juste. *Paris, Pierre Chevalier, 1623, in-4. vél.*

HISTOIRE.

4455 Les Mémoires de Michel de Castelnau, contenant plusieurs piéces & instructions sécrettes & originales qui concernent l'Histoire des Regnes de François II, Charles IX & Henry III, & de la Régence & du Gouvernement de Cathérine de Médicis; avec des remarques & la généalogie de la Maison de Castelnau, par Jean le Laboureur. *Paris, Pierre Lamy, 1659, 2 vol. in-fol. v. f.*   18 . 4

4456 Histoire des Guerres civiles de France, contenant ce qui s'est passé de plus mémorable sous les regnes de François II, Charles IX, Henry III & Henry IV, jusqu'à la paix de Vervins, trad. de l'italien de Henry Cath. Davila en françois, par Jean Baudoin. *Paris, P. Rocolet, 1644, 2 tom. en un vol. in-fol. v. m.*   12 - 10

4456* Recueil de Piéces fugitives & détachées, tant en prose qu'en vers, & en différentes langues, sur toutes sortes de matieres & sur divers sujets, dont la plus grande partie concerne cependant l'Histoire de France, & regarde principalement les événemens singuliers arrivés pendant les troubles qui agiterent cette Monarchie, sous les Regnes particuliers des Rois HENRY II, CHARLES IX, HENRY III, HENRY IV & LOUIS XIII, *renfermées dans des portefeuilles très propres, avec des dos de maroquin,* & au nombre de 884. SAVOIR:

20 de format in-folio.   *retiré a 1300.*
233 de format in-4.   *M. Le Duc en*
631 de format. in-8.   *vouloit 1500.*

---
884   TOTAL.

* *Ce Recueil précieux à tous égards, est principa-*

lement remarquable par le grand nombre de Piéces singulieres qu'il renferme. Il a été formé avec le plus grand soin par différentes personnes, qui successivement se sont attachées à le perfectionner; & dans la vuë de le rendre plus complet, on y a fait entrer même la plus grande partie des Piéces que feu M. SECOUSSE avoit rassemblées dans ses Portefeuilles.

Au moyen de ce que nous venons de dire, on peut bien imaginer qu'il n'est pas possible de démembrer ce Recueil; c'est pourquoi nous avertissons qu'il sera vendu collectivement, dans un seul & même article. Les Personnes qui auront quelque envie d'en faire l'acquisition, pourront le voir quelques jours avant celui auquel il sera exposé en vente.

4457 Mémoires d'Estat, par M. de Villeroy, Conseiller d'Estat, & Sécrétaire des Commandemens des Rois Charles IX, Henry III, Henry IV & Louis XIII, mis au jour par Dumesnil Basire. *Sedan*, 1622, 4 vol. in-8. v. f.

4458 Mémoires d'Estat sous le regne des Rois Henry III & Henry IV, par M. de Cheverny, Grand Chancelier de France. *Paris, Franç. Mauger*, 1664, 2 vol. in-12. baz.

4459 Mémoires de Messire Philippe de Mornay, Seigneur de Plessis-Marly. *La Forest, Jean Bureau*, 1624 & 1625, 2 vol. in-4. baz. & vél.

4460 Benjamini Prioli de Rebus Gallicis ab excessu Ludovici XIII Historiarum Libri XII. *Carolopoli & Parisiis, Fred. Leonard*, 1665, in-4. v. br.

HISTOIRE

§ 5. *Hiſtoire particuliere des Rois de France, & des Événemens arrivés ſous le regne de chacun d'eux en particulier.*

§ *Hiſtoire des premiers Regnes, juſqu'à CHARLES IX, c'eſt-à-dire, juſqu'au commencement des troubles.*

4461 La Chronique & Hiſtoire de Clotaire premier de ce nom, ſeptieme Roy des François, & de ſa très illuſtre eſpouſe Madame Saincte Radegonde; le tout extrait de pluſieurs Chroniques antiques & modernes, par le Traverſeur des Voyes périlleuſes. *Poictiers, Enguilbert de Marnef,* 1527, *in*-4. *gotiq. v. br.* — 10.19.

4462 Le Miniſtre fidele, repréſenté dans la perſonne de Suger, Abbé de S. Denys en France, & Régent du Royaume ſous Louis VII, avec des Lettres hiſtoriques du Pape Eugene III, du Roi Louis VII & de pluſieurs autres Princes & Prélats, adreſſées au même Suger; le tout trad. en françois par Jean Baudoin. *Paris, Aug. Courbé,* 1640, *in*-8. *vél. vert.* — 6.

4463 Hiſtoire de l'adminiſtration de Suger, Abbé de S. Denys, Miniſtre d'Eſtat ſous les Rois Louis le Gros & Louis le Jeune, par Michel Baudier. *Paris, Séb. Cramoiſy,* 1645, *in*-4. — 3.19.

4464 L'Héritiere de Guyenne, ou Hiſtoire d'Eléonor, fille de Guillaume, dernier Duc de Guyenne, femme de Louis VII, Roy de France, & enſuite de Henry II, Roy d'Angleterre, par Larrey. *Rotterdam (Rouen),* 1692, *in*-12. *v. br.* — 1.10.

HISTOIRE.

4. 10. 4465 Histoire & Chronique du très chrétien Roi Sainct Loys, IXe du nom, par Jean Sire de Joinville, & mise en lumiere par Ant. Pierre de Rieus, & Guillaume de la Perriere, Tolosain. *Poictiers, Enguilbert de Marnef, sans date d'année, in-4. mar. r.*

2. 1. 4466 La même Histoire & Chronique du Roi Sainct Loys, IXe du nom, par Jean Sire de Joinville. *Paris, Dan. Guillemot, 1609, in-12. v. m.*

1. 4. 4467 Mémoires de Jean Sire de Joinville, Sénéchal de Champagne, & témoin oculaire de la Vie de S. Louis, Roi de France. *Paris, Jacq. Cottin, 1666, in-12. baz.*

1. 6. 4468 Histoire des Desmeslés de Boniface VIII avec Philippes le Bel, par Adrien Baillet. *Paris, Franç. Barrois, 1718, in-12. v. br.*

1. 4469 Discours sur l'Histoire de Charles VII, jadis écrite par Maistre Alain Chartier, son Sécrétaire. *Paris, Abel Langelier, 1594, in-8. vélin.*

4. 4. 4470 Histoire d'Artus III, Duc de Brétaigne & Connestable de France, contenant ses mémorables faits depuis l'an 1413, jusqu'à l'an 1457, par Théodore Godefroy. *Paris, Abrah. Pacard, 1622, in-4. v. m.*

1. 4471 Les Chroniques du très chrestien & victorieux Loys de Valoys, Roy de France & onziéme du nom, contenant plusieurs adventures advenues, tant en ce Royaume de France, que dans les Pays circonvoisins, depuis l'an 1460 jusqu'en 1483. *in-fol. gotiq. v. f.*

2. 19. 4472 Histoire & Chronique du feu Roy Louis XI, faicte & composée par Philippe de Com-

mines, Chevalier, Seigneur d'Argenton. Paris, Galliot Dupré, 1524, in-fol. gotiq. v. br.
4473 Mémoires de Messire Philippe de Commines, revus & corrigés par Denys Sauvage. Paris, Gallyot Dupré, 1552, in-fol. v. f. } 4 -- 2.
4474 Les Chroniques de Messire Philippes de Commines sur les faicts de Louis XI & de Charles VIII. Paris, Pierre Dupré, 1567, in-16. vél.
4475 Mémoires de Messire Philippes de Commines, Chevalier, Seigneur d'Argenton, sur les principaux gestes de Louis XI & de Charles VIII. Paris, Pierre le Mur, 1615, in-fol. v. m.
4476 Philippi Comminæi Commentarii de rebus gestis Ludovici XI, Galliarum Regis, & Caroli, Ducis Burgundiæ, ex gallico sermone latinè redditi à Joanne Sleidano, cum brevi quâdam rerum illustratione, & Galliæ descriptione. Parisiis, Christian. Wechel, 1545, in-8. v. f. } 2 -- 11.
4477 Histoire de Louis XI, Roy de France, & des choses mémorables advenues de son regne, depuis l'an 1460 jusqu'à l'an 1483, aultrement dicte, la Chronique scandaleuse. Impr. en 1620, in-8. vél. } 3.
4478 La très joyeuse, plaisante & récréative Histoire des faicts, gestes, triumphes & prouesses du bon Chevalier sans paour & sans reproche, le Gentil Seigneur de Bayart, avec le récit des actions de plusieurs aultres bons, vaillans & vertueux Capitaines. Paris, Gall. Dupré, 1527, petit in-fol. gotiq. mar. r. } 26.10
4479 Histoire du Chevalier Bayard (Pierre du 2.19.

Terrail,) contenant les belles actions de ce grand Homme sous les regnes de Charles VIII, Louis XII & François I, par le sieur Aymar, Avocat. *Lyon, Ant. Boudet,* 1699, *in-*12. *v. br.*

4480 Les Mémoires de Messire Martin du Bellay, Seigneur de Langey, contenant les discours de plusieurs choses advenues au Royaume de France depuis l'an 1513 jusqu'au trépas du Roi François I ; avec plusieurs fragmens des Ogdoades de Messire Guill. du Bellay son frere ; le tout mis en lumiere par René du Bellay, Baron de la Lande, &c. *Paris, P. l'Huillier,* 1571, *in-*8. *v. m.*

4481 Les mêmes Mémoires de Martin du Bellay, &c. *Paris, Th. Brumen,* 1582, *in-fol. v. f.*

4482 Les mêmes Mémoires de Martin du Bellay, &c. *Paris, Abel Langelier,* 1586, *in-*8. *v. br.*

4483 Relation historique du fameux Siége de Mets en 1552, par B. de Salignac. *Paris, Charl. Estienne,* 1553, *in-*4. *fig. mar. r.*

4484 Relation historique du Siége mis devant la ville de Metz par l'Empereur Charles Quint en 1552. *Metz, P. Collignon,* 1665, *in-*4. *fig. v. br.*

§ *Regne de* CHARLES IX.

4485 Discours merveilleux de la vie, actions & déportemens de Catherine de Médicis, déclarant les moyens qu'elle a tenus pour usurper le Gouvernement du Royaume de France, & ruiner l'Estat d'icellui. *Impr. en* 1576, *in-*8. *v. m.*

4486

HISTOIRE.

4486 Les Mémoires de la Royne Marguerite. *Paris, Ch. Chappelain, 1628, in-8. v. m.* — 3.

4487 La Fortune de la Cour, Ouvrage curieux, tiré des Mémoires d'un des principaux Conseillers du Duc d'Alençon, frere du Roy Henri III, & où l'on trouve plusieurs particularités sur les Mémoires de la Reyne Marguerite. *Paris, Nic. de Sercy, 1642, in-8. v. br.* — 3. 10.

4488 Le Tombeau de Marguerite de Valois, Royne de Navarre, faict premierement en distiques latins par les trois sœurs, Princesses en Angleterre; depuis traduits en grec, italien & françois par plusieurs des excellens Poëtes de la France, avec plusieurs Odes, Hymnes, Cantiques & Epitaphes sur le même sujet. *Paris, Mich. Fezandat, 1551, in-8. v. m.* — 8. 19.

4489 Du grand & loyal devoir, fidélité & obéissance de MM. de Paris envers le Roy & Couronne de France; Discours adressé à Messieurs les Prévost des Marchands & Echevins de la ville de Paris. *Impr. en 1565, in-8. v. m.* — 6. 19.

4490 Amiable accusation & charitable excuse des maux & événemens de la France, pour monstrer que la paix & réunion des Subjets n'est moins nécessaire à l'Etat, qu'elle est souhaitable à chacun en particulier. *Paris, Robert le Mangnier, 1576, in-12. v. m.* — 6. 19.

§ *Regnes de* Henry III & Henry IV.

4491 Journal des choses mémorables advenues durant tout le regne de Henri III, avec le Procès-verbal de Nicolas Poulain, qui contient l'Hist. de la Ligue, depuis le 2 Janvier 1585 jusqu'au jour des Barricades, le 12 Mai 1588. *in-8. v. m. sans frontispice.*

4493 Lettre de Messire Paul de Foix, Archevesque de Tolose, & Ambassadeur pour le Roi auprès du Pape Grégoire XIII, escrittes au Roi très-Chrétien Henry III. *Paris, Charles Chappelain*, 1628, *in-4. v. f.*

4494 La Vie & Faicts notables de Henry de Valois tout au long sans rien requérir ; où sont contenues les trahisons, perfidies, sacriléges, exactions, cruautés & hontes de cet Hypocrite & Apostat, ennemi de la Religion Catholique, *Paris, Didier Millot*, 1589, *in-8. mar. bl.*

4495 Brutum Fulmen Papæ Sixti V, adversùs Henricum Seren. Reg. Navarræ & Illustrissimum Henricum Borbonium Principem Condæum, unà cum protestatione multiplicis nullitatis : accedit ejusdem Papæ Sixti V Declaratio contra Henr. Borbonium assertum Regem Navarræ & Henr. Borbonium Principem Condensem Hæreticos, eorumq. posteros & successores, ac Liberatio subditorum ab omni fidelitatis & obsequii debito. *Romæ, Hæred. Bladii*, 1585, *in-8. v. f.*

4496 Copie de la Déclaration & Protestation du Cardinal de Bourbon, & de ceulx de la Maison de Guise en la prinse des armes ; avec la déclaration de la volunté du Roi à l'encontre d'eulx, &c. *Imprimé hors de Paris en* 1585, *in*-8. *v. m.*

4497 Difcours véritable touchant plufieurs affaires d'Eftat pour la juftification des bons & fideles fujects de Sa Majefté Catholique. *Douay, Jean Bogard,* 1580, *in*-8. *v. m.*   1.

4498 Difcours du Siége mis par les Huguenots devant le paffage d'Agen, au mois de Juillet 1589, vaillamment foutenu contre eux par M. le Marquis de Villars, & décrit en vers françois par P. Barilhard. *Tolofe, Raymond Colomiez,* 1589, *in*-8. *v. m.*   3. 16.

4499 Advertiffemens des Catholiques Anglois aux François Catholiques, du danger où ils font de perdre leur Religion, & d'expérimenter, comme en Angleterre, la cruauté des Miniftres, s'ils reçoivent à la Couronne un Roi qui foit Hérétique. *Impr. en* 1587, *in*-8. *v. m.*   1. 4.

4500 Les mêmes. *Paris, Guill. Bichon,* 1590, 2 tom. en un vol. *in*-8. *v. m.*   1. 10.

4501 Le Bouclier de la Réunion des vrais Catholiques François, contre les Artifices du Béarnois, des Hérétiques & leurs fauteurs & adhérans, par Claude de Rubys. *Paris,* 1589, *in*-8. *v. m.*   5. 19.

4502 Traité de la Puiffance des Rois, contre l'Ufurpation du titre & qualité de Roi de France faite par le Roi de Navarre; & de l'Affurance que peuvent avoir en lui les Catholiques. *Paris, Rob. Nivelle,* 1589, *in*-8. *v. m.*   5. 19.

4503 Vera & fimplex Narratio Colloquii inter   5.

viros delegatos habiti , tùm qui Ducis Meduani Status ac Coronæ Galliarum locum tenentis generalis , Principum etiam Prælatorum , ac publicorum quæ Parisiis habita sunt Regni Comitiorum, tùm qui Principum, Prælatorum Nobilium , cæterorumque Catholicorum qui Regi Navarræ adhærent , nomine convenerunt. *Parisiis , Fredericus Morellus , 1593 , in-8. v. m.*

4504 Compendio y breve Relacion de la Liga y Confederacion Francefa , con la Hiftoria de las cofas mas notables que en la Francia fe hallan , compuefto por el Licenciado Pedro Cornejo. *En Madrid , P. Madrigal , 1592, in-8. v. f.*

4505 Hiftoire des Singeries de la Ligue contenant fes folles propofitions & frivoles actions depuis l'an 1590 jufqu'au 22 Mars 1594 , avec le pourtraict de la tenue des Etats. *Impr. en 1595 , in-8. mar. r.*

4506 La contre-Ligue & Refponfe à certaines Lettres envoyées à MM. de Rennes par un Ligueur de la fuite de feu M. le Duc de Guife. *Impr. en 1589 , in-12. v. m.*

4507 Satyre Ménipée de la vertu du Catholicon d'Efpagne , & de la tenuë des Etats de Paris , à laquelle eft adjouté un Difcours fur l'interprétation du mot de *Higuiero d'Infierno*, & qui en eft l'Auteur , avec le Regret fur la mort de l'afne ligueur d'une Damoyfelle , qui mourut durant le fiége de Paris. *Impr. en 1594 , in-8. v. br.*

4508 La même Satyre Menipée du Catholicon d'Efpagne , avec un Supplément intitulé :

HISTOIRE.

Nouvelles des Regions de la Lune. *Impr.*
en 1594 & 1595, *in-12. vélin.*
* *Cet Exemplaire est rempli de notes & d'augmentations MSS. insérées sur des feuillets de papier blanc que l'on a placés entre toutes les pages.*
4509 La même Satyre Ménippée, avec des remarques par Jacob le Duchat. *Ratisbonne, Matthias Kerner*, 1714, 3 *vol. in-*8. *fig.* baz. — 6.10.
4510 Lettre myſtique, Responce, Réplique, avec l'ouverture de la cabale amplifiée, l'index d'Eſpagne examiné, &c. touchant le succès de la conſpiration derniere, eſcrite au P. Jean Boucher : plus, la Cabale myſtérielle revellée par ſonges, & envoyée au même Jean Boucher fuyant en Eſpagne. *Leyden* (*Paris*), 1603, *in-*8. *v. m.* — 1.10.
4511 L'Anti-Huguenot pour ſervir de Reſponſe à un Diſcours par lequel on tâche d'éclaircir un chacun des juſtes procédures de ceux de la Réligion prétenduë réformée. *Impr.* en 1599, *in-12. v. m.* — 1.17.
4512 Décade contenant la Vie & Geſtes de Henry le Grand, en laquelle eſt repréſenté l'état de la France depuis le Traité de Cambray en 1559 juſqu'à la mort de Henry IV, avec les Grandeurs des deux Couronnes de France & de Navarre, & les droits du Roi ſur pluſieurs grandes Terres & Seigneuries, par Baptiſte le Grain. *Paris, de l'Imprimerie de J. Laquehay,* 1614, *in-fol. v. m.* — 5.8.
4513 La même Décade. *Rouen, Veuve du Boſc,* 1633, *in-*4. *v. m.* — 1.4.
4514 Hiſtoire de Henry le Grand, par Meſſire — 2.8.

HISTOIRE.

Hardouin de Péréfixe. *Paris, Charles Osmont, 1681, in-12. v. br.*

4515 Henrici IV, Navarrorum Regis, Epistolæ ad Imperatorem, Reges, Principes & Respublicas Europæas, quæ Evangelicæ & Catholicæ Apostolicæ dicuntur., de pace ecclesiasticâ constituendâ, & controversiis sopiendis; cum Regum, Principum, &c. responsis. *Ultrajecti, Joannes Ribbius, 1679, in-12. v. br.*

4516 Les Mémoires de Henry de la Tour d'Auvergne, Duc de Bouillon. *Paris, René Guignard, 1666, in-12. v. br.*

4517 Lettre de M. le Cardinal d'Ossat, Evesque de Bayeux, au Roi Henri le Grand & à M. de Villeroy, depuis l'année 1594 jusqu'à l'année 1604. *Paris, 1624, 2 vol. in-4. v. m.*

4518 Mémoires ou Œconomies Royales d'Etat, domestiques, politiques & militaires de Henry le Grand, par Maximilian de Béthune, Duc de Sully. *Rouen & Paris, Thom. Jolly, 1663, 8 vol. in-12. v. br.*

4519 L'Anti-pseudo-pacifique ou Censeur françois au Pseudo-pacifique refuté de point en point, & augmenté par le sieur de la Barillere. *Paris, Den. Duval, 1604, in-12. v. m.*

4520 Discours du fidel Sujet à la France, par Hector de Launey. *Impr. sans nom de lieu ni d'Imprimeur, en 1605, in-12, relié en carton.*

4521 Le Chevalier François contenant plusieurs discours particuliers sur les affaires de l'Etat. *Impr. en 1606, in-12. v. m.*

4522 Le Soldat François, avec la Réponse de

HISTOIRE.

Maître Guillaume ; la Réplique modeste, l'Appointement fait par Mathurine entre le Soldat François & Maître Guillaume, & autres Responses & discours sur le même sujet, avec les portraits des personnages. *Impr. en* 1605, *in-*8. *v. m.*

4523 Le même Soldat François. *Impr. en* 1664, *in-*12. *v. m.*

4524 Le Cavalier de Savoye, ou Response au Soldat François avec un discours digne de lecture, servant d'Apologie contre les faussetés, impertinences & calomnies du Cavalier de Savoye. *Imp. en* 1606, *in-*8. *v. f.*

4525 Histoire déplorable de la Mort de Henry IV. MSS. *à peu près du temps, sur papier, in-*8. *baz.*

4526 Histoire de la Mort déplorable de Henry le Grand, avec un Poëme, un Panégyrique & un discours funébre par Pierre Matthieu. *Paris, Veuve Guillemot*, 1611, *in-fol. v. m.*

4527 Les Fortunes & Vertus de Henry le Grand, comparées à celles d'Alexandre le Grand, par le sieur Réboul. *Paris, Jean Houzé*, 1604, *in-*12. *v. m.*

4528 Discours funébre sur la Mort de Henry le Grand, par Pierre Fenolliet. *Paris, Pierre Chevalier*, 1611. ⹀ Oraison funébre de Henry le Grand, par Jean Arnoux, Jésuite, avec la Piéce latine intitulée PARENTALIA. *Ibid.* 1611. ⹀ Parénése Royale sur les Cérémonies du Sacre de Louis XIII, par André Valladier, *Ibid.* 1611. ⹀ Discours sur le Trespas de Henry le Grand, par Estienne du Molar. *Lyon, Cl. Morillon*, 1610. ⹀ Harangue funébre de l'Empereur Rodolphe II prononcée à Bruxelles par Paul Boudot, Docteur de Sorbonne. *Arras*, *Rob. Maudhuy*, 1612. *in-*8. *v. f.*

4529 Les Larmes & Regrets du Soldat François sur le Trespas de Henry le Grand *Paris*, *Jean de Bordeaux*, 1611, *in-*8. *vél.*

4530 L'heureuse Entrée au Ciel du feu Roi Henry le Grand, composée en vers françois par Ch. de Navieres. *Paris*, *Pierre Mettayer*, 1610, *in-*8. *v. m.*

4531 La Chreſtienté ſur le Tombeau de Henry le Grand, avec un avis à la France pour la conſervation de l'Eſtat, par le ſieur Chevallier. *Paris*, *J. Berjon*, 1611, *in-*8. *v. m.*

4532 L'Avant-Victorieux contenant un Eloge du Roi compoſé par le ſieur de l'Hoſtal, Seigneur de Roquebonne, &c. *Orthes*, *Abr. Royer*, 1610, *in-*8. *v. m.*

4533 Anti-Coton, ou Réfutation de la Lettre déclaratoire du Pere Coton, où il eſt prouvé que les Jéſuites ſont coulpables & autheurs du Parricide exécrable commis en la perſonne du Roi très-Chrétien Henry IV. *Impr. en* 1611, *in-*8. *v. m.*

4534 Réponſe apologétique à l'Anti-Coton & à ceux de ſa ſuite, où il eſt montré que les Autheurs anonymes de ces Libelles diffamatoires ſont atteints des crimes d'héréſie, Léze-Majeſté, perfidie, ſacrilége & très énorme impoſture, par un Pere de la Compagnie de Jéſus. *Au Pont*, *Michel Gaillard*, 1610, *in-*8. *v. br.*

§ *Regne*

HISTOIRE.

§ *Regné de* LOUIS XIII.

4535 Recueil de plusieurs Lettres & Piéces, contenant l'Histoire de France, sous le commencement du Regne de Louis XIII. *Paris, Pierre Chevalier*, 1614, *in-*8. *broché.* — 3. 19.

4536 Recueil de diverses Piéces pour la défense de la Reine Mere du Roi très-Chrétien Louis XIIIe du Nom, par Matthieu de Morgues, Seigneur de Saint-Germain. *Impr. en* 1631, *in-fol. G. P. v. br.* — 6.

4537 Le même Recueil. *Jouxte la copie impr. à Anvers,* 1637, 2 *vol. in-*8. *v. f.* — 1.

4538 Ludovici XIII Galliarum Regis quadrimestre Itinerarium ab Oceano Neustrico ad Montes Pyrenæos, à Rodolpho Botereio conscriptum. *Parisiis, Petrus Chevalier*, 1621, *in-*8. *vél.* — 1.

4539 Mémoires du Duc de Rohan sur les choses advenues en France, depuis la mort de Henry le Grand jusqu'à la paix faicte avec les Réformés au mois de Mars 1626. *MSS. du temps, sur papier, petit in-fol. v. f.*

4540 Les mêmes Mémoires de M. le Duc de Rohan. (*Hollande.*) 1644, *in-*12. *baz.* — 2.

4541 Les mêmes Mémoires du Duc de Rohan, avec le Supplément, contenant un discours véritable de ce qui s'est passé en l'Assemblée politique des Eglises reformées de France, tenue à Saumur, en 1612 par la permission du Roy. *Amsterdam, André Hoogenhuysen,* 1693, *in-*12. *v. f.* — 1.

4542 Mémoires du Mareschal de Bassompierre, contenant ce qui s'est fait de plus remarqua- — 3. 19.

Tome II. Q

ble à la Cour de France pendant plusieurs années. *Cologne, Pierre du Marteau*, 1665, 3 vol. *in*-12. *v. f.*

4543 Journal de Monsieur le Card. Duc de Richelieu, contenant tout ce qu'il a fait durant le grand orage de la Cour, dans son Administration jusqu'à sa mort, avec plusieurs autres Piéces curieuses & remarquables, &c. 1650, 2 *tom. en un vol. in*-12. *v. m.*

4544 Histoire du Ministere d'Armand Jean du Plessis, Cardinal, Duc de Richelieu, avec des réflexions politiques, (par Dom Charles de S. Paul, Feuillant). *Paris, Compagnie*, 1664, 3 *vol. in*-12. *v. br.*

4545 Historia generalis Ministerii Cardinalium Richelii & Mazarini, cum observationibus politicis, ab anno 1624 ad annum 1652, Opus gallicum, latinitate donatum. *Francof. ad Mœnum, Godofr. Schonwetterus*, 1652, *in*-8. *v. m.*

4546 Le Flambeau Royal, par lequel le Prince est éclairé de Dieu, pour éclairer à ses peuples, par le sieur de Nervéze. *Paris, Touss. du Bray*, 1615, *in*-8. *vél.*

4547 Le Chant du Cocq François au Roi, où sont rapportées les Prophéties d'un Hermite Allemand de nation, lequel vivoit il y a six vingt ans, dont aulcunes ont été déja accomplies au Royaume de Bohême & Palatinat ; & les autres prédisent que le Roi doit réunir toutes les fausses Religions à la Catholique, & se rendre Empereur de l'Univers. *Paris, Denys l'Anglois*, 1621, *in*-12. *v. br.*

4548 Andreæ Mestrali Διαλογος, sive Dialogus

ad Regem Ludovicum XIII, cum latinâ verſione. *Avenione, Joann. Bramereau,* 1623, *in*-8. *v. f.*

4549 Le Catholique d'Eſtat ou diſcours politique des Alliances du Roi très-Chrétien contre les Calomnies des ennemis de ſon Eſtat, par le ſieur du Ferrier. *Paris, Joſeph. Bouillerot,* 1626. ⎯ Advertiſſement à tous les Etats de l'Europe touchant les Maximes fondamentales du Gouvernement, & des deſſeins des Eſpagnols, par le même du Ferrier. *Ibid,* 1626, *in*-8. *v. br.* 2-8.

4550 Diſcours véritable ſur ce qui s'eſt paſſé pour le Gouvernement d'Ayguelmortes, avec la juſtification des actions du ſieur de Berticheres. *Impr. ſans nom de lieu ni d'Imprimeur, en* 1615, *in*-8. *v. m.* 1.

4551 Recueil de Piéces, tant en proſe qu'en vers, concernant ce qui s'eſt paſſé de plus mémorable en France dans l'année 1620. *Paris,* 1620, *in*-8. *vél.* 3. 15.

4552 Diſcours du Mouvement de l'année 1620, par Julien-Péléus. *Paris, Michel Thévenin,* 1621, *in*-8. *v. m.* 1.

4553 Fortunati Sprecheri à Berneck, Hiſtoria motuum & bellorum poſtremis hiſce annis in Rhætiâ excitatorum & geſtorum. *Genevæ,* 1629, *in*-4. *vélin.* 1.

4554 Arcis Sammartinianæ Obſidio, & Fuga Anglorum à Rea Inſulâ, ſcriptore Jacobo Iſnard. *Pariſiis,* 1629, *in*-4. *fig. v. m.*

4555 Relation du Siége de la ville de Dole, Capitale de la Franche-Comté, & de ſon heureuſe délivrance, par Jean Boyvin. *Anvers,* 2.

124 HISTOIRE.

Balthasar Moretus, 1638, *in-4. fig. v. m.*

4556 Les Alliances du Roi avec le Turc & autres, justifiées contre les calomnies des Espagnols & de leurs partisans ; par G. le Guay. *Paris, Toussainct du Bray ;* 1626, *in-8. v. m.*

4557 Les Véritiés françoises opposées aux Calomnies espagnolles, ou Réfutation des impostures contenues en la déclaration imprimée à Bruxelles sous le nom du Cardinal Infant. *Beauvais,* 1635, *in-8. vél.*

4558 Les mêmes Véritiés françoises. *Paris,* 1643, *in-4. vél.*

4559 Les Entretiens des Champs Elisées. *Impr. en* 1631, *in-8. v. m.*

4560 Lettre du Soldat François sur l'Histoire de ce temps, par le sieur de la Terrieres. *Paris, veuve Hulpeau,* 1637, *in-8. v. m.*

4561 Le Soldat Piémontois, racontant du Camp devant Turin ce qui s'est passé en la Campagne d'Italie de l'année 1640. *Paris, Pierre Rocolet,* 1641, *in-8. v. m.*

4562 La première & seconde Savoysienne, où se voit comme les Ducs de Savoye ont usurpé plusieurs Etats appartenans aux Rois de France. *Grenoble, P. Marnioles,* 1630, *in-8. mar. r.*

4563 Les Avantures du Baron de Fœneste, en IV parties, par Théodore Agrippa d'Aubigné. (Ouvrage satyrique contre le Duc d'Epernon, & qui contient plusieurs événemens des Regnes de Henry III, Henry IV & Louis XIII). *Au Dezert,* 1630, *in-8. mar. r.*

4564 Les mêmes Avantures du Baron de Fœneste, augmentées de plusieurs remarques historiques. *Amsterdam (Trévoux),* 1731, 2 *vol. in-12. v. br.*

4565 Mémoires pour servir à l'Histoire d'Anne d'Autriche, épouse de Louis XIII, Roi de France, par Madame de Motteville. *Amsterdam, François Changuion,* 1723, 5 *vol. in*-12. *v. f.* — 10. 10.

§ *Regnes de* LOUIS XIV *& de* LOUIS LE BIEN-AIMÉ.

4566 Histoire de Louis le Grand, par les Médailles, Emblêmes, Devises, Jettons, Inscriptions, Armoiries & autres Monumens publics, recueillis & expliqués par le Pere Cl. Franç. Méneftrier, de la Compag. de Jésus, avec un discours particulier sur la Vie du Roy, &c. *Paris, J. Bapt. Nolin,* 1700, *in-fol. fig. v. m.* — 13. 6.

4567 Médailles sur les principaux événemens du Regne de Louis le Grand, avec des explications historiques. *Paris, Impr. Royale,* 1702, *in fol. G. P. v. m.* — 34. 10.

4568 Les Conquestes de Louis XIV; ou Recueil des plans des Villes, des Batailles & Victoires remportées sur les ennemis par Sa Majesté très Chrétienne; par Sébastien Pontault, Chevalier, Seigneur de Beaulieu. *Paris, chez l'Auteur, sans indic. d'année,* 2 *vol. grand in-fol. v. f.* (avec les Discours imprimés.) — 210.

4569 Plans & Profils des principales Villes de Flandres & autres lieux, ou les petites Conquestes de Louis XIV, par le même Chevalier de Beaulieu. 4 *vol. in-*4. *oblongo,* avec les Cartes & plans enluminés. — 30. 3.

4570 Mémoires de M. le Duc de la Rochefoucault sur les brigues à la mort de Louis XIII, — 2. 3.

les Guerres de Paris & de Guyenne, & la Prison des Princes; Apologie de M. de Beaufort, Mémoires de M. de la Chastre, les Articles convenus entre son Altesse Royale & M. le Prince, pour l'expulsion du Cardinal Mazarin, avec la Lettre de ce Cardinal à M. de Brienne. *Cologne, Pierre Vandyck, 1662, in-12. baz.*

3. 19. 4571 Les mêmes Mémoires de M. le Duc de la Rochefoucault. *Cologne, Pierre Van-Dyck, 1669, in-12. mar. r.*

2. 10. 4572 Les mêmes Mémoires de M. le Duc de la Rochefoucault. *Cologne, Pierre Van-dyck, 1677, in-12. v. m.*

3. 2. 4573 Les Mémoires de Messire Jacq. de Chastenet, Chevalier, Seigneur de Puységur, Lieutenant-Général des Armées du Roi, sous les Regnes de Louis XIII & Louis XIV, donnés au public par André du Chesne, avec des instructions Militaires. *Paris, Jacq. Morel, 1690, 2 vol. in-12. v. m.*

2. 18. 4574 Histoire du Maréchal de Gassion, où l'on voit diverses particularités remarquables qui se sont passées sous le Ministere des Cardinaux Richelieu & Mazarin, & sous le Regne de Gustave Adolphe, Roi de Suéde. *Amsterdam, J. Louis de Lorme, 1696, 2 tom. en un vol, in 12. v. br.*

1 6. 4575 Les Mémoires de Mademoiselle de Montpensier. *Londres (Paris), 1746, 7 vol. petit in-12. v. m.*

8. 10. 4576 Mémoires de M. le Marquis de Bussy Rabutin, Mestre de-Camp de la Cavallerie légere de France. *MSS. sur papier de la fin du XVIIe siécle. in-fol. relié en parchemin.*

HISTOIRE.

4577 Mémoires du Duc de Navailles & de la Vallette, Pair & Marefchal de France, contenant plufieurs particularités du Regne de Louis XIV. *Paris, veuve Barbin*, 1701, *in*-12. *v. br.* — 1. 10.

4578 Mémoires de M. le Maréchal Anne-Hilarion de Cottentin de Tourville, Vice-Amiral de France, & Général des Armées navales du Roi. *Amfterdam (Paris)*, 1758, 3 *vol. in*-12. *v. m.* — 3. 4.

4579 Relation hiftorique de la bataille de Lents, par le fieur la Peyrere. *Paris, Impr. Royale*, 1649, *in-fol. v. br.* — 8. 19.

4580 Hiftoire du Siége de Dunkerque; par le fieur Sarrazin, avec une Ode fur la prife de Dunkerque & fur la Bataille de Lens. *Paris, Touffaint Quinet*, 1649, *in*-4. relié en carton.

4581 Relation de la Campagne Royale, ou le Triomphe des armes de S. M. ès années 1667 & 1668. *Paris, veuve Gerv. Alliot*, 1668, *in*-12. *v. br.* — 1. 10.

4582 Mémoires de ce qui s'eft paffé de plus confidérable pendant la Guerre, depuis l'an 1688 jufqu'en 1698, par M. de Maffiac, Lieutenant des Grenadiers dans le Régiment de la Reyne. *Paris, Nicolas le Clerc*, 1698, *in*-12. *v. br.* — 1.

4583 Faits mémorables des Guerres & des révolutions de l'Europe, depuis la premiere Campagne de Hollande de 1672, jufqu'en 1721, par le même de Maffiac. *Toulouse, Eftienne Manavit*, 1721, *in*-8. *v. br.* — 1. 9.

4584 Relation de la Campagne du Roi en Franche-Comté, contenant fes glorieufes Victoires jufqu'à fon retour. *Paris, J. B. Loyfon*, 1674, *in*-12. *mar. r.* — 5. 19.

HISTOIRE.

4585 L'eſtat préſent des Affaires d'Allemagne, avec la Relation de ce qui s'eſt paſſé dans la Campagne de M. de Turenne ès années 1674 & 1675. Cologne, (Rouen), 1675, in-12. baſ.

4586 Relation de ce qui s'eſt paſſé en Allemagne entre les Armées de France & de l'Empire ès années 1675, 1676 & 1677. Lyon, Thomas Amaulry, 1677, 2 vol. in-12. fig. v. br.

4587 Relation de la Campagne du Roi en 1677. Paris, Eſtienne Michallet, 1678, in-12. v. br.

4588 Relation de ce qui s'eſt paſſé en Flandres & en Allemagne pendant la Campagne de 1678 juſqu'à la paix. Paris, G. Quinet, 1679, 2 tom. en un vol. in-12. v. m.

4589 Journal du Siége de Philipsbourg en 1676. (Rouen), 1676, in-12. v. br.

4590 Journal véritable du Siége de Philipsbourg, par le ſieur le François de Rigauville. Fribourg en Briſgau, Jean Jacq. Wehrlin, 1679, in-12. fig. v. br.

4591 La Campagne des Allemands de l'année 1690, où l'on fait voir qu'elle eſt oppoſée à leur intéreſt particulier & à celui des Alliés, Cologne, 1691, in-12. v. br.

4592 Journal des Marches, Campemens, Batailles, Siéges & Mouvemens des Armées du Roi en Flandres, & de celles des Alliés depuis l'année 1690 juſqu'à préſent, par Vaultier, Commiſſaire d'Artillerie. Paris, veuve Coignard, 1694, in-12. v. br.

4593 Relation du Combat de Steinkerke. Paris, Mich. Brunet, 1692, in-12. v. m.

4594 Relation de la Campagne de Namur, avec l'Hiſtoire de ce qui s'eſt paſſé de plus mémorable

ble entre les deux Armées dans les Pays-Bas. *La Haye*, *Eſtienne Foulques*, 1695, *in-*8. *v. m.*

4595 Relation de ce qui s'eſt fait à la priſe de Cartagène, ſituée aux Indes Eſpagnoles, par l'Eſcadre commandée par M. de Pointis. *Bruxelles*, *Jean Frick*, 1698, *in-*12. *v. m.*   2. 10.

4596 Relation de la Campagne de Lille en Flandres; contenant un Journal fidel de ce qui s'eſt paſſé au Siége de cette importante Place, & à l'occaſion de Wynendael, comme auſſi le fameux paſſage de l'Eſcaut, par un Aide-de-Camp du Prince d'Oranges, avec figures. *La Haye*, *Pierre Huſſon*, 1709, *in-*12. *fig. v. m.*   9. 1.

4597 Hiſtoire de la Campagne de M. le Maréchal de Villars en 1712, avec la Relation des Combats d'Alménar & de Pennalva; des Batailles de Sarragoſſe & de Villaviciosa, & du Siége de la ville de Gironne, par Gayot de Pitaval. *Paris*, *Cl. Jombert*, 1713, *in-*12. *v. br.*   2.

4598 Le Teſtament du défunct Cardinal Jules Mazarini, premier Miniſtre du Roi de France. *Cologne*, 1663, *in-*12. *v. m.*   4. 10.

4599 Lettres du Cardinal Mazarin, où l'on voit le ſecret de la négociation de la paix des Pyrénées & la Relation qu'il a eüe pour ce ſujet avec Don Louis de Haro, Miniſtre d'Eſpagne, &c. *Amſterdam*, 1690, *in-*12. *v. br.*   1. 6.

4600 Le Teſtament politique de Meſſire J. Bapt. Colbert, Miniſtre & Sécrétaire d'Eſtat, où l'on voit tout ce qui s'eſt paſſé ſous le Regne de Louis le Grand juſqu'en l'année 1684, avec des remarques ſur le Gouvernement du Royaume. *La Haye*, *Henry van Bulderen*, 1694, *in-*12. *v. m.*   2. 2.

4601 Histoire de la derniere Guerre contre les Anglois. *Genève (Paris)*, 1759, *in-*8. broché.

§ 6. *Traités singuliers, critiques & apologétiques, historiques & allégoriques, qui concernent les Regnes particuliers des différens Princes qui ont occupé le Thrône de la Monarchie.*

4602 Le Triomphe de la Gloire, ou les dernieres Conqueftes de Louis le Grand, par le fieur de Caiffel. *Paris, Pierre Variquet*, 1682, *in-*12. *v. br.*

4603 Le Nouveau Panthéon, ou le rapport des Divinités du Paganisme, des Héros de l'antiquité & des Princes furnommés Grands, aux vertus & aux actions de Louis le Grand, avec des Inscriptions latines & françoises, en vers & en profe pour l'Hiftoire du Roi, par M. de Vertron. *Paris, Jacq. Morel*, 1686, *in-*12. *v. br.*

4604 L'Apollon François, ou le Parallèle des vertus héroïques du très invincible Roi de France & de Navarre Louis le Grand, XIVe de ce nom, avec les propriétés & les qualités du Soleil; par Brice Bauderon, Seigneur de Sénecey, avec des remarques & une préface. *Mafcon, Simon Bonard*, 1693, *in-*12. *baz.*

4605 La Mémoire éternifée de Louis le Grand, par J. Bapt. Yriey des Marenes. *Tolofe, Jacq. le Blois*, 1682, *in-*12. *fig. mar. r.*

4606 Jeux d'esprit & de mémoire, ou Converfations plaifantes fur quelques particularités qui fe font paffées fous le Regne de Louis le Grand. *Cologne (Rouen)*, 1698, *in-*12. *baz.*

HISTOIRE.

4607 L'Europe ressuscitée du tombeau de M. Léti, ou Responsé au Livre intitulé : la Monarchie universelle de Louis XIV. *Utrecht, Ant. Schouten*, 1690, *in*-12. *v. m.* — 4. 4.

4608 Apologie du Cardinal de Bouillon. *Cologne*, 1706, *in*-12. *v. m.* — 4. 10.

4609 Recueil de Piéces fugitives, tant en prose qu'en vers, concernant l'Histoire de France sous la minorité de Louis XIV, faisant partie de la collection des Piéces vulgairement appellées : MAZARINADES. *Paris*, 1649 & 1650, 6 vol. *in*-4. *v. br.* — 26. 19.

4610 L'Ombre de Charles-Quint apparue à Volcart; ou Dialogue sur les Affaires du temps. *Cologne, Jacq. du Bours*, 1688, *in*-12. *v. m.* — 1. 6.

4611 Le Réveille-Matin des Alliez, par entretien de la Barque de Liége; où l'on découvre les trahisons du temps présent. *Cologne, Pierre l'Indiscret*, 1693, *in*-12. *v. m.* — 3. 10.

4612 Les Bornes de la France réduites à la paix des Pyrennées; & l'intérest que les Alliés ont de ne point accepter les offres de paix qu'elle fait aujourd'huy. *Cologne, Pierre Marteau*, 1694, *in*-12. *v. m.* — 2.-

4613 Traité historique sur les moyens de continuer la guerre contre les Alliés, avec plusieurs entretiens particuliers sur les affaires de l'Europe, sous le Regne de Louis XIV. *Impr. (en Hollande) en* 1696, *in*-12. *v. m.* — 1.

4614 La Nécessité de la Ligue Protestante & Catholique pour le maintien de la liberté commune. *Cologne, Jacq. le Sincere*, 1702, *in*-12. *v. m.*

132   HISTOIRE.

2-12 4615 *Christianissimus Christianandus*, ou le Moyen de réduire la France à un Estat plus chrétien pour le bien de l'Europe. (*Holl.*) Jean Nicolas, *in*-12. *v. m.*

9-10 4616 Les Soupirs de la France. *Amsterdam*, 1690, *in*-4. *mar. r.* (XV Mémoires, 228 pages).

§ 7. *Histoire générale & particuliere des Villes & Provinces de France, rangée par ordre de généralités.*

1.   4618 Les Antiquités, Histoires & Singularités de Paris, par Gilles Corrozet. *Paris*, 1550, *in*-8. *v. m.*

1.   4619 Les mêmes. *Paris*, *Nic. Bonfons*, 1586, *in*-8. *v. br.*

2-8. 4620 Les Fastes, Antiquités & choses plus remarquables de Paris, par Pierre Bonfons. *Paris*, *Nic. Bonfons*, 1605, *in*-8. *baz.*

6-19 4621 Le Théâtre des Antiquités de Paris, par Jacques du Breul. *Paris*, *Pierre Chevalier*, 1612, *in*-4. *v. f.*
      4622 Jacobi du Breul Supplementum Antiquitatum Urbis Parisiacæ. *Parisiis*, *Joann. Petitpas*, 1614, *in*-4. *v. m.*

1-5. 4623 Abrégé des Annales de la Ville de Paris, contenant tout ce qui s'est passé de plus mémorable depuis sa premiere fondation jusqu'à présent. *Paris*, *Jacq. le Febvre*, 1709, *in*-12. *v. br.*

5-7   4624 Essais Historiques sur Paris, par M. de Saintfoix. *Londres*, (*Paris*), 1754, 4 tom. en 2 vol. *in*-12. *v. m.*

HISTOIRE.

4625 La Description de Paris ancien & nouveau, avec la fondation, les accroissemens, le nombre des habitans & des maisons de cette grande Ville, par C. le Maire. *Paris, Théodore Girard*, 1685, 3 vol. *in*-12. *v. m.* — 1. 10.

4626 Description de la Ville & des Fauxbourgs de Paris en XX planches, avec un détail exact de toutes les Abbayes, Eglises, Couvents, Communautés, Colléges, Edifices publics, Palais, Hôtels, &c. dressée par les ordres de M. d'Argenson, & dédiée à M. Desmaretz, Controlleur Général des Finances, par Jean de la Caille. *Paris, Jean de la Caille*, 1714, *grand in-fol. fig. v. f.* — 8. 19.

4627 Explication historique de ce qu'il y a de plus remarquable dans la Maison Royale de Versailles, & en celle de Monsieur, à Saint-Cloud, par le sieur Combes. *Paris, C. Négo*, 1681, *in*-12. *v. br.*

4628 Histoire véritable de l'Antiquité, & prééminence du Vicariat de Pontoise & du Vexin-le-François, où est réfutée l'erreur de quelques modernes qui ont voulu rapporter au temps de S. Louis l'Institution premiere des Vicaires de Pontoise qui florissoient en grande autorité dès l'an M. LXVIII. près de CC. ans avant cette prétendue origine du Vicariat. *Paris, Pierre Chevalier*, 1637, *in*-4. *relié en carton.* — 13. 19.

4629 Recueil de Piéces concernant le projet & l'établissement du Canal de Picardie, pour servir à la communication de la Riviere de la Somme avec le Canal de jonction à la Riviere d'Oife. *Paris , Pierre Simon , 1728 & ann. fuiv. in-4. fig. v. m.*

6. 16. 4630 Difcours abrégé de l'Artois, membre ancien de la Couronne de France , & de fes Poffeffeurs , depuis le commencement de la Monarchie , avec les preuves. *Impr. en* 1640, *in-4. v. f.*

20. 19. 4631 La Relation du Siége de Hefdin par Meffire Ant. de Ville , avec la defcription de la Ville & du Pays. *Lyon , Jean Caffin ,* 1639, *in-fol. fig. v. m.*

4632 La Défenfe des principales prérogatives de la Ville & de l'Eglife Royale de S. Quentin en Vermandois, par laquelle il eft clairement juftifié que cette Ville eft l'ancien Augufte de Vermandois ; & fon Eglife , le Siége primitif des Evêques de ce Diocèfe. *Saint-Quentin , Cl. le Queux ,* 1671, *in-4. v. m.*

3. 4. 4633 Les Mémoires des Comtes héréditaires de Champagne & Brie , par Pierre Pithou. *Paris, Robert Eftienne ,* 1572, *in-4. v. m.*

4634 Hiftoire des Rois, Ducs, Comtes & Princes de Bretagne , par Bertrand d'Argentré. *Paris , du Puys ,* 1605, *in-fol. v. br.*

1. 11. 4635 Hiftoire de Bretagne, avec les chroniques des Maifons de Vitré & de Laval, par Pierre le Baud , avec le Recueil armorial contenant les Armes & Blafons de plufieurs anciennes Maifons de Bretagne , par le fieur d'Hozier. *Paris , Gervais Alliot ,* 1638, *in-fol. v. f.*

4. 19. 4636 Le Paradis délicieux de la Tourraine , qui traite des beautés, bontés, excellence & priviléges de la Royale Ville de Tourraine,

de ses Archevêques, de son Etat ecclésiastique, & des Vies des Saints & Saintes qui ont fleuri dans ce Paradis de délices ; par le Père Martin Marteau, Prédicateur Carme. *Paris, Pierre du Pont*, 1660, *in*-4. *v. rouge.*

4637 Discours adressé au Roi, sur la naissance, l'ancien estat, le progrès & l'accroissement de la Ville de la Rochelle, avec les priviléges accordés à cette Ville, tant par les Rois d'Angleterre que par les Rois de France. *Impr. en* 1628. *in*-4. *v. m.*   3.

4638 Ponti Heuteri Delfii rerum Burgundicarum Libri VI, in quibus describuntur res gestæ Regum, Ducum, Comitumque utriusque Burgundiæ. *Antverpiæ, Plantinus*, 1584, *in-fol. vél.*   1.

4639 Alphonsi Delbene, Episc. Albiens. de Regno Burgundiæ Transjuranæ & Arelatis Libri III ; in quibus etiam pleræque res gestæ vicinarum Gentium continentur. *Lugduni, Jac. Roussin*, 1602, *in* 4. *vél.*   1.

4640 Lettre touchant Béatrix, Comtesse de Chalons, laquelle déclare quel fut son mari, quels ses enfants, ses ancestres & ses armes, par Pierre-Franç. Chifflet, avec les preuves. *Dijon, Philibert Chavance*, 1656, *in*-4. *v. m.*   6. 12.

4641 Joann. Jac. Chiffletii, Patricii Consularis & Archiatri Vesontini, Vesontio, Civitas Imperialis libera, Sequanorum Metropolis, in duas partes distincta & plurimis nec vulgaribus Sacræ Profanæque Historiæ monumentis illustrata. *Lugduni, Mich. du Han*, 1650, *in*=4. *vél.*   3.

4642 Traités des Libertés & Franchises du

Vicomté de Turenne. *Paris*, *Denys Pelé*, 1658, *in-4. broché.*

4643 Les Priviléges, Franchises & Immunités octroyés par les Roys très-Chrétiens, aux Consuls, Eschevins, Manans & Habitans de la Ville de Lyon, & à leur postérité, par Claude de Rubys. *Lyon*, *Ant. Gryphius*, 1574, *in-fol. v. m.*

4644 Lyon dans son lustre ; Discours contenant les Eloges de la Ville & des Habitans, & des recherches curieuses sur l'Estat des Corps Ecclésiastique, politique & Militaire, par Samuel Chappuzeau. *Lyon*, *Scipion Jasserme*, 1656, *in-4. v. m.*

4645 Les Forces de Lyon contenant le pouvoir & estendue de la domination de cette Ville, depuis sa fondation jusqu'à présent, avec les noms, armes & blasons de tous les Chefs de sa milice & autres Officiers ; par Jean-Baptiste l'Hermite de Soliers dit Tristan. *Lyon*, 1658, *in-fol. fig. v. m.*

4646 Dissertation sur les anciens Monumens de la Ville de Bordeaux, sur les gahets, les antiquités & les Ducs d'Aquitaine ; avec un Traité historique sur les monnoyes que les Anglois ont frappées dans cette Province, par M. l'Abbé Vénuti. *Bordeaux*, *Jean Chappuis*, 1754, *in-4. fig. v. m.*

4647 Ant. Dadini Alteserræ rerum Aquitanicarum Libri V, in quibus vetus Aquitania illustratur. *Tolosæ*, *Arnald. Colomerius*, 1648, *in-4. v. f.*

4648 L'Heptaméron de la Navarride ou l'Histoire entiere du Royaume de Navarre depuis

le

le commencement du monde, composée en ryme françoise, & trad. de l'espagnol par Pierre-Victor Palma Cayet. *Paris, P. Portier,* 1602, *in-*12. *v. m.*

4649 Histoire du Languedoc, avec l'estat des Provinces voisines, par Pierre Andoque. *Beziers, Jean & Henry Martel,* 1648, *in-fol. v. f.*   5. 19.

4650 Mémoires pour servir à l'Histoire du Languedoc, par Guillaume de Catel. *Tolose, Pierre Bosc,* 1633, *in-fol. v. f.*   2.-

4651 Notice ou Abrégé historique des XXII Villes, Chefs des Diocèses de la Province de Languedoc, par François Gravetol. *Toulouse, Guill. Louis Colomyez,* 1696, *in-fol. v. br.*   2.-

4652 Histoire des Comtes de Tolose, par Guill. Catel, avec quelques Traités & Chroniques anciennes concernant la même Histoire. *Tolose, Bosc,* 1623, *in-fol. relié en peau verte.*

4653 Les Gestes des Tolosains & d'aultres Nations de l'environ, escripts premiérement en langaige latin par discret & lettré homme Maître Nichole Bertrandi, Advocat très facond en Parlement, & translatées du latin en françois. *Lyon, Ollivier Arnoullet,* 1517, *in-fol. gotiq. vél.*   4. 4.

4654 Histoire Tolosaine par Ant. Noguier Tolosain. *Tolose, G. Boudeville,* 1556, *in-fol. v. m.*   7. 4.

4655 Les Antiquités de la Ville de Nismes, par Jacques Deyron. *Nismes, Jean Plasses,* 1663, *in-*4. *v. m.*   3. 1.

4656 Histoire de l'Antiquité & Saincteté de la   1.

Tome II. S

HISTOIRE.

Cité de Vienne en la Gaule Celtique, par Jean le Lievre. *Vienne, Jean Poyet, 1623, in-8. v. f.*

4657 L'Histoire & Chronique de Provence escrite par César de Nostradamus. *Lyon, Rigaud, 1614, in-fol. mar. r.*

4658 Histoire des Comtes de Provence enrichie de leurs portraits gravés en taille douce, avec leurs sceaux & les monnoyes de leur temps, &c. par Ant. de Ruffi. *Aix, Roize, 1655, in-fol. v. m.*

4659 Histoire de l'incomparable Administration de Romieu, Grand Ministre d'Etat en Provence, lorsqu'elle étoit en Souveraineté. *Paris, Jean Camusat, 1635, in-12. non relié.*

4660 Joannis Samblancati Tolosatis Index Comitum Ruscinonensium; accedunt Tractatus duo carminibus latinis redditi, quorum primus, nomen habet: *Salsula expugnata à Condæo*: alter verò designatur sub titulo sequenti, *Perpinianum captum à Ludovico XIII*. Tolosæ, *Petrus d'Estey, 1642, in-8. v. m.*

4661 Bertrandi Helie, Historia Fuxensium Comitum in IV Libros distincta: accedit ejusd. Authoris Tractatus de Regni Navarræ origine, & Regibus qui in eâ ad hæc usque tempora regnârunt. *Tolosæ, Nic. Vieillardus, 1540, in-4. v. m.*

4662 Table alphabétique des Villes, Bourgs, Villages, &c. de la Lorraine & du Barrois. *Nancy, Thomas, 1766, in-8. broché.*

HISTOIRE.

§ 8. *Meſlanges de l'Hiſtoire de France; ou Extraits, Recueils, Collections d'Actes, Piéces & Diſſertations appartenantes à l'Hiſtoire de France.*

4663 Un Manuscrit *ſur papier*, (écriture du XVe ſiécle, & bien conſervé) qui contient le Rapport de Jean Juvénal des Urſins, Evêque & Duc de Laon au Roi Charles VII, de ce qu'il avoit extrait aux Chartes du Roi, touchant l'accord à faire entre le Roi de France & le Roi d'Angleterre, avec l'Acte de rénonciation faite par le Roi d'Angleterre au profit du Roi, de ce qu'il prétendoit en Normandie, Anjou, Touraine, le Maine, Poitou & autres Terres du Royaume. *In-fol. relié en parchemin.* 18.19.

4664 Ample Diſcours au Roi, ſur le faict des quatre Eſtats du Royaume, compoſé en ryme françoiſe par J. D. B. Angevin. *Paris, Jean le Blanc*, 1588, *in-8. v. m.* 5.5.

4665 Recueil général des Etats tenus en France ſous les Rois Charles VI, Charles VIII, Charles IX, Henry III & Louis XIII. *Paris*, 1651, *in-4 v. m.* 12-10.

4666 Recueil des principaux Eſcripts publiés pendant la tenue des Eſtats du Royaume aſſemblés à Paris en 1614 & 1615. *Impr. en* 1615, *in-8. v. m.* 2.8.

4667 Le Procès criminel de Gilles de Rays, Maréchal de France en 1440. *MSS. ſur papier d'une écriture moderne, petit in-4. v. f.* 10.10.

4668 Mémoire circulaire addreſſé par ordre du Roi, à tous les Intendans pour dreſſer des

Mémoires sur leurs Généralités. *MSS. in-4. v. br.*

4669 Mémoires sur les Généralités de toute la France, contenant le détail des biens ecclésiastiques, la Géographie, les forces & le commerce des différentes Provinces de ce Royaume; faits par ordre de Sa Majesté très Chrestienne, & dressés par MM. les Intendans des Provinces. *MSS. sur papier, 33 vol. in-4. reliés en veau*, dont voici le détail.

Généralité d'Alençon & Comté du Perche, dressé par M. Pinon, en 1698. == D'Alsace, par M. de la Grange, en 1701. == D'Amiens & Province de Picardie, par M. Bignon, en 1698. == D'Artois, par M. Bignon, en 1698. == D'Auvergne, par M. le Févre d'Ormesson, en 1698. == De Béarn, par M. Pinon, en 1698. == De Bordeaux, par M. de Besons, en 1698. == De Bourges, par M. de Séraucourt, en 1698. == De Bourgogne, par M. Ferrand, en 1698. == De Bretagne, par M. de Nointel, en 1698. == De Caën, par M. Foucault pere, en 1699. == De Champagne, par M. l'Archer, en 1697. == De Dauphiné, par M. Bouchu, en 1698. == De la Flandre Flamingante, par M. de Barentin, en 1698. == De la Flandre Françoise, par M. du Gué-de-Bagnols, en 1698. == De la Franche-Comté, par M. de la Fons, en 1699. == Du Haynault, par M. Voisin, en 1698. == De Languedoc, par M. de Basville. == De Limoges, par M. de Bernages, en 1698. == de Lorraine, par M. Desmarets de Vaubourg, en 1698. == De Lyon, par M. d'Herbigny, en

1698. == De Metz , par M. Desmaretz de Vaubourg, en 1697. == De Montauban , par M. le Gendre , en 1699. == De Moulins , par M. le Vayer, en 1698. == D'Orléans , par M. de Bouville , en 1698. == De Paris , par M. Phélippeaux , en 1700. == De Poitou , par M. de Meaupeou , en 1698. == De Provence , par M. le Bret , en 1698. == De la Rochelle, par M. Bégon, en 1698. == De Rouen, par M. de la Bourdonnaye, en 1698. == De Roussillon , par M. d'Albaret , en 1710. == De Soissons , par M. Sanson , en 1698. —— De Tours & des Provinces de Touraine , Anjou & Maine , par M. de Miromesnil , en 1698.

4670 Le Détail de la France sous le Regne présent, contenant plusieurs moyens de réparer les Finances de ce Royaume. *Impr.* en 1707, 2 tom. en un vol. in-12. *v. br.*

§ 9. *Traités singuliers de l'Origine , Dignité , Préexcellences & Prérogatives des Rois & du Royaume de France , avec les Dissertations particulieres qui concernent le Droit de Souveraineté, les Successions à la Couronne , &c.*

4671 Jacobi Alexandri Tennevrii, Veritas vindicata adversùs Joan. Jac. Chiffletii Vindicias hispanicas , lumina nova & lampades historicas ; quâ retectis variis arcanis salicis historicis & genealogicis Christianissimorum Regum Jura, Dignitas & Prærogativæ demonstrantur. *Parisiis, Billaine ,* 1651 *, in-fol. v. f.*

4672 Antonii Matharelli Responsio ad Franc. Hotomani Franco-Galliam ; in quâ agitur de initio Regni Franciæ , Succeſſione Regum , publicis negotiis & politiâ. *Lutetiæ , Fed. Morellus ,* 1575, *in-*8. *v. m.*

4673 Matagonis de Matagonibus Monitoriale adversùs Italo-Galliam , sive Anti-Franco-Galliam Antonii Matharelli , Alvernogeni. *Impr. anno* 1578 , *in-*8. *v. m.*

4674 Discours sur les Rébellions : auquel est contenu quelle est la misere qui accompagne les traîtres , séditieux & rébelles , & les récompensés qui les suivent selon leurs rébellions ; avec un arraisonnement sur l'infélicité qui suit ordinairement les Grands , & un discours sur l'excellence des Princes du Sang de France , par François de Belleforest. *Paris , Jean Hulpeau ,* 1572 , *in-*8. *v. m.*

4675 La Grandeur de nos Rois , & de leur souveraine Puissance , par Théophile Dujai. *Paris.* 1615 , *in-*8. *v. m.*

4676 Censure de la Réplique du sieur Savaron sur l'examen fait de son Traité sur la Souveraineté du Roy , par Jean le Coq. *Milan , Marc-Antoine ,* 1617 , *in-*4. *v. f.*

4677 La Recherche des Droits du Roi & de la Couronne de France sur les Royaumes, Duchés , Comtés , Villes & Pays occupés par les Princes étrangers , appartenans aux Rois très Chrestiens par conquestes , successions , donations & autres tiltres légitimes ; ensemble leurs Droits sur l'Empire , &c. par Jacq. de Cassan. *Paris , Franç. Pomeray ,* 1632 , *in-*4. *v. br.*

4678 La Catalogne Françoise , où il est traité des Droits du Roy sur le Comté de Barce-

HISTOIRE.

lonne & de Rouſſillon, & ſur les autres Terres de la Principauté de Catélogne, par Caſeneuve. *Toloſe, Pierre Boſc, 1644, in-4. v. m.*

4679 Contre le Franc-Aleu ſans titre, prétendu par quelques Provinces, au préjudice du Roi, &c. *Paris, Rob. Eſtienne, 1629, in-12. relié en carton.*

3. 1.

4680 Teſtament & Codicille de Charles II, Roi d'Eſpagne, fait le 2 Octobre 1700, avec pluſieurs piéces curieuſes concernant ledit Teſtament. *Paris, Fred. Léonard, 1700, in-4. v. m.*

5. 19.

4681 Le Grand Thréſor des Thréſors de France, contenant les deniers que leurs Majeſtés ont levé & deſpendu depuis XXXI ans; c'eſt-à-dire, le ſécret des Finances de France, ou préparatif propre & néceſſaire pour payer les dettes du Roi, deſcharger ſes Sujets, & recouvrer les deniers qui ont été dérobés à Sa Majeſté, par Virolie Froumenteau. *Impr. en 1581, 3 tom. en un vol. in-8. vél.*

13.

4682 Le Miroir des François, contenant l'eſtat & maniement des affaires de France, tant de la Juſtice que de la Police, avec le Réglement pour la pacification des troubles, abolition des Tailles exceſſives & Gabelles, Dons gratuits, &c. punition contre les uſuriers, tyrans & rongeurs de peuple, & généralement tous les ſécrets qu'on a pu recueillir pour l'embelliſſement & enrichiſſement du Royaume, & ſoulagement du public, par Nic. de Montand. *Impr. en 1582, in-8. vél.*

18. 19.

HISTOIRE.

§ 10. *Histoire des Etats-Généraux, Dignités & Offices du Royaume de France.*

4683 Le Grand Aulmosnier de France, par Maître Sébastien Rouilliard. *Paris, David Douceur,* 1607, *in-*8. *v. br.*

4684 Histoire des Ministres d'Estat qui ont servi sous les Rois de France de la troisieme lignée, justifiée par Chroniques, Chartes d'Eglises, &c. & autres preuves, par le sieur Baron d'Auteuil. *Paris, Ant. de Sommaville,* 1642, *in-fol. v. f.*

4685 Procès Verbaux des séances des Sceaux tenus par le Roi Louis XV, pendant les années 1757, 1758, 1759, 1760 & 1761. *Paris, Impr. Royale,* 1762, *in-*4. *v. m.*

4686 Portraicts de divers Maîtres des Requestes, avec ceux des Magistrats qui composoient le Parlement de Paris dans le siécle dernier. *MSS. sur papier de la fin du XVII*e *siécle, in-*4. *v. br.*

4687 Dissertation historique & critique sur la Chambre des Comptes en général, & sur l'origine, l'état & les fonctions de ses différens Officiers. *Paris, Mich. Lambert,* 1765, *in-*4. broché.

4688 Traité de la Chambre des Comptes de Dijon, son antiquité & establissement, ses honneurs, priviléges & prérogatives, avec des observations historiques & les preuves justifiées par Chartes, Arrêts, &c. par Hector Joly, Seigneur de la Grange du Pré. *Dijon, Pierre Palliot,* 1653, *in-fol. v. br.*

4689 Recherches des Connestables, Mareschaux & Admiraux de France, avec les choses les

plus

HISTOIRE.

plus mémorables advenües sous la conduite de chascun, par A. Mathas. *Paris, Franc. Julliot*, 1623, *in-8. v. m.*

4690 Le Hérauld de la Guerre, ensemble son élection, prééminence, dignité & office parmi les Armées; où est montré par exemples anciens & modernes, l'ordre qu'il doit tenir & observer, avec le devoir des Chefs de Guerre, Colonels, Capitaines, Gentilshommes & Soldats. *Paris, Dan. Guillemot*, 1610, *in-12*. relié en carton. — 1. 17.

4691 Traité singulier des anciennes Enseignes & Estendarts de France; de la Chappe de S. Martin, de l'office & dignité du grand Seschal, dit DAPIFER, qui portoit cette Chappe aux batailles; de l'Oriflamme ou Estendart de S. Denys; de la Banniere de France & Cornette Blanche. *Paris, Est. Richer*, 1637, *in-4. v. f.* — 8. 2.

4692 Nouveau Recueil des Troupes légeres de France, levées depuis la présente Guerre, avec la date de leur création, le nombre dont chaque Corps est composé, leur uniforme & leurs armes, le tout gravé en taille-douce, avec des explications françoises, par Franç. Chéreau. *Paris*, 1747, *in-fol. v. br. figures enluminées.* — 3. 10.

4693 Les Noms, surnoms, qualités, armes & blasons de tous les Chevaliers & Officiers de l'Ordre du S. Esprit, créés par le Roi Henri III le dernier Décembre 1578, jusqu'à Louis XIII; avec les statuts, ordonnances & réglemens dudict Ordre. *Paris, Pierre Lamy*, 1643, *in-fol.* G. P. *fig. v. m.* — 3.

4694 Les Armes & blasons des Chevaliers de l'Ordre du S. Esprit, créés par le Roi Louis XIII, — 2.

Tome II.   T

gravés en taille-douce, & publiés par Jacq. Morin, Ecuyer, Sieur de la Masserie. *Paris, Pierre Firens*, 1623. ══ Les noms, surnoms, qualités, armes & blasons des Chevaliers & Officiers de l'Ordre du S. Esprit, créés par le même Roi Louis XIII, avec figures en taille-douce, représentant les cérémonies & vestemens desdits Chevaliers, &c. le tout recueilli par le sieur d'Hozier. *Paris, Melchior Tavernier*, 1634, *in-fol. fig. v. br.*

4695 Armorial historique des Chevaliers de l'Ordre du Saint Esprit, créés sous le Regne de Louis XIV, & très exactement recherché, & blasonné par Fr. de la Pointe, Ingénieur & Géographe du Roi. *Paris*, 1689, 3 *vol. petit in-fol. fig. v. m.*

§ II. *Histoire des Actions publiques & solemnelles faites en France, & des Cérémonies qui y ont été observées.*

4696. Le Cérémonial de France, ou Description des cérémonies, rangs & séances observées aux couronnemens, entrées & enterremens des Rois & Reines de France, & autres actes & assemblées solemnelles, par Théodore Godefroy. *Paris, Abraham Pacard*, 1619, *in-4. v. b.*

4697 Relation du Sacre & Couronnement de Louis XIV dans l'Eglise de Rheims le VII Juin 1654, avec les cérémonies qui y ont été observées. *Rheims, veuve Fr. Bernard*, 1654, *in-8. v. m.*

4698 Discours historique concernant le Mariage d'Anibert & de Blithilde, prétendue fille de

HISTOIRE. 147

Clotaire I ou II, par Meſſire Louis Chantereau le Febvre. *Paris, Ant. Vitré*, 1647, *in-4. v. m.*

4699 L'Ordre & Cérémonies obſervées aux Mariages de France & d'Eſpagne ; à ſavoir, entre Louis XIII, Roi de France & de Navarre, & Anne d'Auſtriche, fille de Philippe III, Roy d'Eſpagne ; & entre Philippe IV, Roi d'Eſpagne, & Eliſabeth de France, fille du Roi Henry le Grand, l'an 1615. *Paris, Edme Martin*, 1627, *in-4. mar. r.* } 3.

4700 Congratulations publiques ſur la conſommation des Mariages de France & d'Eſpagne, la réunion des Princes par la Conférence de Loudun ; & enſemble les Souhaits des François, par R. Romany. *Paris, veuve Regnoul*, 1616, *in-8. v. m.*

4701 Entrevue de l'Empereur Charles IV, de ſon fils Wenceſlaus, Roi des Romains, & de Charles V, Roi de France, à Paris l'an 1378. Plus, celle de Louis XII, Roi de France, & de Ferdinand, Roi d'Arragon, à Savonne l'an 1507, avec un diſcours ſur l'origine des Rois de Portugal, iſſus en ligne maſculine de la Maiſon de France, & des Mémoires concernant la dignité & majeſté des Rois de France, par Théodore Godefroy. *Paris, Pierre Chevalier*, 1612, *in-4. v. m.* } 1. 10.

4702 Les Réjouiſſances de la Paix, avec un Recueil de pièces à ce ſujet par le Pere Claude François Méneſtrier ; & la deſcription des feſtes qui ont été données par la ville de Lyon. *Lyon, Benoît Coral*, 1660, *in-8. fig. baz.* } 6. 19.

4703 Deſcription des Réjouiſſances qui furent

T ij

faites dans la ville de Lyon au sujet de la Paix le 20 Mars 1660, avec figures gravées en taille-douce. *Lyon, Guill. Barbier*, 1660, *in-fol. fig. mar. r.*

4704 Relation des Réjouissances qui se sont faites à Chatillon-sur-Seine pour la réduction de la ville de Mons, par le sieur Pyon. *Chatillon, Cl. Bouzut*, 1691, *in-12. baz.*

4705 Les Emblêmes & Devises du Roi, des Princes & des Seigneurs qui l'accompagnerent en la cavalcade royale & course de bague que Sa Majesté fist au Palais Cardinal, recueillies & gravées en taille douce par Gissey. *Paris*, 1656, *in-8. mar. r.*

4706 Relation des Entrées solemnelles de nos Rois, Reynes, Princes, Princesses, Cardinaux, Légats & autres grands personnages dans la Ville de Lyon, depuis Charles VI jusqu'à présent. *Lyon, Aymé de la Roche*, 1752, *in-4. mar. r.*

4707 Nouveau Recueil de Harangues faites aux Rois & aux Reines à leurs entrées dans les Villes, &c. *Paris, Cl. Barbin*, 1665, *in-12. v. br.*

4708 L'Ordre tenu à l'entrée du Roi Henri II en sa bonne ville de Paris le 16 Juin 1549, avec les cérémonies qui y ont été observées. *Paris, Jean Dallier*, 1549, *in-4. fig. v. f.*

4709 La déduction du sumptueux Ordre, plaisantz Spectacles & magnifiques Théâtres dressés & exhibés par les Citoyens de Rouen, à la Sacrée Majesté du Roi très Chrestien Henry II, & à la Royne son Espouse, Katharine de Médicis, lors de leur triomphant, joyeux

HISTOIRE. 149

& nouvel Advenement en icelle Ville, l'an 1550, avec figures. *Rouen, Robert le Hoi*, 1551; *in-4. mar. r.*

4710 La magnificence de la superbe & triumphante entrée de la noble & antique Cité de Lyon, faite au Roi très Chrétien Henry II, & à la Reyne Catherine son Epouse, le 23 Septembre 1548, avec figures. *Lyon, Guill. Rouille*, 1549; *in-4. mar. r.* — 8. 16.

4711 Relation de l'Entrée de Charles IX en sa bonne Ville & Cité de Paris, avec le Couronnement de Mad. Elisabeth d'Autriche son Epouse, & l'entrée de la dicte Dame en icelle Ville. *Paris, Denys du Pré*, 1572, *in-4. mar. vieux.* — 2. 11.

4712 Discours de l'Entrée de très illustre Prince Charles de Valois IXe du nom, en la Ville de Lyon, le 13 Juin 1564, avec la Déclaration des Arcs triomphans & autres magnifiques figures & portraits. *Paris, Mathurin Bréville*, 1564, *in-8. v. m.* — 3. 19.

4713 Relation de l'Entrée du Roy Henry le Grand en sa bonne Ville de Lyon, par Pierre Matthieu. *Lyon, Pierre Michel*, 1595, *in-4. mar. r.* — 6. 10.

4714 Relation de l'Entrée du Roy Henry le Grand dans la Ville de Lyon, avec les resjouissances qui furent ordonnées pour l'heureuse publication de la Paix. *Lyon, Thibaud Ancelin*, 1598, *in-4. broché.* — 2. —

4715 Relation de l'Entrée solemnelle de la Reyne Marie de Médicis, en la Ville de Lyon, le 3 Décembre de l'année 1600, par Matthieu, — 1. 11.

HISTOIRE.

avec figures en taille douce. *Lyon* , *Thibaud Ancelin* , 1600, *in-8. fig. vél.*

4716 Eloges & Discours sur la triomphante réception du Roi Louis XIII , en sa Ville de Paris , avec figures en taille douce. *Paris*, *P. Rocolet*, 1629, *in-fol. fig. mar. r.*

4717 Entrée triomphante de Louis XIII dans la Ville de Lyon, avec la relation de ce qui s'y est passé de plus remarquable, accompagnée de figures en taille douce. *Lyon*, *Jullieron*, 1623, *in-fol. figures, v. m.*

4718 Relation de l'entrée de Louis XIII dans la Ville de Tolose, par le sieur Alard. *Tolose, Raim. Colomiés*, 1622, *in-8. v. m.*

4719 La Royale Réception de leurs Majestés très Chrétiennes en la Ville de Bourdeaux, ou, le Siécle d'or ramené par les Alliances de France & d'Espagne. *Bourdeaux, Sim. Millanges*, 1615, *in 8. v. m.*

4720 Histoire curieuse de tout ce qui s'est passé à l'Entrée de la Reyne, Mere du Roi Louis XIII, dans les Villes des Pays-Bas, par Puget de la Serre, avec fig. en taille douce. *Anvers, de l'Impr. Plantinienne*, 1632, *in-fol. fig. v. f.*

4721 Description de l'Entrée de Henry de Bourbon, Prince de Condé en la Ville de Dijon, le 30 Septembre 1632. *Dijon, Guyot*, 1632.
— Descript. & Interpret. des portiques érigés à l'Entrée du même Prince en la Ville de Dijon, le 6 Mars 1648. *Dijon, Guyot*, 1650.
— Les Armes triomphantes de son Altesse M. le Duc d'Espernon, pour le sujet de son entrée

HISTOIRE. 151

en la Ville de Dijon, le 8 Mai 1656. *Dijon, Chavance,* 1656, *in-fol. fig. v. br.*

4722 L'Arc-en-Ciel de la Ville de Mascon, ou Relation de l'Entrée de Henry de Bourbon, premier Prince du Sang, en cette Ville. *Bourg-en-Bresse, Jean Tainturier,* 1633, *in-4. v. m.*

4723 Description de l'heureuse Entrée de Madame la Duchesse de la Vallette, en la Ville de Metz, avec les resjouissances publiques faictes à ce sujet, représentées en figures gravées en taille douce. *Impr. en* 1624, *in-fol. fig. mar. r.*

4724 Relation de toutes les particularités qui se sont faictes & passées dans la célebre Entrée du Roy & de la Reyne, dans la Ville de Paris, avec l'ordre de la marche du Clergé & des Cours Souveraines, ensemble la magnifique pompe des Seigneurs & de toute leur suite. *Paris, J. Bapt. Loyson,* 1660, *in-4. v. m.*

4725 L'Entrée triomphante de leurs Majestés Louis XIV, Roy de France & de Navarre, & de Marie-Thérese d'Autriche son Epouse, dans la Ville de Paris, au retour de la signature de la Paix générale & de leur heureux Mariage, avec figures en taille douce. *Paris, Pierre le Petit,* 1662, *grand in-fol. fig. mar. r.*

4726 Relation de l'Entrée de Monseigneur le Cardinal Flavio Chigi, neveu de Sa Sainteté, dans la Ville de Lyon. *Lyon, Ant. Jullieron,* 1664, *in-fol. v. m.*

4727 L'auguste Piété de la Royale Maison de Bourbon, sujet de l'appareil fait à Avignon pour la réception de Mgr. le Duc de Bourgogne & de Mgr. le Duc de Berry à Avignon, avec des figures en taille douce, & des explications historiques par le Pere J. J. Bontous. *Avignon, Seb. Offray, 1701, in-fol. fig. baz.*

4728 Le Trépas & ordre des Obséques, funérailles & Enterrement du Roi Henry II, par François de Signac, Seigneur de la Borde. *Paris, Rob. Estienne, 1559, in-4. v. f.*

4729 Description de la Pompe funébre de M. le Maréchal Duc de Villeroy faite dans l'Eglise de l'Aumône Générale & Hôpital Général de la Charité de Lyon, le 15 Septembre 1730, représentée par des figures en taille douce, avec l'Oraison funébre prononcée par le Pere Renaud, de l'Ordre de S. Dominique. *Lyon, André Degoin, 1730, in-fol. fig. v. m.*

§ 12. *Traités singuliers, historiques sur les Monnoyes du Royaume de France.*

4730 Figures des Monnoyes de France, depuis le commencement de la Monarchie jusqu'à Henry II, par J. Bapt. Haultin. Impr. (à Paris) en 1619, *in-4. mar. citron, avec une dentelle à compartimens, rare.*

III.

Histoire d'Allemagne.

§ 1. *Traités préliminaires, Collections, Chroniques & Histoire générale de l'Empire d'Allemagne.*

4731 Martini Zeilleri Itinerarium Germaniæ & Regnorum vicinorum, cum iconibus Civitatum,

vitatum, è germanico latinè. *Amstelodami*, *Joann. Janssonius*, 1658, *in-*12. *fig. vél.*

4732 Cypriani Eichovii Index viatorius delitiarum Germaniæ tàm superioris quàm inferioris, cum figuris æneis. *Ursellis*, *Cornelius Sutorius*, 1604, *in-*4. *oblongo fig. relié en carton.*

4733 Abrégé de l'Histoire de l'Empire d'Allemagne, son origine, ses révolutions, avec les Vies des Empereurs par J. Bapt. de Rocoles *Cologne*, *P. Marteau*, 1679, *in-*12. *vél.*

4734 Le même. *La Haye*, *Abraham Troyel*, 1681, *in-*12. *v. br.*

4735 Joann. Schilteri Collectio Scriptorum rerum Germanicarum, unà cum omni re diplomaticâ Friderici Imperatoris, &c. *Argentorati*, *Dulsecker*, 1702, *in-fol. v. br.*

4736 Jo. Petri Lotichii rerum Germanicarum sub Matthiâ, Ferdinandis II & III Impp. gestarum Libri LV, quibus dicta factaque memorabilia quæquidem in Imperio Rom Germanico externisque Regnis ac Provinciis ab anno 1617 ad ann. usque 1633 acciderunt, recensentur : Adjectis iconibus personarum, genuinis figuris, item & descriptionibus præliorum, obsidionum, &c. in æs incisis. *Francof. ad Mœn, Hoffmann.* 1646, *in-fol. v. br.*

§ 2. *Histoire particuliere d'Allemagne, sous le Gouvernement de ses différens Princes & Empereurs.*

4737 Hermanni Schottennii, Hessi, Ludus Imperatorius, sive Cæsareus, continens umbrati-

Tome II. V

cam imaginem horum temporum regnante Divo Carolo V., illiusque Cæsaris divinas victorias, Imperii felicem exitum & laudem; cui accedit Ludus Martius, sive de discordiâ Principum & rusticorum Germaniæ. *Coloniæ, in ædibus Quentelianis*, 1527. *in-8. v. m.*

4738 Eryci Puteani Purpura Austriaca Hiero-Basilica sacram & regiam Ser. Princip. Ferdinandi Hispan. Infantis & S. R. E. Card. imaginem colore panegyrico repræsentans. *Antverpiæ, Joann. Cnobarus*, 1635, *in-4. v. f.*

4739 Commentaire historique de la Vie & de la Mort de Messire Christophe, Vicomte de d'Hona. *Genève, Chouët*, 1639, *in-4. v. f.*

4740 Relation des deux Siéges mis par les Turcs devant la Ville de Vienne, l'un en 1529, l'autre en 1683, avec des réflexions historiques sur la Maison d'Autriche, & sur l'origine, la grandeur & la décadence derniere de la puissance Ottomanne, par J. Bapt. de Rocoles, avec fig. en taille douce. *Leyde, Jean Prins*, 1684, *in-12. fig. baz.*

4741 La Vie de Charles V, Duc de Lorraine & de Bar, Généralissime des troupes impériales. *Amsterdam*, 1691, *in-12. v. br.*

4742 Histoire militaire du Prince Eugene de Savoye, du Prince & Duc de Marlborough, & du Prince de Nassau-Frise, où l'on trouve un détail des principales actions de la derniere guerre, & des batailles & siéges commandés par ces trois Généraux, avec figures en taille douce. *La Haye, Isaac Vanderkloot*, 1729, *& Jean-Neaulme*, 1747, 3 *vol. in-fol. G. P. v. m.*

HISTOIRE.

§ 3. *Meslanges de l'Histoire d'Allemagne, avec l'Histoire particuliere des différens Cercles de l'Empire, &c.*

4743 Capitulationes Imperatorum & Regum Romano Germanorum, cùm annotamentis Joann. Limnæi. *Argentorati, Spoor,* 1651, *in-*4. *vél.*

4744 Augusti Vischeri Dresdamisnici, Tractatus singularis de Electione Regis sive Imperatoris Romanorum, ejusque requisitis ac solemnitatibus. *Parisiis, Moreau,* 1633, *in-*4. *v. br.*

4745 Imperatoris Ludovici IV, Sententia separationis inter Margaretam Duccissam Carinthiæ & Johannem Regis Bohemiæ filium, ejusdemque dispensatio inter eandem Margaretam & Ludovicum Marchionem Brandeburgicum, cùm consultationibus & responsis doctissimor. ejus ævi virorum, Marsilii de Padua, & Guill. Occami. *Heidelbergæ, ex Offic. Commeliniana,* 1598, *in-*4. *v. m.*

4746 Æneæ Sylvii, Episcopi Senensis, posteà Pii Papæ II, Historia rerum Friderici III Imperatoris, ex MSS. optimæ notæ nùnc primùm edita, cum annotationibus Jo. Henr. Boëcleri: accesserunt Diplomata & Documenta varia, ut & figuræ, imagines & nummi ad Germanicam Historiam pertinentes. *Item,* Annales Poëtæ anonymi de gestis Caroli Magni; Thegani, Chorepiscopi Trevirensis, Opus de gestis Domni Ludewici Imp. Chronicon Alberti Abbatis Stadensis; Chronologia Rom. Impera-

tor ; Andr. Præsbyteri Chronicon Bavariæ, &c.
Argentorati, Stadelius, 1685, in-fol. vél.

4747 Cenotaphium piis manibus Ferdinandi Tertii, Rom. Imp. Ungariæ Bohemiæque Regis, Archiducis Austriæ, &c. cæsareis virtutibus & symbolis adornatum, à Cæsareo & Academico Collegio Soc. Jesu, Viennæ inter parentales mœrores erectum, die XIII Junii anno Domini 1657, & æneis tabulis expressum à Melchiore & Matthæo Kusell, Calcograph. *Augustæ Vindelicorum, absque anni indicatione, in-4. fig. mar. r.*

4748 Germaniæ Exegeseos Libri XII, à Francisco Irenico Ettelingiacensi exarati, nec-non ejusd. Authoris Oratio protreptica in amorem Germaniæ; cui accedit Urbis Norinbergæ Descriptio, enarratore Conrado Celte. *Hagenoæ, Typis Thomæ Anshelmi, sumpt. Joann. Kobergii anno 1518, in-fol. fig. v. m.*

4749 Wilhelmi Kyriandri, Annales sive Commentarii de origine & statu antiquissimæ Civitatis Augustæ Treverorum. *Biponti, Gaspar. Wittelius, 1603, in-fol. v. br.*

4750 Marci Velseri rerum Augustanarum Vindelicarum Libri VIII, cum fig. æneis. *Augustæ Vindelicorum, 1620, in-fol. fig. v. m.*

4751 Petri Lambecii Origines Hamburgenses, ab Urbe conditâ usque ad ann. 1225, cum appendice quæ duplicem continet S. Anscharii, primi Archiepiscopi Hamburgensis, vitam, integrè nùnc primùm erectam è tenebris, & notis illustratam. *Hamburgi, Typ. Piperianis, Johann. Naumannus, 1652, in-4. vél.*

4752 Danielis Parei Historia Palatina, in quâ

HISTOIRE.

inclytæ familiæ Comitum Palatinorum Rheni S. Rom. Imperii Electorum primariorum, & utriusque Bavariæ Ducum vitæ ac res gestæ perscribuntur. *Francofurti, Gulielm. Fitzerus, 1633, in-12. vél.*

4753 Joann. Joachimi à Rusdorf Vindiciæ causæ Palatinæ, sive assertio & deductio juris inviolabilis legitimæ successionis Ser. Principis Caroli Ludovici, Com. Palat. ad Rhenum, in Electoratum & Comitatum Palatinum, &c. *Impr. anno Domini 1640, in-fol. v. f.*

4754 Nicolaï Burgundi Historia Bavarica, sub Imperio Ludovici IV. *Juxtà exemplar impr. Ingolstadii, anno 1636, in-4. v. f.*

4755 Nicolai Heneli Silesiographia; *Hoc est*, Silesiæ Delineatio, in quâ non modò regionis rationem, naturam, cultum & proventum, verùm etiam ingenia, mores & instituta habitantium, formamque Reipublicæ contemplari licet. *Francofurti, Joann. Bringerus, 1613.* === Ejusdem Heneli Breslographia; *Hoc est*, Vratislaviæ Silesiorum Metropoleos nobilissimæ Descriptio. *Ibid. 1613, in-4. v. m.*

I V.

Histoire des Pays-Bas.

§ 1. *Histoire générale des Pays-Bas.*

4756 Michaëlis Aitsingeri, Austriaci, Leonis Belgici Descriptio topographica, CXII figuris æneis adornata. *Coloniæ Ubiorum, Gerardus Campensis, 1583, in-fol. fig. baz.*

4757 Description de tous les Pays-Bas, par Louis Guicciardin, trad. en françois, avec des remarques, par Pierre du Mont, & des figures en taille douce. *Arnhem, Jean Jansz,* 1613, *in-4. oblongo, vél.*

4758 La Légende des Flamens, Artisiens & Haynuyers, contenant leur chronique, en laquelle sont contenues plusieurs Histoires de France, d'Angleterre & d'Allemagne. *Paris,* 1522, *in-4. gotiq. non relié.*

4759 Huberti Loyens brevis & succincta Synopsis rerum maximè memorabilium bello & pace gestarum ab Serenissimis Lotharingiæ Brabantiæ & Limburgi Ducibus, ab anno post Christum natum 1267 usque ad ann. 1653. *Bruxellis, Henr. Fricx,* 1672, *in-4. fig. v. br.*

4760 Joannis Meursii Gulielmus Auriacus, sive de rebus toto Belgio tam ab eo quàm ejus tempore gestis Libri X. *Lugd. Batav. Isaac Elzevirius,* 1621, *in-4. v. f.*

4761 Hugonis Grotii Annales & Historiæ de rebus Belgicis. *Amstelodami, Joann. Blaeu,* 1658, *in-12. v. br.*

§ 2. *Histoire particuliere des Provinces & des Villes des Pays-Bas, & premièrement de la Belgique Royale.*

4762 Les Chastelains de Lille, leur ancien estat, office & famille, ensemble l'état des anciens Comtés de la République & Empire Romain, des Goths, Lombards, Bourguignons, François & des Forestiers & Comtes anciens de Flandres, avec la description de la Ville de

HISTOIRE.

Lille en Flandres, selon son ancien estat, &c. par Floris Vander Haer. *Lille, Christophe Beys,* 1611, *in-*4. *fig. v. f.*

4763 Jacobi Malbrancq, Audomarensis, è Soc. Jesu, de Morinis & Morinorum Rebus, sylvis, paludibus, oppidis; regia Comitum prosapia ac territoriis, ab anno ante Christum CCC IX ad annum 1553; accedunt notæ non solùm Morinorum sed aliarum etiam Provinciarum historicæ antiquitati multam facem subministrantes, &c. *Tornaci Nerviorum, Adrian. Quinqué,* 1639, 1647 & 1654, 3 *vol. in-*4. *fig. v. f. rare.*

4764 Andreæ Catullii, Archidiaconi & Vicarii Generalis Tornacensis, Tornacum, Civitas Metropolis & Cathedra Episcopalis Nerviorum. *Bruxellæ, Joann. Mommart,* 1652, *in-*4. *v. f.*

4765 Relation de l'entrée triomphante de Philippe, Prince d'Espagne, & fils de l'Empereur Charles Quint dans la ville d'Anvers, en 1549, trad. du latin de Corn. Grapheus en françois, avec figures. *Anvers,* 1550, *in-fol. fig. v. f.*

4766 Le Voyage du Prince Don Fernande, Infant d'Espagne, Cardinal, avec son entrée en la ville de Bruxelles en 1634, trad. de l'espagnol de Don Diego de Aedo & Gallart en françois par Jules Chiffler. *Anvers, Jean Cnobbaert,* 1635, *in-*4. *fig. v. f.*

4767 Serenissimi Principis Ferdinandi, Hispaniarum Infantis, S. R. E. Cardinalis, triumphalis Introitus in Flandriæ Metropolim Gandavum, auctore Guillelmo Becano, Soc. Jesu, cum figuris æneis elegantissimis. *Antverpiæ*, *Joann. Meursius*, 1636, *in-fol. maximo*, *fig. v. m.*

§ 3. *Histoire particuliere de la Belgique Confédérée, ou des Provinces-Unies des Pays-Bas.*

3. 4768 Martini Schoockii, Belgium Fœderatum, sive distincta Descriptio Reipubl. Fœderati Belgii, exhibens illius faciem universalem & qualis fuit, tàm sub principibus Auraïcis Gubernatoribus suis, quàm hodierno tempore : accedit ejusdem authoris Dissertatio de justitiâ belli quod Fœderati Belgæ cum Hispaniarum Rege gesserunt. *Amstelodami*, *Joann. Janssonius*, 1652, *in-12. vél.*

9. 4769 Mémoires de Jean d'Hollander, Chanoine de Sainte Vaudru, sur la révolte des Gantois l'an 1539, contre l'Empereur Charles Quint. *La Haye*, *Isaac Beaurégard*, 1747, *in-4. v. br.*

2. 19 4770 Florentii Vander Haer, de initiis tumultuum Belgicorum Libri duo ; quibus eorum temporum historia continetur quæ à Caroli V Cæsaris morte usq. ad Ferdinandum, Ducis Albani adventum, Imperante Margaretâ Austria, per annos novem in Belgio gesta sunt. *Lovanii*, *Judocus Coppenius*, 1640, *in-12. relié en carton.*

2. 16. 4771 Civilium apud Belgas bellorum initia, progressus, & in eam rem remedia præscripta; accedit Apocalypsis Batavica reformata. *Impr. anno* 1627, *in-12. v. m.*

3. 15. 4772 Sommier discours des justes causes & raisons qui ont contrainct les Etats-Généraux

HISTOIRE.

des Pays-Bas de pourveoir à leur défense contre le seigneur Don Jean d'Auftriche. *Anvers, Guill. Sylvius*, 1577, *in-8. v. m.*

4773 Famiani Stradæ Romani, Soc. Jefu, de Bello Belgico Decades duæ, cum fig. æneis. Juxtà exemplar impreſſum *Romæ* (*Lugduni in Batavis*), 1648, 2 *vol. in-*12. *fig. mar. r.* 2. 4.

4774 Apologie ou Défenſe de Guillaume, Prince d'Orange & Comte de Naſſau, contre le Ban & l'Edit publié par le Roy d'Eſpagne, par lequel il proſcrit ledit Seigneur Prince. *Anvers*, 1581, *in-8. v. m.* 3. 4.

4775 La Flandre conſervée, contenant un diſcours des deſſeins & événemens de l'Armée rébelle en l'année 1600. *Arras, Rob. Maudhuy*, 1600, *in-8. v. m.* 1. 6.

4776 Apologeticus eorum qui Hollandiæ Weſtfriſiæque & vicinis quibuſdam nationibus ex legibus præfuerunt antè mutationem quæ evenit anno 1618, ſcriptus ab Hugone Grotio; cum refutatione eorum quæ adversùs ipſum, atque alios acta ac judicata ſunt. *Pariſiis*, 1640, *in-*12. *relié en carton.* 2. 4.

4777 La Grande Chronique ancienne & moderne de Hollande, Zélande, Weſtfriſe, Utrecht, Friſe, Overyſſel & Groëningen juſqu'à la fin de l'année 1600, par Jean Franç. le Petit. *Dordrecht, Jacob Canin*, 1601, 2 *vol. in-fol. v. f.* 6.

4778 L'Eſtat des Provinces-Unies des Pays-Bas, trad. de l'anglois du Chevalier Temple en françois par le ſieur le Vaſſeur. *Paris, Gerv. Clouzier*, 1674, 2 *tom. en un vol. in-*12. *v. f.* 1. 17.

4779 Jani Douſæ Filii, Bataviæ Hollandiæque 5. 13.

Tome II. X

HISTOIRE.

Annalium Libri X, cum notis. *Lugd. Batav. Christoph. Raphelengius, 1601, in-4. v. br.*

4780 Hadriani Junii, Batavia, in quâ præter Gentis & Insulæ antiquitatem, originem, decora, mores, aliaque ad eam historiam pertinentia, declaratur quæ fuerit vetus Batavia, quæ Plinio, Tacito, & Ptolomæo cognita; quæ item genuina inclytæ Francorum Nationis fuerit sedes. *Dordrechti, Vinc. Caimax, 1652, in-12. v. br.*

4781 Bernardi Furmerii, Annalium Phrisicorum Libri III; quorum primus, de Principibus, alter de Ducibus, & tertius, de Regibus tractat. *Franecaræ, excud. Ægidius Radaeus, 1609 & 1612, 2 tom. en un vol. in-4. vél.*

4782 Theodori Schrevelii Harlemum, sive urbis Harlemensis incunabula, Incrementa, fortuna varia in pace & in bello; Hamorum & Asellorum factio, obsidiones, reformationis cruda initia, consilia politica, regimen politicum Ecclesiasticum, & alia plura. *Lugd. Bat. Severin. Matthæus, 1647, in-4. vél.*

4783 Jacobi Revii, Daventriæ illustratæ, sive Historiæ urbis Daventriensis Libri VI. *Lugd. Batavor. Petrus Leffen, 1651, in-4. v. m.*

4784 Hermanni Hugonis Historia obsidionis Bredanæ. *Antverpiæ, ex Officinâ Plantinianâ, 1629, in-fol. fig. vél.*

4785 Le Siége de la ville de Bréda, conquise par les armes du Roi Philippe IV, sous la conduite du Marquis Ambroise Spinola, trad. du latin du Pere Herman Hugo en françois par Philippe Chifflet. *Anvers, de l'Impr. Plantinienne, 1631, in-fol. fig. vél.*

HISTOIRE.

4786 Relation du Siége de Bois-le-Duc & de ce qui s'est passé ès Pays-Bas unis l'an 1629, trad. du latin de Daniel Heinsius en françois. *Leyde*, *Elzeviers*, 1631, *in-fol. fig. v. f.* — 3. 10.

V.

Histoire de Lorraine.

4787 Discours des choses advenues en Lorraine depuis le décèds du Duc Nicolas jusqu'à celui du Duc René, par N. Rémi. *Espinal*, *Pierre Houion*, 1617, *in-8. v. m.* — 1. 16.

4788 Mémoires du Marquis de Beauvau pour servir à l'Histoire de Charles IV., Duc de Lorraine & de Bar. *Cologne*, *Pierre Marteau* (*Rouen*), 1690, *in-12. v. f.* — 4. 1.

VI.

Histoire des Suisses & des Peuples leurs confédérés.

4789 Josiæ Simleri, Tigurini, de Helvetiorum Republicâ, Pagis, Fœderatis, Stipendiariis, Oppidis, Præfecturis, Fœderibus tùm domesticis eorumque origine ac legibus, tùm externis, pagorumque singulorum privatâ Reipublicæ ratione Libri duo; cum pagorum omnium typicis Tabulis. *Parisiis*, *Jacq. du Puys*, 1577, *in-8. vél.* — 1.

4790 Francisci Guillimanni de Rebus Helvetiorum sive Antiquitatum Libri V, ex variis scriptis, tabulis, monimentis, lapidibus, — 1.

optimisque plurium linguarum auctoribus. *Friburgi Aventicorum, Wilhelm. Mass,* 1598, *in-4. relié en carton.*

4791 Joann. Heinrici Suizeri, Tigurini, Chronologia Helvetica, res gestas Helvetiorum ad nostra usque tempora indicans ; adjunctâ summor. Pontificum , Imperatorum, Regum & Principum in orbe Christiano , nec-non & Turcicorum Imperatorum successione, & serie succinctâ. *Hanoviæ ; Typ: Wechelianis,* 1607, *in-4. v. f.*

VII.
Histoire d'Espagne.

§ 1. *Histoire générale d'Espagne, avec ses Traités préliminaires.*

4792 Andreæ Schotti, Hispania illustrata, seu Rerum Urbiumque Hispaniæ , Lusitaniæ , Æthiopiæ & Indiæ Scriptores varii in unum collecti & editi. *Francofurti ; Cl. Marnius*, 1603, 4 *vol. in-fol. v. br.*

4793 Dialogos de varia Historia, em que se referem muytas cousas antiguas de Hespanha, &c. por Pedro de Mariz. *En Coimbra,* 1598, *in-4. v. f.*

4794 J. Bapt. Lambertini Theatrum Regium ; sive Regum Hispaniæ series & compendiosa narratio, varias illius Regni Historias complectens. *Bruxellæ ; Meerbecius,* 1628, *in-fol. v. br.*

4795 Histoire générale d'Espagne , avec les Généalogies des Princes qui ont gouverné ce Royaume , par Loys de Mayerne Turquet. *Paris ; Abel Langelier,* 1608, *in-fol. v. vieux.*

4796 Advertencias a la Hiftoria del Padre Juan de Mariana, por Don Gafpar Ibañes de Segovia Peralta i Mendoza. *En Valencia, Ant. Bordaʒar de Artaſu*, 1746, *in-fol. v. m.*   3.

4797 Iftoria dell'unione del Regno di Portogallo alla Corona di Caftiglia, del Signor Jeronimo Coneftaggio; con l'aggiunta del medefimo. *In Venetia, Franç. de Roſſi*, 1642, *in-8. v. m.*   1.

4798 Hiftoire de la réunion du Royaume de Portugal à la Couronne de Caftille, trad. de l'italien de Jérôme Coneftage en françois. *Paris (Hollande)*, 1680, 2 *vol. in-12. baʒ.*

§ 2. *Hiſtoire particuliere de toute la Monarchie d'Eſpagne ſous le Gouvernement des différens Princes qui ont occupé le Thrône.*

4799 Hiftoria verdadera del Rey Don Rodrigo, en la qual ſe trata la cauſa principal de la perdida de Eſpaña y la conquiſta que della hizo Miramamolin Almançor Rey del Africe y de las Arabias, con la vida del Rey Jacob Almançor; traducida de la lengua arabiga por Miguel de Luna. *En Madrid, Melch. Sanchez*, 1676, *in-4. v. m.*   2- 8.

4800 Ælii Antonii Nebriſſenſis, Decades duæ rerum à Fernando & Elizabetha Hiſpaniarum fœliciſſimis Regibus geſtarum; accedunt belli Navarienſis Libri II, & Chronica Roderici, Archiepiſcopi Toletani, &c. *Granatæ*, 1545, *in-fol. mar. r.*   20.

* *Editio optima.*

4801 Hiftoire de l'adminiftration du Cardinal Ximenès, par Michel Baudier. *Paris, Séb. Cramoiſy*, 1635, *in-4. mar. r.*   2.

166　HISTOIRE.

4802 Plainte catholique des Catalans, adressée à Philippe le Grand, Roi des Espagnes, par le conseil des Cent de la Ville de Barcelonne, contenant les motifs de la prise de leurs armes, & plusieurs remarques en l'Histoire, & maximes servantes à la direction des Etats, trad. de l'espagnol en françois. *Rouen, Jacques Cailloué*, 1641, *in-4. v. m.*

4803 Relacion de los Servicios que hizo a su Magestad del Rey Don Felipe Segundo y Tercero Don Alonso de Sotomayor, por el Licenciado Francisco Caro de Torres. *En Madrid*, 1620, *in-4. v. m.*

4804 De felici excessu Philippi II, Austriaci, Hispaniarum Regis Libri III; sive de rebus memorabilibus quæ in ejus morte acciderunt, ex hispanico latinè per Franciscum Guillimanum. *Friburgi Brisgoiæ, Josephus Langius*, 1609 *in-4. v. f.*

4805 Speculum tyrannidis Philippi, Regis Castellæ, in usurpandâ Portugalliâ, verique Portugallensium juris in eligendis suis Regibus ac Principibus; cum annotationibus. *Parisiis*, 1595, *in-8. v. m.*

4806 Histoire de Gonsalve de Cordoue, surnommé le Grand Capitaine, par le Pere J. N. du Poncet. *Paris, Jean Mariette*, 1714, 2 *vol. in-12. v. f.*

4807 Relaciones de la Vida del Escudero Marcos de Obregon, por el Maëstro Vincente Espinel. *En Barcelona, Geronymo Margarit*, 1618, *in-8. v. f.*

4808 Relation de ce qui s'est passé en Espagne, à la disgrace du Comte-Duc d'Olivarès, avec

HISTOIRE.

l'Histoire d'Alvaro de Luna, &c. *Amsterdam, Ant. Michiels,* 1660, *in*-12. *v. br.*

4809 Relacion del Viage de la Sereniffima Reyna Maria-Anna de Auftria, fegunda Muger de Don Phelippe IV, Rey de Efpaña, hafta la Real Corte de Madrid desde la Imperial de Vienna, por don Hieronymo Mafcareñas Obifpo de Leyria. *En Madrid, Diego Diaz de la Carrera,* 1650, *in*-4. *v. f.*

§ 3. *Histoire particuliere des Provinces & des Royaumes de la Monarchie d'Espagne.*

4810 Hiftoria de la muy antigua, noble, y coronada Villa de Madrid, con la fu antiguedad, Nobleza y Grandeza, por Geronymo de Quintana. *En Madrid, en la Emprenta Real,* 1629, *in-fol. v. br.*

4811 Defcripcion del Real Monafterio de S. Lorenzo del Efcorial, unica Maravilla del mundo, por el Padre Fr. Francifco de los Santos. *En Madrid, Bern. de Villadiego,* 1681, *in-fol. fig. v. br.*

4812 Hiftoria de las Guerras civiles de Granada, traduzida en caftellano, per Perez de Hita. *En Madrid, Hæred. de Pedro de Madrigal,* 1631, *in*-8. *v. f.*

4813 Annales de la Corona de Aragon, por Geronymo Curita, con una apologia de Ambrofio de Morales e un parecer del Doctor Juan Paëz de Caftro, todo en defenfa deftos annales. *En Çaragoça, Lorenço de Robles,* 1610, 7 *vol. in-fol. v. m.*

§ 4. *Meslanges & Traités singuliers concernant l'Histoire d'Espagne.*

4814 Apologia Madritiæ conventionis inter Carolum Quintum Imperatorem, & Franciscum I Regem Galliarum dissuasoria, unà cum ejusdem apologiæ refutatione pro Carolo V, &c. *Impr. anno* 1527, *in*-8. *relié en carton.*

4815 Les véritables causes des malheurs présens de l'Espagne, trad. de l'espagnol du Pere Jean Eusebe de Nieremberg, de la Comp. de Jésus, en françois. *Lyon, Jean Champion,* 1644, *in*-8. *v. m.*

4816 La Politique de Ferdinand le Catholique, Roi d'Espagne, par Varillas. *Amsterdam, Pierre Brunel,* 1688, *3 tom. en un vol. in*-12. *vél.*

4817 Mémoire touchant la succession à la Couronne d'Espagne, trad. de l'espagnol, avec des réflexions sur la nécessité de la justice de l'entiere restitution de la Monarchie d'Espagne, &c. *Impr. en* 1711, *in*-8. *v. m.*

4818 Lettre d'un Suisse contenant une Réponse au Manifeste de l'Archiduc d'Autriche se disant Roy d'Espagne. *Basle,* 1704. ⎯ Manifeste contenant les droits de Charles III, Roy d'Espagne, & les justes motifs de son expédition. *La Haye, Foulque,* 1704, *in*-12. *v. m.*

4819 Le Mercure Espagnol, ou Nouvelles curieuses sur les festes ou combats de Taureaux; sur le serment de fidélité qu'on prête solemnellement aux successeurs de la Couronne d'Espagne; sur le Mariage des Infantes, & sur

les

HISTOIRE.

les proverbes, les mœurs, les maximes & le génie de la Nation Espagnole. *Paris*, (*Hollande*), 1670, *in-12. baz.*

4820 Spectaculorum in susceptione Philippi, Hispaniarum Principis, anno 1549 Antverpiæ editorum mirificus Apparatus, cum figuris. *Antverpiæ*, 1550, *in-fol. fig. v. m.*   7. 19.

4821 Mausolée érigé à la mémoire de très puissante & aug. Princesse Isabelle-Claire Eugénie d'Autriche, Infante d'Espagne, avec des explicat. en françois par Puget de la Serre, & des figures grav. en taille douce. *Bruxelles, Pépermans*, 1634, *in-fol. fig. v. m.*   4. 19.

VIII.

Histoire de Portugal, générale & particuliere.

4822 Epitome de las Historias Portuguesas, por Manuel de Faria y Sousa, con estampas. *In Brusselas, Franc. Foppens*, 1677, *in-fol. fig. v. br.*   3.

4823 Relation des troubles arrivés dans la Cour de Portugal en l'année 1667 & en l'année 1668, où l'on voit la rénonciation d'Alphonse VI à la Couronne, la dissolution de son mariage avec la Princesse Marie-Franç. Isabelle de Savoye, & le mariage de la même Princesse avec le Prince D. Pedro, Régent de ce Royaume. *Paris, Clousier*, 1674, *in-12. v. m.*   1.

4824 Duardi Nonii Censuræ in Libellum de Regum Portalliæ origine, qui fratris Jose-

Tome II. Y

HISTOIRE.

phi Texeiræ nomine circumfertur. Item, de verâ Regum Portugalliæ Genealogiâ Liber. Olissipone, *Ant. Riparius*, 1585, *in*-4. *v. br.*

4825 Philippica Portuguesa contra la invectiva Castellana a el Rey Don Juan IV, por el P. M. Fr. Francisco de S. Agustin. *En Lisboa*, *Alvarès*, 1645, *in-fol. v. br.*

I X.

Histoire de la Grande-Bretagne ou des trois Royaumes, c'est-à-dire, d'Angleterre, d'Ecosse & d'Irlande.

§ 1. *Histoire générale de la Grande-Bretagne.*

4826 Guill. Camdeni Britannia, sive Descriptio Regnorum Angliæ, Scotiæ, Hyberniæ, Insularumque adjacentium, in epitomen contracta à Regnero Vitellio Zirizæo, & tabulis chorographicis illustrata. *Amst. Guill. Blaeu*, 1639, *in*-12. *fig. v. f.*

4827 Thomæ Wood, Angliæ Notitia, sive status præsens Angliæ succinctè enucleatus. *Oxonii, Leon. Lichfield*, 1686, *in*-12. *v. f.*

4828 Nouveau Théâtre de la Grande Bretagne, ou Description exacte des Palais du Roy & des Maisons les plus considérables des Seigneurs & des Gentilshommes dudit Royaume, avec figures en taille douce. *Londres, Joseph Smith*, 1724, 4 *vol. grand in-fol. fig. v. m.*

4829 Matthæi Paris, Monachi Albanensis Angli, Historia major; cum additamentis & variantibus lectionibus ex editione Willielmi

HISTOIRE.

Wats. *Parisiis, Pélé,* 1644 ; *in-fol. C. M. v. br.*

4830 Chronique du Royaume & des Rois d'Angleterre, composée en Anglois par Jean Hardyng. *Londres, Rich. Grafton,* 1543, 2 *vol. in-8. v. m.* — 4

4831 Histoire générale Ecclésiastique & Civile d'Angleterre, tirée des meilleurs Auteurs, (en Anglois), & accompagnée de notes & de remarques, avec les portraits des Roys, des Reynes & des Personnes les plus illustres de ce Royaume. *Londres, Aylmer,* 1706, 3 *vol. in-fol. fig. v. br.* — 15.

4832 Histoire des Révolutions d'Angleterre, par Guill. Dugdale, *en anglois. Oxfort,* 1681, *in-fol. v. m.* — 3.

4833 Anglorum Prælia, ab anno Domini 1327 ad annum usque 1558, carmine descripta ; quibus accedit de pacatissimo Angliæ statu, imperante Elizabetha compendiosa Narratio; authore Christophoro Oclando : ad calcem Operis præfixus est Liber singularis ab Alexandro Nevillo conscriptus, cui titulus est, Kettus, *id est,* Narratio de furoribus Norfolciensium, Ketto Duce. *Londini, ex Offic. Henr. Binnemani,* 1582, *in-8. v. m.* — 4.

4834 Gulielmi Neubrigensis, rerum Anglicarum Libri V, recens è tenebris erecti & in lucem dati. *Antverpiæ, Gulielmus Silvius,* 1567, *in-8. v. m.* — 2 - 12 -

4835 Historiarum Britanniæ Liber sextus, à Richardo Vito conscriptus ; quo, vis armorum in campis & authoritas litterarum in scholis, atque Religio Christiana in orbe terrarum pu- — 1.

Y ij

172   HISTOIRE.

blicata demonstratur. *Duaci, Carol. Boscardus*, 1598, *in* 8. *v. m.*

4836 Georgii Hornii rerum Britannicarum Libri VII, quibus res in Angliâ, Scotiâ & Hiberniâ ab anno 1645 bello gestæ exponuntur. *Lugd. Batav. ex Offic. Fr. Hackii*, 1648, *in*-8. *v. br.*

4837 Discours des plus mémorables faicts des Roys & Grands Seigneurs d'Angleterre, depuis 500 ans, avec les Généalogies des Reynes d'Angleterre & d'Ecosse ; & un Traité de la Guide des chemins, & Descriptions des principales Villes, Chateaux & Rivieres d'Angleterre, par Jean Bernard. *Paris, Gervais Mallot*, 1587, *in* 8. *v. m.*

§ 2. *Histoire particuliere de la Grande-Bretagne, sous le gouvernement de ses Rois, avec l'Histoire des Villes & des Provinces.*

4838 Histoire d'Olivier Cromwel, par Raguenet. *Utrecht*, (*Rouen*), 1692, 2 *vol. in*-12, *fig. v. m.*

4839 Parallelum Olivæ, nec-non Olivarii Serenissimi potentissimique Angliæ, Scotiæ & Hyberniæ Protectoris, studio & impensis Lud. de Gand, Dom. de Brachey & de Romecourt. *Londini, ex Typograph. R. J.* 1656, *in fol. fig. vélin.*

4840 La Conduite des Alliés & du dernier Ministere en commençant & en continuant la guerre, trad. de l'anglois en françois. *Liége*, 1712, *in*-8. *v. br.*

4841 Jacobi Waræi de Hiberniâ & antiquitatibus ejus difquifitiones, quibus accefferunt, rerum Hibernicarum regnante Henrico VII Annales. *Londini*, *E. Tyler*, 1658, *in-* 8. *v. m.*

4842 Richardi Stanihurfti Dublinienfis, de rebus in Hiberniâ geftis Libri IV : acceffit Hibernicarum rerum Appendix ex Sylveftro Giraldo Cambrenfi collecta, cum annotationibus ejufdem Stanihurfti. *Antverp. Plantinus*, 1584, *in-*4. *v. br.*

4843 Etat abrégé de la caufe & de la condition du Royaume d'Irlande. *MSS. fur papier d'une écriture moderne. in-*8. *v. br.*

2 -

§ 3. *Meflanges de l'Hiftoire de la Grande Bretagne, Collections d'Actes, Monumens, Chartes & autres Piéces qui la concernent.*

4844 Georgii Buchanani, Scoti, Dialogus de jure Regni apud Scotos. *Ad exemplar Joann. Roffei*, ann. 1580, *in-*8. *v. m.*

1. 10.

4845 Traité du Droit & Titre de la Sereniffime Princeffe Marie, Reyne d'Ecoffe, & de Jacques VIe du nom, fon fils, à la fucceffion du Roiaume d'Angleterre, par Jean de Leffelie, Evefque de Roffe, & trad. en françois. *Rouen*, *Georges l'Oyfelet*, 1587, *in-*8. *v. m.*

1. 9.

4846 Regii fanguinis clamor ad Cœlum adverfus parricidas Anglicanos. *Hagæ Comit. Adrianus Ulacq*, 1652, *in-*12. *v. m.*

4847 Joann. Miltoni, Angli, Defenfio pro populo Anglicano, contra Claudii Anonymi, aliàs Salmafii defenfionem regiam. *Londini*, *Typis Dugardianis*, 1651, *in-*16. *v. m.*

5.

4848 Le Triomphe de la Liberté : ou l'Irrévoca-

1. 9.

bilité du Test & autres Loix fondamentales des Etats. *Londres*, 1688, *in*-12. *v. m.*

4849 La Source des Malheurs de l'Angleterre, & de tous les maux dont le Royaume a été affligé depuis le Regne de Jacques I, & qui ont causé la perte de Charles I, & la désertion de Jacques II. *Cologne*, *Pierre Marteau*, 1689, *in*-12. *v. m.*

4850 Abrégé des derniers Mouvemens d'Angleterre, avec un raisonnement succinct des droits, tant du Roi que du Parlement. *Anvers*, *Jacq. Moëns*, 1651, *in*-12. *v. br.*

4851 Recueil de divers Mémoires MSS. & fort intéressans, concernant le Gouvernement d'Angleterre, & recueillis à Londres pendant le séjour que M. de Bonrepaus y a fait en 1687 en qualité d'Envoyé Extraordinaire. *in*-4. *mar. r.*

4852 Fœdera, Conventiones, Litteræ, & cujuscunque generis Acta publica inter Reges Angliæ & alios quosvis Imperatores, Reges, Pontifices, Principes vel Communitates, ab ineunte sæculo XII, ad nostra usque tempora habita aut tractata : ex Autographis infrà secretiores Archivorum Regiorum Thesaurarias, per multa sæcula reconditis, fideliter exscripta, & in lucem missa de mandato nuperæ Reginæ, accurantibus Thomâ Rymer & Roberto Sanderson ; editio tertia curis & studio Georgii Holmes. *Hag. Comitum*, *Joannes Neaulme*, 1745 & *ann. seqq.* 10 *vol. in-fol. v. f.*

X.

Histoire des Pays Septentrionaux, Dannemarck, Suéde, Moscovie, Pologne, Hongrie, Transylvanie, &c.

4853. Regnorum Daniæ ac Norvegiæ ut & omnium ad ea pertinentium Regionum historica & chorographica Descriptio, concinnata & elaborata studio Rutgeri Hermannidæ. *Amstelodami, Petrus le Grand,* 1669, 2 vol. in-12. *v. f.* 7. 16.

4854 Erpoldi Lindenbruch, Historia compendiosa ac succincta Seren. Daniæ Regum, ab authore incerto olim conscripta, nunc verò in lucem edita. *Lugd. Batav. ex Offic. Plantin.* 1595. == M. Adami, Bremensis, Historia Ecclesiastica, & Libellus de situ Daniæ, in lucem edita curis ejusd. Lindenbruch. *Ibid.* 1595. == Historia Archiepiscoporum Bremensium, in lucem edita studio & operâ ejusdem Lindenbruch. *Ibid.* 1595, in-4. *v. m.*   9.

4855. Hafnia hodierna; ou Description historique de la Royale & Capitale Ville de Coppenhague, avec beaucoup de figures en tailledouce. *Coppenhague,* 1748, in-4. *fig. baz.*

4856. Olavi Rudbeckii ATLANTICA, sive MANHEIM vera Japheti posterorum sedes ac patria, ex quâ non tantùm Monarchæ & Reges ad totum ferè orbem reliquum regendum ac domandum, stirpes que suas in eo condendas, sed etiam Scythæ, Barbari, Asæ, Gigantes, Gothi, Phryges, Trojani, Amazones, Thra- 720. 1.

ces, Libyes, Mauri, Tusci, Galli, Cimbri, Cimmerii, Saxones, Germani, Suevi, Longobardi, Vandali, Heruli, Gepidæ, Teutones, Angli, Pictones, Dani, Sicambri, aliique virtute clari & celebres Populi olìm exierunt : Opus suecicè & latinè conscriptum, cum figuris & tabulis. *Upsalæ, Henricus Curio, 1679, 1689, 1698 & 1699. 4 vol. in-fol. mar. bl. & v. f.*

* *Exemplar elegans & nitidum Libri rarissimi, cujus paucissima nobis supersunt exemplaria.*

18. 4 4857 Olai Magni Gothi, Archiepiscopi Upsalensis, Sueciæ & Gothiæ Primati, Historia de Gentibus Septentrionalibus, earumque diversis statibus, conditionibus, moribus, ritibus, superstitionibus, disciplinis, exercitiis, regimine, victu, bellis, structuris, instrumentis, ac mineris metallicis & rebus mirabilibus ; nec-non universis penè animalibus in Septentrione degentibus, eorumq. naturâ, cum fig. *Romæ, in ædibus Divæ Birgittæ, anno* 1555, *in-fol. v. m.*

2. 8. 4858 Joannis Magni Gothi, Archiepiscopi Upsalensis, Historia Gothorum & Sueonum, ex probatiss. antiquorum Monumentis collecta & in XXIV Libros redacta, cum indice ; nec-non appendice Olai Magni Gothi de quorumdam Principum tàm externorum quàm internorum vitâ & moribus. *Basileæ, ex Officinâ Isingrinianâ,* 1558, *in-8. v. f.*

1. 10. 4859 Johannis Loccenii Historia Rerum Suecicarum à Rege Berone III, usque ad Ericum XIV deducta ; accedunt ejusdem authoris antiquitates Sueo-Gothicæ. *Holmiæ, Joan. Janssonius,* 1654, *in-8. v. f.*

4860

HISTOIRE.

4860 Discours sur l'Etat & Couronne de Suéde, contenant une Description géographique de toutes les Provinces qui en dépendent, avec un Abrégé de l'Histoire des Roys qui ont occupé le Thrône. *Paris, Aug. Courbé, 1633, in-8. v. m.*   1. 5.

4861 Le Soldat Suédois; ou Histoire de tout ce qui s'est passé en Allemagne depuis l'entrée du Roi de Suéde en l'année 1630 jusqu'après sa mort. *Impr. en 1633, in-8. v. f.*   1. 16.

4862 Histoire de la Vie de la Royne Christine de Suéde, avec un récit véritable du séjour de cette Reyne à Rome, & la défense du Marquis Monaldeschi, son Escuyer. *Stockolm, 1677, in-12. v. vieux.*   1. 10.

4863 Sigismundi Liberi, Rerum Moscoviticarum Commentarii, nec-non Russiæ brevissima Descriptio, & de Religione: accedit Chorographia totius Imp. Moscici & vicinorum quorundam. *Antverpiæ, Joann. Steelsius, 1557, in-8. v. m.*   1.

4864 Tragœdia Moscovitica, sive de vitâ & morte Demetrii qui nuper apud Ruthenos Imperium tenuit, Narratio. *Coloniæ, Gerardus Grevenbruch, 1608, in-8. v. m.*   1. 10.

4865 L'Etat de l'Empire de Russie & grand Duché de Moscovie, avec ce qui s'y est passé de plus mémorable & tragique pendant le Regne de quatre Empereurs, depuis l'an 1590 jusqu'en 1606, par le Capitaine Margeret. *Paris, Matthieu Guillemot, 1607, in-12. relié en carton.*   4. 19.

4866 Etat présent de la grande Russie ou Moscovie, contenant l'Histoire abrégée de la Mos-   1. 17.

Tome II.   Z

covie, un Abrégé chronologique des Czars ou Empereurs qui ont régné jufqu'à préfent, & la Relation de ce que Pierre Alexeowitz, à préfent régnant, a fait de plus remarquable dans fes Etats, trad. de l'anglois de Jean Perry en françois. *Paris., Cl. Robuftel*, 1717, *in*-12. *v. m.*

4867 Mémoires du Régne de Pierre le Grand, Empereur de Ruffie, par le Baron Iwan Iwanowitz Neftefuranoi. *Amfterdam, Weftein & Smith*, 1728, 4 *vol. in*-12. *v. f.*

4868 Joh. Herburti de Fulftin, Regni Polonici Senatoris, Chronica : five Hiftoriæ Polonicæ compendiofa Defcriptio. *Bafileæ, ex Officinâ Oporinianâ*, 1571. = Zachariæ Theobaldi junioris, chronologica Bohemicæ Ecclefiæ Adumbratio. *Vitteberga, Laurent. Seuberlich*, 1611, *in*-4. *mar. r.*

4869 Joann. Dlugoffi, feu Longini, Canon. Cracovienfis, Hiftoriæ Polonicæ Libri XII, quorum fex pofteriores nondùm editi, nùnc fimùl cum prioribus ex Codd. MSS. rariffimo in lucem prodeunt ex Bibliothecâ & cum præfatione Henrici L. B. ab Huyffen, cum vitâ authoris, nec-non Schediafmate de Scriptoribus Hiftoriæ Polonicæ, cum annot. Gabrielis Groddeckii. *Francofurti, Gleditfchius*, 1711 & 1712. 2 *vol. in fol. vél.*

4870 Staniflaï Lubienski, Epifcopi Plocenfis, Opera pofthuma hiftorica ; Hiftoro-politica, varii que difcurfus, Epiftolæ aliquot & Orationes, cum vitâ authoris. *Antverpia, Meurfius*, 1643, *in-fol. vél.*

4871 Harangue faicte & prononcée de la part

HISTOIRE.

du Roi très Chrétien le 10 Avril 1573 ; par Jean de Montluc, Evêque & Comte de Valence & Dye, en préfence de la Nobleffe de Pologne pour l'élection du nouveau Roi, après le décedts de Sigifmond Augufte. *Paris, Jean Richer*, 1573, *in-8. v. m.*

4872 Difcours politique touchant les Prétendans à la Couronne de Pologne. *Cologne, Pierre du Marteau*, 1670, *in-12. vél.*

4873 Chronique du Royaume de Hongrie, écrite en langue Flamande. *Amfterdam*, 1619, *in-fol. v. br.*

4874 Difcours véritable des chofes qui fe font paffées aux armées de Hongrie, depuis 1599 jufqu'en 1604, par Huffon. *Angers, Ant. Hernault*, *in-12. v. m.*

4875 Hiftoire des chofes plus mémorables advenuës aux derniers troubles de Moldavie ; avec l'évafion admirable du Prince Correcki, des Tours noires du Grand Turc, par l'invention & affiftance d'un Parifien ; compofée par Jean Baret fur les Mémoires de Ch. de Joppecourt. *Paris, Touff. du Bray*, 1620, *in-8. vél.*

4876 Laurentii Toppeltini de Medgyes Origines & occafus Tranfylvanorum, feu erutæ nationes Tranfylvaniæ, earumque ultimi temporis revolutiones. *Lugduni, Hor. Böiffat*, 1667, *in-12. v. m.*

4877 Joann. Betlenii Rerum Tranfylvaniæ Libri IV, continentes res geftas Principum ab anno 1629 ufq. ad ann. 1663. *Amftelodami, Joann. Blaeu*, 1664, *in-12. relié en carton.*

4878 Johannis Erici Difquifitiones duæ hiftorico-antiquariæ, quarum *prior*, de veterum

Septentrionalium imprimis Islandorum peregrinationibus ; in quâ ex antiquorum Islandorum peregrinandi studio, eorumque de peregrinationum usu & necessitate sententiis, populi politi mores adstruuntur, & Historicorum Islandicorum auctoritas vetustorum MSS. fide vindicatur : *posterior* verò de Philippiâ, sive amoris Equini apud priscos Boreales causis tractat. *Lipsiæ, Franc. Chr. Mumme*, 1755, *in-*8. *v. m.*

4879 Relation du Groënland, addressée à M. de la Mothe le Vayer. *Paris, Aug. Courbé,* 1647, *in-*8. *vél.*

SECTION VI.

SECONDE PARTIE.

HISTOIRE MODERNE, ou des Monarchies qui subsistent aujourd'huy : SECONDE PARTIE, *comprenant les Monarchies hors de l'Europe.*

I.

Histoire Orientale générale.

4880 Historia de las Cosas del Oriente, que contiene una descripcion general de los Reynos de Assia, con las cosas mas notables dellos ; la Historia de los Tartaros y su origen y principio, las cosas del Reyno de Egipto, e la Historia y successos del Reyno de Hierusa-

lem, traduzido y recopilado de diverfos Hi-
ftoriadores, por Amaro Centeno, natural de
la Puebla de Senabria, &c. *En Cordoua, Diego
Galvan*, 1595, *in-4. v. m.*

II.

Hiftoire des Arabes, des Sarazins & des Turcs.

4881 Théâtre de la Turquie où font repréfen-
tées les chofes les plus remarquables, avec
les mœurs, gouvernement, coutumes & Re-
ligion des Turcs, & de XIII autres Nations
qui habitent dans l'Empire Ottoman, trad.
de l'italien en françois par Michel le Févre.
Paris, Jacq. le Febvre, 1688, *in-4. v. f.*

4882 Petri Gyllii de Topographiâ Conftantino-
poleos, & de illius antiquitatibus Libri IV,
quibus accedunt ejufdem Authoris de Bofporo
Thracio Libri III. *Lugduni, Guill. Rovillius*,
1561, *in-4. v. f.*

1. 10.

4883 Chriftophori Richerii de rebus Turcarum
Libri V. *Parifiis, ex Officinâ Rob. Stephani*,
1540, *in-4. vél.*

4884 Philippi Loniceri Chronicorum Turcico-
rum Tomi III, in quibus Turcorum Origo,
Principes, Imperatores, Bella, Prælia, Cæ-
des, Victoriæ, Reique militaris ratio & cæ-
tera hùc pertinentia exponuntur : accefferunt
Mahometicæ Religionis inftituta, judiciorum
proceffus, Aulæ conftitutio, Procerum item
ac populi mores, &c. hæc omnia figuris il-
luftrata. *Francofurti ad Mœnum, Feyerabendt*,
1578, 3 *tom. en un vol. in-fol. v. m.*

3. 1.

4885 Histoire de l'Empire Ottoman, trad. de l'italien de Sagredo par le sieur Laurent. *Paris, Franç. Barrois*, 1724, 7 vol. *in-*12. *v. br.*

4886 Histoire générale du Serrail & de la Cour du Grand-Seigneur, avec l'Histoire de la Cour du Roi de la Chine, par Michel Baudier. *Rouen, Jean Berthelin*, 1638, *in-*8. *v. m.*

4887 Marini Barletii, de Vitâ, Moribus, ac Rebus gestis Georg. Castrioti, sive Scanderbegi Libri XIII. *Argentorati, Mylius*, 1537, *in-fol. v. br.*

4888 Histoire de Georges Castriot, surnommé Scanderbeg, Roi d'Albanie, recueillie & dressée par Jacq. de Lavardin. *Franche-Ville, Jean Arnauld*, 1604, *in-*8. *vél.*

III.

Histoire Asiatique.

§ 1. *Histoire de la Grece Asiatique, & des Isles de l'Archipel.*

4889 Georgii Merulæ, Alexandrini, Epistola de bello Scodrensi. *Venetiis*, 1474, *in-*4. *vél.*

4890 Coriolani Cippici, Dalmatæ Tragurienfis, de Bello Asiatico Libri III, in lucem editi studio & operâ Joann. Cippici. *Venetiis, Ant. Rampazettus*, 1594, *in-*8. *v. f.*

4891 Journal de l'Expédition de M. de la Feuillade, pour le secours de Candie. *Lyon, Jean Thioly*, 1669, *in-*12. *fig. v. m.*

4892 Mémoires ou Relation militaire contenant ce qui s'est passé de plus considérable au

Siége de Candie, jusqu'à la réduction de cette Place sous la puissance des Turcs, par L. de la Solaye. *Paris, Cl. Barbin*, 1670, *in-*12. *bazane.*

4893 Nicolai Villagagnonis Commentarius de bello Melitensi. *Parisiis, Car. Steph.* 1553, *in-*4. *v. m.*

§ 2. *Histoire de la Perse.*

4894 Tarich, *id est*, Series Regum Persiæ ab Ardschir-Babekan, usquè ad Jazdigerdem à Caliphis expulsum, per annos ferè 400, cum Proemio longiori, in quo vetusti quidam Asiæ Magnates, maximè Reges Adarbigan recensentur; item, Genealogia Christi Salvatoris, quantùm de illâ tenent Saraceni; hæc omnia cum Commentario liberiori ex Arabum & Hebræorum Libris; edente Wilhelmo Schikardo. *Tubingæ, Theod. Werlin,* 1628, *in-*4. *v. f.*

4895 Relaciones de D. Juan de Persia, en que se tratan las cosas notables de Persia, la Genealogia de sus Reyes, Guerras de Persianos, Turcos y Tartaros, &c. *En Valladolid, Juan de Bostillo,* 1604, *in-*4. *mar. c.*

4896 Le Couronnement de Soleïmaan, troisiéme Roi de Perse, avec l'Histoire de ce qui s'est passé de plus mémorable dans les deux premieres années de son regne, par le Chevalier Chardin. *Paris, Louis Billaine,* 1671, *in-*12. *v. br.*

4897 Histoire de la derniere Révolution de Perse. *Paris, Briasson,* 1728, 2 *vol. in-*12. *v. br.*

§ 3. *Histoire des Tartares & du Mogol, des Indes Orientales, &c.*

1. 4. 4898 La nouvelle Histoire de Genghiskan, Conquérant de l'Asie. *Paris, J. Bapt. Mazuel,* 1716, *in-*12. *v. br.*

1. 8. 4899 Historia del descubrimiento y conquista de la India por los Portugueses, compuesta por Herman Lopez de Castañeda en lenguaje Portugues, y traduzida en romance castellano. *En Anvers, Martin Nucio,* 1554, *in-*8. *v. f.*

1. 10. { 4900 Historia General de la Yndia Oriental, los descubrimientos y conquistas que han hecho las armas de Portugal, y de la dilatacion del Santo Evangelio por aquellas grandes Provincias, por Fray Antonio de San Roman. *En Valladolid, Diego Perez,* 1603, *in-fol. v. br.*

4901 Historia de la Conquista del Reyno de Pégu en la India de Oriente hecha por los Portugueses dende el año de 1600 hasta el de 1603, por Manuel d'Abreu Mousinho. *En Lisboa, Pedro Craesbeeck,* 1617, *in-*8. *v. br.*

§ 4. *Histoire de la Chine & de la Tartarie Chinoise.*

16. 5. 4902 Athanasii Kircheri, Soc. Jesu, China monumentis sacris & profanis, nec-non variis naturæ & artis spectaculis illustrata, cum fig. æneis. *Amstelodami, Joann. Janss. à Waësberge,* 1667, *in-fol. fig. v. br.*

1. 6. 4903 Histoire du Grand Royaume de la Chine, contenant la situation, antiquité, fertilité, Religion

HISTOIRE.

Religion, cérémonies, sacrifices, Rois, Magistrats, Mœurs, Us, loix & autres choses mémorables dudit Royaume, avec plusieurs voyages faits en icelui, & un itinéraire du nouveau monde & le découvrement du nouveau Mexique, trad. de l'espagnol du Pere Jean Gonçalez de Mendoce, en françois par Luc de la Porte. *Paris, Abel l'Angelier*, 1600, *in-8. v. f.*

4904 Suite de l'Histoire de la Chine imprimée en 1671. *Paris, Jean Henault*, 1672, *in-8. v. m.* 1.

4905 Historia de las Cosas mas notables, Ritos y Costumbres del gran Reyno de la China, hecha y ordeñada por Juan Gonçales de Mendoça, con un itinerario del nuevo mundo. *En Madrid, Petro Madrigal*, 1586, *in-8. v. f.* 1. 9.

4906 La misma. *En Anvers, Pedro Bellero*, 1596, *in-12. baz.* 1. 10.

4907 Histoire du grand Royaume de la Chine situé aux Indes Orientales, avec un itinéraire du nouveau monde, & le descouvrement du nouveau Mexique. *Rouen, Nic. Angot*, 1614, *in-8, vél.* 1.

4908 Martini Martinii, Soc. Jesu, Historiæ Sinicæ Libri X, in quibus continentur res in Imperio Sinarum gestæ, ab origine Gentis ad Christum natum. *Amstelodami, Joan Blaeu*, 1659, *in-8. v. f.* 1.

4909 Ejusdem Martini Martinii, Soc. Jesu, Historia de Bello Tartarico, in quâ quo pacto Tartari hâc nostrâ ætate Sinicum Imperium invaserint, ac ferè totum occupârint, narratur; eorumq. mores breviter describuntur. *Ant-* 1.

verpiæ, *ex Offic. Plantinianâ* 1654, *in*-16. *v. f.*
4910 Eadem. *Antverpiæ, ex Offic. Plantin.* 1654, *in*-12. *vél.*
4911 Eadem. *Antverpiæ, Balth. Moretus,* 1654, *in*-8. *v. m.*
4912 Eadem , cum fig. æneis. *Amst. Joann. Jansson,* 1655, *in*-12. *fig. mar. r.*
4913 Eadem, cum figuris æneis. *Amstelodami, Ægidius Janssonius,* 1661, *in*-12. *fig. v. br.*
4914 Historia de la Conquista de la China, por el Tartaro, escrita por Don Juan de Palafox y Mendoça. *En Paris, Antonio Bertier,* 1670, *in*-8. *v. br.*

§. 5. *Histoire du Japon.*

4915 Joann. Hayi, Soc. Jesu, de rebus Japonicis, Indicis & Peruanis Epistolæ recentiores. *Antverpiæ, Martinus Nutius,* 1605, *in*-8. *baz.*
4916 Historia del Reyno de Japon, y Descripcion de aquella tierra, y de algunas costumbres, cerimonias y regimiento de aquel Reyno, por el Doctor Buxeda de Leyva. *En Çaragoça, Pedro Puig,* 1591. == Relacion de la Persecution que huvo estos años contra la Iglesia de Japon y los Ministros della, por Juan de Bonilla. *Ibid. Juan de la Rumbe.* 1617, *in*-8. *v. f.*

HISTOIRE.

I V.

Histoire d'Afrique.

§ 1. *Histoire générale d'Afrique.*

4917 Joann. Gramaye, Africæ illustratæ Libri X, in quibus Barbaria, gentesque ejus ut olim & nunc describuntur ; nec-non Historia Ecclesiastica, Gothica, Vandalica, Turcica, Maurica, Numidica, Carthaginensis, &c. cum adjecto speculo miseriarum Barbaricarum & mediis reducendi illùc Religionem & debellandi Pyratas. *Tornaci Nerviorum, Adrian. Quinqué, 1622, in-4. relié en carton.*

§ 2. *Histoire particuliere d'Afrique, & premierement l'Histoire de l'Egypte.*

4918 A Description of the East and some other Countries ; containing the Observations on Egypt, Palæstine, Syria, Mesopotamia, Cyprus and Candia, by Richard Pococke. *London, W. Bowyer, 1743 & 1745, 2 vol. in-fol. fig. mar. r.*

4919 Histoire de Saladin, Sultan d'Egypte & de Syrie ; avec une Introduction, une Histoire abrégée de la Dynastie des Ayoubites, fondée par Saladin ; des Notes critiques, historiques, géographiques, & quelques piéces justificatives, par M. Marin, Censeur Royal. *La Haye, Nic. van Daalen, 1758, 2 vol. in-12. v. m.*

§ 3. *Histoire de la Barbarie & des Royaumes de Fez, Maroc, Alger, Tunis, Tripoly, &c.*

4920 Histoire des Chérifs & des Royaumes de Maroc, de Fez, de Tarudant & autres Provinces, trad. de l'espagnol de Don Diego de Torrès, par M. le Duc d'Angoulesme (pour servir de supplément à la Description de l'Afrique de Louis Marmol, & trad. en franç. par Nic. Perrot d'Ablancourt). *Paris, Thomas Jolly*, 1667, *in-4. v. m.*

§ 4. *Histoire d'Ethiopie.*

4921 Historia de las Cosas de Etiopia, por Francisco Alvarès, nuovam. traduzida de portuguez en castellano por el Padre Fray Thomas de Padilla. *En Anvers, Juan Steels*, 1557, *in-8. vél.*

4922 Description historiale de l'Ethiopie, contenant la vraye Relation des terres & des pays du grand Roi & Empereur Prete-Jan, traduite du portugais de Don François Alvarès en françois. *Anvers, Christophe Plantin*, 1558, *in-8. vél.*

4923 R. P. Adami Contzen, Soc. Jesu, Methodus Doctrinæ civilis, seu Abissini Æthiopum Regis, Historia. *Colon. Agrippinæ, Joann. Kinckius*, 1628, *in-8. relié en carton.*

4924 Nicolai Godigni, Soc. Jesu, de Abassinorum rebus, deque Æthiopiæ Patriarchis, Joanne Nonio Barreto & Andreâ Oviedo Libri tres. *Lugduni, Horat. Cardon*, 1615, *in-8. v. m.*

4925 Wilhelmi Ten Rhyne, Schediasma de Promontorio Bonæ Spei, ejusve Tractus Incolis Hottentottis; accurante, brevesque notas addente Henrico Screta Schotn. à Zavorziz. *Scafusii*, *Typ. Joh. Martini Osvaldi*, 1686, *in-12. vél.*

V.

Histoire de l'Amérique, ou des Indes Occidentales.

§ 1. *Histoire générale de l'Amérique, & de sa découverte par les Européens.*

4926 Hugonis Grotii de Origine Gentium Americanarum Dissertatio altera adversùs obtrectatorem. *Parisiis*, *Seb. Cramoisy*, 1643. ══ Joan. de Laër, Antverpiani, Notæ ad dissertationem Hug. Grotii de Origine Gentium Americanarum, & Observationes aliquot ad meliorem Indaginem difficillimæ illius quæstionis. *Parisiis*, *Vid. Guill. Pelé*, 1643, *in-8. v. f.*

4927 Joann. de Laët Notæ ad Dissertationem Hug. Grotii, *de Origine Gentium Americanarum*. PARISIIS, *vid. Guill. Pelé*, 1643. ══ Hug. Grotii Dissertatio altera, *de Origine Gentium Americanarum* adversùs obtrectatorem. *Parisiis*, *Seb. Cramoisy*, 1643 ══ Joann. de Laët Responsio ad Dissertationem secundam Hug. Grotii, *de Origine Gentium Americanarum*. AMSTELODAMI, *Lud. Elzevir.* 1644. ══ Joann. Bapt. Poissonis, Andegav. animadversio ad ea quæ celeberrimi viri HUGO GROTIUS & JOANNES DE LAET scripse-

runt, *de Origine Gentium Americanarum. Pa-*
risiis, 1644. ⸺ Georgii Hornii de Originibus Americanis Libri IV. *Hagæ-Comit. Adrian,*
Ulacq, 1652, *in-8. v. br.*

4928 Georgii Hornii, de Originibus Americanarum Gentium Libri IV. *Hagæ-Comitis,*
Adrianus Ulacq, 1652, *in-8. v. br.*

4929 De Orbe novo Petri Martyris Anglerii, Mediolanenfis, Decades VIII, annotationibus illuftratæ labore & induftriâ Rich. Hakluyti, Oxon. Angli, cum indice. *Parifiis,*
Guill. Auvray, 1587, *in-8. v. f.*

4930 Extrait ou Recueil des Ifles nouvellement trouvées en la grand Mer Océane au temps du Roi d'Efpagne Fernand & Elifabeth fa femme, comp. en latin par Pierre Martyr de Milan, & tranflaté en langage françois. *Paris, Simon de*
Colines, 1532, *in-4. v. f.*

4931 Novæ Novi Orbis Hiftoriæ; *id eft*, Rerum ab Hifpanis in Indiâ Occidentali hactenùs geftarum & acerbo illorum in eas gentes dominatu Libri III, ex italico fermone Hieronymi Benzonis, Mediolanenfis, in latinam linguam redditi ab Urbano Calvetone. *Genevæ, Euft. Vignon,* 1578. ⸺ Difcours d'un voyage de quelques François en Floride, & du maffacre exécuté fur eux par les Hefpagnols, trad. en françois. *Impr. en* 1579, *in-8. v. f.*

4932 Gafpari Enfi, Indiæ Occidentalis Hiftoria, in quâ prima Regionum iftarum detectio, Situs, Incolarum Mores, &c. breviter explicantur; ex variis auctoribus collecta. *Coloniæ,*
Gulielmus Lutzenkirchen, 1612, *in-12. v. f.*

4933 Hiftoire univerfelle des Indes Occidentales, trad. du latin de Wytfliet en françois. *Douay, Fabri*, 1607, *in-fol. fig. v. f.*

4934 Expeditio Francisci Draki Equitis Angli in Indias Occidentales anno 1585, quâ Urbes, Fanum D. Jacobi, D. Dominici, D. Augustini & Carthagena captæ fuêre ; additis passim regionum locorumque omnium Tabulis Geographicis accuratissimis. *Leydæ, Fr. Raphelengius*, 1588, *in-4. fig. v. m.*   5. 10.

4935 Joann. Bisselii, Soc. Jesu, Argonauticon Americanorum Libri XV, sive Historia periculorum Petri de Victoria ac Sociorum ejus. *Gedani, Ægid. Janssön à Waësberge*, 1698, *in-12. v. f.*   2 - 1.

4936 Las Obras de Bartolomeo de las Casas, en que, Relacion de la destruycion de las Indias Occidentales, &c. *En Barcelona*, 1646, *in-4. v. br.*   2 - 11.

4937 Bartholomæi de las Casas Narratio Regionum Indicarum per Hispanos olìm devastatarum, ex Hispanico latinè reddita, cum fig. æneis. *Heïdelbergæ, Guill. Walterus*, 1664.
═ Histoire des tyrannies & cruautés des Espagnols exercées dans le nouveau Monde, traduction françoise de l'Ouvrage précédent de Barth. de las Casas, mise au jour par Jacq. de Miggrode. *Rouen, Jacq. Cailloué*, 1630, *in-4. v. m.*   4. 15.

4938 Istoria, ò brevissima Relatione della distruttione dell' Indie Occidentali, tradotta del spagnuolo di Don Bartolomeo dalle Case in lingua Italiana di Francesco Bersabita, con il texto originale spagnuolo. *In Venetia, Marco Ginammi*, 1626, *in-4. mar. c.*   1.

4939 Tyrannies & cruautés des Espagnols com-   3.

mises ès Indes Occidentales, trad. de l'espagnol de Barthelemy de las Casas en françois par Jacq. de Miggrode. *Rouen, Jacq. Cailloué,* 1630, *in-*4. *v. m.*

§ 2. *Histoire particuliere de l'Amérique Septentrionale ; le Canada, ou la Nouvelle France ; la Virginie, ou la Nouvelle Angleterre ; le Mexique, ou la Nouvelle Espagne, les Isles Antilles, &c.*

4940 La Historia general de las Indias y la conquista del Mexico, y de la Nueva España, por Don Francisco Lopez de Gomara. *En Anvers, Martin Nucio,* 1554, *in-*8. *v. br.*

4941 Historia de la conquista del Mexico, compuesta por Juan Bellero. *En Anvers, Juan Steelsio,* 1554, *in-*8. *relié en carton.*

4942 Relation de l'Isle de Tabago, ou de la nouvelle Oüalcre, l'une des Isles Antilles de l'Amérique, par le sieur de Rochefort. *Paris, Louis Billaine,* 1666, *in* 12, *vél.*

§ 3. *Histoire de l'Amérique Méridionale, & du Pérou, de la Guiane, du Brésil, du Paraguay, Terres Magellaniques, &c.*

4943 Levini Apollonii, Gando-Brugani, Mittelburgensis, de Peruviæ regionis Inventione, nec non de rebus in eâdem gestis Libri V, accedit brevis exactaque novi Orbis & Peruviæ regionis Chorographia. *Antverpiæ, Joann. Bellerus,* 1567, *in-*8. *v. m.*

4944 La Chronica del Peru, nuevamente escrita por Pedro de Cieça de Leon. *En Anvers, Mart. Nucio,* 1554, *in-*8. *v. m.*

4945

HISTOIRE. 193

4945 Le Commentaire Royal, ou l'Histoire des Yncas, Rois du Pérou, écrite en langue péruvienne par l'Ynca Garcilasso de la Véga, & trad. sur la version espagnole, par Jean Baudoin. *Paris, Augustin Courbé*, 1633, *in-4. m. r.*   6.

4946 Brevis & admiranda Descriptio Regni Guianæ, quod nuper annis 1595 & 1596, per D. Gualtherum Ralegh detectum est, cum figuris æneis. *Noribergæ, Hulsius*, 1599, *in-4. fig. v. f.*   9. 19.

4947 Historia da Provincia de Santa Cruz, o Bresil, por Pero de Magalhanes. *En Lisboa, Ant. Gonsalvez*, 1576, *in-4. v. m.*   4. 19.

4948 Joann. Lerii, Burgundi, Historia Navigationis in Brasiliam quæ & America dicitur, quâ describitur Authoris Navigatio quæque in mari vidit memoriæ prodenda: Villagagnonis in Americâ gesta; Brasiliensium victus & mores, animalia etiam arbores atque herbæ, reliquaque singularia & nobis penitùs incognita. *Geneva, Hæred. Eust. Vignon*, 1594, *in-8. v. f.*   2. 19.

SECTION VII.

PARALIPOMENES HISTORIQUES.

I.

Histoire Héraldique & Généalogique.

§ 1. *Traité de la Science Héroïque, de la Noblesse; des Nobles, & de leurs Titres & Prérogatives.*

4949 Le Livre intitulé l'Arbre des Batailles, composé par Honoré Bonnor. *Edition très ancienne, sans aucune indication de Ville, sans nom d'Imprimeur & sans date d'année, mais qui paroît avoir été imprimée vers l'année* 1480, *in-fol. gotiq. v. m.*
* Il manque dans cet Exemplaire les premiers feuillets de la Table des Chapitres.

4950 Traité de l'Office des Rois d'Armes, des Hérauds & des pourfuivans, où font contenus leur antiquité, leurs privilèges & les principales cérémonies dans lesquelles ils sont employés par les Rois & par les Princes, avec les noms & les armes de tous les Rois & Princes Souverains de la Chrestienté, & de la plûpart des Provinces qui relevent d'eux, par Marc de Vulson, sieur de la Colombiere. *Paris, Séb. Cramoisy,* 1645, *in-*4. *v. m.*

4951 Antonii Matthæi de Nobilitate, de Principibus, de Ducibus, de Comitibus, de Baronibus, de Militibus, Equitibus, Ministerialibus, Armigeris, de Advocatis Ecclefiæ, & de Comitatu Hollandiæ ac Diœcefi Ultrajectinâ Libri IV, in quibus paffim diplomata & Acta hactenùs nondùm vifa. *Amftelodami, Janffon Waësberg*, 1686, *in*-4. *v. f.*

§ 2. *Traité Héraldiques, ou qui appartiennent à la Science du Blafon.*

4952 Le Blafon des couleurs, en armes, livrées & devifes; Livre très utile pour bien favoir la maniere de blafonner. *Lyon, Olivier Arnoullet, in*-8. *gotiq. v. m.*   1.

4953 Jeu d'Armoiries, où tous les termes du Blafon font expliqués & rangés par ordre, par le fieur Gauthier. *Paris, Vallet*, 1686, *in*-16. *mar. r. gravé.*

4954 Le Jardin d'Armoiries contenant les armes de plufieurs Nobles Royaumes & Maifons de Germanie inférieure. *Gand*, 1567, *in*-8. *fig. mar. r.*   7 - 4.

4955 L'Eftat & Comportement des Armes; Livre autant utile que néceffaire à tous Gentilshommes & Officiers d'Armes, par Jehan Scohier. *Bruxelles, Jean Mommart*, 1597, *in-fol. fig. v. m.*   1. 10.

I I.

Hiftoire Généalogique des Maifons Royales, & des Familles illuftres de toutes les parties de la Terre.

4956 Hieronymi Henninges, Theatrum genealogicum, oftentans omnes omnium ætatum   43.

familias Monarcharum, Regum, Ducum, Marchionum, Principum, Heroüm & Heroïnarum, &c. à mundo condito, ad nostra tempora. *Magdeburgi, Typ. Ambrosii Kirchneri*, 1598, 4 vol. *in-fol. v. f.*

4957 Le Calendrier des Princes & de la Noblesse, contenant l'état actuel des Maisons Souveraines, Princes & Seigneurs de l'Europe, & de la Noblesse de France, par ordre alphabétique. *Paris, Duchesne,* 1762 & 1763, 2 vol. *in-*12. *v. m.*

4958 Lamberti Vander-Buchii, Sabaudorum Ducum, Principumq. Historiæ Gentilitiæ Libri duo, cum fig. æneis. *Ex Offic. Plantin.* 1599, *in-*4. *fig. v. m.*

4959 Catalogue des Chevaliers de l'Ordre du Collier de Savoye dict de l'Annonciade, avec leurs noms, surnoms, qualités, armes & blasons, depuis son institution par Amé VI, Comte de Savoye, Duc de Chablais, & d'Aouste, surnommé le Comte Verd, Fondateur & premier Chef, en l'an M. CCC. LXII. jusqu'à son Altesse Royale Charles Emanuel II, Duc de Savoye, &c. actuellement régnant, avec les preuves & les piéces justificatives, par François Capre, Secrétaire d'Estat de S. A. R. *Turin, Barth. Zavatte,* 1654, *in-fol.* G. P. *fig. v. br.*

4960 Philippi Jacobi Speneri, illustriores Galliæ Stirpes, Tabulis genealogicis comprehensæ, & nùnc primùm in lucem editæ. *Francof. ad Mœnum, Zunnerus,* 1689, *in-fol. v. f.*

4961 Les Blasons des Armes de la Royale Maison de Bourbon & de ses Alliances, par le

HISTOIRE. 197

fieur de la Roque, & grav. en taille douce. Paris, Pierre Firens, 1626, in-fol. v. m.

4962 La Généalogie de la Maison Roïale de Bourbon, avec les éloges & les portraits des Princes qui en sont sortis, par Charles Bernard. Paris, de Sercy, 1645, in-fol baz.

4963 Histoire généalogique de la Maison Royale de France, par Scévole & Louis de Sainte-Marthe. Paris, Nic. Buon, 1628, 2 vol. in-fol. v. br.

3.

4964 Histoire généalogique de la Royale Maison de France & des Grands Officiers de la Couronne, par le Pere Anselme. Paris, Estienne Loyson, 1674, 2 tom. en un vol. in-4. v. f.

4965 La même. Paris, Jean Geoffroy Nyon, 1712, 2 vol. in-fol. v. f.

5. 10.

4966 Le Brillant de la Royne, ou Histoire généalogique de la Maison de Médicis, contenant les vies & faits remarquables des Hommes illustres & des plus signalés d'icelle, par Pierre de Boissat. Lyon, Pierre Bernard, 1613, in-8. v. m.

1. 9.

4967 Le même. Paris, Guill. Loyson, 1620, in 8. vél.

1- 6.

4968 Les Ayeules de Son Altesse Royale Marie Adélaïde de Savoye, Duchesse de Bourgogne, issuë du Sang Royal de France, par Guy Allard. Paris, Jacq. Collombat, 1698, in-12. v. m.

1.

4969 Francisci de Rosieres, Stemmatum Lotharingiæ ac Barri Ducum, Tomi septem. Parisiis, Chaudiere, 1580, in-fol. relié en peau verte.

2-

4970 La Généalogie des Comtes & Ducs de Bar, jusqu'à Henry, Duc de Lorraine & de Bar en 1608, avec les preuves par Théodore Godefroy. *Paris, Edme Martin*, 1627, *in-4. v. m.*

4971 La Généalogie des Seigneurs Souverains de Béarn, depuis Gaston de Moncade jusqu'au Roi Louis XIII, avec une Requeste pour faire informer criminellement contre les Auteurs & Expositeurs d'un Livre intitulé LE MOYNE, pour assujettir les Sceptres & les Couronnes des Rois à la puissance absolue du Pape, &c. par J. P. de Lescun. *Paris*, 1616, *in-4. v. m.*

4972 Les Familles de la France illustrées par les monumens des Médailles anciennes & modernes, tirées des plus rares cabinets, par Jacques de Bie, avec des figures en taille-douce & des explications. *Paris, Camusat*, 1636, *in-fol. fig. mar. r.*

4973 Josephi Texeræ, Portugallensis, Explicatio genealogiæ Henrici II, Condæi, Franciæ Principis, à divo Ludovico per Borbonios; ac etiam ab Imbaldo Trimulio usque ad utrumque dicti Henrici parentem repetitæ. *Parisiis, ad insigne Circini*, 1596, *in-12. relié en carton.*

4974 Explication de la Généalogie de Henry, Prince de Condé, premier Prince du Sang de France, escrite en latin par Joseph Texeira, Portugais, & mise en françois par Jean de Monlyard. *Paris*, 1596, *in-8. v. m.*

4975 De stirpe & origine Domûs de Courtenay, quæ cœpit à Ludovico Crasso, hujus nominis sexto Francorum Rege, Sermocinatio : cui in-

HISTOIRE. 199

serti funt Supplices Libelli ; Regi ad hanc rem oblati, unà cum repræfentatione juris & meritorum præfentis inftantiæ ; addita funt Refponfa celeberr. Europæ Juris-confultorum. *Parifiis*, 1607, *in-8. v. m.*

4976 Hiftoire généalogique de la Maifon Royale de Courtenay, juftifiée par chartes & titres, par le fieur du Bouchet. *Paris, Dupuis*, 1661, *in-fol. v. f.* — 2. 5.

4977 Recherches de la Nobleffe de Picardie, par M. Bignon. *Amiens*, 1708, *grand in-fol. v. m.* avec les blafons enluminés. — 40.

4978 Procès-verbal de la Nobleffe de Champagne, par M. de Caumartin, avec les armes & les blafons de chaque famille. *Chaalons, Jacq. Seneuze*, 1663, *in-8. v. f.* — 1. 17.

4979 Recherches de la Nobleffe de Champagne, par M. de Caumartin. *Paris, Seneuze*, 1673, *grand in-fol. v. f.* — 80. 4.

4980 Catalogue & Armoiries des Gentilshommes qui ont affifté à la tenuë des Etats-Généraux du Duché de Bourgogne depuis l'an 1548 jufqu'à l'an 1682, tiré des Regiftres de la Chambre de la Nobleffe. *Dijon, Jean. Fr. Durand*, 1760, *in-fol. G. P. fig. v. m.* — 27. 6.

4981 Hiftoire généalogique de plufieurs Maifons illuftres de Bretagne, avec les armes & blafons d'icelles ; les Fondations des Abbayes, Prieurés, & l'Hiftoire Chronologique des Evefques de Bretagne, par Fr. Auguftin du Paz. *Paris, Buon*, 1619, *in-fol. fig. v. f.* — 12. 1.

4982 Recueil des Titres, Qualités, Blafons & Armes des Seigneurs Barons des Etats Généraux de la Province de Languedoc, tenus par — 3.

Mgr. le Prince de Conty en 1654, par Béjard. *in-fol. fig. v. m.*

4983 Nobiliaire de Dauphiné, ou discours historique des Familles Nobles qui sont en cette Province, avec le blason de leurs armoiries, par Guy Allard. *Grenoble, Robert Philippes, 1671, in-12. v. br.*

4984 Histoire généalogique de la Noblesse de Touraine & Pays circonvoisins, enrichie des armes en taille-douce de chaque famille, & de plusieurs portraits des plus illustres personnages qui en sont sortis, avec les preuves, par le Chevalier de l'Hermite Souliers. *Paris, veuve Alliot, 1669, in-fol. v. f.*

4985 Histoire généalogique des Maisons de Chastillon-sur-Marne, Montmorency & Laval, Vergy, Guines, Ardres, Gand & Coucy; Dreux, Bar-le-Duc, Luxembourg & Limbourg; du Plessis de Richelieu, de Broyes & de Chasteau-Villain; des Chasteigners & de Béthune, le tout justifié par chartes & titres, par André du Chesne. *Paris, Cramoisy, 1621 & ann. suiv. 7 vol. in-fol. v. f.*

4986 Histoire généalogique de la Maison de Vergy, justifiée par Chartes, Titres, Arrêts & autres preuves, par André du Chesne. *Paris, Séb. Cramoisy, 1625, in-fol. v. f.*

4987 La Généalogie & les Alliances de la Maison d'Amanzé, au Comté de Masconnois, dans le Gouvernement du Duché de Bourgogne, dressée sur les titres originaux par M. d'Hozier, avec les preuves par Pierre Palliot. *Dijon, Palliot, 1659, in-fol. v. br.*

4988 Histoire généalogique de la Maison d'Auvergne,

HISTOIRE

vergne, par Christophe Justel, avec les preuves, chartes & titres, &c. *Paris, Dupuy*, 1645, *in-fol. G. P. v. br.*

4989 Histoire généalogique de la Maison d'Auvergne, justifiée par chartes, titres, histoires anciennes & autres preuves authentiques, par Estienne Baluze. *Paris, Ant. Dezallier*, 1708, 2 *vol. in-fol. v. f.* — 5.

4990 Histoire généalogique de la Maison de Beauveau, justifiée par titres & preuves, avec la figure des armes & leurs blasons, par Scévole & Louis de Sainte-Marthe. *Paris, Jean Laquehay*, 1626, *in-fol. v. br.* — 15. 19.

4991 La Généalogie de la Maison de Belloy, dressée sur les titres originaux, &c. *Paris, Thiboust*, 1747, *in-4. broché.* — 3.

4992 Histoire généalogique des familles de Bonne, de Créquy, de Blanchefort, d'Agout, de Vesc, de Montlor, de Maubec & de Montauban, par Guy Allard. *Grenoble, Jean Nicolas*, 1672, *in-4. v. br.* — 4. 4.

4993 Discours généalogique & origine de la Maison de Bragelongne. *Paris*, 1689, *in-8. v. m.* — 9.

4994 Histoire généalogique de la Maison des Briçonnets, par Guy Bretonneau. *Paris, Jean Daumalle*, 1621, *in-4. v. m.* — 2- 12.

4995 Généalogie de la Maison de Cardaillac, Comtes de Bioule, de St. Cirq, de la Capelle-Marival, de Thémines, &c. justifiée par chartes & titres. *Paris, Martin*, 1654, *in-fol. v. m.* — 4. 19.

4996 Mémoire sur la Maison de Chabannes, avec les preuves. (*Paris*), 1759, *in-8. v. m.* — 2. 10.

Tome II. Cc

HISTOIRE.

4997 Histoire généalogique des Comtes de Chamilly de la Maison de Bouton au Duché de Bourgogne, dans le Bailliage de Chaalons, issuë de celle de Jauche du Duché de Brabant, avec les titres & les preuves par Pierre Palliot. *Dijon, Palliot*, 1671, *in-fol. v. f.*

4998 Histoire généalogique de la Maison du Chastelet, branche puînée de la Maison de Lorraine, justifiée par titres, tombeaux, sceaux, monnoyes & autres anciens monumens publics, par Dom Augustin Calmet. *Nanci, Cusson*, 1741, *in-fol. mar. r.*

4999 Histoire généalogique de la Maison de Coligny, avec les preuves, chartes & autres piéces justificatives, par le sieur du Bouchet. *Paris, Dupuis*, 1662, *in-fol. v. f.*

5000 Histoire généalogique de la Maison de Sainte-Colombe, & autres Maisons alliées. *Lyon, Cl. Galbit*, 1673, *in-12. v. m.*

5001 La Généalogie & descente de la très illustre Maison de Croy, par Jean Scohier. *Douay, veuve de Jacq. Boscard*, 1589, *petit in-fol. v. f.* avec les blasons enluminés.

5002 Histoire généalogique de la Maison de Faudoas en Guienne, avec les chartes, titres, &c. *Paris, Nic. Mazuel*, 1688.══Histoire généalogique de l'ancienne & illustre Maison des Luilliers. *in-4. v. f.*

5003 Histoire généalogique de la Maison de Gondi, avec les preuves, par M. de Corbinelli, & enrichie de blasons & de portraits gravés en taille-douce. *Paris, J. Bapt. Coignard*, 1705, 2 *vol. in-4. fig. v. br.*

5004 Histoire généalogique de la Maison de

Harcourt, avec les preuves, par Gilles André de la Roque. *Paris, Séb. Cramoisy,* 1662, 4 *vol. in-fol. v. f.*

5005 Généalogie de la Maison des sieurs de Larbour, dicts de Combaud, sortie autrefois puisnée de l'ancienne race de Bourbon non royale, par Pierre d'Hozier. *Paris, Cl. Percheron,* 1628, *in-4. fig. v. m.* — 1. 10.

5006 Histoire généalogique de la Maison de Luxembourg, par Nic. Vigner, avec des augmentations publiées par André du Chesne. *Paris, Sam. Thibouft,* 1617, *in-8. vél.* — 1.

5007 La même Histoire des Comtes & Ducs de Luxembourg, Princes, Empereurs, Rois, Ducs, Marquis, Comtes & Seigneurs qui en sont issus, & de leurs alliances, par Nicolas Vigner, avec des notes, & la continuation par Nicolas Georges Pavillon, *Paris, Thom. Blaise,* 1619, *in-4. v. f.* — 10.

5008 Histoire généalogique de la Maison de Mailly, suivie de celle de la branche des Comtes de Mailly, Marquis d'Aucourt, & du Quesnoy, dressée sur les Titres originaux, &c. *Paris, Ballard,* 1757, *in-fol. fig. v. m.* — 3. 2.

5009 Table généalogique & historique des anciens Vicomtes de la Marche, Seigneurs d'Aubusson, dressée sur le témoignage de plusieurs Autheurs contemporains; MSS. & imprimée, & mise en lumiere par le sieur du Bouchet. *Paris, Martin,* 1682, *in-fol. v. f.* — 3. 4.

5010 Traité sur les généalogies, alliances & faicts illustres de la Maison de Montmorency. *Paris, Pierre Chevillot,* 1579, *in-8. v. m.* — 2.

5011 Les Vies de plusieurs anciens Seigneurs — 2.

de la Maifon de Mornay, avec leur généalogie, par René de Mornay de la Villetertre. Paris, *J. Bapt. Coignard*, 1689, *in-*4. *v. f.*

3. 3. 5012 Recueil fommaire & généalogique des anciennes & illuftres Maifons de Mortemar de Saulx & de leurs alliances, avec leurs armoiries gravées en taille-douce. *Poictiers*, *Mefnier*, 1622, *in-*4. *v. m.*

1. 10. 5013 La Généalogie & alliance de Meffieurs De-Nyau, Comtes de Château-Bourg. *Paris*, *Franç. Muguet*, 1685, *in-*12. *v. f.*

3. 4. 5014 Hiftoire généalogique des Comtes de Pontieu & Maieurs d'Abbeville, où font rapportés les priviléges que les Rois leur ont donnés, leurs actions héroïques & leurs armoiries. *Paris, Clouzier*, 1657, *in-fol. v. f.*

3. 5015 La Defcente généalogique d'Eftienne Porcher, habitant de la ville de Joigny, avec fes Lettres d'annobliffement & la conceffion à lui faite & aux fiens, par Miles de Noyers, Comte de Joigny, de prendre & porter les armes des anciens Comtes de Joigny fes prédéceffeurs, &c. *Paris, Nic. Boiffet*, 1650, *in-*4. *v. m.*

3. 16. 5016 La Généalogie de la Maifon de Quélen, Famille noble de la Province de Bretagne. *in-fol. v. m.*

1. 3. 5017 Hiftoire de la Maifon de Sablé, avec les preuves par M. Ménage. *Paris, Villette*, 1687, *in-fol. v. br.*

3. 4. 5018 Hiftoire généalogique de la Maifon des Salles, originaire de Béarn, depuis fon établiffement en Lorraine jufqu'à préfent, avec les preuves. *Nancy, Cuffon*, 1716, *in-fol. v. m.*

HISTOIRE.

5019 Histoire généalogique de la Maison de Sassenage, Branche des anciens Comtes de Lyon & de Forests, par Nicolas Chorier. *Lyon, Thiolly*, 1672, *in-fol. v. f.* — 2. 11.

5020 Généalogie des Seigneurs de Saulx au Duché de Bourgogne, auxquels fut adjouté le nom de Tavannes l'an 1522. *Impr. en 1633*, *in-8. mar. r.* — 1. 4.

5021 Histoire généalogique de la Maison de Savonnieres en Anjou, avec les blasons des armes & les preuves, par Louis Trincant. *Poitiers, Julian Thoreau*, 1638, *in-4. v. m.* — 1. 10.

5022 Histoire généalogique de la Maison de Simiane, par le Pere Dominique Robert. *Lyon, Jacq. Canier*, 1680, *in-12. v. f.* — 3. 10.

5023 Histoire généalogique de la Maison de Surgeres en Poitou, dressée sur plusieurs titres & mémoires par Louis Vialart. *Paris, Chardon*, 1717, *in-fol. v. br.* — 2. 8.

5024 Les Marques d'honneur de la Maison de Tassis, avec figures en taille douce. *Anvers, de l'Impr. Plantinienne*, 1645, *in-fol. G. P. v. m.* — 3.

5025 Histoire généalogique de la Maison de la Trémoille, justifiée par chartes, titres, Arrêts & autres preuves, par P. Scévole de Sainte-Marthe. *Paris, Siméon Piget*, 1668, *in-12. v. f.* — 1. 4.

5026 Histoire de la Noblesse du Comté Venaissin d'Avignon & de la Principauté d'Oranges, avec les preuves & les piéces justificatives, par M. Pithon-Curt. *Paris, David jeune*, 1743, *2 vol. in-4. v. f.* — 3.

5027 Recherches historiques & généalogiques — 2.

des Grands d'Espagne, avec un état de ceux qui vivent aujourd'huy, contenant leur extraction, leurs noms, leurs qualités, leurs alliances, leur postérité, leurs armes & blasons, par J. G. Imhoff. *Amsterd. Zach. Chastelain*, 1707, *in-12. fig. v. br.*

5028 Insignia gentilitia Equitum Ordinis Velleris aurei, Authore Joanne Jacobo Chiffletio, latinè & gallicè. *Antverpiæ, Barth. Moretus*, 1632, *in-4. vél. cum fig. depictis.*

5029 Recherches des Antiquités & Noblesse de Flandres, contenant l'Histoire généalogique des Comtes de Flandres; la suite des Gouverneurs & autres Officiers de ce Pays, avec un Recueil des Nobles Chatellenies, Baronies & autres Seigneuries; le tout accompagné de preuves tirées des chartes & titres conservées dans les Archives, par Philippe de Lespinoy. *Douay, Wion*, 1631, *in-fol. fig. v. f.*

5030 Les Généalogies des Forestiers & Comtes de Flandres, avec une brieve Histoire de leurs Vies, recueillies des plus véritables & anciennes Chroniques par Corneille Martin, avec leurs portraits gravés en taille douce. *Anvers, de l'Impr. Plantinienne*, 1612. === Chronique des Ducs de Brabant, comp. par Adrien Barlande, avec leurs figures & portraits gravés en taille douce par les soins de Jean Bapt. Vrient. *Anvers*, 1603, *in-fol. fig. mar. r.*

5031 Recueil de la Noblesse de Bourgogne, Limbourg, Luxembourg, Gueldres, Flandres, Artois, Haynau, Hollande, Zéelande, Namur, Malines, & autres Provinces de S. Maj. Catholique, avec les preuves & la déclaration des armoiries par J. le Roux. *Lille*, 1715, *in-4. v. br.*

5032 Miroir des Nobles de Hasbaye, composé en forme de Chronique par Jacques de Hemricourt, où il est traité des Généalogies de l'ancienne Noblesse de Liége, avec l'Histoire des Guerres civiles dudit pays, avec fig. en taille douce. *Bruxelles, Fricx*, 1673, *in-fol. fig. v. br.*

5033 Recueil Héraldique des Bourguemestres de la noble Cité de Liége, où l'on voit la Généalogie des Evêques & Princes, de la Noblesse & des principales Familles de ce Pays, avec leurs inscriptions, épitaphes, armes & blasons, accompagnés de traits historiques, depuis l'an 1266 jusqu'à l'année 1720, par J. G. Loyens. *Liége, Grammé*, 1720, *in-fol. fig. v. f.*

5034 La Généalogie des illustres Comtes de Nassau, avec la description de toutes les victoires que les Provinces-Unies ont remportées sous la conduite & le gouvernement du Prince Maurice de Nassau. *Amsterdam, Janssson*, 1624, *in-fol. figur. v. br.*

SECTION VIII.

ANTIQUITÉS.

I.

Rites, Usages & Coutumes des Anciens & des Modernes.

§ 1. *Rites des Anciens en général, où il est traité des Choses sacrées, civiles, militaires & domestiques.*

5035 P. Mussardi Historia Deorum Fatidicorum, Vatum, Sibyllarum, Phœbadum, apud Priscos illustrium, cum eorum iconibus, & dissertatione singulari de Divinatione & Oraculis. *Coloniæ Allobrogum, Petrus Chouet,* 1675, *in-4. fig. v, f.*

5036 Eadem Historia Deorum Fatidicorum, Vatum, Sybillarum, Phœbadum, apud Priscos illustrium, cum eorum iconibus æneis: accedit dissertatio singularis de Divinatione & Oraculis. *Francofurti, Ludov. Bourgeat,* 1680, *in-4. fig. v. m.*

5037 Ambrosii de Bruyn, in originem, usum, fœdum & ritum profanum Bacchanaliorum Oratio singularis. *Londini,* 1619, *in-4. vél.*

5038 Aldi Manutii, Pauli filii & Aldi Nepotis, de quæsitis per Epistolam Libri III, in quibus agitur, de quibusdam antiquorum Ritibus, tàm civilibus quàm domesticis. *Venetiis,* 1576, *in-8. v. f.*

5039

HISTOIRE.

5039 Cl. Salmasii Epistola ad Andr. Colvium, in quâ tractatur de cæsarie virorum & de mulierum comâ. *Lugd. Batav. ex Offic. Elzeviriana*, 1644. == Johann. Polyandri à Kerckhoven Judicium & Consilium de comæ & vestium usu & abusu. *Ibid.* 1644, *in* 8. *v. br.* — 4. 5.

5040 Caroli Stephani Libellus de re vestiariâ, ex Lazaro Bayfio excerptus. *Parisiis, Rob. Steph.* 1536, *in-*8. *v. m.* — 1. 10.

5041 Idem. *Trecis, Nic. Paris*, 1542, *in-*8. relié en carton.

5042 Ejusdem Caroli Stephani, de re vestiariâ, vasculariâ & navali Liber singularis, ad interpretationem Operis Lazari Bayfii. *Lutetiæ, Carol. Steph.* 1553, *in* 8. *v. f.* — 3. 19.

5043 Lazari Bayfii Annotationes in Legem de re navali & vestiariâ, nec-non Ant. Thylesii Libellus de coloribus. *Basileæ, Froben.* 1541, *in* 4. *vél.*

5044 Dissertation sur les Tentes ou pavillons de guerre, sur les dais, lits de parade, & autres couvertures mobiles dont les hommes se sont servis dans tous les temps pour habiter dans les campagnes, ou pour se faire honorer dans les Villes, par M. Beneton de Perrin. *Paris, Gonichon*, 1735, *in-*12. *v. m.* — 7.

5045 Petri Ciacconii, Toletani, Liber de Triclinio, sive de modo convivandi apud priscos Romanos, &c. & de conviviorum apparatu, cum appendice Fulvii Ursini. *Heidelbergæ*, 1590, *in-*8. *v. f.* — 3. 19.

5046 Traité des Festins, où il est traité de la définition des Festins, & de leurs avantages, des abus qui s'y commettent, des Festins so- — 4.

Tome II.   D d

bres, des grands Festins, des Festins militaires, des Festins serviles & rustiques, des Festins mortuaires, comme aussi du nombre & de la qualité des invités, du Roi du Festin, du lieu du Festin, de la vaisselle & des tables, de la priere & des libations en usage dans les Festins, &c. par Muret. *Paris, G. Desprez*, 1682, *in-*12. *v. br.*

§ 2. *Rites des Nations en particulier, des Orientaux, des Grecs, des Romains, &c.*

5047 Joannis Seldeni, de Diis Syris Syntagmata duo, adversaria nempè de Numinibus commentitiis in vetere instrumento memoratis; accedunt quæ sunt reliqua Syrorum; prisca porrò Arabum, Ægyptiorum, Persarum, Afrorum; Europæorum item Theologia subindè illustratur. *Londini, G. Stansbeius*, 1617, *in-*8. *v. f.*

5048 Ejusdem Operis Editio altera. *Lugd. Batav. Bonav. & Abrah. Elzevirii*, 1629, *in-*8. *v. f.*

5049 Nic. Averani, Mathemat. Florentini, Dissertatio de Mensibus Ægyptiorum, cum notis Henrici Noris, curante Ant. Francisco Gorio. *Florentiæ, excud. Cajetan. Albizinius*, 1737, *in-*4. *v. m.*

5050 Leonis Allatii Dissertatio de Templis Græcorum recentioribus, nec-non de Narthece Ecclesiæ veteris, & de Græcorum hodiè quorundam opinationibus. *Colon. Agrippinæ, Jodoc. Kalcovius*, 1645. === Ejusdem Allatii de Mensurâ temporum antiquorum & præcipuè Græcorum Exercitatio. *Ibid*, 1645. === Ejusd.

HISTOIRE.

Allatii Confutatio Fabulæ de Johannâ Papissâ ex Monumentis Græcis, cum prologo & epilogo. *Ibid*, 1645, *in-*8. *v. f.*

5051 Philippi Rubenii Electorum Libri II, in quibus antiqui ritûs Emendationes & censuræ exponuntur, cum figuris æneis. *Antverpiæ, ex Offic. Plantinianâ, Joann. Moretus*, 1608, *in-*4. *fig. v. f.* 4.

5052 Discours sur la Castramétation & discipline Militaire des Romains, où il est aussi traité des Bains & antiques Exercitations grecques & romaines, & de la Religion des anciens Romains, par Guill. du Choul. *Lyon, Guill. Rouille*, 1555, *in-fol. fig. vél.* 1. 10.

5053 Discorso della Religione antica de Romani, trad. dal francese del Sign. Guglielmo du Choul in lingua Toscana da Messer Gabriele Symeoni Fiorentino ; con il discorso della Castrametatione & disciplina Militare de' Romani ; e il discorso de' Bagni & Essercitii antichi de' Greci & de' Romani. *In Lione, Gugl. Rovillio*, 1558 & 1555, 2 tom. en un vol. *in-fol. fig. mar. r.* 6.

5054 Il medesimo. *In Lione, Guglielmo Rovillio*, 1569, *in-*4. *fig. vél.* 1.

5055 L. Fenestellæ Liber de Magistratibus Sacerdotiisque Romanorum ; nec non Pomponii Læti Libellus de diversis Romanorum Legibus. *Lutetiæ, ex Offic. Rob. Stephani*, 1549, *in-*8. *v. f.* 1.

5056 Nicolai Gruchii, Rothomagensis, de Comitiis Romanorum Libri III. *Venetiis, Franç. Bindonus*, 1559, *in-*8. *v. m.* 1. 16.

5057 Notitia utraque dignitatum, cùm Orien- 9.

ris tùm Occidentis, ultra Arcadii Honoriique tempora ; & in eam Guidi Panciroli Commentarius ; in quo Civiles Militaresque Magistratus, ac Palatinæ Dignitates, cum omnium Officiis explicantur ; accedit ejusdem Auctoris, Liber de Magistratibus Municipalibus, nec-non alia quædam ejusdem argumenti. *Venetiis, Joann. Ant. & Jac. de Francisçis*, 1602, *in-fol. v. m.*

5058 Caroli Sigonii Commentarius in Fastos consulares ac triumphos Romanorum ; accedit ejusdem Sigonii Liber de Nominibus Romanorum. *Venetiis, Paulus Manutius*, 1556, *in-fol. baz.*

§ 3. *Meslanges de Rites contenant différens Usages particuliers, avec les Traités concernant la Religion des Druydes, &c.*

5059 Caroli Paschalii Coronarum Libri X, in quibus res omnis Coronaria è priscorum eruta & collecta Monumentis continetur. *Parisiis, Typis Petri Chevallerii*, 1610, *in-4. v. f.*

5060 Ejusdem Operis aliud exemplar. *Ibid*, 1610, *in-4. C. M. mar. r.*

5061 Martini Kempii Dissertationes XXV de Osculis, ob variarum gentium per cuncta mundi climata usitatos ritus, curiosissimæ, &c. accedit Tractatus singularis de Judæ ingenio nec-non de ejus vita & fine. *Francofurti, Mart. Hallervordius*, 1680, *in-4. v. br.*

5062 Historia Strenarum (*des Estraines*), in quâ de earum origine ac abusu disseritur. *Parisiis, Steph. Prévosteau*, 1596, *in-8. v. m.*

HISTOIRE.

5063 Eadem. *Parisiis, Steph. Prévosteau,* 1599, in-8. *non relié.* 2-3.

5064 Justi Lipsii de Cruce Libri III, ad sacram profanamque Historiam utiles, unà cum notis & figuris æneis. *Antverpiæ, ex Offic. Plantinianâ,* 1595, *in-*8. *fig. v. m.* 1-9.

5065 F. Cornelii Curtii, Augustiniani, Liber de Clavis Dominicis, cum figuris æneis. *Antverpiæ, Henricus Aertssens,* 1634, *in-*12. *fig. vél.*

5066 Idem, cum additionibus, emendationibus & fig. æneis. *Antverpiæ, Andræas Frisius,* 1670, *in-*12. *fig. v. br.* 2-19.

5067 Hieronymi Magii Liber singularis de Equuleo, cum notis, appendice, & figuris. *Hanoviæ, Typis Wechelianis,* 1609, *in-*8. *fig. relié en carton.*

5068 Le Réveil de l'antique tombeau de Chyndonax, Prince des Vacies, Druides Celtiques, Dijonnois ; avec les cérémonies des anciennes Sépultures, par Jean Guénébault. *Paris, Jean Daumalle,* 1623, *in-*4. *v. m. avec la figure du tombeau & de l'urne.* 13.

5069 Evidens Designatio receptissimarum consuetudinum, ornamenta quædam & insignia continens, Magistratui & Academiæ Argentinensi à Majoribus relicta ; accedunt Nobilium Patriciorum, Civium Hortulanorum atque Alsatiæ Agricolarum, & Vicorum & Fœminarum discretiones in habitu cùm læto, tùm tristi, cum figuris æneis. *Argentorati, Joann. Carolus,* 1605, *in-*8. *fig. mar. r.* 22-4.

I I.

Histoire Lapidaire, Inscriptions & Marbres antiques.

5070 Lithologia, o explicacion de las piedras y otras antiguedades halladas en las Canjas, que se abrieron para los fundamentos de la Capilla de Nuestra Señora de los desamparados de Valencia, por Joseph Vincente del Olmo. *En Valencia, Bernardo Noguès,* 1653, *in-*4. *mar. bl.*

5071 Joann. Martini ab Ebermayer, Thesaurus Gemmarum affabrè sculptarum, ex recensione Joann. Jacobi Baieri. *Noribergæ, in Ædibus Ebermayerianis,* anno 1720, *fig.* === Ejusdem Ebermayeri Capita Deorum & illustrium Hominum Pacis Bellique Artibus clariss. nec-non hieroglyphica abraxea & amuleta quædam, cum observationibus Erhardi Reusch. *Francofurti & Lipsiæ,* 1721, *in-fol. fig. v. m.*

5072 Descriptio Gemmarum quæ in Musæo Guill. Baronis de Crassier, Episcopi & Principis Leodiensis adservantur, cum figuris æneis. *Leodii, Everard. Kints,* 1740, *in-*4. *fig. v. f.*

5073 Georg. Douzæ Epistola de Itinere suo Constantinopolitano : accesserunt veteres Inscriptiones Byzantio & ex reliquâ Græciâ, nùnc primùm in lucem editæ ; cum quibusdam doctor. Virorum Epistolis. *Ex Offic. Plantinianâ,* 1599, *in-*8. *v. f.*

HISTOIRE.

III.

Histoire Métallique, ou Médailles, Monnoyes, &c.

§ 1. *Introductions & Traités singuliers concernant la Science des Médailles, & de leur intelligence, utilité, &c.*

5074 Introduction à la connoissance des Médailles, par Charles Patin. *Amsterdam, Elzévier*, 1667, *in*-12. *v. m.*

5075 Dialogos de Medallas, Inscriciones y otras antiguedades, ex Bibliothecâ Antonii Augustini, Archiepiscopi Tarraconensis. *En Tarragona, por Felipe Mey*, 1587, *in*-4. *fig. mar. r. rare.*

5076 Discours sur les Médailles & Gravûres antiques, principalement Romaines, par Ant. le Pois. *Paris, Mamert Patisson*, 1579, *in*-4. *mar. bl. avec la figure. rare.*

§ 2. *Collections générales de Médailles de tout genre & de toutes espéces.*

5077 Médailles de grand & moyen bronze du Cabinet de la Reyne Christine, frappées tant par ordre du Sénat que par les Colonies Romaines & par les Villes grecques, gravées en LXIII planches par le célebre Pietro Santes Bartolo, avec des explications en latin & en françois, par Sigebert Havercamp. *La Haye, de Hondt.* 1742, *in-fol. fig. v. m.*

5078 Nicolai Francisci Haym, Romani, Thesaurus Britannicus ; seu Museum Numarium, quo continentur Numi Græci & latini omnis metalli & formæ, nec-dùm editi & ab Authore ipso cælati ; interprete Aloysio Comite Cristiani, Mediolanensi. *Vindobonæ, ex Offic. Krausianâ*, 1763, *in*-4. *fig. v. m.*

5079 Catalogus Numismaticus, sive Nummi veteres Collegii Turnonensis, Societ. Jesu. *Avenione, Franc. Jos. Domergue,* 1731, *in*-12. *v. m.*

5080 Musæum Mullianum, sive Index locupletissimus Nummorum Græcorum ac Romanorum rarissimorum, optimè conservatorum, sinceriffimorum, partìm spectantium ad Reges Macedonicos, Syriacos, Ægyptiacos, tùm ad Urbes & Populos, partìm ad familias ac Consules, nec-non ad Imperatores Romanorum, quos magno labore & sumtu collegit Vir illustrissimus Thadæus Mul. *Amstelædami, ex Offic. Schouteniana,* 1755, *in*-8. *v, m.*

§ 3. *Histoire Métallique ancienne, ou Médailles hébraïques, grecques & romaines*

5081 Deorum Dearumque Capita ex antiquis Numismatibus Abrahami Ortelii collecta, & historicâ narratione illustrata à Franç. Sweertio, Antvierpiensi. *Antverpiæ, Vid. Joann. Moreti,* 1612, *in*-4. *fig. v. m.*
* *In hoc Exemplari, multa in marginibus annotata videntur, sed manu ignotâ.*

5082 Familiæ Romanæ quæ reperiuntur in antiquis Numismatibus ab Urbe conditâ ad tempora Divi Augusti, ex bibliothecâ Fulvii Ursini

HISTOIRE.

Ursini & Ant. Augustini, Episcopi Ilerdensis. *Romæ, sumpt. Hæred. Fr. Tramezzini*, 1577. === Richardi Streinnii, Stemmata Gentium & Familiarum Romanarum. *Excud. H. Stephan. anno* 1559, *in-fol. fig. v. br.*

5083 Numismata Familiarum Romanarum ab Urbe conditâ ad tempora divi Augusti ex biblioth. Fulvii Ursini, adjunctis Familiis XXX, ex Libro Ant. Augustini, Episcopi Ilerdensis. *Romæ, Hæredes Tramezzini*, 1577, *in-fol. fig. v. br.*

5084 Thesaurus Morellianus, sive Familiarum Romanarum Numismata omnia accuratissimè delineata, & juxtà Ordinem Fulvii Ursini & Caroli Patini disposita à celeberrimo antiquario Andr. Morellio; accedunt Nummi miscellanei Urbis Romæ, Hispanici & Goltziani, dubiæ fidei omnes, cum Commentariis Sigeberti Havercampi. *Amstelodami, Joann. Westeinius*, 1734, 2 *vol. in-fol. fig. v. m.*

5085 Omnium Cæsarum verissimæ Imagines ex antiquis Numismatis desumptæ, cum brevi earum descriptione ab Æneâ Vico Parmensi conscriptâ. *Anno* 1554. === Reliqua Librorum Æneæ Vici Parmensis ad Imperatorum Historiam pertinentium, olìm à Jacobo Franco Veneto edita; nùnc à Joann. Bapt. du Vallio restituta, cum Commentariis novis. *Parisiis, anno* 1619, *in-4. v. m.*

5086 Adolphi Occonis, Medici Augustani, Numismata Imperatorum Romanorum à Pompeio M. ad Heraclium. *Augustæ Vindel. ad insigne Pinus*, 1601, *in-4. v. m.*

5087 Imperatorum Romanorum Numismata au-

Tome. II.   E e

218   HISTOIRE.

rea à Julio Cæsare ad Heraclium, continuâ serie collecta & edita ex Musæo Ser. Principis Caroli Croyi, Ducis Arschotani, industriâ & manu Jacobi de Bie in æs incisa, & à Joanne Hemelario brevi & historico Commentario explicata. *Antverpiæ, Petrus Bellerus,* 1627, *in-*4. *fig. v. br.*

5088 Joannis Foy-Vaillant, Bellovaci, Numismata ærea Imperatorum, Augustarum & Cæsarum in Coloniis municipiis & Urbibus jure Latio donatis, ex omni modulo percussa. *Parisiis, Thom. Moëtte,* 1688, 2 *tom. en un vol. in-fol. fig. v. br.*

5089 Petri Seguini Numismata selecta antiqua, cum observationibus. *Lutetiæ Parisiorum, Edm. Martin,* 1665, *in-*4. *mar. r.*

5090 Eadem, cum diversis variorum Authorum accessionibus. *Lutetiæ Parisiorum, Joann. Jombert,* 1684, *in-*4. *v. m.*

§ 4. *Histoire Métallique moderne, ou Médailles de différens Peuples.*

5091 Museo de las Medalas descoñocidas Españolas por Vincenzo-Juan de Lastanosa, Señor de Figaruelas, illustrado con tres discursos del Padre Paulo de Rajas, del doctor Don Franc. Ximenez de Urrea, i del doctor Juan Francisco Andres de Uztarroz. *En Huesça, Juan Nogues,* 1645, *in-*4. *fig. mar. r. rare.*

5092 Claudii du Molinet, Numismata Summorum Pontificum à Martino V, ad Innocentium XI, ab anno 1417, ad annum 1678, cum fig. æneis. *Lutetiæ Parisior. Billaine,* 1679, *in-fol. C. M. fig. v. br.*

5093 Joann. Jacobi Luckii Sylloge Numifmatum elegantiorum quæ diversi Imperatores, Reges, Principes, Comites, Respublicæ, &c. diverfas ob caufas ab anno 1500, ad annum ufque 1600, cudi fecerunt, cum brevi hiftoricâ narratione. *Argentinæ*, *Typis Reppianis*, 1620, *in-fol. fig. mar. r.*

5094 Thefaurus Numifmatum modernorum hujus fæculi, five Numifmata Mnemonica & iconica, quibus præcipui eventus & res geftæ ab anno 1700, ad annum 1709 illuftrantur, cum latinâ & germanicâ interpretatione. *Noribergæ*, *Joann. Andr. Endterus*, 1714. Laurentii Begeri Numifmata Pontificum Romanorum variora & elegantiora. *Coloniæ Brandenburgicæ*, *Ulricus Liebpertus*, 1704, 2 *vol.* *in-fol. v. f.*

§ 5. *Traités finguliers & Differtations particulieres au fujet de plufieurs Médailles curieufes.*

5095 Francifci Hotomani Liber de re nummariâ Populi Romani, nec-non difputatio de aureo juftinianico : acced. Tractatus Volutii Mætiani, Rhemnii Fannii, & Prifciani Cæfarienfis, de affe, ponderibus & menfuris. *Excudeb. Guill. Leimarius*, 1585, *in-8. v. m.*

5096 Claudii Chiffletii de Numifmate antiquo Liber pofthumus ; accedit Eryci Puteani, pecuniæ romanæ ratio ; ac ejufd. Chiffletii de Ammiani Marcellini vitâ & libris Monobiblion. *Lovanii*, *Cornelius Coenefteynius*, 1628, *in-8. v. m.*

5097 Réflexions fur les deux plus anciennes Médailles d'or Romaines qui se trouvent dans le Cabinet de S. A. R. Madame. *Paris, J. Bapt. Lamesle*, 1720, *in-*4. *relié en carton.*

5098 Gaillardi Guirani Explicatio duorum vetustorum Numismatum Nemausensium, ex ære. *Arausione, Edvardus Rabanus*, 1657, *in-*4. *fig. v. m.*

§ 6. *Traités singuliers & Dissertations particulieres sur les Monnoyes, Poids & Mesures tant des Anciens que des Modernes.*

5099 Reneri Budelii, Ruremundani, de Monetis & re nummariâ Libri II, quorum primus artem cudendæ Monetæ; secundus verò, quæstionum monetariarum decisiones continet: accesserunt Tractatus varii & utiles, singularesque additiones tàm veterum quàm neotericorum Authorum qui de Monetis, earundemque valore, ligâ, pondere, potestate, mutatione, variatione & falsitate scripserunt. *Colon. Agrippinæ, Joann. Gymnicus*, 1591, *in-*4. *v. br.*

5100 Georgii Henischii, Liber de asse & partibus ejus. *Augustæ Vindelicorum, David Francus*, 1606, *in-*8. *vél.*

5101 Epitome du Commentaire de Budée intitulé DE ASSE. *Paris*, 1527, *in* 8. *gotiq. mar. bl.*
5102 Extrait ou Abrégé du Livre *de Asse* de M. Budée, auquel les Monnoyes, Poids & Mesures anciennes sont réduites à celles de maintenant. *Lyon, Thibauld Payen*, 1554, *in-*16. *v. m.*

5103 Tratado de la Moneda Jaquesa del Reyno

HISTOIRE.

de Aragon, y de otras de oro y plata, &c. por Vincenzo-Juan de Laſtanoſa. *En Zaragoça, anno* 1681, *in-*4. *fig. mar. r. rare.*

5104 Antiquiores Pontificum Romanorum Denarii, olim in lucem editi notiſque illuſtrati à Joanne Vignolio; nùnc verò emendati & aucti ſtudio & curis Benedicti Floravantis. *Romæ, Typis Rochi Bernabo,* 1734, *in-*4. *fig. vél.*

5105 Georgii Agricolæ de Menſuris & Ponderibus Romanorum atque Græcorum Libri V: accedunt, de externis menſuris & ponderibus Libri duo ; de reſtituendis ponderibus atque menſuris Liber unus ; & de pretio metallorum Libri tres. *Baſileæ, Joann. Froben,* 1550, *in-fol. mar. c.*

5106 Lucæ Pæti, Juriſconſulti clariſſimi, de Menſuris & Ponderibus Romanis & Græcis, cum his quæ hodie Romæ ſunt, collatis Libri V, quibus accedunt ejuſdem Auctoris variæ lectiones & carmina. *Venetiis,* 1573, *in-fol. fig. v. m.*

5107 Roberti Cenalis, Epiſcopi Abrincenſis, Opus de verâ Menſurarum Ponderumque ratione. *Pariſiis, Joann. Roigny,* 1547, *in-*8. *v. m.*

IV.

Divers Monumens de l'Antiquité ou, Fragmens, Descriptions & Traités singuliers des Édifices publics, Amphithéâtres, Obélisques, Pyramides, Sépulchres, Statues, &c.

1. 10. 5108 Joann. Meursii, Athenæ Atticæ, sive de præcipuis Athenarum antiquitatibus Libri III. *Lugd. Batavorum, Commelini fratres*, 1624.
— Ejusd. Meursii Regnum Atticum, sive de Regibus Atheniensium eorumque rebus gestis Libri III. *Amstelodami, Joann. Janssonius*, 1633, *in-4. v. m.*

2. 12. 5109 Onuphrii Panvinii, Veronensis Augustiniani, Commentariorum Reipublicæ Romanæ Libri III : accesserunt ad calcem Sexti Julii Frontini Commentarii de Aquæductibus, & Coloniis, nec-non Libellus de origine Gentis Romanæ, ab Autore incerto; & alia quædam. *Parisiis, Ægidius Gillius*, 1588, *in-8. v. m.*

2. 5110 Ejusdem Onuphrii Panvinii Fasti & Triumphi Romani à Romulo Rege ad Carol. V. Cæs. Aug. cum iconibus Imperatorum è Musæo Jacobi Stradæ. *Venetiis, Strada*, 1557, *in-fol. v. f.*

1. 5111 Francisci Albertini, Florentini, Mirabilia Romæ, sive Opusculum de mirabilibus novæ & veteris Urbis Romæ. *Lugd. Romanus Morin*, 1520, *in-4. fig. v. m.*

2. 19. 5112 Pomponii Læti de Antiquitatibus Urbis Romæ Libellus; accedit Jo. Barthol. Marliani, Topographia veteris Romæ, & Publ. Victoris

HISTOIRE.

Libellus de Urbis Romæ regionibus ac locis. *Basileæ, Thomas Platterus*, 1538, *in-8. v. m.*

5113 Justi Rycqui Commentarius de Capitolio Romano ; in quo illustria ejus olim Ædificia sacra & profana, Deorum Dearumque nomina, arcus item triumphales, columnæ, statuæ, tropæa, colossi, cæteraque ornamenta adcurate describuntur : & plura alia antiquitatis Monimenta proferuntur, emendantur & explicantur, cum fig. æneis. *Gandavi, Corn. Marius*, 1617, *in-4. fig. v. f.* } 7. 4.

5114 Veteris Latii antiqua vestigia, urbis Mœnia, Pontes, Templa, Piscinæ, Balnea, Villæ, aliaque rudera præcipuè Tyburtina, Tusculana & Setina, æneis tabulis eleganter incisa, atque in lucem edita. *Romæ, Typis Joannis Generosi Salomoni*, 1745, *in-4. oblongo. fig. v. m.*

5115 Recueil de diverses antiquités de Rome, gravées par Ant. Lafreri & autres, à Rome, en 1554 & ann. suiv. *Grand in-fol. mar. bleu.* 28.

5116 Joann. Ciampini, Romani, de Sacris Ædificiis à Constantino M. constructis Synopsis historica, figuris æneis illustrata. *Romæ, Jac. Komarek*, 1693, *in-fol. fig. v. m.* 6.

5117 Abbatis Pauli de Angelis Descriptio Basilicæ S. Mariæ Majoris de Urbe, cum figuris æneis. *Romæ, Bartholom. Zannetti*, 1621, *in-fol. fig. v. m.* } 9.

5118 Onuphrii Panvinii, Veronensis Augustiniani, Antiquitatum Veronensium Libri VIII, cum figuris æneis. *Patavii, Paulus Frambottus* 1647, *in-fol. C. M. fig. v. m.*

5119 Alexii Symmachi Mazochii, Neapolitani, 15. 19.

Commentaria in Regii Herculanensis Musæi æneas Tabulas Heracleenses. *Neapoli*, *Joann. Gravier*, 1754 & 1755. 2 *tom. en un vol. in-fol. fig. v. m.*

5120 Petri Ciaconii, Toletani, Opuscula in columnæ rostratæ Inscriptionem, de Ponderibus, de Mensuris, & de Nummis. *Romæ, ex Typogr. Vaticanâ*, 1608, *in-*8. *v. m.*

5121 Columna Trajana; *sive* Historia utriusque Belli Dacici à Trajano Cæsare gesti, ex simulachris quæ in Columnâ ejusdem, Romæ visuntur collecta, authore Alfonso Ciacono Hispano, cum explicationibus figurarum Columnæ. *Romæ*, *Jacob. Mascardus*, 1616, *in-fol. oblongo. fig. mar. r.*

5122 Les Ruines des plus beaux Monumens de la Grece, par M. le Roi. *Paris*, *Guérin & de la Tour*, 1758. *grand in-fol. fig. v. m.*

5123 Les Ruines de Palmyre, autrement dite Tedmor au Dézert. *Londres*, *Millar*, 1753, *grand in-fol. broché en carton.*

5124 Les Ruines de Balbec, autrement dite, Héliopolis, dans la Cœlosyrie. *Londres*, 1757, *grand in-fol. fig. v. m.*

5125 Recueil de LXXIII figures représentans divers sujets d'antiquité, statues, &c. dessinées par Michel Ange Buonaroti, Florentin, & gravées en taille-douce. *in-*4. *v. br.*

5126 Explication d'un ancien Monument qui représente un Tombeau des anciens Romains, trouvé en Guienne dans le Diocèse d'Ausch, par le sieur Nicaise. *Paris*, *Daniel Horthemels*, 1689, *in-*4. *v. m.*

5127 Recueil d'Antiquités trouvées à Avenches,

ches, à Culm & en d'autres lieux de la Suisse, par M. Schmidt, avec fig. en taille-douce. *Berne, Abrah. Wagner, 1760, in-4. fig. v. m.*

V.

Diverses Antiquités, pierres gravées, cachets, sceaux, lampes & autres choses qui nous restent des Anciens; avec les Collections & Cabinets d'Antiquaires.

5128 Le grand Cabinet Romain; ou Recueil d'Antiquités romaines, bas-reliefs, statues des dieux & des hommes, instrumens sacerdotaux, lampes, sceaux, brasselets, clefs, anneaux & phioles lachrymales qui se trouvent à Rome; avec des explications par Michel Ange de la Chausse, & des figures gravées en taille-douce. *Amsterdam, l'Honoré, 1706, in-fol. fig. v. m.*

5129 Joann. Michaëlis Heineccii, de veteribus Germanorum aliarumque nationum sigillis, eorumque usu & præstantiâ Syntagma historicum; in quo cùm de re sigillari in universùm agitur, tùm imprimis sigilla Imperatorum, Regum, Principum, Comitum, Nobilium, Civitatum, item Pontificum, Episcoporum, Ecclesiarum describuntur, & passim, cum numis solidis æque ac bracteatis conferuntur, & hinc inde ex diplomatibus variisque observationibus historicis illustrantur, cum iconibus sigillorum æneis. *Francofurti & Lipsiæ, Nic. Foersterus, 1709, in-fol. fig. v. f.*

HISTOIRE.

5130 Pauli Petavii, antiquariæ suppellectilis Collectanea, nec-non veteres Nummi. *Parisiis*, 1610. ⹀ Ejusdem Petavii, de Nithardo Caroli Magni nepote, ac totâ ejusdem Nithardi prosapiâ breve Syntagma. *Parisiis*, 1613, *in-4. v. br.*

5131 Eorumdem Tractatuum aliud exemplar. *Ibid*, 1610 & 1613, *in-4. C. M. v. f.*

5132 Lucernæ Fictiles Musæi Passerii, cum dissertationibus historicis Academiæ Pisaurensis. *Pisauri, Sumptibus Academiæ*, 1739 & ann. seqq. 3 vol. *in-fol. fig. v. m.*

5133 Franc. Blanchini, Veronensis, de tribus generibus instrumentorum Musicæ veterum organicæ Dissertatio. *Romæ, Faust. Amidei*, 1742, *in-4. fig. v. m.*

5134 Musæum Etruscum, exhibens insignia veterum Etruscorum monumenta æneis tabulis incisa, cum observationibus Francisci Gorii. *Florentiæ, in Ædibus Auctoris*, 1737 & ann. seqq. 3 vol. *in-fol. fig. v. b.*

5135 Le Cabinet de la Bibliotheque de Sainte-Genevieve, contenant les Antiquités de la Religion des Chrétiens, des Egyptiens & des Romains ; des tombeaux, des poids, & des médailles, des monnoyes ; des pierres antiques gravées & des minéraux ; des talismans, des lampes antiques, des animaux les plus rares & les plus singuliers, des coquilles les plus considérables, des fruits étrangers & quelques plantes exquises, par le R. P. Claude du Molinet, avec figures gravées en taille-douce. *Paris, Ant. Dezallier*, 1692, *in-fol. G. P. mar. r.*

SECTION IX.

HISTOIRE LITTÉRAIRE ACADÉMIQUE ET BIBLIOGRAPHIQUE.

I.

Histoire des Lettres & des Langues, où il est traité de leur origine & de leur progrès.

5136 Cœlum Orientis & prisci Mundi, Triade exercitationum litterariarum repræsentatum, curisque Thomæ Bangi investigatum ; in quo continentur Exercitat. de primis Litterarum Natalibus, de Libro Henochi, de litteris Cœlestibus & Angelicis, de Litteris Adami, de Litteris Noachi & suppositiis, de Litterarum Angelicarum vanitate, & de Antiquis Hæbræorum Litteris. *Hauniæ*, Typ. Petri Morsingi, 1657, in-4. v. f.

5137 Guill. Postelli Commentatio de Fœnicum Litteris, seu de prisco Latinæ & Græcæ linguæ charactere, ejusque antiquissimâ origine & usu. *Parisiis, Vivantius Gaultherot*, 1552, in-12. v. m.

5138 Histoire des Contestations sur la Diplomatique, avec l'analyse de l'Ouvrage de Dom Jean Mabillon. *Paris, Florentin de Laulne*, 1708, in-12. v. br.

5139 Dan. Eberhardi Baringii Clavis Diplomatica, tradens specimina veterum scripturarum alphabeta nimirùm varia, medii ævi compendia scribendi, Notariorum veterum signa perplura, cum dissertatione Joh. Wilhelm. de Goëbel, nec-non tabulis æneis & Bibliothecâ Scriptorum rei Diplomaticæ. *Hanoveræ, Sumptibus Hæred. Nic. Foersteri*, anno 1754, 2 vol. *in-*4. *v. m.*

5140 Diplomatique pratique, ou Traité de l'arrangement des archives & trésors des Chartes, par M. le Moine, Archiviste du Chapitre de la Métropole de Lyon. *Metz, Joseph Antoine*, 1765, *in-*4. *figures*, broché.

5141 Christophori Crinesii, Slaccowaldi Bohemi, Discursus de confusione Linguarum, tùm Orientalium, Hebraïcæ, Chaldaïcæ, Syriacæ, &c. tùm Occidentalium, Græcæ, Latinæ, Italicæ, Gallicæ, &c. statuens Hebraïcam omnium esse primam & ipsissimam matricem. *Noribergæ, Simo Halbmaterius*, 1629, *in-*4. relié en carton.

5142 L'Harmonie étymologique des Langues, où se démontre évidemment par plusieurs antiquités curieusement recherchées, que toutes les Langues sont descendues de l'Hébraïque, par Estienne Guichart. *Paris, Victor le Roy*, 1619, *in-*8. *v. f.*

5143 Recherches curieuses sur la diversité des Langues & des Religions par toutes les principales parties du Monde, par Ed. Bréréwood, & trad. en françois par J. de la Montagne. *Paris, Olivier de Varennes*, 1640, *in-*8. *v. m.*

5144 Les mêmes. *Paris, Oliv. de Varennes*, 1663, *in-*8. vél.

HISTOIRE.

I I.

Histoire des Sciences & des Arts.

5145 Polydori Vergilii, Urbinatis, de Rerum Inventoribus Libri VIII; nec-non ejusd. Authoris in Dominicam precem Commentariolus. *Lugd. Hæred. Seb. Gryphii*, 1558, *in-8. v. f.*   1.

5146 Les Livres de Polydore Vergile, d'Urbin, des Inventeurs des choses, trad. de latin en françois. *Lyon, Benoist Rigaud*, 1576, *in-16. v. m.*   2. 11.

5147 Suite des Mémoires & Histoire de l'origine, invention & autheurs des Choses, à l'imitation de Polydore Vergile, composée en latin par Alexandre Sarde, & trad. en françois par Gabriel Chappuys. *Lyon, Jean Stratius*, 1584, *in-8. v. m.*   2. 1.

5148 Jacobi Mentelii de verâ Typographiæ origine Parænesis. *Parisiis, Rob. Ballard*, 1650, *in-4. v. f.*   2. 18.

5149 Histoire de l'Imprimerie & de la Librairie, où l'on voit son origine & son progrès jusqu'en 1689, par Jean de la Caille. *Paris*, 1689, *in-4. v. m.*

5150 Dissertation historique & critique sur l'origine de l'Imprimerie de Paris, par André Chevillier, Docteur & Bibliothécaire de la Maison & Société de Sorbonne. *Paris, J. de Laulne*, 1694, *in-4. v. br.*

5151 Jo. Danielis Schoepflini Vindiciæ Typographicæ, in quibus de Artis Typographicæ originibus disseritur. *Argentorati, Joh. Goth. Bauer*, 1760, *in-4. v. m.*   3.

5152 Michaëlis Maittaire Annales Typographici, ab Artis inventæ origine ad annum ufque 1557, cum appendice ab anno 1558 ad annum 1664. *Hagæ-Comit. Ifaacus Vaillant, 1719, 1722 & 1725, 3 tom. en 5 vol. in-4. v. br.*

5153 Ejufdem Michaëlis Maittaire Annalium Typographicorum volumen quartum; five nova Tomi primi Editio, cum diverfis acceffionibus, continens Annales Artis Typographicæ ab origine ad annum ufque 1500. *Amftelodami, Petrus Humbert, 1733, un tom. en deux vol. in-4. v. br.*

5154 Ejufdem Michaëlis Maittaire Annalium Typographicorum volumen quintum & ultimum; indicem in tomos IV præeuntes complectens. *Londini, Guill. Darres, 1741, 2 vol. in-4. v. br.*

III.

Hiftoire des Académies, Ecoles, Univerfités, Colléges, & Sociétés de Gens de Lettres; avec les Traités particuliers concernant leur origine, fondation, progrès, utilité, &c.

5155 Hiftoire de l'Académie Royale des Sciences, depuis fon établiffement en 1666 jufqu'à fon renouvellement en 1699. *Paris, Gabriel Martin, 1733. XI tom. en 14 vol. in-4. v. m.*

5156 Hiftoire de l'Académie Royale des Sciences, depuis fon renouvellement en 1699,

HISTOIRE.

jusques & compris l'année 1757. *Paris, Gabriel Martin*, 1732 & ann. suiv. 59 vol. in-4. *fig. v. m.*

5157 Traité de la grandeur & de la figure de la Terre ; ou suite des Mémoires de l'Académie des Sciences pour l'année 1718. *Paris, Impr. Royale*, 1720, *in-4. fig. v. m.*

5158 Elémens de la Géométrie de l'Infini ; suite des Mémoires de l'Académie Royale des Sciences pour l'année 1727. *Paris, Impr. Royale*, 1727, *in-4. fig. v. m.*

5159 Traité physique & historique de l'Aurore Boréale, par M. Dortous de Mairan ; ou suite des Mémoires de l'Académie Royale des Sciences pour l'année 1731. *Paris, Impr. Royale*, 1733, *in-4. fig. v. m.*

5160 Le même Traité de l'Aurore Boréale, seconde édition, augmentée de plusieurs éclaircissemens. *Paris, Impr. Royale*, 1754, *in-4. fig. v. m.*

5161 Elémens d'Astronomie, par M. Cassini, ou Supplément aux Mémoires de l'Académie des Sciences pour l'année 1740. *Paris, Impr. Royale*, 1740, *in-4. fig. v. m.*

5162 Tables Astronomiques du Soleil, de la Lune, des Planetes, des Etoiles fixes, & des Satellites de Jupiter & de Saturne, avec l'explication & l'usage de ces mêmes Tables, par M. Cassini, pour servir de Supplément aux Mémoires de l'Académie des Sciences de l'année 1740. *Paris, Imprim. Royale*, 1740, *in-4. v. m.*

5163 La Méridienne de l'Observatoire royal de Paris, vérifiée dans toute l'étendue du Royaume par de nouvelles obfervations, par M. Caffini de Thury, avec des obfervations d'Hift. naturelle faites par M. le Monnier dans les Provinces traverfées par la Méridienne : fuite des Mémoires de l'Académie Royale des Sciences pour l'année 1740. *Paris, Hypp. Louis Guérin*, 1744, *in-4. fig. v. m.*

5164 Tables alphabétique des Matieres contenues dans les Mémoires de l'Académie Royale des Sciences, depuis l'année 1666 jufques & compris l'année 1750, par M. Godin. *Paris, Compagnie,* 1734 *& ann. fuiv.* 6 *vol in-4. v. m.*

5165 Mémoires de Mathématique & de Phyfique préfentés à l'Académie Royale des Sciences, par divers Savans & étrangers, & lus dans fes affemblées. *Paris, Impr. Royale,* 1750 *& ann. fuiv.* 3 *vol. in-4. v. f.*

5166 Recueil des Piéces qui ont remporté les prix de l'Académie Royale des Sciences, depuis leur fondation en 1720, jufqu'en 1748, avec les piéces qui y ont concouru. *Paris, Gabr. Martin*, 1752, 6 *vol. in-4. v. m.*

5167 Recueil des Machines & Inventions approuvées par l'Académie Royale des Sciences, depuis fon établiffement jufqu'à préfent, avec leur defcription, par M. Gallon. *Paris, Gabr. Martin,* 1735, 6 *vol. in-4. fig. v. m.*

5168 L'Origine des jeux Floraux de Toulouse, par feu M. de Cafeneuve, avec la vie de l'Auteur, par Arnauld Médon, *Toulouse, Raymond Bofc*, 1659, *in-4. baz.*

5169 Hiftoire de l'Académie Royale des Sciences & des Belles-Lettres de Berlin, avec les
Mémoires

HISTOIRE. 253

Mémoires particuliers tirés de ses Regiſtres, depuis l'année 1745 juſq. & comp. l'année 1757, &c. publiée par les ſoins de M. Formey, Hiſtoriographe de lad. Académie. *Berlin, Ambroiſe Haude,* 1746 *& ann. ſuiv.* 13 *vol. in-*4. *fig. v. m.*

5170 Acta Societatis Regiæ Scientiarum Upſalienſis, ad annos 1740 & 1741. *Stockholmiæ, Laurent. Salvius,* 1744, *in-*4. *fig. v. m.*   2. 10.

5171 Recueil de Piéces & Arrêts de Réglement concernant la réformation de l'Univerſité de Paris. *Paris, J. Mettayer,* 1601, *in-*8. *v. m.*   1.

5172 De l'Eſtat du Collége de Dormans, dit de Beauvais, fondé en l'Univerſité de Paris, par Jean Grangier, principal dudict Collége. *Paris, Aug. Taupinart,* 1628, *in-*4. *relié en carton.*   4. 19.

5173 Claudii Hemeræi Liber de Academiâ Pariſienſi, qualis primò fuit in Inſulâ & Epiſcoporum Scholis. *Lutetiæ Pariſiorum, Seb. Cramoiſy,* 1637, *in-*4. *relié en carton.*   3. 19.

5174 Cæſaris Egaſſii Bulæi de Patronis IV Nationum Univerſitatis; nec-non ejuſdem Carlomagnalia, ſeu Feriæ conceptivæ Caroli Magni, in Scholis Academiæ Pariſienſis obſervandæ; accedit Tractatus ſeu Liber ſingularis de Decanatu Nationis Gallicanæ. *Pariſiis, Cl. Thibouſt & Petr. Variquet,* 1662, *in.* 8. *v. br.*   1.

HISTOIRE.

IV.

Bibliographie ou Histoire & Descriptions de Livres.

§ 1. *Prolégomènes Bibliographiques, ou Traités particuliers des Livres en général, de leur composition, utilité, usage, &c. ensemble des Bibliotheques & de leur institution, disposition, arrangement, &c.*

4. 19. 5175. De la Connoissance des bons Livres, ou Examen de plusieurs Auteurs. *Amsterdam, Henry Boom,* 1673, *in*-12. *v. br.*

1. 12. 5176 La Bibliotheque Françoise, ou se trouve l'examen & le choix des meilleurs & des principaux Livres françois qui traitent de la pureté des mots & des discours, de l'éloquence, de la Philosophie, de la dévotion & de la conduite des mœurs, &c. par C. Sorel. *Paris,* 1667, *in*-12. *v. f.*

4. 19. 5177 Catalogue des Ouvrages de feu M. de Fourmont l'aîné, Professeur en langue Arabe au Collége Royal de France, avec des Réflexions & des remarques historiques. *Amsterdam,* 1731, *in*-12. *v. f.*

1. 5178 Plan de l'Ouvrage qui a pour titre : Jugemens des Savans sur les principaux Ouvrages des Auteurs. *Paris,* 1694, *in* 12. *v. m.*

1. 10. 5179 Anti-Baillet, ou Critique du Livre de M. Baillet, *intitulé* : Jugemens des Savans, par M. Ménage. *La Haye, Louis & Henry Vandole,* 1690, 2 *vol. in*-12. *v. br.*

HISTOIRE.

5180 Réflexions sur les Jugemens des Savans, envoyées à l'Auteur (par le Pere Bauchet, Jésuite.) *La Haye* (*Rouen*), 1691, *in*-12. *v. f.* — 2.

5181 Auteurs déguisés sous des noms empruntés, supposés, feints à plaisir, chiffrés, renversés, retournés, ou changés d'une langue en une autre, par Adrien Baillet. *Paris, Ant. Dezallier*, 1690, *in*-12. *mar. r.* 3. 2.

5182 Antonii Teisserii Catalogus Autorum qui Librorum Catalogos, Indices, Bibliothecas, Virorum Litteratorum Elogia, Vitas, aut Orationes funebres scriptis consignârunt; cum Philippi Labbæi Bibliothecâ nummariâ, & mantissâ antiquariæ suppellectilis, ex annulis, sigillis & aliis monimentis collecta. *Geneva, Sam. de Tournes*, 1686, *in*4. *v. f.* 1. 16.

5183 Danielis Gerdes Florilegium Historico-criticum Librorum rariorum, cui multa simul jucunda adsperguntur, Historiam omnem litterariam & cumprimis reformationis Ecclesiasticam illustrantia. *Groningæ, Haj. Spandaw*, 1747, *in*-12. *v. m.* 3. 19.

5184 Joannis Vogt, Catalogus historico criticus Librorum rariorum. *Hamburgi, Christianus Hérold*, 1753, *in*-8. *v. br.* 7. 12.

5185 Bibliotheca selectissima, seu Catalogus Librorum in omni genere Scientiarum rarissimorum, cum notis Bibliographicis Samuëlis Engel, Bibliothecarii primarii in Republicâ Helveto Bernensi. *Bernæ, Franc. Sam. Fetscherin*, 1743, *in*-8. *v. m.* 6.

5186 Bibliotheca Historiæ litterariæ selecta, olim titulo, Introductionis in notitiam rei litterariæ & usum Bibliothecarum insignita, 10. 6.

Gg ij

per Burc. Gotthelf. Struvium, nùnc cum addi-
tionibus & additamentis in lucem edita cu-
ris Joannis Friderici Jugler. *Jenæ*, *Chrift. Henr.*
Cuno, 1754 & *ann. feqq* 3 *vol. in-*8. *v. m.*

5187 Claudii Clementis, Soc. Jefu, Mufæi fivè
Bibliothecæ tàm privatæ quàm publicæ Extruc-
tio, inftructio, cura & ufus; accedit, accu-
rata defcriptio Regiæ Bibliothecæ S. Laurentii
Efcurialis; nec-non Parænefis allegorica ad
amorem Litterarum. *Lugduni*, *Jac. Proft*, 1635.
== Catalogus Bibliothecæ Lugduno-Batavæ.
Lugd. Batavor. ex Offic. Elzeviriana, 1640,
in-4. *v. br.*

5188 Differtation fur les Bibliothéques, avec
une table alphabétique des Ouvrages publiés
fous le titre de *Bibliothéques*, & des Catalo-
gues de plufieurs Cabinets de France & des
Pays étrangers; avec une autre table alpha-
bétique des Dictionnaires, publiés en toutes
fortes de langues, & fur toutes fortes de
Sciences & d'Arts. *Paris*, *Hug. Chaubert*,
1758, *in* 12. *v. m.*

5189 Joannis Garnerii, Soc. Jefu, Syftema Bi-
bliothecæ Collegii Parifienfis Societatis Jefu.
Parifiis, *Seb. Mabre Cramoify*, 1678, *in*-4.
v. m.

5190 Catalogus Codicum MSS. Bibliothecæ
Regiæ. *Parifiis, ex Typogr. Regiâ*, 1739, &
ann. feqq. 4 *vol. in fol. v. m.*

5191 Catalogue des Livres imprimés de la Bi-
bliothéque du Roi. *Paris, de l'Impr. Royale*,
1739 & *ann. fuiv.* 6 *vol. in-fol. v. m.*

5192 Catalogus Librorum Manufcriptorum qui
in Bibliothecâ Sanctæ ac Metropolitanæ Ec-

HISTOIRE.

clesiæ Turonensis adservantur, cum quibusdam notis de nominibus ac ætate & professione diversorum Authorum ; studio & operâ Victoris d'Avanne, Præsbyteri, & ejusdem Ecclesiæ Canonici. *Cæsaroduni-Turonum, Jac. Poinsot*, 1706, *in*-12. *baz*.

5193 Catalogus Librorum MSS. qui in Bibliothecâ Sanctæ ac Metropolitanæ Ecclesiæ Turonensis asservantur, cum quibusdam notis, studio & operâ Guill. Jouan Majoris Archidiaconis, & Victoris d'Avanne, ejusd. Ecclesiæ Canonici. *Cæsaroduni Turonum, Jac. Poinsot*, 1706, *in*-12. *v. br*. — 1.

5194 Bibliotheca Telleriana, seu Catalogus Librorum Bibliothecæ Caroli Mauritii le Tellier, Archiepiscopi Ducis Remensis, quæ testamento legata est Patribus S. Genovefæ Domûs Parisiensis. *Parisiis, ex Typogr. Regiâ*, 1693, *in-fol. C. M. v. m.* (*cum effigie Caroli Maur. le Tellier*, *ab equite N. Edelinck in æs incisâ*). 6.

5195 Discours au Roy sur le rétablissement de la Bibliothéque Royale de Fontainebleau, par Abel de Sainte-Marthe. *Impr. en* 1668, *in*-4. *v. m*. 1. 11.

5196 Jacobi Philippi Opicelli Monumenta Bibliothecæ Ambrosianæ. *Mediolani, Jo. Jacq. Comus*, 1618, *in*-8. *broché en carton*. 1. 19.

5197 Catalogus Librorum, tàm impressorum quàm MSS. Bibliothecæ publicæ Universitatis Lugduno-Batavæ. *Lugd. Batav. Petrus Vander Aa*, 1716, *in-fol. broché en carton*. 2. 10.

5198 Thomæ James Proto-bibliothecarii Oxoniensis, Catalogus universalis Librorum Bibliothecæ Bodleianæ, cum appendice. *Oxoniæ, Joann. Lichfield,* 1620, *in-4 v. m.*

5199 Thomæ Hyde Catalogus impressorum Librorum Bibliothecæ Bodleianæ in Academiâ Oxoniensi. *Oxonii, è Theatro Sheldoniano,* 1674, *in-fol. v. br.*

5200 Petri Lambecii, Hamburgensis, Commentariorum de augustissimâ Bibliothecâ Cæsareâ Vindobonensi Libri VIII, cum fig. æneis. *Vindobonæ, Typis, Matthæi Cosmerovii,* 1665, ad 1679, 8 vol. *in-fol. mar. r. rare.*
* *Exemplar elegans & nitidum.*

5201 Danielis de Nessel, Breviarium & Supplementum Commentariorum Lambecianorum, sivè Catalogus aut Recensio specialis codicum MSS. græcorum, nec-non linguarum orientalium Aug. Bibliothecæ Cæsareæ Vindobonensis, cum indicibus & additamentis. *Vindobonæ & Norimbergæ, Typ. Leopoldi Voigt, & Joach. Balth. Endteri,* 1690, 2 vol. *in-fol. mar. r.*

§ 2. *Bibliographes généraux.*

5202 Photii Myriobiblon, sive Bibliotheca Librorum quos legit & censuit Photius, Patriarcha Constantinopolitanus, græcè & lat. ex editione, & cum notis Davidis Hoeschelii & Andreæ Schotti. *Rothomagi, Berthelin,* 1653, *in-fol. v. br.*

5203 Joh. Alberti Fabricii Bibliotheca græca, sive Notitia Scriptorum veterum Græcorum quorumcunque Monumenta integra aut Fragmenta edita extant, tùm plerorumque è MSS.

ac deperditis ; editio tertia cui accedit Empedoclis sphæra & Marcelli Sideræ carmen de medicamentis & piscibus, gr. & lat. cum brevibus notis. *Hamburgi*, *Christianus Liébézéit & Theod. Christoph. Felginer*, 1718 & ann. seqq. 14 vol. in-4. v. m.

5204 Ejusdem Johannis Alberti Fabricii Lipsiensis, Bibliotheca latina mediæ & infimæ ætatis, cum supplemento Christiani Schoettgenii, ex editione & cum notis Joann. Dominici Mansi. *Patavii*, *ex Typ. Seminarii Joh. Manfré*, 1754, 6 tom. en 3 vol. in-4. v. m.   40.

5205 Bibliotheca, instituta & collecta primùm à Conrado Gesnero, deinde in epitomen redacta & novorum Librorum accessione locupletata per Josiam Simlerum; jàm verò amplificata per Jacobum Frisium Tigurinum. *Tiguri*, *Christoph. Froschoverus*, anno 1583, in-fol. v. f.   6.

5206 Philippi Labbe, Soc. Jesu, Bibliotheca Bibliothecarum, omnibus Bibliothecariis & quibuscunque Librorum Scientiarumque amatoribus pernecessaria ; accedit ejusdem Authoris Bibliotheca nummaria, in quâ de antiquis Numismatibus, nec-non de Monetis, Ponderibus & Mensuris agitur, cum Mantissâ antiquariæ suppellectilis, ex annulis, sigillis, gemmis & aliis antiq. Monimentis collectâ. *Parisiis*, *Lud. Billaine*, 1664, in-8. v. br.   1. 10,

5207 R. P. Bernardi de Montfaucon Bibliotheca Bibliothecarum Manuscriptorum nova, ubi quæ innumeris penè MSS. Bibliothecis continentur ad quodvis litteraturæ genus spectan-   12. 1.

tia & notatu digna defcribuntur & indicantur. *Parifiis, Briaffon*, 1739, 2 *vol. in-fol. v. éc.*

5298 Georgii Matthiæ Konigii Bibliotheca vetus & nova, in quâ Hebræorum, Chaldæorum, Syrorum, Arabum, Perfarum, Ægyptiorum, Græcorum & Latinorum per univerfum terrarum orbem Scriptorum, patria, ætas, nomina, & Libri fummâ diligentiâ à primâ mundi origine ad annum 1678, ordine alphabetico recenfentur. *Altdorfi, Typis Meyeri*, 1678, *in-fol. v. br.*

5209 Le Catalogue des Livres examinés & cenfurés par la faculté de Théologie de l'Univerfité de Paris, depuis l'an 1544, jufqu'à l'an 1551. *Paris, Jehan Dallier*, 1556, *in-8. v. m.*

5210 Index expurgatorius Librorum qui hoc fæculo prodierunt. *Lugd. Joann. Marefchal*, 1586, *in-16. v. m.*

5211 Index Librorum prohibitorum & expurgatorum. *Matriti, Sanchez*, 1612, *in-fol. v. m.*

5212 Index Librorum prohibitorum, cum regulis confectis per Patres à Tridentina Synodo delectos; authoritate Pii IV, primùm editus, pofteà verò à Sixto V auctus, & demùm fub Clementis Papæ VIII dominatione recognitus & auctus; adjectâ inftructione de exequendæ prohibitionis, deque fincerè emendandi & imprimendi Libros ratione. *Rothomagi, Vid. Daniel. Loudet*, 1653, *in-8. v. m.*

5213 Index Librorum prohibitorum, juffu Alexandri VII, Pont. Max. editus. *Juxta exemplar*

HISTOIRE.

plat excusum ROMÆ, *anno* 1667, *in-fol. v. br.*
5214 Index Librorum prohibitorum, Innocentii XI, Pont. Max. jussu editus, usquè ad annum 1681, cum appendice usquè ad mensem Junii anni 1704. *Romæ, Typ. Rev. Cam. Apostol.* 1704, *in-*8. *v. m.*   1. 16.

§ 3. *Bibliographes périodiques & Journaux Littéraires.*

5215 Journal des Savans, depuis l'année 1665, jusques & compris l'année 1764. *Amsterdam, le Grand,* 1684 *& ann. suiv.* 253 *vol. in-*12. *v. f.* 150. 1.
5216 Le Bureau Académique des honnestes divertissemens de l'esprit, où, dans quelques feuilles distribuées toutes les semaines par forme de Journal, on trouve les entretiens familiers de diverses personnes sur la Philosophie, la Morale, le Droit, la Médecine, la Poësie, les Fables, &c. avec la Bibliographie de Paris, pour l'utilité de ceux qui dressent des Bibliothéques, par le sieur Colletet. *Paris,* 1677, *in-*4. *v. br.*   9. 4.

§ 4. *Bibliographes Ecclésiastiques.*

5217 Nouvelle Bibliothéque des Auteurs Ecclésiastiques, contenant l'Histoire de leur Vie, le Catalogue, la Critique & la Chronologie de leurs Ouvrages, le Sommaire de ce qu'ils contiennent, un Jugement sur leur style & sur leur doctrine, avec le dénombrement des différentes éditions de leurs Œuvres, par Louis Ellies du Pin; *Premiere suite* contenant

Tome II.   H h

les VIII premiers siécles de l'Eglise. *Paris,
André Pralard*, 1688 *& ann. suiv.* 5 *tom. en* 8
*vol. in-*8. *mar. r.*

5218 Supplément à la Bibliothéque des Auteurs
Ecclésiastiques, pour les IV, V, VI, VII &
VIIIe siécle. *Paris, André Pralard*, 1711,
*in-*8. *v. f.*

5219 Histoire des Controverses & des matieres
Ecclésiastiques traitées dans les IX, X, XI,
XII, XIII, XIV & XVe siécles, par Louis
Ellies du Pin. *Paris, Pralard,* 1724 *& ann.
suiv.* 9 *vol. in-*8. *v. f.*

5220 Histoire de l'Eglise & des Auteurs Ecclé-
siastiques du XVIe siécle, par Louis Ellies du
Pin. *Paris, André Pralard*, 1701 *& ann. suiv.*
5 *vol. in-*8, *v. f.*

5221 Histoire Ecclésiastique du XVIIe siécle.
Paris, Pralard, 1727, 4 *vol. in-*8. *v. f.*

5222 Bibliothéque des Auteurs Ecclésiastiques
du XVIIe siécle. *Paris, Pralard*, 1719, 5 *tom.
en* 9 *vol. in-*8. *v. f.*

5223 Bibliothéque des Auteurs Ecclésiastiques
du XVIIIe siécle. *Paris, Pralard*, 1711, 2 *vol.
in-*8. *v. f.*

5224 Bibliothéque des Auteurs séparés de la
Communion de l'Eglise Romaine, des XVI
& XVIIe siécles, par le même du Pin. *Paris,
André Pralard*, 1718, 2 *vol. in-*8. *v. f.*

5225 Table des principaux Ouvrages des Au-
teurs Ecclésiastiques, disposée par ordre de ma-
tieres. *Paris, Pralard, in-*8. *v. f.*

5226 Table universelle des Auteurs Ecclésiasti-
ques, jusqu'au XVIIe siécle inclusivement;

disposée par ordre chronologique. *Paris, André Pralard*, 1704, 4 vol. in-8. v. f.

5227 Critique de la Bibliothéque des Auteurs Eccléſiaſtiques & des Prolégomenes de la Bible publiés par M. Louis Ellies du Pin, avec des éclairciſſemens & des ſupplémens par Richard Simon. *Paris, Eſtienne Ganeau*, 1730, 4 vol. in-8. v. f.

5228 Diſſertations hiſtoriques, chronologiques, géographiques & critiques ſur la Bible, par le même Louis-Ellies du Pin. *Paris, Pralard*, 1726, in-8. v. f. (un volume).

5229 Traité de la Doctrine Chrétienne & Orthodoxe, par le même Louis-Ellies du Pin. *Paris, André Pralard*, 1703, in-8. v. f.

5230 Traité de la Puiſſance Eccléſiaſtique & temporelle, par le même Louis-Ellies du Pin. *Paris*, 1724, in-8. v. f.

* *Cette Collection des Ouvrages de M. DUPIN ſera vendue dans un ſeul & même article; c'eſt pourquoi nous avons cru devoir en raſſembler les volumes, que la diverſité des Matieres auroit trop écartés.*

5231 Bibliothéque hiſtorique & critique des Auteurs de la Congrégation de S. Maur; où l'on fait voir quel a été leur caractere particulier, ce qu'ils ont fait de plus remarquable; & où l'on donne un Catalogue exact de leurs Ouvrages, & une idée générale de ce qu'ils contiennent, par Dom Filippe le Cerf de la Viéville, Religieux Bénédict. *La Haye, Pierre Goſſe*, 1726, in-12. v. f.

5232 R. P. Martialis à Sancto Joanne Baptiſta

Bibliotheca Scriptorum utriusque Congregationis & sexûs Carmelitarum excalceatorum. *Burdigalæ, Petrus Séjourné,* 1730, *in-*4. *v. m.*

5233 Minorum Fratrum origine domiciliove Discalceatorum, atramento & sanguine Scriptorum Bibliotheca; pro supplemento Waddingianæ, incrementoque novæ Franciscanæ Bibliothecæ, Authore Fratre Joanne à Divo Antonio. *Salmanticæ,* 1728, *in-*4. *v. m.*

5234 Bibliotheca universa Franciscana, sive Alumnorum trium Ordinum S. Francisci qui ab Ordine Seraphico condito usquè ad præsentem diem latinâ sivè aliâ quâvis linguâ scripto aliquid consignârunt, Encyclopœdia, Authore Joanne à S. Antonio, Salmantino. *Matriti,* anno 1732, 3 *vol. in-fol. v. m.*

5235 Catalogus Scriptorum illustrium Societatis Jesu, digestus à Petro Ribadeneira ejusdem Societatis Theologo. *Lugduni Joann. Pillehotte,* 1609, *in-*8. *v. m.*

5236 Christophori Sandii Bibliotheca Anti-trinitariorum, sive Catalogus Scriptorum & succincta narratio de vitâ eorum auctorum qui præterito & hoc sæculo, vulgò receptum dogma de tribus in unico Deo, per omnia æqualibus personis, vel impugnarunt vel docuerunt solum Patrem D. N. J. C. esse illum verum seu altissimum Deum: accedit compendium Historiæ Ecclesiasticæ Unitariorum. *Freistadii, Joann. Aconius,* 1684, *in-*8. *v. br.*

§ 1. *Bibliographes Profanes, Nationaux.*

5237 Bibliothéque Chartraine, contenant les

Eloges des Hommes illuftres de l'ancien diocèfe de Chartres, qui ont laiffé quelques monumens à la poftérité, ou qui ont excellé dans les beaux Arts, avec le catalogue de leurs Ouvrages, le dénombrement des différentes éditions qui en ont été faites & des jugemens particuliers qui en ont été portés, par Dom Jean Liron. *Paris, Guill. Saugrain*, 1733, *in-4. v. br.*

5238 Bibliothéque des Auteurs de la Province de Bourgogne, avec le catalogue de leurs Ouvrages & des remarques par l'Abbé Philibert Papillon. *Dijon*, 1742, 2 tom. en un vol. *in-fol. v. f.* — 6. 10.

5239 Ant. Sanderi, Iprenfis Ecclefiæ Canonici, Bibliotheca Belgica manufcripta, five Elenchus univerfalis codicum MSS. in celebrioribus Belgii Cœnobiis, Ecclefiis, urbium ac privatorum hominum Bibliothecis adhuc latentium. *Infulis, Tuffanus le Clercq*, 1641 & 1643, 2 tom. en un vol. in-4. *baz.* — 1.

5240 Alberti Bartholini, Liber de Scriptis Danorum, ex editione Thomæ Bartholini fratris ejus. *Hafniæ, Typ. Matth. Godicchenii*, 1666, in-8. *mar. r.* — 1. 12.

§ 6. *Bibliographes Profeffionaux*, *c'eft-à-dire, de Théologie, de Jurifprudence, de Philofophie, d'Hiftoire, &c.*

5241 Guill. Crowæi, Elenchus Scriptorum in Sacram Scripturam tàm Græcorum quàm Latinorum, &c. in quo exhibentur, eorum Gens, Patria, Profeffio, Religio : Librorum tituli, volumina, editiones variæ, quo tem- — 1.

pore claruerint vel obierint, elogia item aliquot virorum clarissimorum ; quibus omnibus præmissa sunt S. Biblia, partesque Bibliorum variis linguis, variisque vicibus edita. *Londini, impensis Authoris*, 1672, *in-*8. *v. m.*

5242 Bibliotheca Sacra, seu Syllabus omnium fermè Sacræ Scripturæ editionum ac versionum, secundum seriem linguarum quibus vulgatæ sunt, cum notis historicis & criticis ; labore & industriâ Jacobi le Long, Parisini, & Congregationis Oratorii D. J. Sacerdotis, ac Bibliothecæ domûs parisiensis præfecti. *Parisiis, Andr. Pralard*, 1709, 2 *vol. in-*8. *v. br.*

5243 Discours historiques sur les principales éditions des Bibles polyglottes, par Dom Calmet. *Paris, Pralard*, 1713, *in-*12. *v. f.*

5244 Theophili Spizelii, sacra Bibliothecarum illustrium Arcana retecta, sive MSS. Theologicorum, in præcipuis Europæ Bibliothecis extantium designatio, cum preliminari dissertatione, specimine novæ Bibliothecæ universalis, & coronide philologicâ. *Augustæ Vindelicorum, Typ. Prætorianis*, 1668., *in-*8. *v. br.*

5245 Cornelii Schultingii Steinwichii Bibliotheca Ecclesiastica, in IV partes distributa, sive Commentariorum Sacrorum de expositione & illustratione Missalis & Breviarii Tomi IV; omnia ex puris fontibus Israël, Orthodoxis Patribus, Divin. Officiorum variis interpretibus tàm editis quàm MSS. historiis Ecclesiasticis, eruta & excerpta ad publicam totius Ecclesiæ ædificationem. (*Coloniæ Agrippinæ, Steph. Hemmerden*, 1599, 4 *tom. en un vol. in-fol. mar. bl.*

HISTOIRE.

5246 Bibliotheca anti-Janseniana, sive Catalogus piorum eruditorumque Scriptorum qui Corn. Jansenii & Jansenianorum hæreses, errores, ineptiasque oppugnarunt, cum preludiis Historiæ & cribratione farraginis Jansenisticæ. *Parisiis, ex Officinâ Cramosianâ*, 1654, *in-*4. *v. m.* — 1-4

5247 Catalogue Alphabétique des principaux Livres Jansénistes ou suspects de Jansénisme, qui ont paru depuis la Naissance de cette Hérésie, avec des notes critiques sur les véritables Auteurs de ces Livres, &c. Impr. en 1731, *in-*12. *v. f.* — 1.

5248 Petri Borelli, Castrensis, Doct. Med. Bibliotheca Chymica, seu Catalogus Librorum Philosophicorum Hermeticorum, cum eorum editionibus diversis usquè ad ann. 1653. *Parisiis, Car. du Mesnil*, 1654, *in-*12. *v. br.* — 1.3.

5249 Georgii Christophori Kreysig, Bibliotheca Scriptorum venaticorum, continens Auctores qui de venatione, sylvis, aucupio, piscaturâ & aliis eò spectantibus commentati sunt. *Altenburgi, Paul. Emanuel. Richterus*, 1750, *in-*12. *v. m.* — 4.19.

5250 Bibliothéque universelle des Historiens, contenant leurs Vies, l'abrégé, la chronologie, la géographie & la critique de leurs Histoires; un jugement sur le style & leur caractere, & le dénombrement des différentes éditions de leurs Ouvrages, avec des tables chronologiques & géographiques, par Louis-Ellies du Pin. *Amsterdam, Zacharie Chastelain*, 1708, *in-*4. *v. f.* — 4.19.

5251 Catalogus Librorum qui in Thesauris, — 2-12

Romano, Græco, Italico & Siculo continentur : Editore Petro Burmanno. *Leydæ, Petrus Vander Aa*, 1725, *in-8. v. m.*

5252 Joann. Alberti Fabricii Bibliographia antiquaria, five Introductio in notitiam Scriptorum, qui antiquitates hebraïcas, Græcas, Romanas & Christianas, scriptis illustraverunt : accedit Mauricii Senonensis de S. Missæ ritibus carmen. *Hamburgi & Lipsiæ, Christian. Liebezeit*, 1713, *in-4. v. f.*

§ 7. *Bibliographes simples, c'est-à-dire, Catalogues de Bibliothèques.*

5253 Catalogus Librorum Bibliothecæ Cordesianæ. *Parisiis, Ant. Vitray*, 1643, *in-4. v. f.*

5254 Catalogus Librorum Bibliothecæ Nicolai Heinsii. *Lugduni Batav. Joann. de Vivié, in-12, v. br.*

5255 Catalogus Librorum Bibliothecæ Raphaëlis Tricheti du Fresne. *Parisiis*, 1662, *in-4. v. m.* (*cum pretiis*).

5256 Catalogue des Livres de la Bibliotheque de feu M. de Sallo (un des premiers Auteurs du Journal des Savans). *in-8. vél.*

5257 Catalogus Librorum Bibliothecæ Thuanæ, à clariss. viris Petro & Jacobo Puteanis ordine alphabetico primùm distributus; deindè secundùm scientias & artes ab Ismaële Bulialdo digestus; nunc verò editus à Josepho Quesnel, Parisino & Bibliothecario, cum indice authorum alphabetico. *Parisiis*, 1679, 2 *vol. in-8. v. m.*

5258 Catalogus Librorum Bibliothecæ Belharnosianæ.

nosianæ. *Aureliæ, Joann. Boyer*, 1683, *in*-4. *v. m.* (*cum pretiis auctionis in margine additis*).

5259 Catalogus Librorum Bibliothecæ Seguierianæ. *Parisiis, Andr. Cramoisy*, 1685, *in* 12. *v. m.*

5260 Catalogue des Livres manuscrits de la Bibliotheque de feu M. le Chancelier Séguier. *Paris, Franç. le Cointe*, 1686, *in*-12. *v. m.*

1. 17.

5261 Catalogus Librorum Bibliothecæ D. de M....... *Parisiis, Andr. Cramoisy*, 1687, *in*-12. *v. br.*

1.

5262 Catalogus Librorum Bibliothecæ Gulielmi Goësii, Senatoris Batavi. *Lugd. Batav. Johann. de Vivié*, 1687, *in*-12. *v. m.*

5263 Catalogus Librorum Bibliothecæ Jacobi Oiselii, Polyhistoris eximii & Juris publici Professoris in inclytâ Academiâ Provinciali Groningæ. *Lugd. Batavor. Jacob. Hackius*, 1688, *in*-12. *v. m.*

1. 10.

5264 Bibliotheca Slusiana, sive Catalogus Librorum quos sibi Romæ congesserat Joannes Gualterus S. R. E. Cardinalis Slusius, digesta studio & labore Francisci Deseine, Parisiensis. *Romæ, Joann. Jac. Komarek*, 1690, *in*-4. *v. f.*

5265 Catalogus Librorum Bibliothecæ Jani Albini. *Dordraci, Com. Willegaerts*, 1696, *in*-12. *v. m.*

1.

5266 Catalogue des Livres de la Bibliotheque de feu M. Boucot, Garde-Rolle des Offices de France. *Paris*, 1699, *in*-12. *vél.*

1.

5267 Catalogus Librorum Bibliothecæ Samuëlis Gruteri. *Lugd. Batav.* 1700, *in*-8. *vél.*

2.

5268 Catalogus Librorum Bibliothecæ Fride-

rici Benedicti Carpzovii. *Lipsiæ , Andr. Zeid-*
ferus , 1700 , 2 *vol. in-*8. *v. m.*

1. 5269 Catalogus Librorum Bibliothecæ luculen-
tissimæ Johannis de Witt, Hollandiæ Consi-
liarii & Syndici. *Dordraci , Theod. Goris ,*
1701 , *in-*12. *v. f.*

1. 5270 Bibliotheca Bentesiana ; sive Catalogus
Librorum Bibliothecæ ill. viri Alberti Bentes ,
Judicum Amstelodamensium Præsidis. *Amste-*
lodami , 1702 , *in-*8. *C. M. v. br.*

1. 5271 Bibliotheca Barreana, seu Catalogus Li-
brorum Bibliothecæ eruditissimi viri Stephani
Barré , Doct. & Socii Sorbonici , Ecclesiæ
Aurelianensis Decani. *Aurelianis , Petrus Rou-*
zeau , 1704 , *in-*8. *broché.*

1. 5272 Bibliotheca Bigotiana , sive Catalogus Li-
brorum Bibliothecæ Nic. & Lud. Emerici
Bigotii. *Parisiis , Joann. Boudot* , 1706 , *in-*12.
v. f.

1. 16. 5273 Catalogus Librorum Bibliothecæ Joannis
Giraud. *Parisiis , Car. Robustel* , 1707 , *in-*12.
v. br. avec les prix de la vente.

2. 5274 Catalogue des Livres de la Bibliotheque
du Château de Rambouillet appartenant à
M. le Comte de Toulouse. *Paris* , 1708 , *in-*8.
v. m.

1. 13. 5275 Catalogus Librorum Bibliothecæ Joachimi
Faultrier , digestus à Prospero Marchand , Bi-
bliopolâ Parisiensi. *Parisiis , Prosp. Marchand ,*
1709 , *in-*8. *baz.* (cum pretiis auctionis).

2. 5276 Catalogus Librorum Bibliothecæ Joann.
Galloys, Abbatis S. Martini Corensis , & lin-
guæ Græcæ Professoris Regii , digestus à Lau-

rentio Seneuze, Bibliopolâ Parisiensi. *Parisiis, Seneuze*, 1710, *in-*12. *v. f. cum pretiis auctionis.*

5277 Bibliotheca Bultelliana ; seu Catalogus Librorum Bibliothecæ Caroli Bulteau, digestus & descriptus à Gabriële Martin. *Parisiis, Gabr. Martin*, 1711, 2 tom. en un vol. *in-*12. *v. f. cum pretiis auctionis.*   2.-

5278 Bibliotheca Carlsoniana, Regum & Principum oculis digna, multa studio, judicio & labore collecta. *Hagæ-Comitum, Petrus Hussón*, 1711, *in-*8. *v. m.*

5279 Catalogus Librorum Bibliothecæ Marckianæ. *Hagæ-Comitum, Abrah. de Hondt*, 1712, *in-*8. *v. f.*

   1.- 10.

5280 Catalogus Librorum Bibliothecæ Jacobi Perizonii. *Lugd. Batavor. Joann. Vanderlinden*, 1715, *in-*12. *v. m.*

5281 Bibliotheca selecta anonymiana, unà cum Catalogo Librorum Bibliothecæ Danielis Desmarets, Britanniarum Regis Guillelmi III Ædificiorum Præfecti : accedit Bibliotheca Librorum Botanicès, nec-non insectorum & animalium Thesaurus. *Lugduni Batav. Joann. du Vivié*, 1716, *in-*8. *v. m. cum pretiis auctionis publica.*   4. 11.

5282 Catalogus Librorum Bibliothecæ Gisberti Cuperi, Consulis & Camerarii Reipublicæ Daventriensis. *Daventria, Joann. van Wyk*, 1717, *in-*12. *v. f.*   1.

5283 Catalogus Librorum Bibliothecæ Friderici Adolphi Hansen ab Ehrencron, S. Regiæ Majestatis Daniæ & Norwegiæ Consiliarii, &c. *Hag. Comit. Abrah. de Hondt*, 1718, *in-*8. *v. br. cum pretiis auctionis.*   2.- 10.

HISTOIRE.

5284 Bibliotheca Baluziana, seu Catalogus Librorum Bibliothecæ Stephani Baluzii, Tutelensis, digestus à Gabriele Martin. *Parisiis, Gabr. Martin*, 1719, 3 vol. in-12. *v. m. cum pretiis auctionis.*

5285 Bibliotheca Hohendorfiana; ou Catalogue des Livres de la Bibliothéque de feu M. le Baron de Hohendorf. *La Haye, Abrah. de Hondt*, 1720, 3 tom. en 1 vol. in-8. *v. m.*

5286 Catalogue des Livres de la Bibliotheque de feu Messire Jean Jacques Charron, Marquis de Ménars. *La Haye, Abrah. de Hondt*, 1720, *in-8. v. m.*

5287 Catalogus Librorum Bibliothecæ Joannis Winckleri, Pastoris & Senioris Hamburgensium. *Hamburgi, Typ. Konigianis*, 1721, *in-12. v. m.*

5288 Catalogus Librorum Bibliothecæ Philippi de la Coste, Theologi Parisiensis. *Parisiis, Car. Osmont*, 1722, *in-12. v. m.*

5289 Catalogus Librorum Bibliothecæ Theodori Boendermaker, Canonici S. Martini apud Ultrajectenses. *Amstelodami, Joann. Boom*, 1722, *in-8. v. br.*

5290 Catalogue d'une Bibliotheque exquise & considérable, à laquelle on a adjouté le Cabinet des MSS. du fameux Justus Lipsius. *La Haye, Abrah. de Hondt*, 1722, *in-8. v. br.*

5291 Bibliotheca Schalbruchiana; sive Catalogus Librorum Bibliothecæ Johann. Theodor. Scalbruch, Historiarum Profess. & Scholæ Amstelodamensis Rector Emeritus. *Amstelodami, Westenii*, 1723, *in-8. v. m. cum pretiis auctionis.*

HISTOIRE.

5292 Catalogus Librorum Bibliothecæ Ludovici Henrici Comitis Caſtri Briennii, Ludov. XIV à Secretis & ad Romam Legati. Londini, 1724, in-8. v. br. — 1.

5293 Catalogus Librorum Bibliothecæ Nicolai Bachelier, Ecclefiæ Rhemenſis Decani. Pariſiis, Typ. Vidua Ant. Urb. Couſtelier, 1725, in-4. v. m. cum pretiis auctionis, in margine appoſitis. — 3.

5294 Catalogus Librorum Bibliothecæ Guillelmi Boiſſier, Regi à conſiliis & antiqui in ſupremâ rationum Curiâ Magiſtri. Pariſiis, Gabriel Martin, 1725, 2 vol. in-12. v. f. — 1.

5295 Bibliotheca Fayana, ſeu Catalogus Librorum Caroli Hieronymi de Ciſternay du Fay, digeſtus & deſcriptus à Gabriële Martin, Bibliopolâ Pariſienſi. Pariſiis, Gab. Martin, 1725, in-8. v. f. (cum effigie ejuſdem Dom. du Fay à Petro Drevet, in æs inciſâ). — 10.

5296 Catalogue des Livres de la Bibliotheque de feu M. le Cardinal du Bois, recueillie cidevant par M. l'Abbé Bignon. La Haye, Jean Swart, 1725, 4 vol. in-8. v. br. avec les prix de la vente. — 12.

5297 Catalogus Librorum Bibliothecæ Franciſci Blouët de Camilly, Archiepiſcopi Turonenſis. Pariſiis, Car. Oſmont, 1726, in-8. broché. cum pretiis auctionis. — 1.

5298 Catalogue des Livres de la Bibliotheque du Chaſteau de Rambouillet, appartenant à M. le Comte de Toulouſe, diſpoſé par Gabriel Martin. Paris, G. Martin, 1726, in-8. v. m. avec le ſupplément. — 2- 2-

5299 Catalogus Librorum Bibliothecæ Jacobi — 1.

Krys, Ecclesiæ Romano-Catholicæ Pastoris. *Hagæ Comit. Petrus de Hondt*, 1727, *in-8. v. m.*

6. 12. 5300 Bibliotheca Colbertina; sive Catalogus Librorum Bibliothecæ quæ fuit primùm Joan. Bapt. Colbert Regni Administri, deindè Jo. Bapt. Colbert, March. de Seignelay, posteà J. N. Colbert Rothomagens. Archiepisc. ac demùm Car. Leon. Colbert, Com. de Seignelay. *Parisiis, Gabr. Martin*, 1728, 3 *vol. in-*12. *v. f.*

1. 10. 5301 Catalogus Librorum Bibliothecæ anonymianæ. *Hagæ Comit. Adrian. Moëtjens*, 1728, 2 *vol. in-*8. *v, m.*

5. 19. 5302 Catalogue des Livres de la Bibliotheque de feu M. le Blanc, Ministre & Sécrétaire d'Estat; disposé par Gabriël Martin. *Paris, G. Martin*, 1729, *in-*8. *v. m. avec les prix de la vente.*

1. 5303 Musæum selectum, sive Catalogus Librorum Bibliothecæ Mich. Brochard digestus à Gabriële Martin. *Parisiis, G. Martin*, 1729, *in-*8. *v. m.*

2. 5304 Catalogus Librorum Bibliothecæ DD. de Lauriere Jurisconsulti. *Parisiis, Petr. Ægid. le Mercier*, 1729, *in-*12. *v. br. (cùm pretiis Auctionis).*

1. 5305 Catalogus Librorum Bibliothecæ viri amplissimi Alberti Bosch. *Hag-Com. Petrus de Hondt*, 1729, *in-*8. *v. f.*

2. 5306 Bibliotheca exquisitissima & splendidissima, sive Catalogus Librorum selectissimorum quos[8] dum viveret collegit vir honorabilis Petrus Vander Aa. *Lugduni Batavor*, 1729 1735, 4 *tom. en deux vol. in-*8. *v. m.*

HISTOIRE. 255

5307 Bibliotheca Vilenbroukiana, sive Catalogus Librorum Bibliothecæ Gosuini Vilenbrock. *Amstelodami, Westenii, 1729, 2 vol. in-8. v. m.* — 2.-

5308 Catalogue des Livres de la Bibliothéque de feu Charles Ferrary, Avocat au Parlement & de M. D.... *Paris, Boudot, 1730, in-8. v. m. avec les prix de la vente.* — 3.

5309 Bibliotheca Lambertina, seu Catalogus Librorum Bibliothecæ Nicolai Lambert in supremâ Parlamenti Curiâ Præsidis, digestus à Gabriële Martin. *Parisiis, Gabr. Martin, 1730, in-8. v. m. cum pretiis auctionis.* — 2.-

5310 Bibliotheca Turgotiana, sive Catalogus Librorum Bibliothecæ Dominici Barnabæ Turgot de S. Clair, Episcopi Sagiensis. *Parisiis, Gabr. Martin, 1730, in-12. v. f. (cum pretiis auctionis).* — 2- 12.

5311 Bibliotheca Hulsiana, sive Catalogus Librorum Bibliothecæ Viri Consularis Samuëlis Hulsii. *Hag-Comit. Joh. Swart, 1730, 5 vol. in-8. v. m.* — 5.

5312 Catalogus Librorum Bibliothecæ Joann. Bapt. Dodart, Archiatri Regii. *Parisiis, Gabr. Martin, 1731, in-8. v. f. cum pretiis auctionis.* — 2- 8.

5313 Catalogus Librorum Stephani Francisci Geoffroy, Doct. Medici, digestus à Gabriele Martin. *Parisiis, G. Martin, 1731, in-8. v. f. cum pretiis auctionis.* — 4. 15.

5314 Bibliotheca exquisitissima, sive Catalogus insignium & præstantissimorum Librorum in omnibus facultatibus & linguis. *Hagæ Comitum, Adrianus Moëtjens, 1732, in-8. v. br.* — 1. 4.

5315 Catalogue des Livres du Cabinet de feu — 1. 7.

HISTOIRE.

M. de Cangé. *Paris, Jacq. Guérin,* 1733, *in-*12. *v. m.*

5316 Catalogue des Livres du Cabinet de M. L. D. G. (Linguet, ancien Profeſſeur de Seconde au Collége de Navarre). *Paris, Phil. Nic. Lottin,* 1733, *in-*12. *v. m.*

5317 Catalogue des Livres d'une Bibliothéque compoſée de dix-huit mille volumes. *Paris, Pierre Gandouin,* 1733, *in-*12. *v. m.* avec les prix auxquels les Livres ont été marqués à l'amiable.

5318 Catalogus Librorum Bibliothecæ D. Couët de Montbayeux. *Paris, Gérard Jollain,* 1734, *in-*12. *v. br.*

5319 Catalogue des Livres de la Bibliothéque de Jean-François-Paul le Febvre de Caumartin, Eveſque de Blois. *Paris, Jacq. Guérin,* 1734, *in-*12. *baz.* avec les prix de la vente.

5320 Catalogue des Livres de la Bibliothéque de feu M. Goiſlard de Monſabert, Conſeiller au Parlement. *Paris, Bauche,* 1734, *in-*12. *v. br.* avec les prix de la vente.

5321 Catalogue des Livres de la Bibliothéque de feu M. Louis de la Vergne de Treſſan, Archeveſque de Rouen. *Paris, Gabr. Martin,* 1734, *in-*8. *v. br.* avec les prix de la vente.

5322 Catalogue des Livres de la Bibliothéque de feu M.... *Paris, Pierre Gandouin,* 1734, *in-*12. *v. m.*

5323 Catalogue des Livres de la Bibliothéque de feu M. Bourret, ancien Intendant de la Principauté de Neufchatel & de Vallengin en Suiſſe. *Paris, Jean Boudot,* 1735, *in-*12. broché, avec les prix de la vente.

5324

HISTOIRE.

5324 Catalogus Librorum Bibliothecæ Ludov. Franciscæ de Harlay, Ludov. Renati March. de Vielbourg viduæ. *Parifiis, Gabr. Martin,* 1735, *in-8. v. br.* — 1.

5325 Catalogus Librorum Bibliothecæ doctiſſimi Viri Joann. Clerici, Hiſtoriæ Eccleſiaſticæ & Philoſophiæ inter Remonſtrantes Profeſſoris emeriti. *Amſtelodami, J. Weſtenius,* 1735, *in-8. v. m.* — 1. 18.

5326 Catalogue des Livres de la Bibliothéque de feu M. Bernard Couët, Chanoine de Notre-Dame, & Grand-Vicaire de Paris. *Paris, Jacq. Barrois,* 1737, *in-12. v. m. avec les prix de la vente* — 1. 10.

5327 Bibliotheca Salmoniana, ſive Catalogus Librorum Bibliothecæ Francifci Salmon, Doct. & Præfecti Bibliothecæ Sorbonicæ. *Parifiis, Carolus Moëtte,* 1737, *in-12. v. f. cum pretiis auctionis* — 1. 10.

5328 Catalogue des Livres de la Bibliothéque de feu Madame la Comteſſe de Verruë. *Paris, Gabr. Martin,* 1737 *in-8. v. m.* — 2. 8.

5329 Catalogus Librorum Bibliothecæ Caroli Henrici, Comitis de Hoym, olim Regis Poloniæ, Auguſti II, apud Regem Chriſtianiſſimum Legati extraordinarii, digeſtus & deſcriptus à Gabriële Martin, Bibliopolâ Pariſienſi. *Parifiis, Martin,* 1738, *in-8. v. br. cum pretiis auctionis* — 9.

5330 Catalogue des Livres de la Bibliothéque de feu M. Danès, Doct. de Sorbonne. *Paris, Ofmont,* 1738, *in-12. broché, avec les prix de la vente*

5331 Catalogue des Livres de la Bibliothéque

} 3. 19.

Tome II. K k

de feu M. Brinon de Caligny, l'un des Syndics de la Compagnie des Indes. *Paris, Jacq. Guérin*, 1739, *in-8. v. br.*

5332 Catalogue des Livres de la Bibliothéque du Grand Conseil, difposé par M. l'Abbé Boudot. *Paris, Cl. Fr. Simon*, 1739 *in-8. v. m.*

5333 Catalogue des Livres, Eftampes & deffeins du Cabinet de feu M. d'Hermand, ancien Colonel d'Infanterie, Ingénieur des Camps & Armées du Roi. *Paris, Gabriel Martin*, 1739, *in-8. mar. r. avec les prix de la vente.*

5334 Catalogus Librorum Bibliothecæ illuftriffimi Viri Hermanni Boërhaave, Doctoris Medici, &c. *Lugduni Batav. Sam. Luchtmans*, 1739, *in-8. v. m.*

5335 Catalogue des Livres de la Bibliothéque de M. Bellanger, mis en ordre par Gabriel Martin. *Paris, G. Martin*, 1740, *in-8. v. m.* (*avec les prix de la vente*).

5336 Catalogus Librorum Bibliothecæ Caroli-Joachimi Colbert de Croiffi, Epifcopi Montifpeffulani. *Anno* 1740, 2 *tom. en un vol. in-8. v. m.*

5337 Catalogue des Livres de la Bibliothéque de feu M. le Maréchal Duc d'Eftrées. *Paris, Jacq. Guérin*, 1740, *3 vol. in-8. v. m. avec la Table des Auteurs.*

5338 Catalogue des Livres de la Bibliothéque de feu M. Lancelot, de l'Académie Royale des Belles-Lettres, difpofé par Gabriel Martin. *Paris, Gabr. Martin*, 1741, *in-8. v. m.*

5339 Catalogue des Livres de la Bibliothéque de feu M. le Peletier des Forts, Miniftre d'E-

HISTOIRE.

tat, *Paris, Jacq. Barrois*, 1741, *in-*8. *v. f.* avec les prix de la vente.

5340 Catalogue des Livres de la Bibliothéque du Baron Adam de Sotelet. *Bruxelles*, 1742, *in-*8. *broché en carton*, (avec les prix de la vente).

5341 Catalogue des Livres de la Bibliothéque de feu MM. Bossuet, anciens Evesques de Meaux & de Troyes. *Paris, Pierre Gandouin,* 1742. *in-*8. *v. m.* avec les prix. } 2. 11.

5342 Catalogue des Livres de la Bibliothéque de feu M. le Chevalier de Charost, disposé par Marie-Jacq. Barrois. *Paris, Barrois*, 1742, *in-*8. *v. f.* 1.

5343 Bibliothéque universelle choisie ancienne & nouvelle, vendue publiquement par Pierre Gosse, à la Haye, en 1742. *La Haye, Pierre Gosse*, 1742, *in-*8. *v. br.* 1.

5344 Catalogue des Livres de la Bibliothéque de feu M. Barré, Auditeur des Comptes, disposé par Gabriel Martin. *Paris, Gabr. Martin*, 1743, 2 *vol. in-*8. *v. m.* avec les prix de la vente. 6. 2.

5345 Catalogue des Livres de la Bibliothéque de Louis-André le Brun, Ecuyer. *Paris, Charles Osmont*, 1743, *in-*12. *v. m.*

5346 Catalogus Librorum Bibliothecæ Hatleïanæ, in locos communes distributus, cum epistolâ præfatoriâ Mich. Maittaire. *Londini, Thom. Osborne*, 1743, 2 *vol. in-*8. *v. br.* } 2.

5347 Bibliotheca selectissima, sive Catalogus Librorum Bibliothecæ illustrissimi Baronis de Schomberg. *Amstelodami, Salom. Schouten*, 1743, 2 *vol. in-*8. *v. f.* 3. 15.

Kk ij

HISTOIRE.

5348 Catalogue des Livres de la Bibliothéque de feu M. Danty d'Isnard, Doct. en Médecine. *Paris, Gabriel Martin*, 1744, *in-12. broché, avec les prix de la vente, mis en marge.*

5349 Catalogue des Livres de la Bibliothéque de feu M. le Président Talon. *Paris, Barrois*, 1744, *in-12. v. m. avec les prix de la vente.*

5350 Catalogue des Livres de la Bibliothéque de M. Turgot, Prévost des Marchands, disposé par M. Piget. *Paris, Piget,* 1744, *in-8. v. m.*

5351 Catalogue des Livres de la Bibliothéque de feu M. Bonnier de la Mosson, Trésorier des Etats de Languedoc. *Paris, Jacq. Barrois,* 1745, *in-12. v. m. avec les prix de la vente.*

5352 Catalogue d'une collection particuliere de Livres rares & singuliers. *Paris, Piget,* 1745, *in-8. v. m.*

5353 Catalogue des Livres de la Bibliothéque de feu M. l'Abbé d'Orléans de Rothelin, disposé par Gabriel Martin. *Paris, G. Martin,* 1746, *in-8. v. f.*

5354 Catalogue des Livres de la Bibliothéque de feu M. le Président Bernard de Rieux, disposé par Marie-Jacq. Barrois. *Paris, Barrois,* 1747, *in-8. v. m.*

5355 Catalogue des Livres de feu M. le Comte de Pontchartrain. *Paris, P. Prault,* 1747, *in-8. v. m. avec les prix de la vente.*

5356 Catalogue des Livres du Cabinet de feu M. l'Abbé Souchay de l'Académie Royale des Belles Lettres. *Paris, Gabr. Martin,* 1747, *in-8. v. m. avec les prix de la vente.*

5357 Catalogue des Livres de la Bibliothéque de feu M. Burette, Médecin de la Faculté de Paris. *Paris, Gabr. Martin,* 1748, 4 *vol. in-*12. *v. m.* — 6.

5358 Catalogue des Livres de la Bibliothéque de feu M. de Valois, de l'Académie des Inscriptions & Belles-Lettres. *Paris, Barrois,* 1748, *in-*12. *v. m. avec les prix de la vente.* — 3. 12.

5359 Catalogue des Livres de la Bibliothéque de feu M. Gluc de S. Port, Conseiller Honoraire au Grand Conseil, disposé par Jean Boudot. *Paris, P. Prault,* 1749, *in-*8. *v. m.* — 1. 1.

5360 Bibliotheca selectissima, seu Catalogus variorum & insignium Librorum quos collegerat Jacobus Chion, Verbi Divini Minister Hagiensis. *Hag. Comit. Petrus de Hondt,* 1749, *in-*8. *v. m.* — 1.

5361 Catalogue des Livres de la Bibliothéque de feu M. le Comte d'Autry. *Paris, Gabr. Martin,* 1750, *in-*8. *v. m. avec les prix de la vente.* — 2. 14.

5362 Catalogue des Livres de la Bibliothéque de feu M. Bonardy de Crécy, Conseiller au Parlement. *Paris, Jacq. Barrois,* 1750, *in-*12. *v. m.*

5363 Catalogue des Livres, Tableaux, Estampes & Desseins du Cabinet de feu M. Gersaint. *Paris, Barrois,* 1750, *in-*8. *v. m.* — 1.

5364 Catalogus Librorum Bibliothecæ Augustini Bruzen de la Martiniere. *Hagæ-Comitum, Adrian. Moetjens,* 1750, *in-*8. *v. m. cum pretiis auctionis.* — 1. 13.

5365 Catalogue des Livres de la Bibliothéque

de feu M. le Préſident Crozat de Tugny. *Paris,
Thibouſt*, 1751, *in-8. v. m.*

2-9.

5366 Catalogue des Livres de feu M. le Comte
de la Marck. *Paris, Damonneville*, 1751,
in-8. v. m. avec les prix de la vente.

5367 Catalogue des Livres de la Bibliothéque
de feu M. David Martini, Officier de Ca-
valerie au ſervice de Saxe, avec un appendix
de Livres curieux & rares. *La Haye, Henry
Scheurleer*, 1752, *in-8. v. m.*

1-10. 5368 Catalogue des Livres de la Bibliothéque
de feu M. Giraud de Moucy, Chevalier de
S. Lazare, Commandant des Gardes de S. A.
Madame la Ducheſſe d'Orléans; diſpoſé par
Marie Jacq. Barrois. *Paris, Barrois*, 1753,
in-8. broché. avec les prix de la vente.

4. 10. 5369 Catalogue des Livres du Cabinet de feu
M. Claude Gros de Boze, publié par Gabriel
Martin. *Paris, Gab. Martin*, 1753, *in-8. v. m,*

6. 10. 5370 Catalogue des Livres provenans de la Bi-
bliotheque de feu M. de Boze. *Paris, Gabr.
Martin*, 1754, *in-8. v. f. avec les prix de la
vente.*

1. 10. 5371 Catalogue des Livres de la Bibliothéque
de feu M. Bonneau, Sécrétaire du Roy. *Paris,
Damonneville*, 1754, *in-8. broché. avec les
prix de la vente.*

4. 12. 5372 Catalogue des Livres de la Bibliothéque
de feu M. le Préſident Chauvelin. *Paris, Da-
monneville*, 1754, *in-8. v. m. avec les prix de
la vente.*

1. 16. 5373 Catalogue des Livres du Cabinet de feu
M. Coquelet. *Paris, Bauche*, 1754, *in-8.
broché, avec les prix de la vente.*

HISTOIRE.

5374 Catalogue des Livres & Eſtampes du Cabinet de feu MM. Geoffroy, de l'Académie Royale des Sciences. *Paris, Gabr. Martin*, 1754, *in-12. v. m.*

5375 Catalogue des Livres & Eſtampes de la Bibliotheque de feu M. de la Haye, Fermier-Général, diſpoſé par Gabriel Martin. *Paris, Gabr. Martin*, 1754, *in-8. v. m. avec les prix de la vente.*

2.

5376 Catalogue des Livres de la Bibliotheque de feu M. Paillet des Brunieres, Avocat au Parlement. *Paris, G. Fr. de Bure le jeune*, 1754, *in-8. broché. avec les prix de la vente.*

2.

5377 Catalogus Librorum Bibliothecæ Guillelmi Baronis de Craſſier, Epiſcopi & Principis Leodienſis Conſiliarii. *Leodii, Ever. Kints*, 1754, *in-8. v. m.*

1.

5378 Catalogue des Livres de la Bibliotheque de MM. Henry, Vicomte de Colerane, Samuel Dunſter, & du Baron Clarke. *Londres, Osborne*, 1754, 2 vol. *in-8. v. f. avec les prix des Livres marqués à l'amiable.*

12.

5379 Catalogue des Livres de la Bibliotheque de feu M. l'Abbé Delan, Docteur de la Maiſon & Société de Sorbonne. *Paris, Barrois*, 1755, *in-8. v. m. avec les prix de la vente.*

9.

5380 Catalogue des Livres de la Bibliotheque de feu M. Secouſſe, Avocat au Parlement; diſpoſé par Marie Jacq. Barrois. *Paris, Barrois*, 1755, *in-8. v. m. avec les prix de la vente.*

9.

5381 Bibliotheca Smithiana, ſeu Catalogus Librorum Joſephi Smithii, Angli, per cogno-

5. 4.

mina authorum dispositus. *Venetiis*, *Jo. Bapt. Pasquali*, 1755, *in-4. v. m.*

5382 Catalogue des Livres & Estampes de la Bibliotheque de feu M. Pajot d'Onsenbray. *Paris*, *Gabriel Martin*, 1756, *in-8. non-relié avec les prix de la vente mis en marge.*

5383 Catalogue des Livres de la Bibliotheque de M. le Maréchal d'Isenghien. *Paris*, *Gabriel Martin*, 1756, *in-8. v. m. avec les prix de la vente.*

5384 Catalogus Librorum italicorum, latinorum & MSS. magno sumptu & labore per XXX annorum spatium Liburni collectorum à N. Jachson. *Liburni*, *Ant. Santini*, 1756, *in-8. v. &c.*

5385 Catalogue des Livres du Cabinet de M. G. D. P. (Girardot de Préfond) disposé par Guill. François de Bure le jeune ; avec des éclaircissemens & des remarques sur la rareté des Livres & des éditions. *Paris*, *Guill. Fr. de Bure le jeune*, 1757, *in-8. v. m. avec les prix de la vente.*

5386 Catalogue d'une très belle Bibliotheque de Livres curieux & rares délaissés par feu M. Samuël Konig. *La Haye*, *Pierre Gosse*, 1758, *in-8. v. f.*

5387 Catalogue des Livres de la Bibliotheque de feu M. Guyon de Sardiere. *Paris*, *Barrois*, 1759, *in-8. v. m.*

5388 Catalogue des Livres & Estampes de feu M. Hermant. *Paris*, *Prault fils aîné*, 1759, *in-12. v. m. avec les prix de la vente.*

5389 Catalogue des Livres de la Bibliotheque de

HISTOIRE.

de feu M. Simpſon, Ecuyer. *Paris, Muſier fils*, 1759, *in-*8. *v. f. avec les prix de la vente* —4—

5390 Catalogus Librorum Bibliothecæ ſelectiſſi- } 3. 6.
mæ Philippi Liberi Baronis de Stoſch. *Florentiæ*, 1759, *in-*12. *cum pretiis Librorum in margine impreſſis.*

5391 Catalogus Librorum Bibliothecæ Philippi
Henrici Boëcleri, Med. Doct. *Argentorati*,
1760, *in* 12. *v. m.*

5392 Catalogue des Livres de la Bibliotheque } 1. 9.
de feu M Deſmarquets, Avocat au Parlement. *Paris, Piſſot*, 1760, *in-*12. *v. m. avec les prix de la vente.*

5393 Catalogue des Livres, Tableaux, Deſſeins
& Eſtampes de Claude Alexandre de Villeneuve, Comte de Vence, Lieutenant-Général
des Armées du Roi. *Paris, Prault fils aîné*, } 1. 19.
1760, *in-*8. *v. m. avec les prix de la vente.*

5394 Catalogue des Livres de la Bibliotheque
de feu M..... diſpoſé par Gabriel Martin. *Paris, Gabr. Martin*, 1760, *in-*8. *v. m.*

5395 Catalogue des Livres de la Bibliotheque } 3.
de feu M. de Selle, Tréſorier général de la
Marine, diſpoſé par Marie Jacq. Barrois.
Paris, Barrois & Davitz, 1761, *in-*8. *v. m.*

5396 Catalogue des Livres de la Bibliotheque
de feu M. le Maréchal Duc de Belle-Iſle.
Paris, Jacq. Fr. Mérigot fils, 1762, *in-*8. } 7. 19.
v. m. avec les prix.

5397 Catalogue des Livres de la Bibliotheque
de feu Meſſire Germain-Louis Chauvelin,
Miniſtre d'Eſtat. *Paris, Lottin l'aîné*, 1762, 8. 4.
*in-*8. *v. m. avec les prix de la vente.*

5398 Catalogue des Livres de la Bibliotheque   3.

Tome II. Ll

de feu M. Imbert, Ecuyer, premier Apothicaire du Corps du Roi. *Paris, Rombaud Davits*, 1763, *in-*8. *v. m. avec les prix de la vente.*

5399 Catalogue des Livres de feu M. l'Abbé Franç. Philippe Méfenguy. *Paris, J. Th. Hériffant*, 1763, *in-*8. *v. f. avec les prix de la vente.*

5400 Catalogue d'une Collection très curieuse de Livres provenans du Cabinet de M. Henry Juftice de Rufforth. *La Haye, Nic. van Daalen*, 1763, *in-*8. *v. m.*

5401 Catalogue des Livres de la Bibliotheque de la Maifon Profeffe des ci-devant foi-difans Jéfuites. *Paris, Piffot*, 1763, *in-*8. *broché.*

5402 Catalogus Codicum MSS. Bibliothecæ Collegii Claromontani Parifienfis, nec-non Domûs Profeffæ ejufdem Civitatis. *Parifiis, Saugrain*, 1764, *in-*8. *broché.*

5403 Catalogue des Livres de la Bibliotheque de feu Mad. la Marquife de Pompadour, dreffé & difpofé par Jean Thomas Hériffant fils. *Paris, Jean Th. Hériffant*, 1765, *in-*8. *v. m.*

5404 Catalogue des Livres de la Bibliotheque de feu M. Bluët, Adv. en Parlement. *Paris, Pierre le Petit*, 1667. === Catalogus Librorum variorum & rariffimorum in quâvis facultate, materiâ & linguâ, tàm compactorum quàm incompactorum Frederici Léonard, Bibliopolæ Parifienfis & Regis Typographi. *Parifiis*, *anno* 1672, *in-*12. *v. br.*

5405 Catalogus Librorum Bibliothecæ Joachimi Faultrier, Abbatis beatæ Virginis Arduennenfis, & S. Lupi Tricaffini, digeftus à Profpero Marchand, Bibliopolâ Parifienfi. *Parifiis*,

Prosp. Marchand, 1709. ⚌ Catalogue des Livres du Cabinet de feu M. G. D. B. Paris, 1710, in-8. v. f.

5406 Catalogus Librorum Bibliothecæ Petri Chauvin, Doct. Med. Parisiis, Petrus Gandouin, 1714. ⚌ Catalogus Librorum Bibliothecæ Henrici de Fourcy, Comitis Consistoriani. Parisiis, Gabr. Martin, 1713, in-12. v. f.

5407 Bibliotheca Sarraziana. Hagæ-Comitum, Abraham de Hondt, 1715. ⚌ Catalogue des Livres de la Bibliotheque de feu M***. Paris, 1726, in-12. v. br.

5408 Catalogue des Livres de la Bibliotheque de M..... Paris, Séb. Ravenel, 1727 ⚌ Catalogue des Livres de la Bibliotheque de M.... Paris, Gabr. Martin, 1728. ⚌ Catalogue des Livres de la Bibliotheque de Mr M... Paris, Gabr. Martin, 1733. ⚌ in-12. relié en carton.

5409 Bibliotheca Cometiana, sive Catalogus Librorum Bibliothecæ Augustini le Comte, in supremâ Subsidiorum Curiâ Senatoris. Paris, Guill. de Bure, 1730, avec les prix. ⚌ Catalogue des Livres de la Bibliotheque de feu M. le Maréchal de Huxelles. Paris, Robinot l'aîné, 1730, in-8. v. f. avec les prix.

5410 Catalogus Librorum Bibliothecæ viri clarissimi N. de S. Suplice. Parisiis, Robinot, 1731. ⚌ Catalogue des Livres de la Bibliotheque de feu M. Boullanger, Avocat au Parlement. Paris, Jacq. Barrois, 1741, in-12. relié en carton.

5411 Catalogus Librorum Bibliothecæ viri clarissimi N. de S. Suplice. Parisiis, Robinot

1731. ═ Catalogue des Livres de la Bibliotheque de feu M. Linguet, ancien Professeur de Seconde au Collége de Navarre. *Paris, Ph. Nic. Lottin*, 1733. ═ Catalogue des Livres de la Bibliotheque de feu M. Robert, ancien Avocat au Parlement. *Paris, Gabr. Martin*, 1734, *avec les prix de la vente, in*-12. *v. br.*

5412 Catalogus Librorum Bibliothecæ Caroli Nicolai Huguet de Sémonville, Senatûs Parifienfis Decani. *Parifiis, Gabr. Martin*, 1732. ═ Catalogue des Livres de la Bibliotheque de feu M. de Boullongne de Coifau, Receveur général des Finances. *Ibid*, 1733, *in*-8. *v. f.*

5413 Bibliotheca exquifitiffima infignium & præftantiffimorum Librorum, difpofita per Adrianum Moetjens. *Hag. Com.* 1732. ═ Les Amans déguifés, Comédie, par M. L. C. Dové. *Paris, Louis Denys de la Tour*, 1728, *in*-8. *v. f.*

5414 Catalogue des Livres de la Bibliotheque de feu M. l'Abbé Houël. *Paris, Eft. Robinot*, 1735. ═ Catalogue des Livres de la Bibliotheque de M..... *Paris*, 1717. ═ Catalogus Librorum Bibliothecæ Dionyfii Nolin. *Parifiis, Gabr. Martin*, 1710. ═ Catalogue des Livres de la Bibliotheque de M. C...... *Paris*, 1708, *in*-12. *relié en carton*.

5415 Catalogue des Livres de la Bibliotheque de feu Louis Dufour de Longueruë, Abbé de Sept-Fontaines, &c. *Paris, Jacq. Barrois*, 1735, *avec les prix de la vente*. ═ Catalogue des Livres de feu M..... *Ibid*, 1734, *avec les prix de la vente*. ═ Catalogue des Livres qui fe vendent à Paris chez Ant. Cl. Briaffon,

HISTOIRE.

& la veuve de Laulne. *Paris*, 1735, *in*-12. *v. br.*

5416 Catalogue des Livres de la Bibliotheque de feu M. Henry Charles du Camboût, Evesque de Metz. *Paris, Jean de Nully,* 1736. == Catalogue des Livres de la Bibliotheque de feu M. de Ferriol, Président à Mortier au Parlement de Metz. *Paris, Prault fils,* 1737. == Catalogue des Livres de la Bibliotheque de feu Messire Louis le Goux, Chevalier, Comte de la Rochepôt. *Paris, Charles Osmont,* 1738, *in*-12. *v. m.*

5417 Catalogue des Livres de la Bibliotheque de feuë Madame la Comtesse de Verruë. *Paris, Gabriel Martin,* 1737, avec les prix de la vente. == Catalogus Librorum Bibliothecæ Ludov. Franciscæ de Harlay, Lud. Renati March. de Vielbourg viduæ. *Parisiis, Gabr. Martin,* 1735, *in*-8. *v. m.* cum pretiis auctionis.

5418 Catalogue des Livres de la Bibliotheque de M. de M. T. L. Avocat au Parlement. *Paris, Rollin fils,* 1738. == Catalogus Librorum Bibliothecæ D. Abbatis Alexandri le Roy, digestus & descriptus à Carolo Moëtte, Bibliopolâ Parisino. *Parisiis, Car. Moëtte,* 1738, *in*-12. *v. f.*

5419 Catalogue des Livres de feu M. Carpentier, Sieur des Tournelles, Auditeur des Comptes. *Paris, Prault fils,* 1739. == Catalogue des Livres de la Bibliotheque de feu M. Danès, Docteur de Sorbonne. *Paris, Ch. Osmont,* 1728, *in*-12. *v. f.*

5420 Catalogue des Livres de la Bibliotheque de feu M. le Gendre d'Arminy, *Paris, Prault fils*, 1740, *avec les prix de la vente.* ⎯ Catalogue des Livres de la Bibliotheque de feu M. de la Porte. *Paris, Pierre Gandouin*, 1742, *in-8. baz. avec les prix de la vente marqués à l'amiable.*

5421 Catalogue des Livres de la Bibliotheque de feu M. de la Faye. *Paris, J. Bapt. Cl. Bauche*, 1741, *avec les prix de la vente.* ⎯ Catalogue des Livres de la Bibliotheque de feu M. Blanchard de Changy, Controlleur général de la Marine. *Ibid*, 1742, *in-8. v. br. avec les prix de la vente.*

5422 Catalogue des Livres du Cabinet de feu M. du Tot. *Paris, Prault pere*, 1741, *avec les prix de la vente.* ⎯ Catalogus Librorum Bibliothecæ Cl. Joannis le Gendre, in supremo Galliarum Senatu Patroni. *Parisiis, Petr. Fr. Emery*, 1726. ⎯ Catalogue des Livres de la Bibliotheque de feu M. de Lorangere. *Paris, Jacq. Barrois*, 1734, *in-12. v. br.*

5423 Catalogue des Livres de la Bibliotheque de MM. Bossuet, anciens Evesques de Meaux & de Troyes. *Paris, P. Gandouin*, 1742. ⎯ Catalogue d'une Collection particuliere de Livres rares & singuliers. *Paris, Piget*, 1745, *in-8 v. m.*

5424 Recueil de X Catalogues séparés de différentes Bibliotheques & Cabinets ; savoir, de MM. d'Apligny, Bonnet, de Coiseau, Coucicaut, l'Evêque, Ferrand, Gluc, Laubriere, Vielbourg & Richeville. *Paris*, 1742 *& ann. div. in-8. v. br.*

5425 Catalogue des Livres de la Bibliotheque de feu M. le Président Talon. *Paris, Barrois,*

HISTOIRE.

1744. ⹀ Catalogue des Livres de la Bibliotheque de feu M. Boullanger, Avocat au Parlement. *Ibid*, 1741. ⹀ Catalogue des Livres de la Bibliotheque de feu M. Henry Charles du Cambout, Evefque de Metz, &c. *Paris, Jean de Nully*, 1736, *in-12. relié en carton.*

5426 Catalogue des Livres, Tableaux, Eftampes & Deffeins du Cabinet de feu M. Gerfaint. *Paris, Barrois*, 1750, *avec les prix de la vente.* Catalogus Librorum Bibliothecæ ill. Com. de Waffenaër & Obdam. *Hag. Comitum, Petr. de Hondt,* 1750, *in-8. v. m.*   1 10

5427 Catalogue des Livres de la Bibliotheque de feu M. le Préfident Crozat de Tugny, difpofé par Jean Boudot. *Paris, Thibouft,* 1751, *avec les prix de la vente.* ⹀ Catalogue des Livres de la Bibliotheque de feu M. le Comte de la Marck. *Paris, Damonneville,* 1751, *in-8. v. m.*   2 -

5428 Catalogue des Livres & Eftampes du Cabinet de feu M. Geoffroy. *Paris, G. Martin,* 1754, *avec les prix de la vente.* ⹀ Catalogue raifonné des minéraux, coquilles & autres curiofités naturelles du Cabinet du même M. Geoffroy. *Paris, Guérin,* 1753, *in-12. broché, avec les prix de la vente.*   7 19

5429 XXI Liaffes contenant différens petits Catalogues de Bibliotheques peu confidérables vendues à Paris, tant à l'amiable qu'aux plus offrans & derniers enchériffeurs, au nombre de plus de 500 piéces. *in-8. & in-12. non reliés,* avec les prix de la vente mis en marge à un chacun d'eux   30. 1.

3. 5430 Liasse de XXXI Catalogues sans prix & de peu de valeur. *in*-8. & *in*-12. *reliés & brochés.*

1. 10. 5431 Catalogus Librorum omnium diversis linguis conscriptorum, qui venales habentur, in ædibus Georgii Willeri, Civis & Bibliopolæ Augustani. *Francofurti, Nic. Bassæus,* 1592, *in*-4. *v. m.*

2. 5432 Georgii Draudii Bibliotheca Classica, sive Catalogus Officinalis, in quo singuli singularum facultatum ac professionum Libri qui in quâvis ferè linguâ extant, usque ad ann. 1624, ordine alphabetico recensentur. *Francofurti ad Mœnum,* 1625, *3 vol. in*-4. *v. m.*

1. ⎧ 5433 Lud. Jacob, Cabilonensis Carmelitæ, Bibliographia Parisina ; *hoc est*, Catalogus omnium Librorum Parisiis annis 1643 & 1644 inclusive excussorum *Parisiis, Rolet. le Duc,* 1645. ═ Ejusdem Lud. Jacob Catalogus omnium Librorum Parisiis anno 1649 excussorum. *Parisiis, Seb. Cramoisy,* 1650, *in*-4. *v. m.*

    5434 Catalogus omnium Librorum qui reperiuntur in Bibliopolio viduæ Edm. Martin & Joannis Boudot. *Parisiis,* 1685, *in*-8. *vel.*

    ⎩ 5435 Bibliographia Anissoniana, seu Catalogus Librorum qui venales prostant in ædibus, Anisson, Posuel & Rigaud, tàm Parisiis quàm Lugduni. *anno* 1702. ═ Supplementum Bibliographiæ Anissonianæ. *Parisiis,* 1709 & 1719, *in*-12. *v. f.*

10. 5436 VIII. Liasses de mauvais Catalogues de Bibliotheques & de Libraires ; *tant in*-4. *qu'in*-8. & *in*-12. *non-reliés.*

SECTION

SECTION X.

VIES DES PERSONNES ILLUSTRES.

I.

Vies des illustres Personnages anciens, Grecs & Romains.

5437 Plutarchi, Chæronenfis, Vitæ Virorum illustrium, è græco latinè redditæ à diverfis authoribus. 2 vol. in-fol. C. M. mar. r. rare. *Editio vetus & primaria, abfque loci & anni indicatione, fed curis Antonii Campani in lucem mandata circà annum 1470, & Typis Udalrici Galli Romæ excufa, cum Verfibus fequentibus ad calcem Regiftri affixis* 150.

Anfer Tarpeii cuftos Jovis, unde: q. alis.
Conftreperes, gallus aeciait, ultor adeft.
Udalricus gallus: ne quem pofcantur in ufum.
Edocuit pennis nil opus effe tuis.
Imprimit ille die: quantum non fcribitur anno.
Ingenio: haud noceas: omnia vincit homo.

5438 Plutarchi, Chæronenfis, Vitæ Virorum illuftrium, è græco latinè redditæ à diverfis Authoribus : accedunt Vitæ quorumdam Illuftrium à variis Authoribus confcriptæ. *Venetiis, per Nicolaum Jenfon, anno 1478, 2 tom.* en un vol. in-fol. C. M. v. f. 24.

5439 Les Œuvres morales & les Vies des Hom-

HISTOIRE.

mes illustres de Plutarque, translatées en François par Jacq. Amyot. *Paris*, *Vascosan*, 1565 & 1575, 2 vol. in-fol. v. f.

5440 Les Vies des Hommes illustres de Plutarque, trad. du grec en françois, avec des remarques, par André Dacier. *Paris*, *Anisson*, 1701, in-4. v. br. (tom. 1.)

5441 Tables géographiques pour les Vies des Hommes illustres de Plutarque, dressées par le Pere Lubin, sur la nouvelle traduction du grec faite par l'Abbé Tallemant. *Paris*, 1671, in 12. v. br.

5442 Divers Opuscules de Plutarque de Chéronée, trad. du grec en françois, par Estienne Pasquier, Recteur des Ecoles de Louhans. *Lyon*, *Jean de Tournes*, 1546, in-8. v. m.

5443 Les Vies de huit excellens & renommés Personnaiges Grecs & Romains, mises au parangon l'une de l'autre, escrites en grec par Plutarque de Cherronée, & translatées en françois par Georges de Selves, *Lyon*, *Jean de Tournes*, 1548, un tome en 2 vol. in-16. v. m. (lettres rondes).

5444 Cornelii Nepotis Vitæ excellentium Imperatorum. *Londini*, *Typ. J. Brindley*, 1744, petit in-12. mar. r.

5445 Les Vies des grands Capitaines de la Grece, escrites en latin par Cornélius Népos, & trad. en françois, avec le texte latin à côté, par le Pere Vignancour, de la Comp. de Jésus. *Paris*, *Florentin Lambert* 1666, in-12. v. f.

5446 La Mort de Lucrèce & de Virginia, femme & fille très pudique, extraite des Histoires romaines par le sieur de la Barte. *Paris, Robert Estienne*, 1567, *in*-12. *v. br.*

5447 La Vie de Caton le Jeune, que l'on nomme vulgairement Caton d'Utique, trad. en franç. par Loys Marchant. *Lyon, Barth. Frein*, *in*-16. *v. br.*   2. 10.

5448 Histoire des Faits & Gestes du Grand Pompée, par Puget de la Serre. *Paris, Mille de Beaujeu*, 1659, *in-fol. G. P. v. br.*   1. 10.

5449 Octavii de Strada à Rosberg, civis romani, Opus de Vitis Imperatorum & Cæsarum Romanorum, tàm Occidentalium, quàm Orientalium, nec-non Uxorum & Liberorum eorum; item Tyrannorum omnium qui diversis temporibus Romanum Imperium attentare & occupare conati sunt, à C. Julio Cæsare, primo Monarchâ, usquè ad Imperatorem Cæs. Matthiam, unà cum eorum effigiebus ac symbolis. *Francof. ad Mœn. Joannes Bringerus*, 1615, *in-fol. v. br.*

5450 Marci Zuerii Boxhornii Monumenta & Elogia clarorum Virorum, nec-non Monumenta sepulchralia veterum Romanorum, cum figuris æneis. *Amstelodami, Janssonius*, anno 1638, *in-fol. fig. v. br.*   2- 12-

5451 Joann. Meursii Pisistratus, sive de ejus vita & tyrannide Liber singularis. *Lugd. Bat. ex Offic. Elzevirianâ*, 1623 *in*-4. *v. m.*   1. 6.

HISTOIRE.

II.

Vies & Eloges des Personnages illustres parmi les Modernes.

§ I. *Vies des Hommes illustres en général.*

5452 Johannis Boccacii de Certaldo, de Casibus Virorum illustrium Libri IX. *Editio vetustissima, absque ullâ loci & anni indicatione.* ⸺ Ejusd. Boccacii de Certaldo, Liber de præclaris Mulieribus, ex eâdem præcedenti vetustissimâ editione. *in-fol. non relié.*

5453 Ejusdem Joannis Boccacii Certaldi, de Casibus illustrium Virorum Libri IX. *Parisiis, Joann. Gormontius, absque anni notâ, in-fol. vélin vert.*

5454 Iidem, cum ejusdem Boccacii vitâ, per Joann. Theodericum Bellovacum conscripta. *Parisiis, Gormontius, absque anno, in-fol. v. br.*

5455 Iidem, ex edit. Hieronymi Ziegleri. *Aug. Vindelic. Phil. Ulhardus,* 1544. ⸺ Herodoti Halycarnassei Historiarum Libri IX, è græco latinè redditi interprete Laurentio Valla, cum emendationibus Sebastiani Castalionis, & Libello de genere & vitâ Homeri. *Coloniæ, Cholinus,* 1562, *in-fol. v. noir.*

5456 Traité de Jehan Boccace de Certaldo, intitulé, des Dames de renom : trad. de l'italien en françois. *Lyon Guill. Rouille,* 1551, *in-8. v. m.*

5457 Il Libro de gli Homini famosi, compillato

per lo inclyto Poëta Miſer Franciſco Petrarca. *Veronæ, Innocens Ziletus*, 1476, *in-fol. mar. bl. rare.*
* *Editio Primaria.*

5458 Onuphrii Panvinii, Veronenſis, Opuſculum de urbis Veronæ Viris doctrinâ & bellicâ virtute illuſtribus. *Veronæ, Angel. Tami*, 1621. == Andr. Chiocci de Collegii Veronenſis illuſtribus Medicis & Philoſophis, qui bonas literas illuſtrârunt, & ex quorum moribus ac inſtitutis præceptiſve perfecta optimi Medici idea colligi poteſt. *Veronæ*, 1623, *in-4. v. br.*

5459 Simonis Starovolſci, Sarmatiæ bellatores, ſeu Elogia Virorum bellicâ virtute illuſtrium, quotquot vel noſtrâ vel avorum memoriâ, celebres in Poloniâ fuêre. *Coloniæ Agrippinæ, Henr. Crithius*, 1631, *in-4. v. noir.*

5460 Promptuarium Iconum inſigniorum à ſæculo Hominum, ſubjectis eorum vitis, per compendium ex probatiſſimis Autoribus deſumptis. *Lugduni, Gulielm. Rovillius*, 1553, 2 *tom. en un vol. in-4. fig. mar. r.*

5461 Icones diverſorum Hominum Fœminarumque, famâ & rebus geſtis illuſtrium, collectæ à Jano Jacobo Boiſſardo, & in æs inciſæ. *Metis, Abraham Faber*, 1591, *in-4. figur. mar. bl.*

5462 Johannis Tritemii, Abbatis Spanhemenſis, Ord. S. Benedicti, Catalogus illuſtrium Virorum Germaniam ſuis ingeniis & lucubrationibus omnifariam exornantium, cum appendice Jacobi Vympfelingi. *Editio anni* 1495, *in-4. relié en carton.*

HISTOIRE.

5463 Scævolæ Sammarthani, Elogia Virorum doctrinâ illustrium qui hoc sæculo in Galliâ floruerunt. *Augustoriti Pictonum, Joann. Blancetus*, 1598, *in-8. v. m.*

5464 Cl. Viri Joann. Papirii Massonis Elogia Virorum illustrium, ex editione & museo Joannis Balesdens. *Parisiis, Seb. Huré*, 1638, 2 tom en un vol. *in-8. v. br.*

5465 La Prosopographie, ou Description des Personnes insignes, avec leurs effigies, par Ant. du Verdier, sieur de Vauprivas. *Lyon, Ant. Gryphius*, 1573, *in-4. v. m.*

5466 La même. *Lyon, Paul Frelon*, 1605, 3 vol. *in-fol. vél.*

5467 Les Femmes illustres, ou les Harangues héroïques de M. de Scudery, avec les véritables portraits de ces héroïnes, tirés des médailles antiques. *Paris, Ant. de Sommaville*, 1644, 2 vol. *in-4. v. f.*

5468 Les Femmes héroïques, comparées avec les Héros, ensemble les moralités à la fin de chaque histoire, par le R. P. du Bosc, Religieux Cordelier, avec des figures en taille-douce. *Paris, Estienne Loyson*, 1669, 2 vol. *in-12. fig. v. br.*

5469 Les Portraits des Hommes illustres François qui sont peints dans la Gallerie du Palais Cardinal de Richelieu, avec leurs principales actions, armes, devises, éloges, &c. desseignés & gravés par les sieurs Heince & Bignon, Peintres & Graveurs du Roi, avec l'abrégé de leurs Vies par M. de Vulson, sieur de la Colombiere. *Paris, Henry Sara*, 1650, *grand in-fol. fig. v. m.*

HISTOIRE. 279

5470 Recueil des Portraits & Eloges en vers & en profe, de différentes perfonnes qui ont vécu fous le fiécle de Louis XIV, & dédié à fon Alteffe Royale Mademoifelle de Montpenfier. *Paris, Charles de Sercy*, 1659, 2 vol. *in-8. v. br.*   2. 16.

5471 Les mêmes Portraits. *Impr. en* 1659, *in-4. G. P. mar. r.*   3.

5472 Recueil des portraits des Hommes illuftres tant du fiécle préfent que de plufieurs fiécles paffés, gravés en taille-douce. *Leyde, Corn. Haak*, 1757, *in-fol. mar. r.*   18. 19.

5473 Recueil des Portraits des Hommes illuftres de la Grande-Bretagne, au nombre de CVIII, gravés magnifiquement en taille douce par le célébre Houbraken & autres fameux Artiftes, avec des explications hiftoriques, & l'abrégé de leurs vies, en anglois, par Thomas Birch. *Londres, Knapton*, 1756, *in-fol. maximo, relié en peau.*   26. 19.

5474 Tableaux hiftoriques, au nombre de DCXLIII planches, où font gravés en taille-douce les illuftres François & étrangers de l'un & l'autre fexe, remarquables par leur naiffance ou leur fortune, doctrine, piété, charges & emplois, avec leurs éloges & leurs armoiries, par Pierre Daret, Louis Boiffevin & B. Moncornet, Graveurs du Roy. *Paris*, 1654 & *ann. fuiv.* 2. *vol. in-4. G. P. v. br.*   12.

5475 Hiftoire des plus illuftres Favoris anciens & modernes, recueillie par Pierre du Puy, avec un Journal de ce qui s'eft paffé à la mort du Maréchal d'Ancre. *Leyde, Jean Elzevier*, 1659, *in-4. mar. r.*   3.

5476 Histoire des Personnes qui ont vécu plusieurs siécles, & qui ont rajeuni, avec le secret du rajeunissement tiré d'Arnauld de Villeneuve, par M. de Longeville Harcouet. *Paris, Ve Charpentier, 1715, in-12. v. m.*

5477 Les Impostures insignes, ou histoires de plusieurs Hommes de néant, scélérats & imposteurs, qui ont usurpé la qualité d'Empereurs, Rois & Princes, avec les guerres qu'ils ont causé, & diverses autres choses très curieuses, par J. B. de Rocoles. *Paris, Fr. Blanchet. 1679, in-12. mar. r.*

5478 La Vie de l'imposteur Mahomet, recueillie des Auteurs Arabes, Persans, Hébreux, Chaldaïques, Grecs & Latins. *Paris, Jean Musier, 1699, in-12. v. br.*

§ 2. *Vies des Hommes illustres par leur naissance, leurs rangs & leurs qualités.*

5479 Nic. Clementis Trelæi, Austrasiæ Regum Imagines, æri incisæ, cum explicatione epigrammaticâ. *Coloniæ, 1591.* ━ Discours des choses advenues en Lorraine, depuis le décès du Duc Nicolas, jusqu'à celui du Duc René, par N. Remy. *Pont-à-Mousson, Melchior Bernard, 1605 in-4. v. m.*

5480 Abrégé de la Vie de divers Princes illustres, avec des réflexions historiques sur leur conduite & leurs actions par Ant. Teissier. *Amsterdam, 1710, in-12. v. br.*

5481 Eloges historiques, Portraits, Mémoires & Fragmens de la Vie & Actions mémorables de quelques Rois & Princes Souverains, qui regnent en Europe au commencement de ce XVIIIe

HISTOIRE.

XVIIIᵉ siécle, ou qui sont morts dans le XVIIᵉ. *Amsterdam, Sam. Wigbert*, 1710, *in*-12. *v. br.*

5482 La Galerie des Peintures, ou Recueil des Portraits & Eloges en vers & en prose, contenant les Portraits du Roy, de la Reyne, des Princes, Princesses, Duchesses, Marquises, Comtesses & autres Seigneurs & Dames les plus illustres de France, la plûpart composés par eux-mêmes; & dédiée à son Altesse Royale Mademoiselle de Montpensier. *Paris, Ch. de Sercy*, 1663, 2 *vol. in* 12. *v. br.*   1.

5483 Le Temple de la gloire, auquel sont contenus les éloges historiques des XIII Princesses de Sang Royal qui ont porté le nom d'ANNE, avec figures en taille-douce. *Grand in-fol. v. m.*   3. 1.

5484 Histoire de la Vie & Faits d'Ezzelin III, Tyran de Padouë, sous la tyrannie duquel, périrent de mort violente plus de douze mille Padouans, traduite de l'italien de Pierre Gérardo, en françois par le sieur Jacq. Cortaud. *Paris, Jean Promé*, 1645, *in*-8. *v. br.*

5485 Vita dello illustrissimo Signore Guidobaldo, Duca d'Urbino e della Signora Helizabetta Gonzaga sua consorte. *In Fiorenza, Lorenzzo Torrentino*, 1555, *in*-8. *v. m.*   2. 3.

5486 Ritratti & Elogii di Capitani illustri moderni, descritti da Giulio Roscio, Agostino Mascardi, Fabio Leonida, Ottavio Tronsatelli & altri, cum figure in rame. *In Roma, Filippo de Rossi*, 1646. == Musæum historicum & physicum Johannis Imperialis, Doct. Med. Vincentini, in duos tomos digestum;

five imagines & elogia Virorum litteris illustrium. *Venetiis, apud Juntas,* 1640, *in*-4 *fig. v. br.*

5487 La Vie, Mort & Tombeau de Messire Philippe de Strozzi, où se voit la bonne & généreuse nourriture de la jeune Noblesse Françoise, sous les Roys Henry & François II, par le sieur de Torsay. *Paris, Guillaume le Noir,* 1608, *in*-8. *v. m.*

5488 La Vie de Louis de Bourbon, premier Duc de Montpensier, par Nicolas Coustureau, Seig. de la Jaille, avec les additions de du Bouchet. *Rouen, Jacq. Cailloué,* 1642, *in*-4, *v. f.*

§ 3. *Vies des Hommes Illustres par leur piété & par leur savoir.*

2. 9. 5489 La Vie du vénérable Pierre l'Hermite, Auteur de la premiere Croisade & Conqueste de Jérusalem, Pere & Fondateur de l'Abbaye de Neuf-Moustier, &c. par le R. P. Pierre d'Oultreman, de la Comp. de Jésus. *Paris, Louis Boulanger,* 1645, *in*-12. *v. br.*

3. 15. 5490 La Vie du très sainct & très renommé Pere & Docteur, & très excellent Contemplateur Jean Rusbroche, précédée de son Ouvrage intitulé, les Nôces Spirituelles. *Tolose, Veuve Colomiez,* 1606, *in*-12. relié en carton.

1. 10. 5491 Histoire des Amours & des Infortunes d'Abélard & d'Eloise, avec les Lettres qu'ils s'écrivirent l'un à l'autre. *La Haye, Louis & Henry Van Dole,* 1703, *in*-12. *bas.*

2. 5492 Eloges historiques des Evêques & Arche-

HISTOIRE.

vesques de Paris, qui ont gouverné cette Eglise depuis environ un siècle, jusqu'au décedes de M. François de Harlay Chanvallon nommé par le Roy au Cardinalat. *Paris, Franç. Muguet*, 1698 *in* 4. *v. br.*

5493 Joann. Launoii, Constantiensis, Parisiensis Theologi Elogium, una cum ejusdem notationibus in censuram duarum Anton. Arnaldi propositionum, quarum una facti, altera juris, appellatur. *Londini, Typis J. Playfort*, 1685, *in*-12. *v. f.*

5494 Histoire abrégée de la Vie & des Ouvrages de M. Arnauld, Docteur de Sorbonne. *Cologne, Nic. Schouten*, 1695, *in*-12. *v. br.*

1. 9.

5495 La mesme. *Impr. en* 1697, *in*-12. *v. br.*

5496 La Vie du vénérable Pere Antonin Massoulié. *Impr. en* 1715, *in*-4. *vél.*

1.

5497 La Vie de Madame la Duchesse de Mercœur, illustre par sa piété, par Charles François d'Abra de Raconis. *Paris*, 1625, *in*-12. *v. m.*

1. 7.

5498 L'Amante convertie, ou l'Eloge d'une illustre Pénitente. *Lyon, Esprit Vitalis*, 1685, *in*-12. *baz.*

1. 17.

5499 Cornelii Curtii, Virorum illustrium ex Ordine Eremitarum S. Augustini Elogia, cum singulorum expressis ad vivum iconibus æneis. *Antverpiæ, Joann. Cnobbarus*, 1636, *in* 4. *fig. v. m.*

4.

5500 Les Moines empruntés, ou Histoire des Hommes illustres qu'on a voulu faire Moines après leur mort, par Pierre Joseph. *Impr. en* 1698, *in*-12. *v. br.*

1. 8.

5501 Melchioris Adami Vitæ Germanorum

1.

Theologorum, qui superiori sæculo Ecclesiam Christi voce scriptisque propagârunt & propugnârunt. *Heidelbergæ, Jona Roza*, 1620, *in-*8. *v. f.*

5502 Histoire de la Vie & de la Mort de Jean Calvin, par Théodore de Beze. *Geneve, Fr. Perrin*, 1565, *in-*8. *v. m.*

5503 Elogia illustrium Belgii Scriptorum qui vel Ecclesiam Dei propugnârunt, vel disciplinas illustrârunt, Centuria, decadibus distincta, ex Bibliothecâ Auberti Miræi. *Antverpiæ, Hæred. Joann. Belleri*, 1602, *in-*8. *v. m.*

§ 4. *Vies & Eloges des Hommes illustres dans les Sciences & dans les Arts*.

5504 Les Eloges des Hommes Savans tirés de l'Histoire de M. de Thou, avec des additions, l'abrégé de leur vie, le jugement & le catalogue de leurs Ouvrages, par Ant. Teissier. *Utrecht, Franç. Halma*, 1696, 2 *vol. in-*12. *v. br.*

5505 Traité historique des enfans devenus célébres par leurs études ou par leurs écrits, par Adrien Baillet. *Paris, Ant. Dezallier*, 1688, *in-*12. *mar. r.*

5506 La Vie de Maistre Charles du Molin, Advocat au Parlement de Paris, par Maître Julien Brodeau. *Paris, Jean Guignard*, 1654, *in-*4. *mar. r.*

5507 Petri Puteani Vita, cum notis Nicolai Rigaltii. *Lutetiæ, ex Offic. Cramosianâ*, 1652, *in-*4. *v. f.*

5508 Melchioris Adami Vitæ Germanorum Jurisconsultorum & Politicorum qui superiori sæculo floruerunt. *Heidelbergæ , Hæred. Jonæ Rozæ ,* 1620. ⹀ Ejusdem Melch. Adami Vitæ Germanorum Medicorum qui superiori sæculo claruerunt. *Ibid ,* 1620, *in-*8. *v. f.*

5509 l'Académie des Philosophes, contenant leur vie, mœurs, gestes, dits, sentences, &c. mise en lumiere par Pierre du Boys. *Lyon , Ben. Rigaud ,* 1587, *in-*8. *vél.*

5510 Diogenis Laërtii de Vitis Philosophorum Libri X, e græco sermone in latinum versi, interprete fratre Ambrosio. *Bononiæ, per Jacobum de Ragazonibus ,* anno 1495, *in-fol. v. m.*

5511 Iidem Diogenis Laërtii de Vitis Philosophorum Libri X, è græco latinè redditi. *Parisiis, Joann. Parvus , in-*4. *v. m.*

5512 Apollonii Tyrii Historia, sive Narratio eorum quæ ipsi contigerunt, è membranis vetustis erecta. *Augustæ Vindelic. ad insigne Pinus,* 1595, *in-*4. *vél.*

5513 Histoire de Martinus Scriblérus, de ses Ouvrages & de ses découvertes, trad. de l'anglois de M. Pope en françois. *Londres ,(Paris),* 1755, *in-*12. *v. m.*

5514 Vincentii Panurgi Epistola de tribus impostoribus, Gassendo, Bernerio & Neuræo, ad Joannem Bapt. Morinum. *Parisiis, Macæus Bouillette ,* 1654, *in-*4. *v. m.*

5515 Melchioris Adami Vitæ Germanorum Philosophorum qui sæculo superiori floruerunt. *Heidelbergæ , Jona Roza,* 1615. ⹀ Ejusdem Melch. Adami Decades duæ continentes

HISTOIRE.

Vitas Theologorum exterorum principum, qui Ecclesiam Christi superiori sæculo propagârunt & propugnârunt. *Francofurti, Nic. Hoffmannus*, 1618, *in-*8. *v. f.*

10. 5516 Abrégé de la Vie du célébre Pierre Danès, Ambassadeur du Roi François I au Concile de Trente, avec deux Mémoires sur les principales actions de Jacq. Danès, Evêque de Toulon, &c. *Paris, Quillau*, 1731, *in-*4. *v. br.*

5517 La Vie de Gianotti Manetti, Sénateur de Florence, célébre par son génie, son savoir, ses écrits, ses XXIII Ambassades ou Commissions extraordinaires, ses malheurs & sa constance, par M. Requier. *Paris, Desaint & Saillant*, 1762, *in-*12. *broché.*

19. 5518 Parallele de Scipion l'Africain & de M. le Cardinal de Richelieu, par Puget de la Serre, avec figures en taille-douce. *Bourdeaux, Guill. Millanges*, 1641, *in fol. G. P. mar. r.*

5519 Imagines Legatorum omnium tam Monasterii, quàm Osnabrugæ, pacis universalis Orbi Christiano conciliandæ causâ convocatorum; nec-non eorumdem nomina, cognomina, tituli, &c. *Parisiis*, 1648, *in-*4. *v. br.*

5520 Le Docteur Archangélique, ou Histoire admirable de la Vie du Bienheureux Raymond Lulle, Martyr, avec son apologie & le catalogue de ses Ouvrages, par le sieur Armand de Gérard. *Sarlat*, 1667, *in-*12. *v. br.*

5521 La Vie & le Martyre du Docteur illuminé, le Bienheureux Raymond Lulle, avec une apologie de sa Sainteté & de ses Œuvres, par M. l'Abbé A. Perroquet, Prêtre du Diocèse

HISTOIRE. 287

de Carpentras. *Vendofme, Séb. Hyp.*, 1667, *in-8. v. br.*

5522 Vida y Hechos del admirable Dotor y Martyr Ramon Lull. vezino de Mallorca, comp. por el Dotor Juan Segui. *En Mallorca*, 1606, *in-8. v. m.* — 1. 10.

5523 La Vie du R. P. Marin Merfenne, Théologien, Philofophe & Mathématicien de l'Ordre des Peres Minimes, par F. Hilarion de Cofte, Religieux du même Ordre. *Paris, Séb. & Gabriel Cramoify*, 1649, *in-8. vél.* — 1.

5524 Recueil hiftorique de la Vie & des Ouvrages des plus célébres Architectes, par J. Fr. Félibien des Avaux. *Paris, veuve Cramoify*, 1687, *in-4. v. br.* — 1. 10.

5525 Dionyfii Halicarnaffei Opufcula nonnulla de præcipuis linguæ græcæ Authoribus, latinitate donata à Stanislao Ilovio Polono: accedunt ejufdem Ilovii & Franc. Robortelli de hiftoricâ facultate Commentariunculæ. *Lutetiæ, ex Offic. Rob. Stephani*, 1556, *in-8. v. f.*

5526 Les Vies des Poëtes Grecs, par M. Tannegui le Febvre. *Paris, Charl. de Sercy*, 1665, *in-12. v. br.* } 1. 10.

5527 Mémoires pour la Vie de François Pétrarque, tirés de fes Œuvres & des Auteurs contemporains, avec des notes ou differtations & des piéces juftificatives. *Amfterdam*, 1764, 2 vol. *in-4. v. m.* — 7. 1.

5528 La Pénitence & la Confeffion de François Pétrarque, divifée en XVI Pfeaumes, & trad. de latin en françois par Jean Jacq. de Barthés. *Paris*, 1637, *in-12. v. m.* — 1.

5529 La Vie du Tasse, Prince des Poëtes Italiens. *Paris*, (*Holl.*) 1695. *in*-12. *v. m.*

5530 Discours de la Vie de Pierre Ronsard, Prince des Poëtes François, avec une éclogue représentée en ses Obséques par Claude Binet, &c. *Paris, Gabriel Buon*, 1586, *in*-4. broché.

5531 Parallele des trois principaux Poëtes tragiques François, Pierre Corneille, Jean Racine & Prosper Jolyot de Crébillon ; avec un abrégé de leur vie, & un catalogue raisonné de leurs Ouvrages. *Paris, Saillant*, 1765, *in*-12. broché.

5532 Description du Parnasse françois, exécuté en bronze, avec la Liste alphabétique des Poëtes & des Musiciens rassemblés sur ce monument, par M. Titon du Tillet. *Paris, veuve Ribou*, 1727, *in*-12. *v. m.*

5533 Eloges des Hommes illustres, qui, depuis un siécle, ont fleuri en France dans la profession des Lettres, trad. du latin de Scévole de Sainte-Marthe, en françois par Guillaume Colletet. *Paris, Ant. de Sommaville*, 1644, *in*-4. *v. br.*

5534 La Vie de Fra-Paolo Sarpi, de l'Ordre des Serviteurs de la Vierge, & Théologien de la République de Venise, trad. de l'italien en françois. *Leyde, Jean Elzévier*, 1661, *in*-12. *v. br.*

5535 La même *Venise* (*Rouen*), 1665, *in*-12. basane.

SECTION XI.

EXTRAITS HISTORIQUES, ou diverses Collections extraites des Historiens anciens & modernes.

5536 Valerii Maximi Opus de Dictis & Factis memorabilibus antiquorum, Libris IX distinctum. *Moguntiæ, per Petrum Schoyffer de Gernshem*, anno 1471, *in-fol. relié en bois. rare.* 180. 1.
* *Editio Primaria.*

5537 Iidem. *Venetiis, per Johannem de Colonia Agrippinensem ac Johannem Manthen de Gherretshem*, anno 1474, *in-fol. v. f.* 8. 4.

5538 Iidem. *Parisiis*, anno 1475, *in-fol. v. br.* - - 3.

5539 Iidem, cum Commentariis Omniboni Leoniceni. *Venetiis, per Johann. de Forlivio & socios ejus*, anno 1482, *in-fol. v. f.* 3.

5540 Iidem. *Venetiis, per Dionysium & Pelegrinum Bononienses*, anno 1485, *in-fol. v. br.* 4.

5541 Iidem, cum interpretationibus Oliverii Arzignanensis. *Venetiis, Joannes Forliviensis & Gregorii fratres*, anno 1487, *in-fol. v. br.* 3.

5542 Iidem, cum Commentario ejusdem Oliverii Arzignanensis; & Jodoci Badii Ascensii familiari & dilucidâ expositione. *Parisiis, Joan. Parvus*, 1517, *in-fol. vél.* 3.

5543 Iidem, cum Comment. eorumdem Oliv. Arzignanensis & Jodoci Badii Ascensii. *Lutetiæ, in Ædibus Joann. Parvi*, 1535, *in-fol. v. m.* } 6.

5544 Valere Maxime, translaté de latin en françois par Simon de Hesdin & Nicolas de

Tome II. O

Gonnesse. *Lyon, Matthieu Husz*, 1485, *in-fol. gotiq. v. m. fig. enluminées.*

5545 Le même. *Lyon, Matthieu Husz*, 1489, *in-fol. fig. v. m.*

5546 Le même translaté de nouveau du latin en françois. *Paris, Vérard, sans date, in-fol. gotiq. relié en bois.*

5547 Le Floralier, recueil & épithome des Histoires, dicts & Sentences du Grand Valere, Prince de tous Historiographes, extraict & réduict au brief par Robert de Valle, & translaté de latin en françois par Guill. Michel. *Paris, Pierre le Brodeux*, 1525, *in-4. gotiq. mar. r.*

5548 Opus ex gestis Romanorum, quod fertur Recollectorium, cum pluribus applicatis historiis, de virtutibus & viciis mysticè ad intellectum transsumptis. *Goudæ, per Gerard. Leeu, anno* 1480, *in-fol. mar. r.*

5549 Alberti de Eyb, Margarita Poëtica, sive Oratorum omnium, Poëtarum, Historicorum ac Philosophorum eleganter dicta, in unum collecta. *Editio anni* 1487, *absque notâ impressoris & loci. in-fol. mar. r.*

5550 Eadem Margarita Poëtica. *Editio vetus Parisiensis in vico Sancti Jacobi excusa, absq. anni indicatione. in-fol. relié en carton.*

5551 Le Bouquet historial, recueilli des meilleurs Auteurs grecs & latins, françois, &c. & rédigé par ordre alphabétique. *Paris, Martin Collet*, 1650, *in-8. v. m.*

5552 Meslanges historiques, ou Recueil de plusieurs Actes, Traictés, Lettres missives & autres Mémoires qui peuvent servir en la déduction de l'Histoire depuis l'an 1390 jusqu'en

HISTOIRE.

l'an 1580, avec un ancien Formulaire pour les Sécrétaires du Roy, Maison & Couronne de France, & les Chartres expédiées en faveur de leur Collége, par Nic. Camuzat. *Troyes, Noël Moreau*, 1619, *in-8. v. m.*

5553 Meslanges historiques dédiés à M. Thévenot. *Oranges, Jacq. Rousseau*, 1675, *in-12. v. m.*

5554 Les Méditations historiques de Philippe Camérarius, trad. de latin en franç. par Simon Goulard Senlisien. *Lyon, veuve Ant. de Harsy*, 1610, 3 *tom. en un vol. in-4. v. f.*

5555 Mémoires historiques, politiques, critiques & littéraires, par Amelot de la Houssaye. *Amsterdam, Mich. Ch. le Cene*, 1722, 2 *vol. in 12. v. m.*

5556 Silva de varia Lecion, compuesta por Pedro Mexia Vezino de Sevilla. *En Anvers, Martin Nucio*, 1603, *in-8. v. m.*

5557 De la vicissitude ou variété des choses en l'univers, & concurrence des Armes & des Lettres par les premieres & plus illustres Nations du monde, depuis le temps où a commencé la civilité & mémoire humaine jusqu'à présent ; où il est encore discouru s'il convient par propres inventions augmenter la doctrine des Anciens sans s'arrêter aux versions, expositions, corrections & abrégés de leurs Ecrits, par Loys le Roy, dit Regius. *Paris, l'Huillier*, 1584, *in-8. relié en carton.*

5558 Histoires mémorables des grands & merveilleux jugemens & punitions de Dieu advenues au monde, & principalement sur les Grands, à cause de leurs mesfaicts, par Jean Chassanion. *Paris, Jean le Preux*, 1586, *in-8. v. m.*

2. 19. 5559 Tableau de la fortune ; où, par la décadence des Empires & des Royaumes, par la ruine des Villes, & par diverses avantures merveilleuses on voit l'instabilité de toutes les choses du monde, le tout extrait de plusieurs Auteurs, par Urbain Chevreau *Paris, Guill. Loyson*, 1644, *in*-4. *v. f.*

1. 5560 Autre édition du même Livre. *Paris, Ant. de Sommaville*, 1656, *in*-8. *vél.*

2. 5561 Prodigiorum atque Ostentorum, tàm cœlestium quàm terrestrium Chronicon, ab exordio mundi usque ad nostra tempora ; ex diversis auctoribus excerptum. *Basileæ, Henric-Petri*, 1557, *in-fol. v. br.*
* *In hoc exemplari desideratur folium tituli.*

3. 5562 Histoires tragiques extraites des œuvres de Bandel, & mises en langue françoise par Pierre Boaistuau, surnommé Launay, & Franç. de Belleforest. *Paris & Lyon*, 1571 *& ann. suiv*, 6 *vol. in*-16. *vél.*

1. 11. 5563 Les Histoires tragiques de notre temps, où sont contenues les morts funestes & lamentables de plusieurs personnes, arrivées par leur ambition, amour déréglé, sortiléges, vols, rapines & autres accidens mémorables, par Franç. de Rosset. *Rouen, Nic. le Prévost*, 1619, *& Paris, Franç. Huby*, 1623, 2 *vol. in*-12. *vél.*

2. 10. 5564 Les mêmes. *Rouen, Jacq. Hérault*, 1654, *in*-8. *v. f.*

3. 12. 5565 Histoires pitoyables & tragiques recueillies de plusieurs célebres Historiens, par le R. Pere Benoist Gonon, Religieux Célestin. *Lyon, Jean Huguetan*, 1646, *in*-8. *v. m.*

LIVRES OMIS.

5566 Biblia Sacra, id est, vetus & novum Testamentum, verſibus latinis conſcript. *Codex vetus MSS. in membranis, in-4. non relié* 5.

5567 Un Volume in-fol. *MSS. ſur vélin*, avec *Miniatures*, contenant, I°. la Paſſion de notre Seigneur J. C. en latin; II°. ſommaire Traité des IV Vertus cardinales; III°. l'explication des X Commandemens de Dieu; IV°. Exhortation à bien vivre; V°. le Livre des bonnes mœurs diviſé en cinq parties, & compoſé l'an 1475; VI°. le Mirouer des pécheurs, & autres Traités particuliers de ſpiritualité; VII°. la Paſſion de Notre-Dame en ryme françoiſe, avec ſa complainte à Dieu le Pere; VIII°. le Jardin de Paradis; tant en proſe qu'en ryme. *in-fol. v. f.* 30.

5568 Oraiſons diverſes & dévotes addreſſées à Notre Seigneur J. C. & à la Bienheureuſe Vierge Marie. *MSS. ſur vélin, avec miniatures, in-4. v. br.* 3. 1.

5569 Le Grand Canon de l'Egliſe grecque compoſé il y a plus de mille ans par S. André de Jéruſalem, Archeveſque de Candie, qui contient une des plus belles & des plus éloquentes prieres de l'Office grec, où l'ame ſollicite le pardon de ſes fautes, avec le Canon du pécheur qui a recours à la Sainte Vierge, avec des notes par André Chevillier, Bibliothécaire de Sorbonne. *Paris, Nic. Couterot, 1699, in-12. v. m.* 2. 19.

LIVRES OMIS.

*1. 12-*5570 Le Manuel des Pasteurs, contenant les enseignemens que les Prêtres doivent faire à leurs Paroissiens & simples gens. *MSS. sur vélin en lettres gotiques*, *in-4. v. br.*

3. 10 5571 Différens Traités particuliers, concernant la doctrine & le régime des Ecclésiastiques, de la Loi de Grace & des bonnes mœurs, *MSS. sur papier*, composé le 26 Juillet 1473, par Board, Prêtre de Farges, avec figures dessinées à l'encre de la Chine. === La Voye de Paradis, composée en ryme françoise le 3 Mars 1474, le même Jéhan Board, Prêtre de Farges. *MSS. sur papier in-fol. v. br.*

2. 5572 Le Livre intitulé les Tapisseries de l'Eglise, où sous plusieurs belles moralités, figures & personnaiges sont descrittes, pourtraictes & figurées, la conduite & manière comment les loyaulx Chrestiens militans, pélerins & chevaleureux conquérans, doivent tendre à triumphe, composé par Jehan Germain, Evesque de Chaalons sur Saône. *MSS. sur papier en lettres gothiques. in-fol. v. m.*

2. 5573 Le Livre intitulé l'Horologe de Sapience, ouquel est parfaictement contenue la voye & la manière d'acquérir sauvement, composé l'an 1389. *MSS. sur papier, en lettres gothiques, in-fol. v. br.*

*2*ᵇ*.* 5574 Le doctrinal de Sapience, composé pour l'instruction & édification d'ung chacun, & compilé par l'ordre de Reverend Pere en Dieu, Monseigneur Guy de Raye, Archevesque de Sens. *MSS. sur papier, en lettres gothiques, in-fol. relié en bazane.*

3. 5575 Li Romans de Boëce Royal, intitulé de

LIVRES OMIS.

Confolation, compofé en ryme françoife l'an 1336. MSS. fur papier, en lettres gothiques, in-fol. v. f.

5576 Recueil de Maximes, Sentences & Proverbes, extraites des anciens Philofophes, compofé par Pierre Anfonfes Sers de Jéfus Chrift, lequel eft nommé le Clergié difcipliné, qui le clerc endoctrine. MSS. fur vélin, en lettres gothiques, in-4. v. f. — 2.

5577 Fragmens d'un Ouvrage intitulé les Dicts moraux des Philofophes, tranflatés de latin en françois par noble homme Guillaume de Tignonville. MSS. fur papier, en lettres gothiques. = Traité compofé en ryme françoife, & intitulé le Cathon françois. MSS. fur papier, en lettres gothiques in-fol. v. br. — 1.

5578 Le Livre intitulé du Gieu des Efchacs, que tranflata de latin en françois, Frere Jehan de Vignay, de l'Ordre des Freres du haut Pas, à la requête & priere de noble homme Bertran Aubery de Tarafcon, l'an 1357. MSS. fur vélin, en lettres gothiques, avec miniatures, in-fol. relié en bois. — 6.

5579 Le Livre du Philofophe Sydrac, contenant plufieurs queftions diverfes, avec les Refponfes. MSS. fur vélin, en lettres gothiques, in-fol. relié en bois. — 3.

5580 Petite Encyclopédie, ou les élémens des connoiffances humaines, contenant les notions générales de toutes les Sciences, de tous les Arts utiles, & des matieres qui ont rapport à la Société. Paris, Nyon, 1766, 2 vol. in-12. broché — 3. 9.

5581 Les Œuvres du Philofophe Bienfaifant, — 9. 1.

(Staniflas, Roi de Pologne, Duc de Lorraine & de Bar). *Paris*, 1763, 4 *vol. in*-8. *v. m.*

5582 Joh. Amos Comenii Orbis fenfualium pictus, *hoc eft*, omnium fundamentalium in mundo rerum & in vitâ actionum pictura & nomenclatura, latinè & germanicè, cum figuris. *Noribergæ*, *Mich. Endterus*, 1667, *in*-8. *fig. v. m.*

5583 Traité du devoir d'un Capitaine & Chef de Guerre & auffi du Combat en Champ clos ou du Duel, trad. du latin de Claude Cottereau en françois par Gabriel du Preau. *Poictiers, au Pélican*, 1549, *in*-4. *v. m.*

5584 Petri Olivier, Soc. Jefu, Differtationes Academicæ de Arte Oratoriâ. *Parifiis*, *Mich. le Petit*, 1672, *in*-12. *v. br.*

5585 La Méthode françoife du fieur de Clairville, contenant plufieurs Hiftoires amufantes & allégoriques, accompagnées de quelques piéces de vers. *Paris*, *P. Billaine*, 1633, *in*-8. *vél.*

5586 Le Mirouer des Amans, aultrement dit, le Roman de la Rofe compofé en ryme françoife, & commencé premierement par Guillaume de Lorris, achevé enfuite par Jehan de Méung dit Clopinel, *MSS. fur vélin*, *en lettres gothiques, avec miniatures.* == Li Roumans qui eft intitulé l'Ymaige du Monde, compofé en ryme françoife, & divifé en trois parties, où il eft parlé de l'origine & création du Monde, de la grandeur du Firmament, des Eclypfes, & auffi de toutes les chofes naturelles, *MSS. fur vélin*, *en lettres gothiques*, *avec figures*

gures enluminées. ═ Li Roumans intitulé de la Vie & Miracles de S. Brandain, mis en ryme françoise l'an 1247, *MSS. sur vélin, en lettres goth.* ═ Différens autres Traités particuliers d'ancienne poësie françoise, intitulés ; *savoir :* le premier, comment nature fist un homme ; le second, d'un Philosophe qui occist sa mere par sa parole ; le troisiéme, li Roumans des sept Ars d'amour, extrait d'Ovidius ancien Poëte latin ; le quatriéme, les demandes & les réponses d'amours, le tout en ryme françoise., *MSS. sur vélin, in-4. v. m.*

5587 Le même Roman de la Rose, *MSS. sur papier, en lettres gothiques, & très bien conservé, in-fol. v. m.*

5588 Le même Roman de la Rose. *MSS. sur vélin, en lettres gothiques.* Plus, le Testament de Jean de Méung, en ryme françoise. *MSS. sur vélin, en lettres gothiques, in-4. relié en bois.*

} 4.

5589 Le Testament & Codicile de Jehan de Méung, *MSS. sur papier, en lettres gothiques, in-4. relié en parchemin.*

5590 Le Pélerinaige de la vie humaine, composé en ryme françoise, par Frere Guillaume Déguilleville, Moyne de l'Abbaye de Chaaliz, *MSS. sur vélin, en lettres gothiques, avec miniatures, in-4. relié en velours rouge.*

} 2-19.

5591 Le même Pélerinaige de vie humaine, composé en ryme françoise, *MSS. sur vélin, en lettres gothiques, & assés bien conservé, in-4. relié en bois.*

3. 10.

5592 Le Livre de Bonne Vie appellé Mandevie, composé tant en prose qu'en ryme & par

Tome II. Pp

maniere de vision, l'an 1340, *MSS. sur papier, en lettres gothiques, & très bien conservé, in-fol. relié en bois.*

5593 La Passion de notre Seigneur J. C. translatée en ryme françoise. === Commentaire ou Paraphrase en ryme françoise sur le Pseaume *Eructavit cor meum*, &c. === Les peines d'Enfer & les XV signes de la fin du monde, en ryme françoise, *MSS. sur vélin, très ancien, en lettres gothiques, in-4. relié en carton.*

5594 La Vie de la Vierge Marie, composée en ryme françoise, *MSS. sur vélin, en lettres gothiques, in-8. v. br.*

5595 Le Doctrinal de court, par lequel on peut estre Clerc sans aller à l'escolle, composé en ryme françoise en l'année 1466 par Pierre Michault, Secrétaire du Comte de Charollois. *MSS. sur papier, en lettres gothiques, in-fol. v. f.*

5596 L'Espitre que la Déesse Ottéa envoya à Hector de Troyes, en sa jeunesse, pour l'induire en vertus, & pour montrer comment les Chevaliers tendans à haut prix d'honneur se doivent maintenir, compilée & ordonnée tant en ryme qu'en prose, par noble femme Christine de Pisan, *MSS. sur papier, en lettres gothiques, in-fol. bazane.*

5597 Recueil de diverses Epitaphes composées tant en ryme qu'en prose, *MSS. sur papier du XVIIe siècle, in-4. oblongo, relié en peau.*

5598 Paraphrase & Preuves de la vérité du Livre de Job, comp. en vers françois par M. Myron, Seigneur du Tremblay, *MSS. sur papier de l'an 1650, in-4. vélin.*

5599 **Noëls nouveaux ou Cantiques Spirituels**

LIVRES OMIS.

en faveur de Dieu naiſſant; Plus, les Stances d'un Bravache inſultant contre le Ciel, contre lui-meſme & contre un miſérable, avec la réponſe du miſérable Mandiant audit Bravache, le tout en vers, *MSS. ſur vélin du XVIIe ſiècle, in-4. relié en peau.*

5600 La Belle Nuit, Poëme addreſſé à M. le Chevalier Soyrot. *MSS. ſur papier, compoſé ſur la fin du XVIIe ſiècle, in-4. vélin.* — 1.

5601 Recueil de Rondeaux pour l'agréable maiſon de Viry, avec les Gélinotes du Mans, les Chapons du Mans, & autres Poëſies diverſes de MM. de Pincheſne, Perrault, avec pluſieurs Lettres originales des ſuſdits Pincheſne, Perrault & autres, *MSS. ſur papier du XVIIe ſiècle, in-4. v. br.*

5602 Liaſſe de différentes piéces MSS. tant en proſe qu'en vers, *in-fol. in-4, & in-12.* de peu de valeur, & dont la plûpart ſont des extraits d'Ouvrages imprimés. } 14 - 1.

5603 Hiſtoire particuliere des Poëtes François, loués & perſécutés par Boileau Deſpreaux, ou Commentaire ſur ce Satyrique, *MSS. ſur papier, avec l'Approbation du Cenſeur, datée du 30 Août 1722, in-4. relié en parchemin.* 3.

5604 Recueil de Ballets danſés par les Roys Henry III, Henry IV & Louis XIII, & différens Seigneurs de la Cour, depuis les années 1587 juſqu'en 1618, & mis en muſique, pour la plus grande partie, & à ſymphonie par Michel Henry, l'un des XXIV Violons du Roy Henry IV, en 1600, *MSS. ſur papier in-fol. v. f.* 26. 6.

5605 Clodoveo trionfante, Tragedia ſacra, *MSS.* 3.

P ij

300 LIVRES OMIS.

sur papier du XVIIe siècle, décoré de vignettes, culs-de-lampes & lettres grises parfaitement bien dessinées à la plume, in-fol. v. s.

6. 5606 Le Roman des Adventures du Saint Gréaal, translaté de ryme en prose, (par Robert Béron, Borron ou Bosron), ensemble la queste dudict Sainct Gréaal, faite par Lancelot, Galaad, Boors & Perceval, *MSS. sur vélin, en lettres gothiques, in-fol. v. s.*

2. 10. 5607 Fragmens du Roman de Lancelot du Lac, translatée de ryme en prose, *MSS. sur vélin, en lettres gothiques, in-fol. relié en carton.*

27. 1. 5608 Le Roman du vaillant Chevalier Perceval le Gallois de la Table ronde, *MSS. sur vélin, très ancien, en ryme françoise. In-fol. relié en vieux maroquin bleu.*

1. 10. 5609 Le Roman de Melusigne, composé en ryme françoise. *MSS. sur papier en lettres gothiques, in-4. v. s.*

6. 5610 Li Romans intitulé LE BRUT d'*Angleterre*, où est contenue l'Histoire des Bretons & la lignée des Barons du lignage de Brutus, composé en ryme françoise l'an 1155, par Maistre Wistace. *MSS. sur vélin, d'une écriture très ancienne, in-4. mar. bl.*

* *La fin de ce Roman a été nouvellement rétablie & écrite sur papier en lettres courantes.*

6. 5611 Li Romans des Lohérans, composé en ryme françoise. *MSS. sur vélin, en lettres gothiques, in-4. couvert d'une étoffe de soie de couleur bleue.*

* *La fin de ce Roman a été nouvellement rétablie & écrite sur papier, en lettres courantes.*

3. 5612 Fragmens du même Roman de Lohérans.

LIVRES OMIS.

MSS. *sur vélin, fort ancien, in-fol. relié en carton.*

5613 Fragmens du Roman de Guillaume au Cor néz, composé en ryme françoise. *MSS. fort ancien, en lettres gothiques, sur vélin, in-4. non relié.*

5614 Fragmens des Chroniques du Noble Roy Richard d'Angleterre, avec la destruction de Hierusalem, par Vespasien & son Fils Titus. *MSS. sur papier, en lettres gothiques, in-fol. v. br.*

3.

5615 L'Arbre des Batailles, composé par Honoré Bonnor. *MSS. sur papier, en lettres gothiques, in-4. relié en peau.*

2. 19.

5616 Histoire de Mélicerte, contenant plusieurs narrations tragiques & amoureuses. *MSS. sur papier, du XVIIe siècle, in-fol. v. br.*

6. 19.

5617 Aristandre, Histoire nouvelle. *Paris, Jacq. du Brueil, 1664, in-12. vél.*

1.

5618 Ly Contes des quatre-Temps d'Aage d'homme. = Diverses Receptes pour la conservation de l'homme. = De l'Estat des ames après la mort, & de la Vision du Purgatoire de S. Patrice, comme ly conte Adam le Célérier. = La Divination d'Ezéchiel en ryme françoise. = Discours contre l'orgueil. = Daretis Frisii Historia è græco in latinam linguam translata à Cornelio Nepote. *MSS. sur vélin, en lettres gothiques, in-8. velours vert.*

6.

5619 Livre intitulé de la Nature & des Sécrets de l'Amour. *MSS. sur vélin, en lettres gothiques, & décoré de plusieurs blasons enluminés, petit in-4. maroq. antiqué.*

27. 1.

5620 Recueil de Lettres galantes, sous les noms

4. 2.

LIVRES OMIS.

de Cléon & d'Ismene. *MSS. sur papier, du XVIIe siécle in-4. mar. rouge.*

5621 Recueil de plusieurs Piéces MSS. du XVIIe siécle, contenant le Testament de M. le Premier Président de Lamoignon; Avis au Grand Seigneur pour gouverner ses Etats, trad. du Turc en françois par M. Galland; Lettres particulieres de M. l'Evêque d'Alet à l'Archevêque de Paris; de M. d'Herbelot à M. Charpentier, de M. Charpentier au Cardinal Mazarin; du même Charpentier à Son A. R. Mademoiselle, &c. avec l'Oraison funébre du Souverain Pontife Sixte V, &c. *in-4. relié en parchemin.*

5622 Le Livre des Pérégrinations de la Terre-Sainte, par Jehan de Mandeville, l'an 1357. *MSS. sur papier, de l'an 1472, en lettres gothiques, in-fol. relié en bois.*

5623 La Vie des anciens Peres. *MSS. sur vélin, en lettres gothiques, in-fol. v. br.*

5624 L'Histoire de Jules César, si comme il s'en alla pour conquerre France. *MSS. sur papier, en lettres gothiques.* === Chronique des François, depuis Priant, leur premier Duc, jusqu'à Charles VIII. *MSS. sur papier, en lettres gothiq.* === Recoel ou Registre de Damp Mathieu Grenet, Religieux & Procureur en l'Abbaye de S. Martin en Tournay, contenant les Chroniques des différens aages du monde. *MSS. sur papier, en lettres gothiques, in-fol. relié en bois.*

5625 Les mêmes Histoires de Julius César translatées de latin en Romans. *MSS. sur vélin, en lettres gothiques, (imparfait de quelques feuillets), in-4. v. f.*

5626 Commémoration & Cérémonies obfervées ès Obféques de très haute & très excellente Princeffe Anne de Bretaigne, deux fois Royne de France, l'an 1514, avec la généalogie de ladite Dame faicte en termes rudes & en ryme felon les Hiftoires antiques. *MSS. fur vélin, très bien confervé & décoré de miniatures & de blafons enluminés, in-fol. relié eu peau.*

5627 Extrait de plufieurs chroniques anciennes, tant de France que des pays étrangers, contenant les faits & geftes de plufieurs Perfonnages illuftres de la Maifon de Courtenay, à commencer à Affaillant, Comte de Dampmartin, jufques & y compris Jehan de Chabanne, Comte de Coucy, Seigneur de S. Fargeau, Courtenay, Charmy, avec leur généalogie, le tout compofé par Nicole Houffemayne. *MSS. fur vélin, avec miniatures, in-fol. relié en velours jaune & violet.*

* Ce MSS. eft imparfait de quelques feuillets.

5628 Extraits de différens Livres imprimés ; SAVOIR, des Mémoires de Villars, depuis l'an 1550 jufqu'en 1562. == Des Mémoires de Pierre de Bourdeilles, Seigneur de Brantôme. == De la Science héroïque de Marc de Wlfon fieur de la Colombiere. == De la Chronologie feptennaire de P. Victor Palma Cayet. == Du Mercure françois. == De l'Hiftoire de Louis XIV, par M. de Limiers. == Du Mercure galant, &c. *MSS. fur papier, du XVIIe fiécle in-fol. relié en carton.*

5629 Recueil de Piéces MSS. compofées en vers françois, fur différens fujets, & concernant principalement l'Hiftoire de France, fous le

304 LIVRES OMIS.

regne de Louis XIV. *MSS. sur papier, du XVIIe siécle, in-4. v. br.*

5630 Discours en forme de comparaison sur les Vies de Moyse & d'Homere. *Paris, Jean Gesselin, 1604, in-12. vél.*

5631 Mémoires & Lettres pour servir à l'Histoire de la Vie de Mademoiselle de Lenclos. *Rotterdam, (Paris), 1751, in-12. non relié.*

5632 Meslanges pour servir à l'Histoire & à la Vie de plusieurs Gens de Lettres ; *savoir*, la Vie de Jean de la Fontaine, la Vie de Pradon ; Eloge de Beys ; Eloge de Coras ; Histoire satyrique de la Ligue ; Extrait de la Satyre Ménippée avec des notes ; Extrait du banquet du Comte d'Arete, &c. *MSS. sur papier, du XVIIe siécle, in-4, relié en parchemin.*

5633 Engaños deste Siglo, y Historia sucedida en nuestros tiempos, comp. por Francisco Loubayssin de Lamarca. *En Paris, Juan Oriy, 1615, in-12. v. f.*

TABLE

TABLE DES AUTEURS.

A

Abbadie (*Jacques*) N°. 1015.
Abdalla *Muh. ben. Said ben Hamad* Busiridæ Ægyptii, 2412.
Abdias *Prætorius*, Voyez *Prætorius*.
Ablancourt (*Nicolas* Perrot d') *voyez* Perrot.
Abra de Raconis (*Charles-François d'*) 2407, 5497.
Abrabaniel (*Isaacus*) 158.
Abraham (*Rabbi Ismaël ben*) 180.
Abrahamus *Ecchellensis Maronita*, 864.
Abramus (*Nicolaus*) 162.
Abramus Cretensis, (*Bartholomæus*) 317.
Abreu Moussinho (*Manuel d'*) *voyez* Moussinho.
Abulfeda *Ismaël, Princeps Hamah*, 3891, 3970.
Academici de la Crusca, 3359.
Academici Intronati di Siena, 3199.
Academici Pisaurienses, 5132.
Académie Françoise) MM. de l') 2304, 2396.
Académie Royale de Chirurgie (*MM. de l'*) 1926, 1927.
Académie Royale des Sciences (*MM. de l'*) 1981, 5155 à 5167.
Acciaioli (*Donatus*) 1350, 4389.
Accius, *Poëta*, 2470.
Accords (*Estienne Tabourot, Sr. des*) *voyez* Tabourot.
Accursius (*Bonus*) 2371.
Accursius (*Mariangelus*) 2606.
Aceilly (*le Chev. d'*) 2901.
Acherius (*Lucas d'*) *voyez* Dacherius.
Achilles, Dux Wirtembergiæ, (*Fridericus*) 1625.
Achilles Statius *seu* Tatius, 3320.
Achillinus (*Alexander*) *voy.* Alexander.
Acosta (*Josephus*) 4145.
Acquarius Lodola, *voy.* Lodola.
Acron, *Grammaticus*, 2530.
Acuña (*Hernando de*) 3212.
Adam (*Ben*) 3362.
Adam, *Jésuite*, (*Jean*) 299.
Adamannus, *Scoto-Hibernus*, 216.

Tome II. Qq

TABLE

Adamantius (*Origenes*) voyez Origenes.
Adamo (*Antonio di*) 994.
Adamus (*Adam*) 1604.
Adamus (*Melchior*) 5501, 5508, 5515.
Adamus, *Bremensis*, 4854.
Ader (*Guillaume*) 2958.
Adnet (*Daniel*) 770.
Adrianus, *Carthusiensis*, 1485.
Adrianus Tyrius, *Rhetor*, 2345.
Adrichomius (*Christianus*) 212, 213, 214.
Aëdo (*Diego de*) 4766.
Ægidius Romanus, 1351, 1352, 1355.
Ægineta (*Paulus*) 1847, 1922, 1923, 1945.
Ælianus (*Claudius*) 1800, 2154, 2155, 2156, 2168.
Æmylius Veronensis (*Paulus*) 4431, 4432, 4433.
Æneas Gazæus, 1650.
Æneas Platonicus, 1338.
Æneas Sylvius, *Episc. Senensis*, 4746.
Æneas Tacticus, 2166.
Æneas Vicus, 5085.
Æschines, *Orator*, 2343.
Æschyles, *Poëta*, 2449.
Æsopus *Fabulator*, 2612, 3265 à 3268.
Afranius *Poëta*, 2470.
Agapetus *Diaconus*, 1551.
Agathon, anonyme, 916.
Aggenus Urbicus, 1756.
Agneaux (*Robert & Ant. le Chevalier d'*) 2521.
Agnolo Firenzuola, voyez Firenzuola.
Agricola (*Georgius*) 5105.
Agricola (*Rodolphus*) 2346, 2347, 2349.
Agrippa ab Nettesheym, (*Henr. Corn.*) 1667, 1668, 3457, 3562.
Aguesseau (*le Chancelier d'*) 2394.
Aguilar (*Pedro de*) 2185.
Aguftin (*Fr. Francisco S.*) 4825.
Aitsingerus (*Michaël*) 209, 3996, 4756.
Alaigre (*Antoine*) 1519.
Alamanni (*Luigi*) 3188, 3189.
Alanus *Auriga*, 3806, 3807.
Alanus (*Gulielmus*) 4127.
Alanus (*Anonymus*) 1088, 2612.
Alard (*le Sieur*) 4718.
Alberius Triuncurianus (*Cl.*) 1649.
Albert Durer, *Peintre & Graveur*, 137, 2087.
Albert le Grand, voyez Albertus Magnus.
Albertinus (*Franciscus*), 5111.
Alberto, *Frate dell' Ord. de Frati Predicatori*, 861.
Albertus, *Abbas Stadensis*, 4021, 4746.
Albertus Magnus, *Episcopus Ratisponensis* (aliàs Thetonicus & de Laugingen) 134, 474, 541, 542, 1801, 1813, 1814.

DES AUTEURS. 307

Albius (*Janus Andræas*, 2135.
Albohazen Haly, 2024.
Albumazar Abalachus, 1998.
Alcæus *Poëta*, 2426, 2447.
Alciat (*André*) 1606.
Alcinoüs *Philosophus*, 1333.
Alcman *Poëta*, 2426, 2447.
Alcyonius (*Petrus*) 1342, 1490.
Aldhelmus, Saxonum Episcopus (*Sanctus*) 1718.
Aldus, Typographus Venet. 2494, *voyez* Manutius.
Aleander junior (*Hieronymus*) 3263.
Aleman (*Matthieu*) 3357, 3358.
Alemannus (*Nicolaus*), 4366.
Alembert (*N. d'*) 1995, 3766.
Alexander Achillinus, *seu* Achillini, 1346.
Alexander Aphrodiseus, 359, 1346, 1641.
Alexander Macedo, 1346.
Alexandrinus (*Georgius*) *voyez* Merula.
Alexandrinus Ammonius (*V.* Ammonius.
Alexis, Religieux de Lyre (*Guillaume*) 1803.
Alfonsus *Burgensis*, (*Petrus*) 1647.
Alfonsus, *Rex Castellæ*, 2020, 3277.
Alfraganus (*Muhammedes*) 1999.
Alibray (*Charles Vion*, Seigneur d') 3020, 3021.

Alimarus (*Dorotheus*) 1980.
Alitis (*Petrus de*) 2614.
Allacci (*Lione*) *voyez* Allatius (*Leo*)
Allard (*Guy*) 4968, 4983, 4992.
Allatius (*Leo*) 417, 557, 864, 2345, 3209, 4165, 5050.
Allain Chartier, *voy.* Chartier.
Allen (*William*) 1586.
Alliaco (*Petrus de*) *voyez* Petrus.
Almeloveen (*Thomas Jansonius ab*) 1829, 3901.
Alpheus Ursinus (*Jaso*) 2710.
Alphonsus, *Rex Arragonum*, v. Alfonsus, *Rex Castellæ*.
Alphonsus de Spina, *Hispanus*, *voyez* Spina.
Alpinus (*Prosper*) 1835.
Alquié (*Savinien d'*) *voyez* Savinien.
Alschechus (*Moses*), 158.
Alstedius (*Joh. Henricus*) 191, 1418.
Alteserra (*Ant. Dadinus*) 4647.
Altobello, 3180.
Alvarès (*D. François*) 4922.
Alvarès (*Thomas*) 1359.
Alvin (*Stephanus d'*) 650.
Alumni *Claromontani Collegii Soc. Jesu*, 2677.
Alunno (*Francesco*) 2317.
Amadeus Guimenius, 646.
Amadis de Gaule, 3395, 3396, 3397.

Qq ij

Amadis Jamyn, *voy.* Jamyn.
Amant (*N. Sieur de Saint*) 1016, 2877 à 2883.
Amboife (*François d'*) 1168.
Ambra (*Francefco*) 3204.
Ambrogi (*Antonio*) 2516.
Ambrofius (*Anonymus*) 6.
Ambrofius *Camaldulenfis*, 1338.
Ambrofius *frater*, 5510, 5511.
Ambrofius (*Sanctus*) 3807.
Amelin (*J. de*) 4343.
Ameline, *Archidiacre de Paris*, 1660.
Amelot de la Houffaye, 5555.
Ammannus (*Jodocus*) 4185.
Ammianus Marcellinus, 5096.
Ammonius Alexandrinus, 110.
Amos Comenius (*Joannes*) *voyez* Comenius.
Amour (*Florimons de Saint*) *voyez* Florimons.
Amour (*Jean Millet de S.*) *voyez* Millet.
Amour (*Louis - Gorin de Saint*) *voyez* Gorin.
Ampelius (*Lucius*) 4349.
Amphilochius *Iconienfis*, 392.
Amyrault (*Moyfe*) 1004, 1005.
Amyot (*Jacques*) 5439.
Anacreon - Teius, *Poëta*, 2426, 2446, 2447.
Anaftafius, Bibliothecarius, 4169.

Anaftafius Sinaïta (*Sanctus*) 433.
Ancelin (*A.*) 3331.
Ancharano (*Jacobus de*) 3524.
Ancona (*Auguftinus de*) 1090.
Andilly (*Robert-Arnaud d'*) 423, 771, 4250.
Andiol (*Gafpar de Varadier de Saint*) *voy.* Varadier.
Andocides, *Rhetor*, 2343, 2344.
Andoque (*Pierre*) 4649.
Andrada (*Francifco de Rades y*) 4222.
Andræas Burdigalenfis (*Helias*) 2325.
Andræas Cretenfis, 392.
Andræas, Epifcopus Alerienfis (*Johannes*) 16, 367, 373, 2590, 4341.
Andræas, Paftor Goppingenfis (*Jacobus*) 875.
André (*le Pere Yves-Marie*) 3435.
André de Jérufalem, Archevêque de Candie (*Saint*) 5569.
Andreïni (*Ifabelle*) 3855.
Androuët du Cerceau (*Jacques*) 2141.
Andruzzi, *Abbas* (*Aloyfius*) 517.
Aneau (*Barthélemy*) 2549.
Anfonfes Sers de J.C. (*Pierre*) 5576.
Ange Buonaroti (*Michel*) *voy.* Buonaroti.
Angelis (*Paulus de*) 5117.
Angelis (*Petr. ab*) *v.* Petrus.

Angeloni (*Francesco*) 4396.
Angelus (*Joannes*) 2063.
Angelus de Aretio, 1251.
Angerianus (*Hieronymus*) 2619.
Anglicus (*Bartholomæus*) v. Bartholomæus.
Angliviel de la Beaumelle, 1444.
Anglus ex Albiis (*Thomas*) voy. Thomas.
Angoulême (*N. Duc d'*) 4920.
Anianus (*Magister*) 2018.
Annat, *Jésuite (le Pere)* 73.
Anne de Bretagne, *Royne de France*, 5626.
Anne de Saint-Barthélemy, *Religieuse*, 772.
Annibal Caro, voy. Caro.
Anonymus, *Monachus Altissiodorensis*, 4002.
Anonymus, *Ravenn.* 3890.
Anosius (*Martin-Nicolas*) 104.
Anselme, *Religieux Augustin (le Pere)* 4964, 4965.
Anselmo (*Antonius*) 1316.
Anselmus, *Archiepiscopus Cantuariensis* (*Sanctus*) 451.
Antesignanus (*Petrus*) 2239.
Antiphon, *Orator*, 2343, 2344.
Antoine (*Saint*) 760.
Antoninus, *Archiepiscopus Florentinus*, 615.
Antoninus Augustus, *voyez* Augustus.
Antoninus, *Imperator* (*Marcus*) voy. Marcus.
Antoninus, *Martyr*, 3955.
Antoninus *Pius*, 3892.
Antonius à Burgundia, *voy.* Burgundia.
Antonius de S. Georgio (*Johannes*) 1081.
Aphrodiscus (*Alexander*) v. Alexander.
Aphtonius, *Sophista, Rhetor*, 2346, 2347.
Apianus (*Petrus*) 2015.
Apicius Cœlius, 1846, 1847.
Apollinarius, *Hæresiarcha*, 433.
Apollodorus, *Mathemat. & Mythologus*, 1977, 3257.
Apollonius, *Grammaticus*, 2236.
Apollonius (*Levinus*) 4943.
Apollonius *Tyrius*, 5512.
Appianus Alexandrinus, 4354, 4355.
Appier, dit *Hanzelet* (*Jean*) 2177.
Apronianus (*Rufius Turcius*) 2513.
Apuleius (*Lucius*) 3273, 3274.
Aquaviva, *Præpositus Generalis Soc. Jesu* (*Claudius*) 1200.
Aquilinius (*Cæsar*) 4168.
Aquin (*Philippe d'*) 197.
Aquinas (*Ludov. Henricus*) 197.
Aquino, *Jesuita* (*Carolus de*) 2165, 2391, 2392.
Aquino (*Thomas de*) *voyez* Thomas.

Aratus, *Astronom. & Mythologus*, 2004, 2006, 2015, 3257.
Arbeau (*Thoinot*) 2019.
Archange, *Relig. Franciscain* (*le Frere*) 534.
Archilochus Græcus, 3892.
Archimedès, Syracusanus, 1990.
Arciniega (*Franc. Velez de*) 1952.
Arcudius, *Præsbyter Corcyræus* (*Petrus*) 558, 573.
Arcussia de Capres Sr. d'Esparron (*Charles d'*) 2193.
Arena, *Antonius de*, 2757, 2758.
Areta, 160.
Aretino (*Pietro*) 3494, 3854.
Aretinus (*Carolus*) 3788.
Aretinus (*Leonardus*) 1344, 1347, 3262, 3430, 3788, 3802, 4389.
Aretio (*Angelus de*) voyez Angelus.
Aretio (*Ant. de Rosellis de*) voy. Rosellis.
Argens (*J. Bapt. de Boyer, Marquis d'*) voy. Boyer.
Argenson (*Claude de Voyer d'*) 720.
Argentré (*Bertrand d'*) 4634.
Argenville (*A. J. Dezallier d'*) voy. Dezallier.
Argyropylus, *Byzantius* (*Johannes*) 1350.
Arias Burdéus (*Pierre*) voy. Burdéus.
Ariosto (*Lodoïco*) 3183 à 3186.
Aristænetus, 3792.
Aristea, 16.
Aristides (*Ælius*) 2350.
Aristophanes, 2458 à 2465.
Aristote, *Jardinier de Puteaux*, 1782.
Aristoteles, *Philosophus*, 359, 1319, 1339 à 1365, 1844, 2041, 2415, 2422, 3458.
Aristotile : voy. Aristoteles.
Armand (*Jean*) 3959.
Armand de la Chappelle : v. Chappelle.
Arnauld, *Doct. de Sorbonne* (*Antoine*) 512, 513, 514, 1661.
Arnauld d'Andilly (*Robert*) voy. Andilly.
Arndius (*Josué*) 1230.
Arnisæus (*Henningus*) 1579.
Arnoldus Vesaliensis : *voyez* Vesaliensis.
Arnoux (*François*) 637, 638.
Arnoux (*Jean*) 4528.
Arras (*le R. P. Bernard d'*) voy. Bernard.
Arretinus (*Joannes Tortellius*) voy. Tortellius.
Arrouët de Voltaire : *voyez* Voltaire.
Arsenius, 2456.
Artuis, *Jésuite* (*le Pere*) 3073.
Artus de Bretaigne, 3377.
Artus (*le Roi*) 3376.
Ascalonita (*Eutocius*) 1990.
Ascanio Centorio degli Hortensi : voy. Hortensi.
Asconius Pedianus (*Quintus*) 2366.

DES AUTEURS.

Afellius (*Gaspar*) 1933.
Affemanus (*Joann. Simo*) 3980.
Athanafius, *Archiep. Alexandr.* (*Sanctus*) 344, 380, 381, 4246.
Athenæus, *Mathematicus*, 1977.
Athenagoras, *Philofophe*, 358, 1338.
Atrocianus (*Joannes Onophryus*) voy. Onophryus.
Attichy (*Ludov. Donius d'*) 4183, 4195.
Avancini (*Nicolaus*) 133.
Avanne (*Victor d'*) 5192, 5193.
Aubert de Verfé (*Noël*) v. Verfé.
Aubertus (*Joannes*) 418.
Aubertus *feu* Guibertus de Tornaco : voy. Guibertus.
Aubertus Miræus : voy. Miræus.
Aubery, *Médecin* (*Jean*) 1754.
Aubery, *Seigneur de Montbar* (*Philippe*) 1294.
Aubefpine (*Gabriel de l'*) 1093.
Aubigné (*Théodore Agrippa d'*) 4563, 4564.
Aubry (*Jean d'*) 1888.
Audiguier (*N. Sieur d'*) 3372, 3373, 3832.
Audin, *Prieur de Termes & de la Fage* (*le Sieur*) 3272.
Audran, *Graveur* (*Benoît*) 2106, 2109, 2118.
Aveneezra (*Abraham*) 1916.

Avenelles (*N. Seigneur des*) 4355.
Averanus (*Nicolaus*) 5049.
Averroës, *Corduben*ſ*is*, 1341, 1346, 1353, 1354.
Aves (*Pierre Troterel Escuyer Sieur d'*) voy. Troterel.
Auger (*Emond*) 666, 903.
Auguſtinus, *Epi*ſ*copus ilerden*ſ*is, & Archiepi*ſ*cop. Tarraconen*ſ*is* (*Antonius*) 613, 1070, 1233, 1238, 1241, 1242, 1243, 5075, 5082, 5083.
Auguſtinus, *Epi*ſ*copus Hipponen*ſ*is* (*Sanctus Aurelius*) 69, 337, 347, 349, 402, 407 à 415, 498, 499, 552, 589, 590, 616, 674, 1188, 2608.
Auguſtinus de Ancona : voy. Ancona.
Auguſtus (*Antoninus*) 3894, 3898, 3899.
Avicenna, *Princeps Medicorum*, 1834.
Avienus (*Rufus Fe*ſ*tus*) 2004.
Avitus, *Archiepi*ſ*cop. Viennen*ſ*is* (*Sanctus*) 431.
Aulnoy (*la Comte*ſſ*e d'*) 3418, 4056.
Aulus Gellius, 3443, 3444.
Aure (*François d'*) 3058.
Aurelius, *Imperator* (*Marcus*) voy. Marcus.
Aurelius Victor : voy. Victor.
Aureolus (*ex Ord. Fratrum Minim.*) 139.

Avrigny, *dit* le Pamphile (*Gilles d'*) 1264, 2824.
Ausonius Pæonius, 2604 à 2607, 3502.
Ausonius Popma Frisius: *voy.* Popma.
Auteuil (*N. Baron d'*) 4684.
Autolycus, *Géomet.* 1986.
Auvray (*le Sieur*) 2993.
Auzoles la Peyre (*Jacobus d'*) 111, 198, 3993.
Aymar, (*Jacques*) 1720.
Aymar, *Avocat* (*le Sieur*) 4479.
Aymar, *Juge de Pierre-Latte* (*le Sieur*) 4386.
Azpilcueta (*Martinus*) 560.

B

Baccius (*Andræas*) 1751, 1752, 1853.
Bachaumont (*le Sieur de*) 3706, 3707.
Bacho (*Rogerus*) voy. Baco.
Bachot (*Gaspar*) 1862.
Bachot (*Stephanus*) 3452.
Bachyllides, 2426, 2447.
Baco (*Rogerus*) 1712, 1972.
Bacon (*François*) 1473, 1694.
Badius Ascensius (*Jodocus*) 2355, 2466, 2506, 2579, 2625, 2645, 3786, 4305, 5542, 5543.
Baglivi (*Georgius*) 1840.
Bagolinus (*Hieronimus*) 1641.
Bagolinus (*Joann. Bapt.*) 1341.

Baiardo da Parma (*Andrea*) 3179.
Baierus (*Joan. Jacob.*) 5071.
Baïf (*Jan Ant. de*) 2832 à 2836, 2975.
Bail (*Louis de Moreaux Sieur du*) 3333, 3367.
Baillet (*Adrien*) 4468, 5179, 5181, 5505.
Bailly (*Pierre*) 1656.
Baldericus, *Episcop. Noviomensis & Tornacensis*, 4097.
Baldesano (*Guglielmo*) 4251.
Baldus de Perusio, 1079.
Baldus Urbinas (*Bernardinus*) 2134.
Balesdens (*Joannes*) 1411, 1839, 5464.
Balinghem (*Antonius de*) 1472.
Ballard (*Christophe*) 3151.
Balliere (*le Sieur*) 2069.
Baluzius (*Stephanus*) 355, 371, 582, 4989.
Balzac (*Jean-Louis Guez de*) 2683, 2765, 3471, 3688, 3689, 3690.
Bandellis de Castronovo Vincentius de) 1186.
Bandello (*Matteo*) 3311 à 3314, 5562.
Bangius *seu* Bangus (*Thomas*) 2265, 5136.
Banny de Liesse (*François-Habert*, *surnommé le*) *v.* Habert.
Barante (*Claude-Ignace Breugiere Sieur de*) *voy.* Breugiere.

Barbadillo

DES AUTEURS.

Barbadillo (*Alonſo Geronymo de Salas*) voy. Salas.
Barbarus (*Franciſcus*) 3521.
Barbarus Aquileienſis (*Hermolaüs*) voyez Hermolaus.
Barberinus (*Maphæus Cardinalis*) voy. Maphæus.
Barbier (*Joſeph-François*) 2088.
Barbier (*Mademoiſelle*) 3063.
Barca (*D. Pedro Calderon de la*) voy. Calderon.
Barchuſen (*Joann. Conradus*) 1955, 1961.
Barclaius (*Joannes*) 3360, 3361, 3491, 3492.
Bardin (*le Sieur*) 3539.
Baret (*Jean*) 4875.
Barezzi (*Barrezzo*) 3303.
Baricave (*J.*) 1584.
Barilhard (*P.*) 4498.
Barillere (*le Sieur de la*) 4519.
Baringius (*Daniel Eberhardus*) 5139.
Barlæus (*Caſpar*) 2723, 2724, 3668.
Barlete (*Gabriel*) voy. Barrelette.
Barletius (*Marinus*) 4887.
Baro (*Balthazar*) 3012, 3013.
Baro (*le Sieur*) 3408.
Barocius (*Franciſcus*) 1985.
Baronius (*Céſar*) 4079.
Barozai (*Guy*) 2951.
Barreaux (*le Sieur des*) *Poëte François* : voy. Desbarreaux.

Barrelette (*Gabriel*) 708, 709.
Barret (*Guillelmus*) 1105.
Barreto (*Juan Franco*) 3223.
Barrios (*D. Miguel de*) 3220.
Barro (*Ludovicus Cardin. de*) 329.
Barrois (*Marie - Jacques*) 5342, 5354, 5368, 5380, 5395.
Bartas (*Guill. de Salluſte Sieur du*) v. Salluſte.
Barte (*le Sieur de la*) 5446.
Barthès (*Jean-Jacques de*) 5528.
Barthius (*Caſpar*) 1650, 3901.
Barthius (*Jeremias*) 1954.
Bartholinus (*Albertus*) 5140.
Bartholinus (*Caſpar*) 1928.
Bartholinus (*Thomas*) 1928, 1934, 4415, 5140.
Bartholomæus à Clivolo, 1750.
Bartholomæus à Saligniaco : v. Saligniaco.
Bartholomæus Anglicus , 1732, 1733, 1734.
Bartholomæus de Piſis : voy. Piſis.
Bartolo (*Pietro Santes*) 5077.
Bary (*René*) 3733, 3734.
Baſile , *Empereur*, 1488.
Baſilius, *Antiſtes Seleuciæ*, 427.
Baſilius, *Archiepiſcopus Cappadociæ* (*Sanctus*) 256, 257, 317, 336, 387.
Baſire (*le Sr. Dumeſnil*) *v.* Dumeſnil.

R r

Basly (*N. le Myere Sieur de*) v. Myere.
Basnage (*Jacobus*) 353.
Basoches (*Bonavent. Rousseau de*) v. Rousseau.
Bassardries, *Jésuite* (le R. P. le Vaillant de la) 500.
Bassentin (*Jacques*) 2065.
Bassompierre (*le Maréchal de*) 1603, 4542.
Bassus (*Cassianus*) v. Cassianus.
Bastide (*Louis*) 1113.
Bauchet, *Jésuite* (le Pere) 5180.
Baud (*Pierre le*) 4635.
Bauderon de Sénéçay (*Brice*) 4604.
Baudier (*Michel*) 4463, 4801, 4886.
Baudius (*Dominicus*) 1725, 3502.
Baudoin ou Baudouin (*Jean*) 1457, 1473, 4218, 4328, 4353, 4456, 4462, 4945.
Baudoin de Launay, 3933.
Baudrand (*Mich. Antoine*) 3926.
Baudrand de la Combe (*Louis*) 3926.
Bauhinus (*Johannes*) 1753.
Bault, *Chanoine de Nevers* (le Sieur) 57.
Baune (*Jacobus de la*) 352.
Bavo (*Godofredus à*) voy. Godofredus.
Baussays (*le Chevalier de*) 2996.
Bayfius (*Lazarus*) 5040 à 5043.
Bayle (*Pierre*) 1017, 1018, 1020, 3760, 3761, 3847, 4062, 4063.
Beaugendre (*Antonius*) 454.
Beaulieu (*le Sieur de Rosiers-*) 3028.
Beaulieu (*Sébastien Pontault Chevalier de*) voy. Pontault.
Beaumelle (*Angliviel de la*) voy. Angliviel.
Beaumont (*Gilles Morfouace de*) v. Morfouace.
Beaumont (*Mademoiselle le Prince de*) voy. Prince.
Beauregard (*Blaise Molinier Sieur de*) voy. Molinier.
Beauval (*Guibert de*) voy. Guibert.
Beauveau (*le Marquis de*) 4788.
Beauveau (*Henri de*) 3946.
Beauvoys (*Estienne de Laigue, dit de*) voy. Laigue.
Bebelius (*Henricus*) 3276, 3277.
Becanus (*Gulielmus*) 4767.
Becanus (*Martinus*) 492.
Beccarias (*Joannes*) 1591.
Beckherus (*Georgius*) 2329.
Becmanus (*Joh. Christoph.*) 1577.
Becte (*David Von der*) voy. Von der Becte.
Beda, *Presbyter* (*Venerabilis*) 441, 4123.
Bédé, *Sieur de la Gourmandiere* (*J.*) 1104.
Bedford (*Arthur*) 3994.
Begerus (*Laurentius*) 5094.
Beguin (*Jean*) 1953, 1954.
Bejard (*le Sieur*) 4981.

Bel (*le Sieur le*) 2167.
Belderen (*Arnoldus Corvinus à*) voy. Corvinus.
Bel-Eſtat (*Pierre Langlois Sieur de*) voy. Langlois.
Belethus (*Joannes*) 234.
Bella (*Stefano della*) 2091.
Bellaius (*Joachimus*) voyez Bellay.
Bellan (*le Sieur de*) 3373.
Bellarminus (*Robertus*) 958, 959, 1003, 1007, 1103.
Bellaudiero (*Loys de la*) 2952.
Bellay (*Guillaume du*) 4480.
Bellay (*Joachim du*) 2650, 2830, 2831, 3674.
Bellay, Seign. de Langey) (*Martin du*) 4480 à 4482.
Belleau (*Remy*) 1828, 1829, 2978.
Bellefleur - Percheron (*le Sieur de*) 4154.
Bellefont (*Léonore Gigault de*) voy. Gigault.
Belleforeſt (*François de*) 3875, 3877, 4451, 4674, 5562.
Bellegarde (*l'Abbé de*) 1420.
Bellegarde (*les Sieurs & Dames de*) 1293.
Bellero (*Juan*) 4941.
Bellievre (*N. de*) 1861.
Bellin, *Géographe* (*le Sieur*) 3921, 3922, 3923.
Bellovacus (*Joh. Theodericus*) 5454.
Bembus (*Petrus*) 2615, 3664, 3810.

Bénavidès (*Alphonſe de*) 4147.
Benedecto da Todi (*Jacopone*) voy. Todi.
Benedictus (*Joannes*) 44.
Benedictus (*Petrus*) 386.
Benedictus (*Renatus*) 55, 797.
Benedictus (*Sanctus*) 336, 1180, 1181.
Béneton de Perrin (*N.*) 5044.
Beneventanus (*Marcus*) v. Marcus.
Benoiſt; *Religieux Capucin*, 807.
Benoiſt (*René*) voy. Benedictus.
Benoiſt (*Saint*) voy. Benedictus.
Benſſerade (*Iſaac de*) 3018.
Bentinus (*Michaël*) 2530.
Bentleius (*Richardus*) 2535.
Benzo (*Hieronymus*) 4931.
Benzonius (*Rutilius*) 1096.
Bergeron (*Pierre*) 3929.
Bergier (*Nicolas*) 4365.
Berglerus (*Stephanus*) 2463.
Berigny (*le Sieur de*) 3072.
Berlicom (*Andraeas Van*) voy. Van Berlicom.
Bermechobus, *Epiſcopus Eccleſiæ Paterenis*) 750 à 753.
Bernard (*Charles*) 4962.
Bernard, *Franciſcanus* (*Guillelmus*) 178.
Bernard (*Jean*) 4837.
Bernard (*Graveur en bois, appellé le* PETIT BERNARD) 2089.

Bernard d'Arras, *Religieux*, 776.
Bernardinus (*Sanctus*) voy. Bernardus.
Bernardo da Monte Alano da Sena, 3170.
Bernardus, *Abbas Clarevall.* (*Sanctus*) 349, 350, 458, 459, 460, 766.
Berneccerus (*Matthias*) 4016.
Berneck (*Fortunatus Sprecherus à*) 4553.
Berni, 3167.
Bernier (*le Sieur*) 1399.
Bernier, *Doct. en Médecine* (J) 1917.
Bernoulli (*Jacobus*) 1692.
Béroalde de Verville, 1463, 3759.
Beroaldus (*Philippus*) 1700, 1758, 2168, 2504, 2518, 3274, 4320.
Béron ou Borron (*Robert*) 5606.
Berosus, *Babylonicus*, 3892.
Berquin (*Loys Seigneur de*) 3517.
Bersabita (*Francesco*) 4938.
Bersmanus (*Gregorius*) 2536.
Bertaud, *Abbé d'Aunay* (*Jean*) 2863.
Bertaud, *Poëte François*, 2769.
Berterius (*Philippus*) 2671.
Berthelin (*le Sieur*) 2308.
Berthod (*le Sieur*) 2772.
Berthod (*Religieux Franciscain*) 135.
Berthrand (*François de*) 2982.

Berticheres (*le Sieur de*) 4550.
Bertier, *Abbé de Restauré* (*Pierre de*) 2406.
Bertius (*Petrus*) 1431, 1432, 2148.
Bertrand, *Prêtre & Religieux de l'Abbaye de Corbie*, 445, 446.
Bertramus (*Bonaventura Cornelius*) 2226.
Bertrand (J.) 1779.
Bertrandi (*Nichole*) 4653.
Besly (*Jean*) 4105.
Besnier, *Jesuite*, (*le Pere*) 2300, 2301.
Bessario, *Cardinalis Nicænus, & Patriarcha Constantinopol.* 317, 1331, 1332.
Besson (*Joseph*) 4152.
Betlenius (*Joannes*) 4877.
Beveregius (*Guillelmus*) 3966.
Beverlandus (*Hadrianus*) 1061 à 1064.
Beverovicius (*Joannes*) 3470.
Beüil, *Sieur de Racan*, (*Honorat de*) v. Racan.
Beys, *Poëte François*, (*le Sieur*) 2888, 3019.
Beze (*Théodore de*) 81 à 97, 901, 940, 951 à 955, 2237, 2648, 2649, 5502.
Biberius Curculio, *Parasitus*, 1240.
Bibliander (*Theodorus*) 114, 192.
Biclarens, *Episcopus Gerundensis* (*Johannes*) 345.

Bie (*Jacques de*) 4437, 4972.
Bie (*Jacob de*) 5087.
Bigne (*Margarinus de la*) 339.
Bignon, *Intendant de Picardie*, 4977.
Bignonius (*Hieronymus*) 1262.
Bijonius (*Gervasius*) 492.
Billius (*Jacobus*) 388, 416.
Billon, *Escuyer, Sieur de la Prugne* (J. de) 2160.
Binard (*P.*) 896.
Binet (*Claude*) 5530.
Bio, 2152.
Birague (*Flaminio de*) 2842.
Birague (*Ludovic de*) 3511.
Biragus (*Lampus*) 4339.
Birch (*Thomas*) 5473.
Biringuccio (*Vanoccio*) voy. Vanoccio.
Biroat (*Jacques*) 721.
Bisciola (*Lælius*) 3451.
Bisetus (*Odoardus*) 2460.
Bisselin (*Olivier*) 2066.
Bisselius (*Joannes*) 4935.
Bito, *Mathematicus*, 1977.
Bladen (*Martinus*) 4335.
Blaëu (*Jean*) 3913, 4371.
Blamont (*N. de*) *Musicien*, 3123.
Blanc (*l'Abbé le*) *Autheur de l'Hist. de la Congr. de Auxiliis*, 502, 503.
Blanc (*Richard le*) 1682.
Blanc (*Vincent le*) 3929.
Blanchinus *seu* Blanchini, (*Franciscus*) 2009, 5133.
Blanchon (*Joachim*) 2844.
Blancuccius, *Benedictus*, 2218.
Blaquerne (*l'Hermite*) 3755.
Blarer (*Johan. Conradus*) 1307.
Blarrorivo (*Petrus de*) 2712.
Blavet (*le Sieur*) *Musicien*, 3156.
Blondel (*François*) 2139.
Blondel (*David*) 975, 1002.
Blondet (*Abraham*) 2993.
Blondus (*Flavius Forliviensis*) 4368.
Boaistuau (*Pierre*) 1564, 5562.
Board, *Prêtre de Farges*, (*Jehan*) 5571.
Boaystuau, *surnommé* Launay. (*le Sieur de*) 1491.
Boccaccio *seu* Bocaccius de Certaldo (*Giovanni*) 3308, 3309, 3310, 5452 à 5456.
Boccalini (*Trajano*) 1624.
Bocchius (*Achilles*) 3631.
Bochartus (*Samuel*) 203, 204, 205.
Bochellus (*Laurentius*) 4444.
Bocklerus (*Georgius Andræas*) 2057, 2061.
Boderie (*Gui le Févre de la*) 907.
Bodin (*Jean*) 1547, 1552, 1621, 3860.
Boëce *le Philosophe*, voyez Boëtius.
Boëclerus (*Joh. Henricus*) 4041, 4746.

Boërhaavius (*Hermann.*) 1829, 1870.
Boëtius (*Anicius Manlius Torquatus Severinus*, 1349, 1430 à 1433, 5655.
Boffrand (*le Sieur de*) 2140.
Bogiflaimofcherofchus (*Erneſtus*) 4057.
Boherius (*Nicolaus*) 1261.
Boileau (*N.*) 1420.
Boileau (*l'Abbé Jacques*) 446, 1127, 4214.
Boileau Defpréaux (*Nic.*) 2911, 2912, 2913.
Boillot (*Jofeph*) 2136.
Boifguibert (*du Quefnay de*) 731.
Bois-Hus (*le Sieur de*) 2885.
Boifius (*Joannes*) 955.
Boisrobert, *Abbé de Chaſtillon-ſur-Seine* (*le Sieur de*) 3335.
Boisrobert (*N. de*) 2770.
Boisrobert (*Métel de*) *voyez* Métel.
Boiſſardus (*Janus Jacobus*) 3621, 5461.
Boiſſat (*Pierre de*) 4966, 4967.
Boiſſevin (*Louis*) 5474.
Boiſſiere, *Graveur* (*le Sieur de la*) 2107, 2117.
Bolla Bergamafcus (*Bartholomæus*) 2758.
Bolvitus (*Francifcus*) 4083.
Bonaciolus (*Ludovicus*) 1893.
Bonal (*François de*) 838.
Bonamici (*Caſtruccio*) 4376.

Bonamicus (*Francifcus*) 1844.
Bonarelli (*Guido-Balde de*) 3021, 3198.
Bonarfcius (*Clarus*) 1118.
Bonaventura (*Sanctus Joannes*) 351, 414, 462, 778, 779.
Bondonnet (*Jean*) 4100.
Bonetus (*Antonius*) 633.
Bonfons (*Pierre*) 4620.
Bongarfius (*Jacobus*) 4016.
Bonifacius (*Joannes*) 3640.
Bonilla (*Juan de*) 4916.
Bonnefons, *Jéſuite* (*le Pere Amable de*) 803.
Bonnefons (*Jean*) 2658, 2659.
Bonneval, *Prêtre* (*le Sieur de*) 243.
Bonnor (*Honoré*) 4949, 5615.
Bonrepaus (*M. de*) 4851.
Bontemps (*Léger*) 765.
Bontius (*Jacobus*) 1835.
Bonſous (*le Pere J. J.*) 4727.
Bonushomo (*Alphonſus*) 886.
Borbonius (*Nicolaus*) 2651, 2652, 3940.
Borde (*François de Signac*, *Sieur de la*) *v.* Signac.
Bordelon (*l'Abbé*) 3437, 3739.
Borderie (*le Seigneur de*) 1519, 2826.
Borée (*le Sieur*) 2990.
Borellus (*Petrus*) 1724, 5248.
Borgarucci (*Borgarutio*) 2317.

Borghini (*Raffaële*) 2084.
Borie (*François de la*) 497.
Borluyt (*Guilielmus*) 126.
Borrichius (*Olaus*) 1742.
Borromée (*S. Charles*) *voy.* Charles.
Bosc , *Religieux Cordelier* , (*le Pere du*) 5468.
Boscan , 3211.
Boscheron (*le Sieur*) 3713.
Boscovic (*Rogerus Josephus*) 2738.
Bosius (*Antonius*) 4226.
Bosius (*Simeo*) 2369, 2370.
Bosquetus (*Franciscus*) 1239.
Bosroger (*Esprit du*) 1675.
Bossius (*Donatus*) 4004.
Bossius (*Hieronymus*) 3811.
Bossuet (*Jacq. Bénigne*) 469, 913.
Bossus , *Canonicus Veronensis* (*Matthæus*) 3658.
Boswellus (*Guilielmus*) 1689.
Botallus (*Leonardus*) 1867.
Botereius (*Rodolphus*) 4538.
Botero *Benese* (J.) 1534.
Bouaistuau (*Pierre*) *voyez* Boaistuau.
Bouchard (*Alain*) 4448, 4449.
Boucher (*Joannes*) 4492, 4510.
Bouchet *(Jehan) surnommé* le Traverseur des voyes périlleuses, 2806, 3349, 3350 , 4435 , 4436 , 4461.
Bouchet, *Généalogiste* (le Sieur du) 4976, 4999, 5009, 5488.
Boudot (*Joannes*) 2292 , 5359, 5427.
Boudot (*N. l'Abbé*) 5332.
Boudot (*Paul*) 4528.
Bougéant , *Jésuite (le Pere)* 253, 3073, 3551.
Bouhier de Savigni (*le Président*) 2783.
Bouhours, *Jésuite (Dominique)* 75 , 3434, 3735.
Bovier de Fontenelle (*Bernard le*) *voy.* Fontenelle.
Bouillon (*Henri de la Tour d'Auvergne , Duc de*) 4516.
Bovillus , *Samarobrinus* , (*Carolus*) 3969.
Boulanger (*le Sieur le*) 3708.
Boulencourt (*N. le Jeuné de*) *voyez* Jeune.
Boulongerius (*Ludovicus*) 3909.
Bouques , *Seigneur de Pons* , (*Charles de*) 545.
Bouquet (*Dom Martin*) 4430.
Bourdeille de Brantome (*Pierre de*) *voyez* Brantome.
Bourdelot (*l'Abbé Pierre*) 1727, 3770.
Bourdin (*Petrus*) 1691.
Bourgeois , *dite Boursier* , (*Louise*) 1925.
Bourgeois , *Musicien* (Le Sieur) 3115.
Bourglabbé (*Estienne du*) 3595,

Bourgueville (*Charles de*) 1652.
Bourguignon (*Daniel*) 4287.
Boursault (*N. de*) 3845.
Boursier (*Louise Bourgeois*, dite) voyez Bourgeois.
Bouscal (*Guérin de*) voyez Guérin.
Boussardus (*Goffredus*), 4074.
Bouton de Ferrieres, 1293.
Bouvart, *Médecin* (*N*) 1900.
Boxhornius (*Marcus Zuerius*) 1610, 2387, 3471, 5450.
Boyardo (*Mattheo Maria*) 3181, 3182.
Boyer (*Claude*) 1618, 3043.
Boyer (*O.*) 3040 à 3043.
Boyer de Ruvieres, 3549.
Boyer, *Marquis d'Argens*, (*J. B. de*) 3849.
Boyle (*Robertus*) 1324, 1693.
Boys (*Pierre du*) 5509.
Boyvin (*Jean*) 4555.
Boyus (*Cornelius*) 2724.
Bracciolini (*Francesco*), 3208.
Branchaleo (*Joann. Franç.*) 1749.
Brachelius (*Adolphus*) 4053.
Brachey (*Ludov. de Gand Dom. de*) voyez Gand.
Brandolinus (*Lippus*) voyez Lippus.
Brant (*Sebastianus*) 3249 à 3252.

Branteghen (*Guillaume de*) 746.
Brantome (*Pierre de Bourdeille*, *Sieur de*) 5628
Brasavolus (*Musa*) voyez Musa.
Brasseur (*Philippus*) 4212.
Brébeuf (*le Prieur de*) 3691.
Brébeuf, *Poëte François*, (*le Sieur de*) 848, 2576, 2577, 2896.
Brécourt (*le Sieur de*) 2983, 3062.
Bréréwood (*Edwardus*) 4122, 5143, 5144.
Bret (*Henri le*) 4034.
Brethencourt (*le Sieur de*) 3537.
Bretonnayau (*René*) 2843.
Bretonneau (*G.*) 556.
Bretonneau (*Guy*) 4994.
Breugiere, *Sieur de Barante*, (*Claude Ignace de*) 2779.
Brevicoxa (*Joannes*) 465.
Breul (*Jacques du*) 4621, 4622.
Breydenbach (*Bernard de*) 3952.
Bridard (*le Sieur*) 2994.
Bridou (*Jean*) 3417.
Brieux (*le Sieur de*) 3710.
Brignon, *Jésuite*, 796.
Brinon (*le Seigneur de*) 4390, 4391.
Brionæus (*Martinus*) 211.
Bris (*Nicolas de*) 802.
Brisset (*Roland*) 2980.
Brixianus (*Joann. Britannicus*) 2585, 2593.
Brixianus (*Jacobus*) 3809.

Brodeau

Brodeau (*Julien*) 5506.
Broëchuyfius (*Benjaminus*) 1906.
Broffe (*le Sieur la*) 3039.
Broiffiniere Sieur de Mollires (*Juigné*) voy. Juigné.
Brotheus, *Grammaticus*, 2583, 2584.
Brown (*Thomas*) 1055, 1056.
Brueys de Montpellier (*le Sieur*) 915.
Bruin (*Georges*) 3887.
Brun (*Laurentius le*) 2691.
Brun (*Pierre le*) 253, 254.
Brun, *Poëte François* (*le Sieur le*) 2932.
Brun (*N. le*) 3064.
Brunner (*Andræas*) 4244.
Bruno (*Thomas*) 362.
Bruno (*Vincent*) 855.
Bruno Aftenfis, *Épifcopus Signienfium* (*Sanctus*) 455.
Bruno, *Nolano* (*Giordano*) voy. Brunus.
Brunsfelfius (*Otho*) 934.
Brunus, *Nolanus* (*Jordanus*) 1041 à 1051, 3206.
Brutus (*Eftienne Junius*) voy. Junius.
Brutus (*Joh. Michaël*) 4333.
Bruyere (*le Sieur de la*) 789, 1419.
Bruyn (*Ambrofius de*) 5037.
Bry (*Theodorus de*) 3621, 3928.
Buccalin, *Trajan*, 3526, v. Boccalini.
Buçelinus (*Gabriël*) 4012.
Buchananus (*Georgius*) 2734, 2735, 2974, 4844.
Bucherius (*Ægidius*) 3985.
Buchius (*Lambertus Van-der-*) voy. Van-der-Buchius.
Bucholzerus (*Abrahamus*) 3997.
Bucholzerus (*Gottfridus*) 3997.
Budæus (*Guillelmus*) 1424, 3815, 5101, 5102.
Buddæus (*Joann. Francifcus*) 911.
Budelius (*Renerus*) 5099.
Buffier, *Jéfuite* (*Claude*) 1509, 1633, 2211.
Bugnet, *Miniftre de la R. P. R.* 902.
Bugnotius (*Theander*) 3360
Buiffon (*Jacques*) 1294.
Bulæus (*Cæsar Egaffius*) 5174.
Bulengerus (*Julius Cefar*) 2086, 2403, 4048.
Bulialdus (*Ifmaël*) 5257.
Bullingerus (*Henricus*) 875, 944.
Bunellus (*Petrus*) 3813.
Buonaroti (*Michel-Ange*) 5125.
Buranus (*Obertus Gifanius*) voy. Gifanius.
Burchiello, 3177.
Burdéus (*Pierre Arias*) 1280.
Burée (*Pierre*) 1918.
Burgenfis (*Petrus Alfonfus*) voy. Alfonfus.
Burgundia (*Antonius à*) 3624.
Burgundus (*Nicolaus*) 1307, 4754.

Burgundus, *Episcopus Bellovacensis* (*Vincentius*) 1415.
Burgus (*Petrus Baptista*) 4398.
Burmannus (*Petrus*) 2463, 5251.
Burrus (*Petrus*) 2644.
Bury, *Musicien* (*N. de*) 3127.
Busæus (*Joannes*) 448.
Buscherus (*Heizo*) 3459.
Buschius (*Hermannus*) 2580.
Buscoducensis (*Nicolaus*) 3649.
Bussy Rabutin (*le Marq. de*) 4576.
Buthillerius de Rancé (*Joannes Armandus*) 2446.
Butlerd (*Mistriss Fanny*) 3858.
Buurt (*Hadrianus*) 911.
Buxdorfius, Buxtorfius & Buxtorfus (*Johannes*) 195, 196, 222 à 226.
Buxeda de Leyva (*el Dotor*) 4916.
Byart (*Nicolaus de*) 473.

C

CABAÑES (*l'Abbé de*) 171.
Cabeus (*Nicolaus*) 1360.
Cabotin (*le Sieur A.*) 1830.
Cachet (*Jean*) 635.
Cadet (*le Sieur*) 3031.
Cæcilius, *Poëta*, 2470.
Cælestinus (*Fr. Claudius*) 1712.
Cænalis (*Robertus*) 5107.
Cæsalpinus (*Andræas*) 1741.

Cæsar (C. Julius) 2157, 4329 à 4338, 5624, 5625.
Cæsar, *Cremoninus*, 1365.
Cæsarius, *Monachus*, 433.
Caietanus (*Petrus Victor Palma*) voy. Cayet.
Cajetanus (*Constantinus*) 452.
Cajetanus de Leonardis, 2638.
Caignet (*Denys*) 61.
Caille (*André*) 1946.
Caille (*Jean de la*) 4626, 5149.
Caille (*Nicolaus Ludov. de la*) 2001.
Caillet (*Paul*) 3558.
Cailliere (*le Sieur de*) 1597.
Cairas (*Guill. de Ségla Sr. de*) voy. Ségla.
Caissel (*le Sieur de*) 4602.
Calaber (*Quintus*) voyez Quintus.
Calcagninus (*Cælius*) 3663.
Calceolarius (*Franciscus*) 1795.
Calderinus (*Domitius*) 2583 à 2585, 2593, 2597 à 2600, 4358.
Calderon de la Barca (*D. Pedro*) 3221, 3236, 3237.
Calid, *Juif*, 1972.
Caliste, *Religieux Augustin*, 372.
Calixtus (*Georgius*) 1119.
Callot (*Joannes*) 2090, 2090*.
Calmet (*D. Augustin*) 4998, 5243.
Calphurnius, *Brixiensis*, 1423.

Calprenede (*Gautier de Costes Sieur de la*) 3035.
Calveto (*Urbanus*) 4931.
Calvin (*Jean*) 78, 99, 590, 897, 904, 943, 949, 1368.
Calvifius (*Sethus*) 3967.
Calufe (*Antoine*) 4196.
Cambolas (*Jacobus de*) 169.
Camdenus (*Guillelmus*) 4826.
Camerarius (*Joachimus*) 2384, 2479, 3629, 3630.
Camérarius (*Philippe*) 5554.
Camoëns (*Luis de*) 3223.
Campanacius (*Jacob. Maria*) 4399.
Campanus (*Joann. Antonius*) 2365, 3653.
Campegius (*Thomas*) 1095.
Campianus (*Edmundus*) 874.
Campo (*Antonio*) 4395.
Campra (*N.*) 3099 à 3102.
Camus, *Evêque de Belley*, (*Jean-Pierre*) 414, 787, 800, 3351, 3411 à 3413, 3513.
Camuzæus, *Tricaſſinus* seu Camuzat (*Nicolaus*) 4002, 4095, 5552.
Canda (*Charles du*) 4255.
Candidus (*Petrus*) 4354.
Canifius (*Henricus*) 345, 353, 1082.
Canonherius (*Petrus Andræas*) 1855.
Cantémir (*le Prince*) 3256.
Canterus (*Guillelmus*) 2350, 2449, 2451, 2454.
Canterus (*Theodorus*) 463, 2463.
Canus, *Epiſcopus Canarienſis* (*Melchior*) 490.
Capacius (*Julius Céſar*) 4379.
Capella (*Galeatius*) 4374.
Capella (*Martianus*) 3490.
Capellanus (*Claudius*) 173.
Capelloni (*Laurent*) 3774.
Capilupus (*Lælius*) 2477, 2632, 3502.
Capite-Fontium (*Chriſtophorus de*) 876.
Cappellus (*Ludovicus*) 196, 224.
Capre (*Francois*) 4959.
Capreolus, *Epiſcopus Carthaginenſis*, 343.
Capres Sieur *Deſparron*, (*Charles d'Arcuſſia de*) voy. Arcuſſia.
Caraccioli (*Antonius*) 4083.
Caraccioli (*le Marquis de*) 1443, 1454.
Carafa, Cardinalis (*Antonius*) 7, 34.
Carafa, *Epiſcopus Averſanus* (*Carolus*) 4130.
Cararino Orvietano (*Antonio*) 2041.
Cardanus (*Hieronimus*) 1465, 1490, 1646, 1681, 1682, 1863, 2039.
Carillo (*Martin*) 4231.
Carion (*Jean*) 4024, 4025.
Carlifle (*le Comte de*) 1602.
Caro (*il Commendatore Annibal*) 3204.
Carolus Borromæus, *Archiep. Mediol.* 326, 327.
Carolus Magnus, *Imperator* 448, 561, 1261.

Caron (R.) 1141.
Carpentier (D. P.) 2294.
Carranza (Bartholomæus) 314, 315, 1110.
Carretus (Ludovicus) 195.
Cartari (Vincent) 3261.
Carthagena (Joannes de) 4208.
Cartheny (Jean de) 566, 567.
Cartier de S. Philippe, 3762.
Casalius (Gaspar) 877.
Casas (Barthol de las) 4936 à 4939.
Casaubonus (Isaacus) 2166, 2581, 3817.
Caseneuve (Louis de) 3793.
Caseneuve (N. de) 2300, 4678, 5168.
Cassan (Jacq. de) 4677.
Cassander (Georgius) 240, 580, 897.
Cassianus Bassus, 1757.
Cassini de Thury (N. de) 5161, 5162.
Cassiodorus, Abbas Vivariensis (Aurelius) 432.
Cassiodorus, Historiograph. 4072, 4073.
Castalio (Joseph) 3901.
Castalio (Sebastianus)1029, 5455.
Castalius (Guillelmus) voy. Castellus.
Castañeda (Herman Lopès de) voy. Lopès.
Castellio (Paulus Grillandus) 1250.
Castellionæus (Joann. Antonius) 4084.
Castellus (Edmundus)

Castellus (Guillelmus) 2543.
Castelnau (Michel de) 4455.
Castelvetro (Lodoico) 3172.
Caster (Sylvestre) 4197.
Castilio (Balthassar) 2615.
Castillejo (Christophoro de) 3213.
Castillon (Augier Ferrier, Seigneur de) v. Ferrier.
Castronovo (Vincentius Bandellis de) voy. Bandellis.
Catanæus (Joann. Maria) 2255, 2346, 2347.
Catel (Guillaume de) 4650, 4652.
Catel (Pierre-Louis de) 2403.
Catellan (Jean de) 4117.
Catharina, Bononiensis (Sancta) 4210.
Cathélan, Cordelier Albigeois (Antoine) 950.
Catho, Philosophus : voyez Cato.
Catilina (L. Sergius) 4399.
Cato (Dionysius) 1434.
Cato, Philosophus, 2612, 3566 à 3570, 3573.
Cato, Rusticus, 1758.
Catsius (Jacobus) 2724.
Cattan (Christophe de) 2042.
Catullius (Andræas) 4764.
Catullus (C. Valerius) 2500.
Caumartin (N. de) Intendant de Champagne, 4978, 4979.
Cayet (Pierre-Victor Palma) 248, 575, 2228, 4051, 4648, 5628.
Caze (le Sieur de la) 3036.
Cébès, le Philosophe, 1420

DES AUTEURS.

Cellarius (*Christophorus*) 2266.
Cellotius (*Ludovicus*) 2678.
Celsus (*Cornelius*) 1829, 2135.
Celtès (*Conradus*) 4748.
Censorinus (*N.*) 2025, 2026.
Centeno (*Amaro*) 4880.
Centorio degli Hortensi (*Ascanio*) voy. Hortensi.
Cepion (*Coriolanus*) 4385.
Cerardus (*Paulus*) 2477.
Cerceau (*Jacques Androuët du*) voy. Androuët.
Cerceau, Jésuite (le Pere) 2934, 2935, 3073.
Cerf de la Viéville (*D. Filippe le*) 5231.
Ceriolanus (*Fridericus Furius*) 1538.
Cervantes Saavédra (*Michel de*) 3372 à 3375.
César (*Jules*) voy. Cæsar.
Cevallerius (*Antonius*) 2226.
Chabans *Sieur du Maine* (*Louis de*) 2170.
Chaillet (*David*) 997.
Chalard (*Joachim du*) 1267.
Chalcondyla (*Demetrius*) voy. Demetrius.
Cholline (*Denys*) 2589.
Chambray (*Roland Fréart Sieur de*) voy. Fréart.
Champier (*Claude*) 4403.
Chancæus (*Franciscus Mauricius*) 4125.
Chantemerle (*d'Héauville*, *Abbé de*) v. Héauville.
Chantereau le Febvre(*Louis*) 1698.

Chanteresne (*le Sieur de*) 1568.
Chanut (*Antonius*) 2681.
Chapelle (*le Sieur la*) 3706, 3707.
Chapoton (*le Sieur de*) 3047.
Chappelle (*Armand de la*) 1019.
Chappuis *ou* Chappuys (*Gabriel*) 683, 1470, 1539, 3315, 3358, 3541, 3542, 3755, 5147.
Chappusius (*Nicolaus*) 2070.
Chapron (*Nicolaus*) 122.
Chapuzeau *ou* Chappuzeau (*Samuel*) 3719, 4644.
Charas (*Moyse*) 1951.
Chardin (le *Chevalier*) 4896.
Charlemont (*Mylord*) 2138.
Charles Borromée (*S.*) 813.
Charles, *Roi d'Espagne IIe. du nom*, 4680.
Charles Quint, *Empereur*, 1305.
Charles, Roi de France IXe. *du nom*, 1267.
Charleton (*Gualterus*) 1709.
Charnizay (*René de Ménou, Seigneur de*) v. Ménou.
Charpentier (*N.*) 3090, 4309.
Charron (*Pierre*) 1458 à 1461.
Chartier (*Allain*) 1790, 2791, 4469.
Charvet (*C.*) 4116.
Chassanion (*Jean*) 4272, 5558.
Chastelain (*l'Abbé*) 2300.
Chastelain *dit* l'Avanturier (*Georges*) 2762.

Chaftonnieres (*François de Grenailles Sr. de*) 3031.
Chaulmer (*le Sieur*) 3048.
Chaumelz (*Léonard de*) 3636.
Chauffe (*la Rév. Mere Marie-Hiéronyme*) 4209.
Chauffe (*Michel-Ange de la*) 5128.
Cheffault (*M. F. de*) 3058.
Cheffontaines (*Chriftophle de*) v. Capite-Fontium.
Chelidonius, Tigurinus, 1564.
Chemenfis (*Johannes Epifcopus*) voy. Johannes.
Chenu (*Jean*) 1124, 1153.
Chéradame (*Jéhan*) 1881.
Chéreau (*François*) 4692.
Cherubinus de Spoleto : voy. Spoleto.
Chefolmus Scotus, *Epifcopus Vafionenfis* (*Guillelmus*) 898.
Chefne (*André du*) 4573, 4985, 4986, 5006.
Chefneau (*Nicolas*) 4090.
Chevalier (*N.*) 1469, 1609, 2983.
Chevalier des Clozeaux (*le Sieur*) 4219.
Chevallier (*le Sieur*) 4531.
Cheverny, *Grand Chancelier de France* (*N. de*) 4458.
Chevillier (*André*) 5150, 5569.
Chevreau (*Urbain*) 2933, 3031, 5559, 5560.
Chevrier (*N. de*) 3369.
Chiaramonte (*Vito Pizza*) voy. Pizza.

Chicotius (*Joannes*) 1909.
Chicoyneau (*Médecin*) 1877.
Chiffletius feu Chifflet (*Claudius*) 1257, 5096.
Chiffletius (*Joann. Jacobus*) 4641, 4671, 5028.
Chiffletius (*Jacobus*) 4260.
Chiffletius (*Julius*) 4766.
Chiffletius (*Philippus*) 318, 4785.
Chiffletius (*Petrus Francifcus*) 4640.
Chioccus (*Andræas*) 5458.
Chiron (*l'Abbé N.*) 179.
Chokier (*Joannes*) 1130, 1172.
Chomédey (*Hiérôme*) 4373.
Choquet, *Ingénieur de la Marine* (*le Sieur*) 2149.
Chorier (*Nicolas*) 5019.
Choul (*Johannes du*) voy. Duchoul.
Chreftian ou Chreftien [*Florent*] 2974.
Chriftianus (*Q. Septimius Florens*) 2429, 2457.
Chriftianus V, *Rex Daniæ*, 1317.
Chriftmannus (*Jacobus*) 1999.
Chriftol (*Defdier*) 1848.
Chryfoftomus (*Sanctus Johannes*) 393 à 397, 433, 4266.
Ciaconius (*Alphonfus*) 4181. voy. Ciaconus.
Ciaconius (*Petrus*) 5045, 5120.
Ciaconius (*Alfonfus*) 5121.
Ciampinus feu Ciampini (*Joannes*) 4169, 5118.
Cicero (*Marcus Tullius*)

2004, 2015, 2076, 2355 à 2381.
Cieça de Leon [*Pedro de*] 4944.
Cigogne, *Religieux de Saint François* [*Daniel de*] 260.
Cippicus [*Coriolanus*] 4890.
Cippicus [*Joannes*] 4890.
Civoré [*Antoine*] 788.
Clairaut [*Astronome*] 2014, 2021.
Clairaut *le Cadet* [*N.*] 1993.
Clairenville [*le Sieur de*] 3353.
Claireville [*le Sieur de*] 5585.
Clarke [*Samuel*] 3765, 4334.
Claubergius [*Johannes*] 1395.
Claudinus [*Jul. Cæsar*] 1912.
Claudius de Paris, 1131.
Claveus [*Gasto*] 1970.
Clavius [*Christophorus*] 3972.
Clein [*Franciscus*] 2539.
Clemangis [*Nicolaus de*] 463, 464.
Clemens [*Claudius*] 5187.
Clemens Alexandrinus [*Sanctus*] 361, 362.
Clemens XI, *Pont. Max.* 1087.
Clenardus [*Nicolaus*] 2238 à 2240, 3810.
Clerc [*Jean le*] *v.* Clericus.
Clerc, *Graveur* [*Sébastien le*] 2112, 2119.
Clerc [*le Sieur le*] 3048.
Clericus [*Johannes*] 101,

403, 1400, 3440, 4325.
Clericus [*Hubertinus*] 2371, 2372.
Clerke [*Gilbertus*] 1685.
Clichtoveus [*Jodocus*] 892.
Climacus, *Abbas Montis Sina* [*Joann. Scholasticus*, vulgò *dictus*] 434.
Clivolo [*Bartholomæus à*] *voy.* Bartholomæus.
Clopinel [*Jehan*] *v.* Méung.
Clotzius [*Stephanus*] 537.
Clozeaux [*le Sieur Chevalier des*] *voy.* Chevalier.
Cluverius [*Philippus*] 3867, 3906, 3907.
Coc [*Antoine*] 555.
Cocaius [*Merlinus*] *voyez* Folengi.
Cochet de S. Vallier [*le Président*] 1163.
Cochlæus [*Johannes*] 875.
Cocquæus [*Leonardus*] 988.
Cocquault [*Pierre*] 4092.
Coddæus [*Guillelmus*] 2463.
Codronchus [*Baptista*] 1872.
Codrus [*Antonius Urceus*] 3660.
Codurc [*Philippe*] 148.
Coëffeteau [*Guillaume*] 1434, 1492, 2769, 4364.
Cœlius Apicius : *v.* Apicius.
Cœlius Secundus Curio : *v.* Curio.
Cognatus [*Joannes*] 189.
Cointus Smyrnæus *aliàs* Q. Calaber : *voyez* Quintus Calaber.
Colbert, *Evêque de Montpellier* [*Charles-Joachim*] 659.

Colbert [*Jean-Baptiste de*] 4600.
Coles [*Elish.*] 2322.
Colet [*Claude*] 3401.
Colignon, *Graveur* [*N.*] 2121.
Colin [*l'Abbé*] 2364.
Collasse, *Musicien*, 3079, 3104, 3114.
Collenutius [*Pandulphus*] 4378.
Colletet [*Guillaume*] 2423, 2889, 5216, 5533.
Collius [*Franciscus*] 536, 571, 572.
Collomby - Cauvigny [*le Sieur de*] 4018.
Colom [*Jacques*] 3919,
Colombet [*Antoine*] 1283.
Colombiere [*Marc de Wlson, Sieur de la*] *voyez* Wlson.
Colomesius [*Paulus*] 362, 3671.
Colomiès [*Paulus*] 3598.
Colonia, *Jésuite* [*le Pere de*] 3061.
Colucius Salutatus, 3788.
Colvenerius [*Georgius*], 442, 4089, 4097.
Colvius [*Andræas*] 5039.
Columbus [*Joannes*] 4118.
Columbus [*Realdus*] 1930.
Columella [*L. Junius Moderatus*] 1758.
Columna [*Franciscus*] 3348.
Columna Messanensis [*Guido de*] 4302, 4303.
Columna Romanus [*Ægidius*] *voyez* Ægidius Romanus.

Columnas [*Rompe*] 3564.
Columpna Messanensis [*Guillelmus*] *voyez* Columna, Guido de.
Comazzi [*Joan. Bapt.*] 1569.
Combefisius [*Franciscus*] 342, 392, 440.
Combes [*le Sieur*] 4627.
Comenius [*Joannes Amos*] 1057, 5582.
Comes [*Natalis*] 3259.
Comestor [*Petrus*] 4067, 4068.
Commelinus [*Hieronymus*] 2431.
Commines [*Philippe de*] 4472 *à* 4476.
Commirius [*Joannes*] 2698 *à* 2700.
Compiegne [*Ludovicus de*] 3978.
Conestage *ou* Conestaggio, [*Jeronymo*] 4797, 4798.
Confalonerius [*Joan. Bapt.*] 1354.
Confucius, *Philosophe Chinois*, 1435.
Coninck [*l'Abbé de*] 808.
Connibertus [*Alexander*] 2801.
Conradus, *Canonicus Thuricensis* [*Magister*] 3258.
Conrad [*N.*] 2765.
Conrart, *Protestant*, 89.
Conringius [*Hermannus*] 1963.
Consobrinus, *Carmelita*, [*Joannes*] 608.
Constantinus Porphyrogenneta, 1757, 3652.
Contzen [*Adamus*] 4923.

Copus

DES AUTEURS.

Copus [*Guillelmus*] 1833.
Coq [*Jean le*] 4676.
Coq, *Conseiller au Parlement de Paris* [*N. le*] 970.
Coquillart [*Guillaume*] 2795.
Coras [*Jean de*] 2898, 2899, 3722.
Corbichon [*Jehan*] 1733.
Corbin [*Jacques*] 853, 1292, 3325.
Corbinelli [*N. de*] 5003.
Corderius [*Balthasar*] 145.
Cordubensis [*Ferdinandus*] voyez Ferdinandus.
Corgne [*le Sieur*] 1112, 4268.
Corio [*Bernardino*] 4392.
Coriolan, *Capucin* [*François de*] 849.
Cormeille [*le Sieur de*] 3015.
Cornaro [*Louis*] 1859.
Cornazano [*Antonio*] 3175.
Corneille [*Pierre*] 734, 1495, 3044.
Corneille [*Thomas*] 3045, 3927.
Cornejo [*Pedro*] 4504.
Cornelius Nepos, 5444, 5445, 5618.
Cornhertius [*Theodorus*] 3623.
Corraro [*Angelo*] 4180.
Corrozet [*Gilles*] 3393, 4403, 4618, 4619.
Cortade [*Germain*] 723.
Cortaud [*Jacques*] 5484.
Cortius [*Gottlieb*] 4327.
Corvinus [*Joann. Arnoldus*] 1245, 1246, 1259.
Corvinus Messala, voyez Messala.
Cosma, *Ægyptius*, 381.
Cosma *Hierosolymitanus*, 2608.
Cosmomorius [*Benedictus*] 977.
Cosnier [*Michaël*] 4189.
Cosnuau [*Guy*] 755.
Cossartius [*Gabriel*] 3672.
Costæus [*Joannes*] 1834.
Costar [*N.*] 3514, 3687, 3836.
Coste [*le Sieur de*] 2996.
Coste [*Hilarion de*] 4254, 5523.
Coste, *Sieur de la Calprenede* [*Gautier de*] voyez Calprenede.
Coste, *Musicien* [*N. de la*] 3103.
Costere [*François*] 1219.
Costo [*Tomaso*] 2041.
Cotelerius [*Joann. Bapt.*] 362.
Cotin [*Charles*] 157.
Coton, *Jésuite* [*le Pere*] 4533, 4534.
Cotta [*Joannes*] 2615.
Cotteræus seu Cottéreau, [*Claudius*] 1227, 5583.
Cottiere [*Matthieu*] 651.
Coudriere [*Cyre Foucault*, *Sieur de la*] v. Foucault.
Couillart, *Seigneur du Pavillon près Lorris* [*Antoine*] 4029.
Coulanges [*N. de*] 3150.
Coulon [*Ludovicus*] 2441.
Coulon [*le Sieur*] 3929.

Tome II. T t

Courayer [Pierre François le] 1174 à 1179, 4167.
Courmesvin [N. Deshayes, Baron de] voyez Deshayes.
Courlan [Claudio de Bruillart] 2321.
Court [Benoît le] voyez Curtius.
Court [Louis Pascal de la] voyez Pascal.
Courtin [Antoine de] 1224.
Courval [Thomas Sonnet, Sieur de] voyez Sonnet.
Couruée [Joann. Claudius de la] 1896.
Cousinius [Germanus] 1245.
Coustureau, Seigneur de la Jaille [Nicolas] 5488.
Coutaulx [Jean de la Haye, Baron des] voyez Haye.
Coypel, Peintre & Dessinateur [le Sieur A.] 300.
Coyssardus [Michaël] 2528.
Cragius [Nicolaus] 4315.
Craig [Joannes] 865.
Crallier [Guillelmus Baro de] 5072.
Crasso, Barone di Pianura, [Lorenzo] 2416.
Crassus [Leonardus] 3348.
Cratepolius [Petrus Opmersensis dictus] voyez Opmersensis.
Crema [Liberalis] 1933.
Cremoninus [Cæsar] voyez Cæsar.
Crescens ou Crescentiis, [Pierre de] 1773, 1774.
Crétin [Guillaume] 2762.

Creyghtonus [Robertus] 4165.
Crinesius [Christophorus] 5141.
Crinitus [Petrus] 2495, 2580, 3463, 3464.
Crispian de Pas, Graveur, 3273.
Crispinus [Daniel] 2537.
Cristanovic [Stanislaus] 906.
Christianus [Aloysius Comes] 5078.
Croci [Julio Cesare] 3359.
Crocippus [Aspasius] voyez Scioppius Caspan.
Crocus [Cornelius] 2280.
Croisilles [le Sieur de] 3007.
Croix [N. de la] 2173, 2992, 2996.
Cros [le Sieur du] 3021.
Crot [Lazare du] 1287.
Crowæus [Guillelmus] 5244.
Croze [N. de la] 3937.
Cruceius [Annibal] 3320.
Crusius [Martinus] 3321.
Cugnot [N.] 2163.
Cuirot [Adrian le] 2074.
Cunerus, Episcopus Leovardiensis, 1598.
Cuneus [Petrus] 3489.
Cuniga [Antonio de] 1599.
Cuñiga [D. Fabrique de] 2196.
Cuningamius [Alexander] 2535.
Cuperus [Franciscus] 1060.

Curculio *Parasitus* [*Biberius*] *voyez* Biberius.
Curio [*Cœlius Secundus*] 3498.
Curita [*Geronymo*] 4813.
Curtius [*Benedictus*] 3552.
Curtius [*F. Cornelius*] 5065, 5066.
Curtius [*Cornelius*] 5499.
Curtius [*Quintus*] *voyez* Q. Curtius.
Curtius *Symphorianus* [*Benedictus*] 1765.
Cusa [*Nicolaus de*] 3662.
Cybolle [*Robert*] 850.
Cydonius, *Philosophus*, 359.
Cygne [*Martinus du*] 2367.
Cypre [*Grégoire de*] *voyez* Grégoire.
Cyprianus, Episcopus Carthaginensis [*S. Cæcilius*] 364, 365, 367 à 372, 3659.
Cyprien, *Religieux Carme*, 772.
Cyrillus, *Episcopus Alexandriæ* [*Sanctus*] 256, 418, 2651.
Cyrillus, *Archiepiscopus Hierosolymitanus* [*S.*] 383, 384.
Cyrillus, *Episcopus Hipponensis*, 402.
Cyrus [*Theodorus Prodrom.*] *voyez* Theodorus.

D

D'Abra de Raconis, *voyez* Abra.
D'Aceilly [*le Chevalier*] *voyez* Aceilly.
Dacherius [*Lucas*] 452, 456.
Dacier [*André*] 1327, 2453, 5440.
Dadré [*Jean*] 4098.
Dahuron [*René*] 1780.
Dagoumer, *Recteur de l'Université de Paris*, 523.
D'Agneaux [*Robert & Ant. le Chevalier*] *v.* Agneaux.
D'Aguesseau [*le Chancelier*] *voyez* Aguesseau.
Daillié [*Jean*] 967, 968.
Dalembert [*N.*] 1686.
D'Alibray [*Charles Vion, Seigneur*] *voyez* Alibray.
Dalmas ou Delmas, *Prêtre de l'Eglise d'Agde* [*Henry*] *voyez* Delmas.
Dalquié [*Savinien*] *voyez* Savinien.
D'Alvin [*Stephanus*] *voyez* Alvin.
Damascenus [*Joannes*] *voy.* Joannes.
D'Amboyse [*François*] *voy.* Amboyse.
Damhouderius [*Jodocus*] 1258.
Damianus, *Cardinalis Episcopus Ostiensis* [*Petrus*] 452.
Dampmartin [*Pierre de*] 1703, 4039.
Danaeus [*Lambertus*] 3893.

T t ij

Dandilly [*Robert Arnauld*] voyez Andilly.
Daniel [*Gabriel*] 337, 589, 3990.
Dante Alighieri, 3169, 3262, 3788.
D'Aquin [*Philippe*] voyez Aquin.
Daran [*Jacques*] 1924.
D'Arcussia de Capres S. d'Esparon [*Charles*] voyez Arcussia.
Darde [*Jean*] 4163.
Darès, *Phrygius*, 4301, 5618
Daret [*Pierre*] 5474.
D'Argenville [*A J. Dezallier*] voyez Dézallier.
Dastros [*J. G.*] 2959, 2960.
D'Attichy [*Ludovicus Donnius*] voyez Attichy.
D'Aubry [*Jean*] voy. Aubry.
Daudiguier [*le Sieur*] 3307.
David [*le Sieur*] 552.
Davides *Jehaia*, voyez Jehaia.
Davila [*Henry Cather.*] 4456.
Davity [*Pierre*] 3757, 3758, 3883 à 3886.
D'Aure [*F.*] voyez Aure.
D'Avrigny [*Gilles*] voyez Avrigny.
D'Auvergne [*Martial de Paris*, dit] voyez Martial.
D'Auzoles la Peyre [*Jacobus*] voyez Auzoles.
Debruillart. Coursan, voyez Coursan.

De Bure [*Guillaume François*] 5385.
Dedekindus [*Fridericus*] 2716.
Deganes [*le Sieur*] 3342.
Deguilleville, Moine de l'Abbaye de Chaaliz, [*Guill. de*] 2785, 2786, 5590, 5591.
Deimier [*Pierre de*] 1534, 2865.
Delbene [*Alphonsus*] 4639.
Delmas, Prêtre & Chanoine de l'Eglise d'Agde [*Henry*] 2922.
Delphinus [*Joann. Anton.*] 312.
Delphinus, *Generalis Camaldulensium* [*Petrus*] 3809.
Delrio [*Martinus*] 1665, 2718.
Demetrius Chalcondyla, 2255.
Demosthenès, *Orator*, 1328.
Denaisius [*Petrus*] 1304.
Denham [*John*] 3239.
Denys [*Jacques*] 3062.
Denyse [*Jean*] 1687.
Deodatus [*Alexander*] 1911.
Des Barreaux, Poëte François, 2765.
Descartes [*Renatus*] 1381 à 1397.
Descaunets [*Pierre*] 1755.
Descaurres [*Joannes*] 2652.
Deseine [*Franciscus*] 5264.
Desfontaines [*le Sieur*] voy. Fontaines.
Deshayes, *Baron de Courmesvin* [*N.*] 3941.

DES AUTEURS.

Deshoulieres [*Antoinette de la Garde, épouse de Mr.*] *voyez* Houlieres.
Desjardins [*Mlle.*] 3841.
Desiderius, *Rex Italiæ*, 3892.
Désiré [*Artus*] 301, 805, 894.
Deslyons [*Antonius*] 2679.
Desmaizeaux [*N.*] *voyez* Maizeaux.
Desmares [*le Sieur*] 3037.
Desmarets de Saint Sorlin, [*Jean*] 764, 822, 2900, 2904, 3022, 3023.
Desmarets, *Musicien*, 3097 à 3099.
Desmolins *ou* Dumoulin, [*Charles*] *voy.* Moulins.
Desmoulins [*Guyars*] *voy.* Moulins.
Desmoulins [*Jean*] *voyez* Moulins.
Desnos, *Géographe* [*le Sr.*] 3916.
Despeisses [*N.*] 2861.
D'Espence [*Claude*] *voyez* Espence.
Despont [*Philippus*] 339.
Desportes [*Philippe*] 59 à 62, 2846, 2855.
Desroches [*le Sieur*] 2152.
Destouches, *Musicien* [*N.*] 3092 à 3096, 3129 à 3131.
Desvallées Sernay [*Pierre*] *voy.* Vallées.
Devert [*Claude*] *voy.* Vert.
Deusingius [*Antonius*] 1636, 1707.
Deyron [*Jacques*] 4655.
Deza [*Pierre*] 718.

Dezallier d'Argenville [*A. J.*] 1743.
D'Huisseau [*J.*] *v.* Huisseau.
Diaconus Magnon : *voyez* Magnon.
Diaz de la Plaça [*Pero*] 662.
Diaz de Toledo [*Pero*] 1370.
Dieu [*Ludovicus de*] 115.
Digby [*le Chevalier*] *voy.* Dygbæus.
Dinarchus, *Orator*, 2343.
Dinet [*Pierre*] 1820.
Dinothus [*Richardus*] 3744.
D'Inville [*Philippus*] *voy.* Inville.
Dio Chrysostomus, 2445, 4304.
Diocles Carystius, 1942, 1944.
Diodore, *Sicilien*, 4312.
Diogenes Laërtius, 3575, 5510, 5511.
Diomedès, *Grammaticus*, 2176.
Dionysius, *Afer*. 3894, 3898.
Dionysius, *Areopagita* [*Sanctus*] 356.
Dionysius, *Carthusiensis*, 728.
Dionysius, *Halycarnasseus*, 4339, 5525.
Dionysius, *Theologus*, 569.
Dioscorides [*Pedacius*] 1786.
Discret [*L. C.*] 3024.
Dlugossus [*Joannes*] 4869.
D'Obeilh, *Jésuite* [*le Pere F.*] *voy.* Obeilh.
Dobert [*Antoine*] 2212.
Dodwellus [*Henricus*] 370, 3889.

Dordſworth [*Rogerus*] 4213.
Doiſin [*Ludovicus*] 2709.
Dolce [*Lodoïco*] 3201.
Doletus [*Stephanus*] 1227, 2291.
Domenichi [*Lodoïco*] 3203.
Dominis [*Marcus Antonius de*] 1091, 4166.
Donatus [*Ælius*] 2207, 2483 à 2486, 2506.
Donatus, *Theologus*, 344.
Donatus, *Veronenſis*, 3447.
Doni, 3541.
Donius d'Attichy [*Ludovicus*] voy. Attichy.
Donzellinus [*Hieronymus*] 2351.
Doré [*Pierre*] 762, 763, 782.
Dorimont [*le Sieur*] 3053.
Dorlandi [*Petrus*] 4200.
Dorotheus Tyrius, 428.
Dortous de Mairan : *voyez* Mairan.
Doucin [*Louis*] 251, 252.
Dové [*L. C.*] 5413.
Doujat [*le Sieur*] 4230.
Doujat, *Doyen de l'Académie Françoiſe*, 2307.
Doujatius [*Joannes*] 1085, 1158.
D'Oultreman [*Pierre*] voy. Oultreman.
D'Outreman, *Jéſuite* [*Philippe*] voy. Outreman.
D'Ouville [*Métel*] *voyez* Métel.
Douza *ſeu* Douſa [*Georgius*] 5073.
Douza [*Janus*] 3476, 3483, 4779.

Drabicius [*Nicolaus*] 1030.
Drakus, *Anglus* [*Franciſcus*] 4934.
Draudius [*Georgius*] 5432.
Drelincourt [*Charles*] 998, 999.
Drouët de Maupertuy, 4115.
Druſius [*Joannes*] 2222, 4296 à 4298.
Druſius [*J. Clemens*] 186.
Dryander [*Jean*] 1864.
Dryden [*N.*] 3248.
Dubois de S. Gelais : *voyez* S. Gelais.
Du Boſc, *Religieux Cordelier* : voy. Boſc.
Du Boys [*Pierre*] v. Boys.
Du Breul [*Jacques*] *voyez* Breul.
Du Cange [*Car. du Freſne Dom.*] 2293, 2294.
Duccius [*Marcus Antonius*] 2750.
Du Cerceau [*Jacques Androuët*] v. Androuët.
Du Chalard [*Joachim*] voy. Chalard.
Duchat [*Jacob. le*] 4509.
Du Cheſne [*André*] *voyez* Cheſne.
Duchoul [*Guillaume*] 5052 à 5054.
Duchoul [*Joannes*] 1811.
Du Canda [*Charles*] *voyez* Canda.
Du Cros [*le Sieur*] v. Cros.
Du Crot [*Lazare*] *voyez* Crot.
Du Cygne [*Martinus*] voy. Cygne.
Duez [*Paul*] 794.

Du Faïl, *Sieur de la Hérissaye*, voyez Faïl.
Du Ferrier [*Arnauld*] voy. Ferrier.
Du Fouilloux [*Jacques*] voyez Fouilloux.
Dufour [*Pierre Joseph*] 656.
Dufour, *Trésorier de la Cathédrale de Rouen* [*l'Abbé*] 1676.
Dugdale [*Guillelmus*] 4213, 4832.
Du Hamel [*J. Baptiste*] voyez Hamel.
Dujay [*Théophile*] 4675.
Dukerus [*Carolus Andræas*] 2463.
Du Laurens [*André*] voyez Laurens.
Du Lorens, *Poëte François*, [*N*] voyez Lorens.
Dumesnil Bafire, 4457.
Du Monin [*Joannes Edoardus*] voyez Monin.
Du Mont [*Fr. Joannes*] voyez Mont.
Du Mont (*Pierre*) voyez Mont.
Du Moulin *ou des Molins*, [*Charles*] voy. Moulins.
Du Moulin, *Ministre de la R. P. R.* [*Pierre*] voyez Moulin.
Duncan, *Docteur en Médecine*, 1710.
Duns Scotus [*Joannes*] voy. Scotus.
Du Perray [*Michel*] voyez Perray.
Du Pin [*Ludovicus Ellies*] voyez Pin.
Du Pinet [*Antoine*] v. Pinet.
Dupleix [*Scipion*] 1439, 1607.
Duplessis [*A. D.*] 98.
Du Pont [*Louis*] voyez Pont.
Dupré [*Jean*] 3536.
Du Préau [*Gabriel*] voyez Préau.
Dupuis, *Religieux Récollet*, [*Jean*] 4114
Dupuy [*Pierre*] 5475.
Dupuy [*N. le Sieur*] 1451.
Du Quesnay de Boisguibert, voyez Boisguibert.
Durand [*Jean François*] 4980.
Durandus [*Guillelmus*] 1071.
Durant [*Gilles*] 2659.
Durer [*Albert*] voyez Albert Durer.
Durham [*l'Evéque de*] 976.
Durocher [*A. M.*] 3014.
Du Ryer [*André*] voyez Ryer.
Durval [*Jean Gillebert*] 2995.
Du Saix [*Antoine*] voyez Saix.
Du Vair [*Guillaume*] voy. Vair.
Du Val [*Antoine, Guillaume & Jean*] voy. Val.
Duval, *Géographe* [*Pierre*] 3871, 3882.
Duvallius [*Joann. Bapt.*] 5085.
Du Verdier [*le Sieur N.*] voyez Verdier.
Du Verdier de Vauprivas, [*Antoine*] v. Verdier.

Du Verdus [*le Sieur*] *voyez* Verdus.
Dyaconus [*Paulus*] *voyez* Paulus.
Dyck [*Van*] *voyez* Van-Dyck.
Dygbæus *seu* Dygby *Eques*, [*Kenelmus*] 1722, 1723.

E.

Eadmerus, *Monachus Cantuariensis*, 451.
Ebermayer [*Joannes Martinus ab*] 5071.
Eberus [*Paulus*] 3979.
Echellensis *Maronita* [*Abrahamus*] v. Abrahamus.
Eckius [*Jean*] 854.
Edelinck, *Graveur* [*le Chevalier*] 2106.
Eggs [*Georgius*] 4181.
Eginhartus [*N.*] 4446.
Egnatius [*Joann. Bapt.*] 3443.
Ehrenbach [*Nicolaus Myserus ab*] *voyez* Myserus.
Eichovius [*Cyprianus*] 4369, 4732.
Eisenberg [*N. Baron de*] 2184.
Eldefonsus, *Episcopus Hispaniensis*, 583.
Electus, *Archiepisc. Corcyrensis* [*Marcellus*] 235.
Eliphandus *Toletanus*, voy. Toletanus.
Elisabetha, *Regina Angliæ*, 4127.
Ellies du Pin [*Ludovicus*] *voyez* Pin.

Elswich [*Jo. Hermannus ab*] 4276.
Emanuel Tesauro [*le Comte*] *voyez* Tesauro.
Empedocles, 5203.
Empereur [*Constantinus l'*] 158.
Engel [*Samuel*] 5185.
Enguerrand de Monstrelet, 4452, 4453.
Ennius *Poëta*, 2470.
Ens [*Gaspar*] 4932.
Ens [*Johannes*] 176.
Eobanus Hessus [*Helius*] 2715.
Ephraëm *Syrus* [*Sanctus*] 385, 386.
Epictete, *le Philosophe*, 1420, 1421.
Epicurus, 2496.
Erasmus [*Desiderius*] 47, 48, 369, 912, 1551, 1567, 2280, 3502, 3515 à 3517, 3577, 3580, 3581, 3648, 3649, 3719, 3819.
Eraste, 916.
Ericus [*Joannes*] 4878.
Ermite-Forestier [*N. l'*] 845.
Ernstius [*Henricus*] 214.
Erpenius [*Thomas*] 2229.
Errard [*Alexis*] 2147.
Errard de Bar-le-Duc [*Jean*] 2147.
Erresalde [*P.*]. 1886.
Erythræus [*Janus Nicius*] *voyez* Nicius.
Escobar [*Juan de*] 3217.
Escuteaux [*le Sieur des*] 3326.

Esenwein

DES AUTEURS.

Esenwein (*Matthæus*) 2223.
Espagnet (*le Président d'*) 1974.
Esparron (*Charles d'Arcuffia de Capres, Seigneur d'*) *voyez* Arcuffia.
Espen (*Zegerus Bern. van*) 1132.
Espence *ou* Espenceus (*Claude*) 2402, 2655.
Espinel (*Vincente*) 4807.
Espinelle (*le Sieur d'*) 2768.
Esprit du Bosroger, *voyez* Bosroger.
Essars (*Nicolas de Herberay, Sieur des*) *voy.* Herberay.
Estaples (*Jacques le Febvre d'*) *voyez* Febvre.
Estienne *Charles*, 1932, *voyez* Stephanus.
Estienne (*Henry*) *voy.* Stephanus.
Estienne, Sieur des Fossés, (*Henry*) 3641.
Estoile, Religieux de l'Observance (*Jacques de l'*) 810.
Estourneau (*Jacques*) 4028.
Evagrius *Scholasticus*, 4070.
Eucher (*Saint*) 423.
Euclides, *Geom.* 1984 à 1986.
Eudæmon-Joannes (*Andræas*) 1091.
Eveillon (*Jacobus*) 236.
Evert-Isbrant Ides, 3958.
Eugenius Montisfanensis, (*Lactantius*) 1898.

Eunomius *Hæresiarcha*, 317.
Evrémont (*Charles Margotelle de S. Denys, Sieur de Saint*) 3613, 3696 à 3698, 3707.
Euripides, 2452, 2454 à 2457.
Europæus (*Lucius Cornelius*) *voyez* Inchoffer.
Eusebio de Nieremberg, (*Juan*) *voy.* Nieremberg.
Eusebius Cæsariensis, 381, 4073, 4074, 4075, 4246.
Eusebius Pamphilus, 4069.
Eustathius, *Archiepiscopus Thessalonicensis*, 2254.
Eurocius Ascalonita, *voyez* Ascalonita.
Eutrapel 3317.
Eutropius, 4331.
Eutychius Ægyptius, *Patriarcha Orthod. Alexandr.* 4141.
Expilly (*le Sieur N.*) 2854.
Exsuperantius (*Julius*) *voy.* Julius.
Eyb (*Albertus de*) 5549, 5550.
Eymericus (*Nicolaus*) 4291.

F.

Faber (*Honoratus*) 1696.
Faber Stapulensis (*Jacobus*) *voyez* Febvre d'Estaples.
Fabius Pictor (*Quintus*) 3892.
Fabri (*Pierre*) 544, 2332.
Fabricius (*Joann. Albert*

tus) 112, 537, 5203, 5204, 5252.
Fabricius Montanus (Joan.) voyez Montanus.
Facetus, 2612.
Fadrique de Çuniga (Don) voyez Çuniga.
Faërnus (Gabriel) 3269 à 3271.
Faësch (N.) 2162.
Fagan (N.) 3067.
Fajardo (Alonfo Guajardo) 3233.
Fail, Sieur de la Hériffaye, (Noël du) 3317.
Faille (Jean Bapt. de la) 1517.
Falconeus Thautanus (Aymarus) 3461.
Fano (Mari-Angelus à) 2262 à 2264.
Farenus (Antonius) 630, 702.
Faret (le Sieur) 1596.
Faria y Soufa (Manuel de) voyez Soufa.
Farnabius (Thomas) 2539, 2574, 2586.
Farquhar (Georges) 3240.
F sitelius (Honoratus) 379.
Faffardi (François) 804.
Faur, Seigneur de Pybrac, (Gui du) voy. Pybrac.
Faufte, Magicien (Jean) 1672.
Fauvel (le Sieur) 3933.
Faydit (l'Abbé) 2526.
Febvre (Louis Chantereau le) voyez Chantereau.
Febvre (Michel le) 4881.
Febvre (Nicolas le) 832.

Febvre (Tannegui le) 1329, 1427, 1428, 5526.
Febvre d'Eftaples (Jacques le) 51, 64, 356, 4261, 4262.
Felibien des Avaux (Jean François) 2085, 2145, 5524.
Feliciano de Sevila, Capucino, 773.
Felix (Minucius) voy. Minucius.
Fell (Joannes) 370.
Fénelon (François de Salignac de la Mothe) 1540, 3363, 3364.
Fénolliet (Pierre) 4528.
Ferdinand, Comte de Marfigli (Louis) voyez Marfigli.
Ferdinandus, Cordubenfis, 1128.
Ferget (Pierre) 1733.
Fermanel (le Sieur) 3933.
Fernandez (Juan Patricio) 4162.
Fernus (Michaël) 3653.
Ferrand (Jacques) 1873.
Ferrand (Ludovicus) 175.
Ferrande (Pierre Garcie, dit) voyez Garcie.
Ferrarius, Novarienfis (Julius Æmylius) 2604.
Ferrarius (Octavius) 2315.
Ferrier (le Sieur) 2906.
Ferrier (le Sieur du) 4549.
Ferrier (Arnauld du) 358.
Ferrier, Seigneur de Caftillon (Augier) 1547.
Ferrieres (Bouton de) voyez Bouton.

Ferronus (*Arnoldus*) 4433.
Festus Pompeius, *voy.* Pompeius.
Feu Ardent (*François*) 927.
Févre (*Anne le*) 2465.
Févre (*Jehan le*) 2309, 2310.
Févre (*Pierre le*) 2532.
Févre (*Tannegui le*) *voyez* Febvre.
Févre de la Boderie (*Guy le*) 907.
Févre de la Planche (*N. le*) 1286.
Fevretus (*Carolus*) 2860.
Ficinus (*Marsilius*) 1325, 1326, 1333, 1336, 1337, 1338, 3801.
Ficklerus (*Joann. Baptista*) 1590.
Fienus (*Thomas*) 1713.
Filesacus (*Joannes*) 1111.
Firenzuola (*Agnolo*) 3717.
Firmianus (*Petrus*) 3745.
Fisscher (*Joannes*) 4262.
Flaccus Illyricus (*Matthias Francowitz*) 937 à 942, 2616.
Flaccus Siculus, 1756.
Flaminius (*Antonius*) 2615.
Flaminius (*Marc-Antonius*) 768.
Flavigny (*Valerianus de*) 4.
Fléchier (*Esprit*) 3712.
Flegetonte (*lo Capitan*) 3336.
Fleurances Rivault (*le Sieur de*) 1488.
Fleury (*Claude*) 667, 668, 3431.
Fliscus (*Jo. Aloysius*) 4399.

Flodoardus, *Præsbyter & Canonicus Remensis*, 4089, 4090.
Floravantis (*Benedictus*) 5104.
Florens Christianus (*Septimius*) *voy.* Christianus.
Florens (*Franciscus*) 1085, 1086.
Flores de Laviada (*Isidro*) *voyez* Laviada.
Floretus, 2611, 2612.
Floridus (*Macer*) *voyez* Macer.
Floridus Sabinus (*Franciscus*) *voyez* Sabinus.
Florimons de Saint Amour, 70.
Florus (*Lucius Annæus*) 4015, 4342, 4349, 4350, 4364.
Fludd (*Robertus*) 1398, 1635.
Flurances (*R. de*) 1576.
Focheran (*Alexandre de Pont-Aymery, Sieur de*) *voy.* Pont-Aymery.
Fockenborgh (*Geurige Zang-Goddin de*) 3255.
Fœlix de la Grace, *v.* Grace.
Fœneste (*le Baron de*) 4563, 4564.
Fœnestella (*L.*) 5055.
Foix (*François de*) 1321.
Foix, *Archevesque de Tolose*, (*Paul de*) 4493.
Foix (*N. de Saint*) *voyez* Saint-Foix.
Folard (*le Chevalier*) 3937.
Folengi (*Theophilus*) 2753 à 2755, 3190, 3191.

V v ij

Folieta (*Ubertus*) 2268, 2386.
Foncius (*Bartholomæus*) 2585.
Fons (*le Sieur de la*) 3063.
Fonseca (*Rodericus à*) 1903.
Fontaine (*Charles*) 1519, 2826.
Fontaine (*François de*) 1092.
Fontaine (*Jean de la*) 2902, 2903, 3323, 3693 à 3695.
Fontaine, Ingénieur (*le Sr de la*) 2161.
Fontaine (*le Sieur la*) 3048.
Fontaines (*le Sieur des*) 3032.
Fontaines (*l'Abbé Guyot des*) 3965.
Fontanus (*Arnoldus*) 1526.
Fontanus (*Johannes*) 1526.
Fontenelle (*Bernard le Bovier de*) 1474, 3741.
Fontidonius (*Petrus*) 323.
Fontius (*Bartholomæus*) 2578.
Forcadel (*Pierre*) 1984.
Forest (*Genevieve*) 801.
Forestier (*l'Ermite*) voyez Ermite.
Forget. (*Germain*) 1159.
Formey (*le Sieur*) 5169.
Fornier (*J.*) 3319, 4274.
Fornier (*Raoul*) 1654.
Fortin, Sieur de la Hoguette (*Pierre*) 1500, 1528.
Fortunatus (*Lucas Antonius*) 3430.
Fossés (*Henry Estienne, Sieur des*) voy. Estienne.
Fosterus (*N.*) 1635.
Foucault, Sieur de la Coudriere (*Cyre*) 3553.
Fougasse (*Thomas de*) 3526.
Fouilloux (*Jacques du*) 2191, 2192.
Fouquelin (*Antoine*) 2333.
Four (*Pierre Joseph du*) voyez Dufour.
Four (*l'Abbé du*) voyez Dufour.
Fourmont (*Stephanus*) 2234.
Fourmont *l'ainé*, 5177.
Foi (*Arnauld Sorbin de Sainte*) voy. Sorbin.
Fracastorius (*Hieronymus*) 1836 à 1838, 2632.
Franchères (*Claude*) 2868.
Franciscus de Monte S. (*A*) 1036.
Francœur, Musicien (*N.*) 3106, 3107, 3124, 3132, 3137, 3138.
François (*Jean de Saint*) voyez Saint François.
François de Coriolan, Capucin, voyez Coriolan.
François de Sales, Evêque & Prince de Genève (Saint) 775, 790.
Francus de Frankenau (*Georgius*) voyez Frankenau.
Francus Venetus (*Jacobus*) 5085.
Francowitz (*Matthias*) voy. Flaccus Illyricus.
Frankenau (*Georgius Francus de*) 1721.

DES AUTEURS.

Franzius (*Wolfgangus*) 206.
Fréart, Sieur de Chambray, (*Roland*) 2129.
Freculphus, *Episcopus Lexoviensis*, 3998.
Freigius (*Joann. Thomas*) 1677, 4066.
Freinshemius (*Joannes*) 4016.
Freitagius (*Arnoldus*) 1849.
Frénicle (*N.*) 3002, 3003.
Frere (*Jean le*) 806.
Fresnoy (*Charles Alphonse du*) 2083.
Fresnoy (*Lenglet du*) *voyez* Lenglet.
Frey (*Janus Cæcilius*) 1839.
Frisius (*Jacobus*) 5205.
Frizon (*Leonardus*) 2695.
Froidour (*le Sieur de*) 1271.
Froissart (*Jehan*) 4450, 4451.
Frontinus (*Sextus Julius*) 1756, 2131, 2154, 2155, 2156, 2167, 2168, 2169, 5109.
Fronto (*Joannes*) 453, 736.
Froumenteau (*Virolie*) 4681.
Fuchsius (*Leonhartus*) 1788 à 1790.
Fuchsius (*Samuël*) 2040.
Fueldez (*Antoine*) 1867.
Fulgentius *Aphrus*, *Episcopus Ruspensis*, 873.
Fulgentius *Planciades*, *Mytholog.* 3257.
Fulstin (*Joann. Herburtus*) *voyez* Herburtus.

Fulvius Ursinus, 1233, 5045, 5082, 5083, 5084.
Fumeius (*Antonius*) 2643.
Furetiere (*Antoine*) 167, 2305 à 2307, 3609.
Furetiere, *Avocat* (*le Sieur*) 2896.
Furmerius (*Bernardus*) 4781.
Furnesterus (*Zacharias*) 1571.

G.

Gabius (*Joann. Bapt.*) 394.
Gaches (*Raymond*) 966.
Gacon (*le Sieur*) 2925 à 2927.
Gaëta (*Stephanus de*) 553.
Gaffarel (*Jean*) 2043.
Gaguinus (*Robertus*) 2421, 4336, 4360, 4414.
Gaillard (*Augié*) 2961.
Gaillard (*Jean*) 2210.
Gaillard (*P. D.*) 4033.
Galanus (*Clemens*) 4140.
Galatinus (*Petrus*) 185.
Galeacius, *Vicecomes*, 3788.
Galenus, *Medicus*, 1365, 1700, 1832, 1833, 1918, 1922, 1945.
Galeotti (*Nicolaus*) 4204.
Galesinius (*Petrus*) 428.
Galfridus (*N.*) 4040.
Galien, *voyez* Galenus.
Galilée, 2056.
Galland (*A*) 3597.
Gallandius (*Petrus*) 1756.
Gallego de la Serna (*Joann.*) 1933.
Gallois (*le Sr. le*) 1727, 3770.

Gallon (*N.*) 5167.
Gallus (*Fredericus*) 3362.
Gamaches (*le Sieur de*) 2341.
Ganchy (*Henry de*) 1556.
Gand *Dom. de Brachey & de Romecourt* (*Ludovicus de*) 4839.
Ganivetus (*Joannes*) 1916.
Ganz (*Davides*) 4000.
Garasse, *Jésuite* (*François*) 878, 1210.
Garcia (*N.*) 3776.
Garcie *dit* Ferrande (*Pierre*) 2066.
Garde, *épouse de M. Deshoulieres* (*Antoinette de la*) *voyez* Houlieres.
Garde, *Musicien* (*N. de la*) 3125, 3126.
Garetius (*Joannes*) 432.
Garguille (*Gaultier*) *voyez* Gaultier.
Garnefelt (*Franciscus Georgius*) 4266.
Garnerius (*Joannes*) 420, 5189.
Garnier (*Julianus*) 387.
Garnier (*Robert*) 2979.
Garnier, *Doct. en Médecine* (*N.*) 1720.
Garnier (*N.*) 3439.
Garros (*Pey de*) 2957.
Gassarus (*Achilles*) 4374.
Gassendi (*Petrus*) 1398, 1399.
Gassion (*le Maréchal de*) 4574.
Gauchet (*Claude*) 2189, 2190.
Gaudens (*Jacobus*) 134.

Gaudinus (*Jacobus*) 4228.
Gaulard (*le Sieur*) 3531 à 3534.
Gaulmyn (*Gilbertus*) 4233.
Gaultier (*le Sieur N.*) 851.
Gaultier Garguille, 3146.
Gauricus (*Lucas*) 1997.
Gauricus (*Pomponius*) 2033.
Gaussart (*Guy*) 4075.
Gauthier (*le Sieur*) 4953.
Gautier, *Récollet* (*Séraphin de*) 415.
Gay, *Auteur Anglois*, 3243.
Gay (*Jehan*) 4270.
Gayot (*M.*) 4031.
Gayot de Pitaval (*N.*) 3645, 4597.
Gaza (*Theodorus*) 1343, 1785, 2325, 3977.
Gazæus (*Æneas*) *voyez* Æneas.
Gazæus (*Angelinus*) 742.
Gazet (*Guillaume*) 4129, 4136.
Gazonval (*Sulpice de Mandriny*, *Sieur de*) *voyez* Mandriny.
Geber, *Philosoph. Arab.* 1965, 1968.
Gediccus (*Simo*) 3523.
Gélais (*le Sieur Dubois de Saint*) *v.* Saint-Gelais.
Gélais (*Octavien de Saint*) *v.* Saint-Gélais.
Gelée (*Théophile*) 1889.
Gelenius (*Sigismundus*) 2251, 2459.
Gelli (*Giov. Battista*) 3527.

Gellius (*Aulus*) voy. Aulus Gellius.
Gemma-Phrysius, 2015.
Genebrardus (*Guillelmus*) 2411.
Genest (*l'Abbé*) 1640.
Gennadius, *Patriarcha Constantinopol.* 346.
Gentilis (*Scipio*) v. Scipio.
Geoffron (*Jacques*) 1871.
Georgio (*Johann. Anton. de S.*) v. Antonius.
Georgius Alexandrinus : *voy.* Merula.
Georgius Major, 2471.
Georgius Trapezuntius, 517, 389, 1997, 2324, 2366.
Gérard (*Armand de*) 5520.
Gérardo (*Pierre*) 5484.
Gerardus de Zutphania : *voy.* Zutphania.
Gerbault (*Francesco*) 2498.
Gerberon (*Gabriel*) 451.
Gerberon (*Joannes*) 338.
Gerdes (*Daniel*) 5183.
Gerdil (*Hyacinthe Sigismond*) 1657, 1662.
Gerhardus (*Joannes*) 1960.
Gerhardus *Von Mastricht*, 1069.
Geriléon d'Angleterre, 3379.
Gerimont (*le Sieur de*) 1483.
Germain (*Michaël*) 354.
Germain, *Evesque de Chaalons* (*Jehan*) 5572.
Germain (*Matthieu de Morgues Sieur de Saint*) v. Morgues.
Germain (*Samson de Saint*) v. Samson.
Germain (*le Sieur de Saint*) voyez Saint - Germain.
Germbergius (*Hermannus*) 195.
Germon (*Bartholomæus*) 335, 4416.
Gersaint (*Etienne-François*) 1823 à 1827.
Gersen (*Joannes*) v. Gersonius.
Gersonius (*Joannes*) 465, 466, 467, 531, 619, 626, 627, 679, 728, 729, 733, 779, 1149.
Gervais, *Musicien* (*N.*) 3105.
Gerzan (*François du Soucy Escuyer Sieur de*) voyez Soucy.
Gesnerus (*Conradus*) 1800, 1811, 1945, 5205.
Gesnerus (*Johannes*) 1807.
Geurige Zang - Goddin de Fockenborgh : v. Fockenborgh.
Gewoldus (*Christophorus*) 216.
Gheraldus (*Marinus*) 1979.
Giardinus (*Joannes*) 2205.
Gibert (*Balthazar*) 2339.
Gifanius Buranus (*Obertus*) 2496, 2497.
Gigault de Bellefont (*Léonore*) 826.
Gilbert (*Gabriel*) 3051, 3052.
Gilbert (*le Sieur N.*) 67.
Gilbertus (*Guilielmus*) 1689, 1744.
Gilles (*Nicole*) 4438.
Gilles (*le Chevalier de S.*) v. Saint-Gilles.

Gilles de Rome : v. *Ægidius Romanus*.
Gillet (*Didiere*) 917.
Gillet (*le Sieur*) 3034.
Gillius (*Petrus*) 1800.
Gillot de Sainctonge (*Mademoiselle*) 3407.
Gil-Polo (*Gaspar*) v. Polo.
Gindron (*Francois*) 98.
Giraldus, Cambrensis (*Sylvester*) 4842.
Giraldy (*Jean - Baptiste*) 3315.
Girard (*Claude*) 854.
Girard (*le Sieur*) 660, 661, 663, 664.
Girard, Curé de Brennes (*Etienne*) 814.
Giraudet (*Gabriel*) 3956.
Giraudiere (*le Sieur de la*) 2884.
Girauld, Avocat (*le Sieur*) 2480.
Girault (*le Sieur*) 3843.
Girolamo de Plaisance (*le Pere*) 1014.
Giselinus (*Victor*) 2609, 2610.
Giustiniano (*Agostino*) 4397.
Glareanus (*Henricus*) 3975. 4332.
Glas (*le Sieur de Saint*) v. Saint-Glas.
Glauberus (*Joann. Rudolphus*) 1959.
Glomy (*le Sieur*) 2127, 2128.
Gnaphæus (*Guillelmus*) 2741.
Goclenius (*Rodolphus*) 1678, 1679, 1719, 2038, 3459.

Godartius (*Petrus*) 1401.
Godeau, *Evesque de Vence* (*Antoine*) 66, 824, 2890, 4077.
Godeau, *Rector Univ. Parisiensis* (*N.*) 2912.
Godefroy (*Denys*) 1622.
Godefroy (*Theodore*) 4470, 4696, 4701, 4970.
Godefroy de Bouillon, 3390, 3391.
Godellus (*Antonius*) 3749.
Godignus (*Nicolaus*) 4924.
Godin (*N.*) 5164.
Godinho (*Manoel*) 3951.
Godofredus à Bavo, 1253.
Goëbel (*Joh. Wilhelm de*) 5139.
Goëdaert ou Goëdartius (*Joannes*) 1802, 1803.
Gohorius (*Jacobus*) 2078.
Gomara (*Francisco Lopès de*) v. Lopès.
Gombaud (*Jean Oger de*) 1010, 1011.
Gombaud (*N.*) 2996.
Gomberville (*Marin le Roy de*) 1495.
Gomez (*Madame de*) 3714.
Gonon (*Benoist*) 5565.
Gorin de S. Amour (*Louis*) 509.
Goris (*Gerardus*) 1882, 1919.
Gorius (*Antonius Franciscus*) 5049, 5134.
Gorse (*Pierre*) 154, 155.
Gosselinus (*Antonius*) 4411.
Gothofredus (*Dionysius*) 2272.
Gouda (*Guillelmus de*) 239.

Goudelin

Goudelin (*Pierre*) 2962 à 2964.
Goveanus (*Antonius*) 1364, 2488.
Gougenot (*N.*) 3015.
Goulart (*Simon*) 963, 2840, 4024, 4025, 5554.
Gourmandiere (*J. Bédé Sr. de la*) v. Bédé.
Gourreau (*Philippus*) 4201.
Gouffancourt (*Matthieu de*) 4220.
Gouftimefnil-Martel (*le Sr. de*) 1446.
Gouveft (*Maubert de*) v. Maubert.
Gouyë, *Jéfuite* (*le Pere*) 1728.
Grace (*Fœlix de la*) 1220.
Gracian (*Lorenzo Baltafare*) 1575, 3718.
Gradibus (*Joannes de*) 24.
Grævius (*Joann. Georgius*) 3817, 3901.
Grain (*Baptifte le*) 4512, 4513.
Gramaye (*Joannes*) 4917.
Grana (*Damianus*) 4252.
Granada (*Luys de*) v. Grenade.
Grancolas (*J.*) 246.
Grand (*Antonius le*) 1392 à 1394.
Grand (*Samuel le*) 2858.
Granges (*le Maffon des*) v. Maffon.
Grangier (*B.*) 3484.
Grangier (*Jean*) 5172.
Granville, *Lord Lanfdowne* (*Georges*) 3246, 3247.

Grapaldus (*Franc. Marius*) 2135.
Graphéus (*Corneille*) 4765.
Gras (*Eftienne*) 601.
Gratarolus (*Gulielmus*) 2033.
Gratianus, *Imperator*, 1074.
Gratianus, *Liberius*) 506.
Gratien (*le Sieur N.*) 182.
Gratien de Pont, 2807, 2808.
Gratius (*Orthuinus*) 3787.
Gratelard (*le Baron de*) 3293.
Gravelle, *Sieur des Fourneaux & d'Arpentigny* (*François de*) 1566.
Graverol (*François*) 3604, 3605, 4651.
Gravier (*Jean de Virey Sieur du*) v. Virey.
Gravina (*Joann. Vincentius*) 1229.
Gravius (*Johannes*) 3891, 3970.
Gréban (*Arnoul*) 2969.
Gréban (*Simon*) 2969.
Grégoire (*Pierre*) 324.
Grégoire de Cypre, 3730.
Grégoire de Tours : v. Gregorius.
Gregoras, *Patriarcha Conftantinopol.* (*Nicephorus*) v. Nicephorus.
Gregorius (*Francifcus*) 2254.
Gregorius IX. *Pont. Max.* 1075 à 1078.
Gregorius Magnus, *Pont. Max.* 422, 435 à 438.
Gregorius *Nazianzenus*, 110, 388, 389, 405.

Gregorius *Nyssenus*, 389, 390, 391.
Gregorius *Theologus*, 256.
Gregorius *Tholosanus*, 1416.
Gregorius *Turonensis*, 4444, 4445.
Grenade (*Louis de*) 660 à 664.
Grenailles *Seigneur de Chastounieres* (*François de*) 3559, 3880.
Grenet (*Matthieu*) 5624.
Gretserus (*Jacobus*) 216.
Grevin *ou* Grevinus (*Jacobus*) 1931, 1950, 2973, 3037.
Griffet, *Jesuita* (*Claudius*) 2751.
Grillandus Castellio (*Paulus*) v. Castellio.
Grillet (*J.*) 2886.
Grimaldi (*Franciscus*)2639.
Grimarest (*le Sieur de*)2342.
Gringore (*Pierre*) 3586.
Grise (*R. B. de la*) 1562, 1563.
Griselidis, *Marquise de Saluces*, 4022.
Groddeckius (*Gabriël*)4869.
Grodecius (*Joannes*) 383.
Groinsberg (*Ulric*) 1014.
Grolierius (*Cæsar*) 4377.
Gromaticus (*Hygenus*) v. Hygenus.
Gromet (*Pierre*) 3567.
Gronovius (*Joann. Fridericus*) 2595, 3454.
Grosippus (*Pascasius*) 2262 à 2264.
Grotius (*Guilielmus*) 1314.

Grotius (*Hugo*) 866, 1224, 1225, 1600, 1610, 2574, 2743, 3490, 3822, 4761, 4776, 4926, 4927.
Grotto, *Aveugle d'Hadria* (*Luigi*) 3200.
Gruchius (*Nicolaus*) 5056.
Gruget (*Claude*)1468, 3791.
Gruterus (*Janus*)2357, 2481.
Grynæus (*Simo*) 1326.
Guajardo Fajardo (*Alonso*) .v. Fajardo.
Gualfreduccius (*Bandinus*) 2633.
Gualterus, Canonicus Ecclesiæ Tarrac. (*Franciscus*) 4173.
Gualtherus (*Rodolphus*) 2257.
Gualtherus, *Gandavensis*, (*Cornelius*) 4293.
Guarini (*Il Cavall. Battista*) 3196, 3197.
Guay (*G. le*) 4556.
Guénébault (*Jean*) 5068.
Guérin de Bouscal, 3025.
Guériniere (*Robichon Sieur de la*) v. Robichon.
Guéroult (*Guillaume*)4032, 4362.
Guerre (*Mademoiselle de la*) 3091.
Guevara *ou* Guévarre (*Antonio de*) 1561 à 1563, 1595, 3856.
Guevara (*Luis Velez de*) 3354.
Guibelet d'Evreux (*J.*)1918.
Guibert de Beauval (*N.*) 2395.

Guibertus, *Abbas B. Mariæ de Novigento*, 456.
Guibertus *seu* Aubertus de Tornaco, 695.
Guicciardin (*François*) 4373.
Guicciardin (*Louis*) 3584, 4757.
Guichart (*Estienne*) 5142.
Guidius Senior (*Joannes*) 1247.
Guido, *Concionator, Ord. Fr. Præd.* 691.
Guido, *Papa*, 1279.
Gui du Faur, *Seigneur de Pybrac* : v. Pybrac.
Guigo, *Prior Carthusiæ*, 1183.
Guillaume au Cor-Nez, 5613.
Guillelmus, *Concionator*, 681.
Guillelmus *seu* Guido de Monterocherio, 616, 617.
Guillelmus de Gouda : *voy.* Gouda.
Guilleminot (*Joannes*) 1363.
Guillermus Parisiensis, 559.
Guillet (*le Sieur*) 2181.
Guilleville, *Moine de l'Abbaye de Chaalis* (*Guillaume de Dé*) v. Déguilleville.
Guillimannus (*Franciscus*) 4790, 4804.
Guimenius (*Amadeus*) v. Amadeus.
Guiranus (*Gaillardus*) 5098.
Gulielmus de Salibus (*Dominicus*) *voyez* Salibus.
Gulliver (*le Capitaine*) 3965.
Gurtlerus (*Nicolaus*) 4020.
Gutierius (*Joann. Lazarus*) 1669.
Guyars des Moulins, *voyez* Moulins.
Guybert (*Philbert*) 1887.
Guzman (*Don Pedro Portocarrero y*) *voyez* Portocarrero.
Guzman de Alfarache, 3357, 3358.
Gyllius (*Petrus*) 4882.

H.

Habert (*François*) 2552 à 2554, 3571.
Haëftenus (*Benedictus*) 745.
Haër (*Floris Van-der.*) *voyez* Van der Haër.
Haëx (*David*) 2323.
Hahn (*Joann. Gothofredus*) 1866.
Hakluytus (*Richardus*) 4929.
Hainrichus, *Monachus in Rebdorf*, 216.
Halley, *Astronome*, 2022.
Halloix (*Petrus*) 2250, 2413.
Haly (*Albohasen*) *voyez* Albohazen.
Hamah (*Abulfeda Ifraël Princeps*) v. Abulfeda.
Hamel (*Joann. Bapt. du*) 1182, 1651.
Hammond (*Henricus*) 975.
Hangest (*Hieronymus de*) 1637.
Hans (*Jean*) 3254.

Hanzelet (*Jean Appier*, dit)
2177.
Haqueville *Concionator* (*N. de*) 703.
Harbet (*Nicolaüs*) 2859.
Harcouët (*le Sieur de Longeville*) v. Longeville.
Hardoüin de Péréfixe, 4114.
Harduinus (*Joannes*) 584, 1175, 3937, 3989.
Hardy (*Claude*) 3573.
Hardy (*Sébaſtien*) 1595.
Hardyng (*Jean*) 4830.
Harlay (*François de*) 247, 258, 328.
Harmarus (*J.*) 1626.
Harmon (*Pierre*) 2194.
Harpocratio, 2258, 2259.
Harriot (*Thomas*) 1983.
Harriſius (*B.*) 1626.
Hartmann (*Andræas*) 1079.
Harveus (*Gedeo*) 1920.
Harveus (*Guillelmus*) 1933, 1937, 1938.
Haſſia (*Henricus de*) *voyez* Henricus.
Haſtivillius (*Archangelus*) 4187.
Havercamp (*Sigebert*) 5077, 5084.
Haultin (*J. Baptiſte*) 4730.
Haye (*Jean de la*) 2822, 2823, 3888.
Haye, *Baron des Coutaulx*, (*Jean de la*) 4425.
Haye (*N. de la*) 1631.
Hayer du Perron (*N. le*) 3008.
Haym (*Nicolaus Franciſcus*) 5078.

Haymo, *Halberſtattenſis*, 428, 4075.
Hayus (*Joannes*) 4915.
Heauville, *Abbé de Chantemerle* (*le Sieur d'*) 669, 670, 671.
Hebenſtreitius (*Joann. Erneſtus*) 1822.
Hébert (*H. P. Simon de Val-*) v. Val-Hébert.
Hedræus (*Benedictus*) 2064.
Héere (*le Sieur de*) 3768.
Hegeſippus, *Judæus*, 4293, 4294.
Heidius (*Jodocus Van der*) voy. Van der Heidius.
Heidmannus (*Chriſtophorus*) 214.
Heineccius (*Joh. Michaël*) 5129.
Heinſius (*Daniel*) 2412, 2432, 2592, 2727, 2728, 3471, 3502, 3867, 4786.
Heldelinus (*Gaſpar*) 3518.
Hélie (*Bertrandus*) 4661.
Heliodorus, *Auteur Grec*, 3321, 3322.
Helladius (*Alexander*) 174.
Helle (*le Sieur*) 2128.
Helluïs de Thillard (*Jean*) 1571.
Helmeſius (*Henricus*) 960.
Helvicus (*Chriſtophorus*) 2225.
Helvicus (*Martinus*) 2225.
Hemelarius (*Joannes*) 5087.
Hemeræus (*Claudius*) 5173.
Hemery d'Amboiſe (*le Sieur d'*) 4445.
Hemmerlinus (*Fœlix*) 3656.

Hemricourt (*Jacques de*) 5032.
Hénault (*le Président*) 4442.
Hendreich (*Christophorus*) 4316.
Henelus (*Nicolaus*) 4755.
Hénin (*Antonius de*) 442.
Henifchius (*Georgius*) 5100.
Henninges (*Hieronymus*) 4956.
Henrichmannus (*Jacobus*) 3277.
Henricus à Sancto Ignatio, 507.
Henricus de Haffia., 465, 673.
Henricus *frater*, 1097.
Henricus VIII, *Rex Angliæ*, 893.
Henricus IV, *Navarr. Rex*, 3818, 4515.
Henrion, *Mathématicien*, (*D.*) 1994, 2062.
Henry (*Jehan*) 758, 759.
Henry (*Michel*) 5604.
Hentenius (*Johannes*) 26, 27, 160.
Henterus (*Johannes*) 2711.
Hentznerus (*Paulus*) 3903.
Heraclida *Ponticus*, 4315.
Heraclitus *Sophista Rhetor*, 2345.
Heraldus (*Desiderius*) 1256.
Herberay, *Sieur des Essars, Nicolas de*) 1562, 1563, 3396, 3397.
Herburtus de Fulstin (*Joan.*) 4868.
Héré, *Architecte du Roi de Pologne* (*N.*) 2144.

Heresbachius (*Conradus*) 4288, 4305.
Herissant (*Jean Thomas*) 5403.
Hermannida (*Rutgerus*) 4853.
Hermès *Philosophe*, 1320, 2023.
Hermès *Trismégiste*, 1972.
Hermias *Philosophus*, 359.
Hermias Sozomenus, *voyez* Sozomenus.
Hermite - Souliers (*Jean-Bapt. Tristan de*) *voyez* Tristan & Souliers.
Hermolaus Barbarus, *Aquileiensis*, 1739.
Hero, *Mathematicus*, 1977.
Héroard, *Sieur de Vaulgrigneuse* (*Jean*) 1565.
Herodianus, *Grammaticus*, 2236.
Herodianus, *Histor.* 4356, 4357.
Herodotus Halicarnasseus, 4305, 4306, 4307, 5455.
Héroët *dit* la Maison-Neuve, (*Antoine*) 1519, 2826.
Herp. (*Henricus*) 676.
Herpin (*René*) 1547.
Hersent (*Carolus*) 1145 à 1148.
Hertoghe (*Polycarpus de*) 4134.
Hervé, *Commandeur de Valcanville* (*le Chevalier d'*) 2202.
Hervet (*Gentian*) 319, 905.
Herwart ab Hohenburg, (*Joann. Georg.*) 4001.

Hesiodus Afcræus, 2430 à 2432.
Heffus (*Helius Eobanus*) *voyez* Eobanus.
Heurnius (*Justus*) 4146.
Heuterus (*Pontus*) 4638.
Heyns (*Zachaire*) 3628.
Hierocles *Philosophus*, 1322, 1323.
Hieronymus ab Oleastro, *voyez* Oleastro.
Hieronymus (*Savonarola*) Ferrariensis, *v.* Savonarola.
Hieronymus, *Doctor Eccl.* (*Sanctus*) 398 à 403, 4248, 4249.
Hilarius, *Episcopus Arelatensis* (*Sanctus*) 421.
Hilarius, *Episcopus Pictavorum* (*Sanctus*) 382.
Hildebertus, *Episcopus Cenomanensis* (*Venerabilis*) 241, 454.
Hillerin (*Jacques de*) 767.
Hillerus (*Matthæus*) 210.
Hillessemius (*Ludovicus*) 828.
Hincmarus, *Archiep. Remensis*, 447, 448.
Hippocrates, *Princeps Medicorum*, 1829 à 1832, 1916.
Hippolyte (*Saint*) 575.
Hispaniolus (*Baptista*) *voy.* Mantuanus.
Hita (*Perez de*) 4812.
Hobbes (*Thomas*) 1402, 1529.
Hochmannus (*Henr. Christophorus*) 585.

Hoëschelius (*David*) 5202.
Hogelande (*Cornelius ab*) 1638.
Hogenberg (*François*) 3887.
Hogersius (*Theophilus*) 1628.
Hoghelande (*Edwaldus de*) 1968.
Hoghelande (*Theobaldus de*) 1976.
Hoguette (*Pierre Fortin, Sieur de la*) *v.* Fortin.
Hohenburg (*Joann. Georg. Herwart ab*) *voy.* Herwart.
Holcote *seu* Holkote (*Robertus*) 488, 684.
Hollander, *Chanoine de Ste. Vaudru* (*Jean d'*) 4769.
Hollandus (*Isaacus*) *voyez* Isaacus.
Holmes (*Georgius*) 4852.
Homerus, 2433 à 2445, 2452.
Honestis (*Petrus de*) 452.
Honoratus (*Servius*) *voyez* Servius.
Honorius, *Philosophus*, 1688.
Hontan (*N. Baron de la*) 3962.
Hoornbeeck (*Johannes*) 961.
Horatius Flaccus (*Quintus*) 2380, 2418, 2419, 2529 à 2535.
Hornius (*Caspar*) 1965.
Hornius (*Georgius*) 1623, 1965, 3904, 4064, 4836, 4927, 4928.

Horstius (*Gregorius*) 1908.
Hortensi (*Ascanio Centorio de gli*) 3313.
Hortensius (*Lambertus*) 4288.
Hortulan, *Chymiste Philosophe* (*N. l'*) 1972.
Hospinianus (*Rodolphus*) 1120.
Hospitalius (*Michaël*) 2657.
Hostal, *Sieur de Roquebonne* (*le Sieur de l'*) 4532.
Hoste (*Antoine l'*) 1277.
Hotman (*François*) 3752, *voyez* Hotomanus.
Hotman (*Jean*) 3752.
Hotomanus (*Franciscus*) 4672, 5095, v. Hotman.
Hottingerus (*Joann. Henricus*) 2227.
Hottingerus (*Joann. Jacobus*) 190.
Houdart de la Motte (*Antoine*) 3441, 3442.
Houlieres (*Antoinette de la Garde, épouse de Guillaume de la Fons de Bois-Guérin, Chevalier, Seigneur des*) 2914, 2915.
Houssemayne (*Nicole*) 5627.
Howard (*Robert*) 3245.
Howel (*Jacobus*) 1626.
Hoyelsinus (*Petrus A.*) 1317.
Hozier, *Généalogiste* (*Pierre d'*) 4635, 4694, 5005.
Huarte (*Juan*) 3456.
Hubert (*le Sieur R.*) 4106.

Hubertinus Clericus Crescentinas, *voyez* Clericus.
Hubertus (*Cunradus*) 4277.
Huberus (*Ulricus*) 6.
Hubner (*Jean*) 3924.
Huby (*Vincent*) 827.
Hudson (*Joannes*) 3889.
Hudsonus (*Henricus*) 3910.
Huetius (*Petrus Daniel*) 1385, 1386, 1387, 3614.
Hughens (*N.*) 2150.
Hughes (*Jean*) 3741.
Hugo (*Hermannus*) 743, 744, 4784, 4785.
Hugo, *Cardinalis*) 549.
Hugo de Sletstat, *voyez* Sletstat.
Huisseau (*J. d'*) 1008.
Hulsbuch (*Johannes*) 3520.
Humbert (*le Sieur*) 3334.
Humelbergius (*Gabriel*) 1846.
Humfredus (*Laurentius*) 1538.
Hünefeld (*Fredericus Ludovicus*) 1499.
Hunnius (*Ægidius*) 943.
Huss (*Johannes*) 934.
Husson (*Martinus*) 1248, 1294.
Husson, (*N.*) 4874.
Huttem ou Hutten (*Ulrich de*) 1881.
Huyssen (*Henricus L. B. ab*) 4869.
Hyacinthe (*Thémiseuil de Saint*) *voy.* Thémiseuil.
Hyde (*Thomas*) 5199.
Hygenus, *Gromaticus* 1756.

Hyginius, *Poëta Astron.* 2006.
Hyginus (*C. Julius*) 3257.
Hyppolitus *à Lapide*, 1627.

I.

Jacob, *Carmelita Cabillonensis* (*Ludovicus*) 5433.
Jacobæus (*Oligerus*) 1821.
Jacobus Magni : *v.* Magni.
Jacobus, *Minor* (*Divus*) 114.
Jacomotus (*Joannes*) 2670.
Jacquinot (*Dominique*) 2065.
Jaille (*Nicolas Coustureau Seigneur de la*) *v.* Coustureau.
Jamblichus, *Philosophus*, 1333, 1334.
James (*Thomas*) 5198.
Jamyn (*Amadys*) 2438, 2439.
Janssen ab Almeloveen (*Thomas*) *v.* Almeloveen.
Janua (*Joannes de*) 2289, 2290.
Januario (*Josephus Aurelius de*) 2640.
Januensis (*Jacobus*) voyez Voragine.
Jarry (*Jullard du*) voyez Jullard.
Jarson (*Joannes*) voy. Gersonius.
Jau (*J. le*) 770, 785.
Jay (*François le*) 1578.
Jay (*Gabriel-François le*) 2748, 2749.
Jay (*Guido Mich. le*) 3.

Jay (*Théophile du*) voyez Dujay.
Ibañes de Segovia, *Marquis de Mondejar* (*D. Gaspar*) voy. Mondejar.
Ibycus, *Poëta*, 2426, 2447.
Jehaïa (*David*) 2411.
Jehan de Paris, 3394.
Jenichen (*Gottlob. Fridericus*) 4289.
Jersinus, *Episcopus Ripensis* (*Janus Dion.*) 2265.
Jeune (*Cl. le*) 3143.
Jeune (*Paul le*) 4164.
Jeune de Boulencourt (*N. le*) 2113.
Ignatio (*Henricus à S.*) *v.* Henricus.
Ignatius Loyola (*Sanctus*) 356, 740, 741, 4202.
Ilovius (*Stanislaus*) 5525.
Imbert (*Jean*) 1302.
Imhoff (*J. G.*) 5027.
Imperialis (*Joannes*) 5486.
Inchoffer (*Melchior*) 1203.
Indagine (*Joannes ab*) 2033, 2034.
Innocentius IV. *Pont. Max.* 1079.
Inveges (*Agostino*) 4381.
Inville (*Philippus d'*) 2706.
Joannes XXII. P. M. 1972.
Joannes *à Divo Antonio*, 5233, 5234.
Joannes *à Platea*, 612.
Joannes Damascenus, 2608.
Joannes de Janua : *v.* Janua.
Joannes, *Episcopus Castoriensis*, 632.
Joannes, *Episcopus Abrincensis*, 241.

Joannes

DES AUTEURS.

Joannes, *Episcopus Chemensis* : voy. Johannes.
Joannes Imperialis : *voyez* Imperialis.
Joannes Magnus, *Archiep. Upsalensis*, 4858.
Joannes Saresberiensis : voy. Saresberiensis.
Joannes Scholasticus, *Abbas Montis Sina* : voy. Climacus.
Joannes Secundus, 2619.
Joanots (*Duvignau de*) v. Vignau.
Jobert (*le Sieur*) 3048.
Jocundus (*Joannes*) 2130.
Jodelle (*Estienne*) 2827.
Johannes Chrysostomus, *Patriarcha Constantinop.* v. Chrysostomus.
Johannes Bonaventura (*Sanctus* : v. Bonaventura.
Johannes, *Épiscopus Chemensis*, 550, 551.
Johnson (*Charles*) 3963.
Johnsonus (*Gulielmus*) 1962.
Joinville (*Jehan Sire de*) 4465 à 4467.
Joly (*Claudius*) 4228.
Joly, *Seigneur de la Grange du Pré* (*Hector*) 4688.
Jona, *Philologus*, 3721.
Jonas, *ancien Evêque d'Orléans*, 593.
Jonas, *Propheta*, 2219.
Jones (*Joannes*) 1868.
Jonstonus (*Joannes*) 1730.
Joppecourt (*Charles de*) 4875.
Joseph, *Religieux*, 808.
Joseph (*Pierre*) 5500.

Joseph (*Petrus à Sancto*) voy. Petrus.
Josephus (*Flavius*) 24, 4292.
Jouan (*Guillelmus*) 5193.
Joubert (*Laurent*) 1860, 1861.
Jovianus Pontanus (*Joannes*) v. Pontanus.
Jovius (*Paulus*) 4044 à 4046.
Jousse (*N.*) *Conseiller au Présidial d'Orléans*, 1268.
Jousse (*Mathurin*) 2054.
Irenæus, *Episcop. Lugdunensis* (*Sanctus*) 360.
Irénée d'Eu, *Religieux*, 761.
Irian (*El Condé Rebolledo Señor de*) v. Rebolledo.
Isaacus Abrabaniel : v. Abrabaniel.
Isaacus Hollandus, 1957.
Isaacus, *Judæus*, 343, 856.
Isæus, *Orator*, 2343, 2344.
Isambert (*Nicolas*) 254.
Isidorus, *Episcopus Hispalensis*, 109, 439.
Isidorus, *Pelusiota*, 416.
Isidorus (*Sanctus N.*) 350.
Isnard (*Jacobus*) 4554.
Isocrates, *Orator*, 1328, 2349.
Isselt (*Michaël*) 4049.
Juan de Persia, 4895.
Juctindus Veronensis, 4332.
Juelius, *Episcopus Sarisburiensis* (*Joannes*) 4124.
Juénin (*Gaspar*) 493.
Jugler (*Joann. Fridericus*) 5186.
Juigné Broissiniere *Sieur de Mollires*, 4061.

Tome II.

Juilly (*le Sieur de*) 1487.
Julianus, *Antecessor Constantinop.* 1238.
Julien, *surnommé* l'Apostat, 3484, 3485, 3486, 3489, 3651.
Julianus, *Episcopus Toletanus*, 4246.
Julius Exsuperantius, 4325.
Julius Pollux : *voy.* Pollux.
Jullard du Jarry (*l'Abbé*) 825.
Junianus Maius Parthenopeus. 2281.
Junius (*Hadrianus*) 3617, 3670, 4780.
Junius, *Patricius*, 362.
Junius Brutus (*Estienne*) 1584.
Jure (*J. Baptiste de Saint*) 816.
Jurieu (*Pierre*) 931, 971, 1017, 1018.
Jurior (*Johannes*) 738.
Justel (*Christophe*) 4988.
Justin Tonnelier, 3288.
Justinianus (*Bernardus*) 4384.
Justinianus, *Episcopus Nebiensis* (*Augustinus*) 883.
Justinianus Genuensis (*Frater Vincentius*) 2759.
Justinianus, *Imperator*, 1236 à 1238, 1261.
Justinopolitano (*Mutio*) *v.* Mutio.
Justinopolitanus (*Divus*) 2464.
Justinus, 4013 à 4018.
Justus-Lipsius, 992, 1233, 2568, 3862, 5064.
Iwan Iwanowitz Nestesuranoi : *voy.* Nestesuranoi.
Juvenal des Ursins (*Jean*) 4663.
Juvenalis (*Decius Junius*) 2583 à 2589.
Juvencius (*Josephus*) 644, 2389, 2533.
Juvencus, *Presbyter*, 2645.
Juvigny (*le Sieur de*) 1543.

K.

Keckermannus (*Bartholomaeus*) 3861.
Keilius (*Jacobus*) 1904.
Kempis (*Thomas à*) 444, 730, 736.
Kempius (*Martinus*) 5061.
Keplerus (*Joannes*) 1377, 1378.
Kerckhoven (*Joh. Polyander à*) *v.* Polyander.
Kinschotius (*Caspar*) 2731.
Kippingus (*Henricus*) 188.
Kircherus (*Athanasius*) 207, 1740, 1875, 4902.
Klenckius (*Janus*) 1225.
Knatchbull (*Northon*) 159.
Kohlius (*Joannes*) 386.
Konigius (*Georgius Matthias*) 5208.
Kornmannus (*Henricus*) 3522.
Kotterus (*Christophorus*) 1030.
Kreyssig (*Georg. Christophorus*) 5249.
Kuhn, *Professeur de Mathématique à Dantzic*, 1748.
Kusell (*Melchior Matthaeus*) 4747.
Kusterus (*Ludolphus*) 2462.

DES AUTEURS.

Kyriander (*Wilhelmus*) 4749.

L.

LABAT (*Jean-François*) 2910.
Labbe (*Philippus*) 2245, 2246, 2247, 2260, 2414, 3638, 4035, 5182, 5206.
La Bella (*Stefano de*) voy. Bella.
Laberius, *Poëta*, 2470.
Laboureur (*Claude le*) 4109.
Laboureur (*Jean le*) 3939, 4455.
Lactantius Firmianus (*L. Cæcilius*) 373 à 379.
Lactantius Placidus, 2594.
Ladvocat, *Biblioth. de Sorbonne* (*Jean-Bapt.*) 182.
Laët (*Joannes de*) 4926, 4927.
Lætus (*Pomponius*) voyez Pomponius.
Lafrery (*Antoine*) 5115.
Laigue, *dit* Beauvoys (*Estienne de*) 4336.
Lalamantius (*Joannes*) 3974.
Lalande (*N. de*) v. Lande.
Lallemant (*Philippe*) 735.
Lambardus (*Gulielmus*) 1311.
Lambecius (*Petrus*) 109, 4751, 5200, 5201.
Lambertinus (*J.Bapt.*)4794.
Lampe (*Fridericus Adolphus*) 190.
Lamy (*Bernard*) 1, 777, 2338 à 2340.

Lamy, *Anatomiste* (*le Sr.*) 1941.
Lancelot (*le Sieur*) 1599.
Lancelot du Lac, 5607.
Lande (*N. de la*) 1002.
Landino (*Christophoro*) 3169.
Lanfrancus, *Archiep. Cantuariensis*, 452.
Langenhert (*Casparus*)1553.
Langlois *Sieur de Bel-Estat* (*Pierre*) 3616.
Langus (*Wilhelmus*) 3982.
Lansdowne (*Georges Granville Lord*) v. Granville.
Lansius (*Thomas*) 1625.
Lansperge (*Jehan de*) 781.
Lapide (*Hyppolitus à*) voy. Hyppolitus.
Laplonce-Richette (*Estienne*) 3260.
Lardenois (*Antoine*) 66.
Larivey (*Pierre de*) 1438, 3300, 3774.
Larrey (*Isaac de*) 4331, 4464.
Lascaris (*Janus*) 2154.
Lastanosa (*Vincenzo Juan de*) 5091, 5103.
Latomus (*Bartholomæus*) 875.
Latomy (*Jean*) 4207.
Latro (*Porcius*) v. Porcius.
Laval (*Antoine de*) 151, 3754.
Laval (*François Pyrard de*) voy. Pyrard.
Lavardin (*Jacques de*) 3218 à 3230, 4888.
L'Aubespine (*Gabriel de*) v. Aubespine.

Y y ij

Lavezzuola (*Alberto*) 3184.
Laugeois (*N.*) 182.
Laviada (*Isidro Florès de*) 3219.
Lavinheta (*Bernardus de*) 1417.
Launay (*Baudoin de*) v. Baudoin.
Launay (*le Sieur Boayftuau* furnommé) v. Boayftu'au.
Launey (*Hector de*) 4520.
Launoy & Launoius (*Joannes*) 337, 552, 653, 736, 4265, 5493.
Laur (*Joannes de*) 1126.
Laurenderius (*Cl. Martinus*) 2039.
Laurens (*André du*) 1889.
Laurent (*le Sieur*) 4885.
Laurent de Paris, *Capucin*, 783.
Laurimanus (*Cornelius*) 234.
Laurus (*Joann. Baptifta*) 3812.
Lazarelus (*Lodovicus*) 1320.
Lazariglio di Tormes ou Lazarille de Tormes, 3303 à 3307.
Lazeri (*Petrus*) 3788.
Lector (*Joannes*) 614.
Ledema (*Alonfo de*) 3216.
Leibnitz (*Godefroy Guill.*) 3765.
Lélével (*le Sieur de*) 1634.
L'Empereur (*Conftantinus*) voy. Empereur.
Lenglet du Fresnoy (*l'Abbé*) 621, 3864.
Lengletus, *Bellovacus* (*Petrus*, 2693, 2694.
L'Enfant (*N.*) 4176.

Lenis (*Vincentius*) 499.
Lennio (*Levinio*) 1818.
Lentulus, *Profeffor Herbornenfis* (*Cyriacus*) 1395.
Leo Magnus *Pont. Max.* 421, 422.
Léon, *fils de l'Empereur Bafile*, 1488.
Léon (*Louis de*) 3990.
Leonardis (*Cajétanus de*) v. Cajetanus.
Leonardus de Utino, 696 à 698.
Leonicenus (*Nicolaus*) 1880.
Leonicenus (*Omnibonus*) 2361, 2362, 2363, 2382, 2383, 2569, 2571, 2572, 5539, 5540.
Leonicia (*Cyprianus Leovitius à*) v. Leovitius.
Leonida (*Fabio*) 5486.
Leorinus (*Nicolaus Reufnerus*) v. Reufnerus.
Leovitius à Leonicia (*Cyprianus*) 2016.
Leporeus (*Gulielmus*) 2071.
Leporius, *Præsbyter*) 343.
Lépul (*le Sieur*) 2522.
Lerius (*Joannes*) 4948.
Lermeus Volca (*Gabriel*) voy. Volca.
Lermite de Vozelles (*le Sieur*) 3047.
Lery (*Jean de*) 3960.
Lescun (*J. P. de*) 4971.
Lesfargues (*Bernard*) 2368.
Lespinoy (*Philippe de*) 5029.
Lefquency, *Chanoine de Noyon*, 577.
Leffelie (*Jean de*) 4845.

Lesser, *Allemand* (*le Sieur*) 871.
Lessius (*N.*) 1859.
Lestang (*le Sieur de*) 2209.
Lestoile, *Relig. de l'Observance* (*Jacq. de*) *v.* Estoile.
L'estoille (*le Sieur de*) 3036.
Leti (*Grégoire*) 4607.
Létoille, *Poëte François* (*le Sieur de*) 2770.
Levera (*Franciscus*) 3984.
Levi, *filius Gersonis* (*Rabbi*) 197.
Levita Germanus (*Joh. Isaacus*) 172.
Leusden (*Joannes*) 9.
Leüvenklaius (*Joannes*) 391.
Leyserus (*Polycarpus*) 2417.
L'Hoste (*Antoine*) *voyez* Hoste.
Libanius Antiochenus, *Rhetor*, 2345.
Liberatus, *Archidiaconus Ecclesiæ Carthaginensis*, 4269.
Liberus (*Sigismundus*) 4863.
Liçarrague (*Jean de*) 105.
Licetus (*Fortunius*) 1706, 1894.
Liébaut (*Jean*) 1776.
Liechtenstein (*Petrus*) 2024.
Lievre (*Jean le*) 4656.
Ligaridius (*Pantaleo*) 573.
Liger (*Louis*) 1777.
Lignamine (*Joh. Philippus de*) 344.
Lignieres (*Carolus de*) 2747.
Lilius Vicentinus (*Zacharias*) 3892.
Limerno Pittocco da Mantoa: *voy.* Folengi.
Limiers (*Henri-Philippe de*) 5628.
Limnæus (*Joannes*) 4743.
Linacer (*Thomas*) 2004.
Lindebornius (*Joannes*) 4137.
Lindenbrogius (*Henricus*) 2025.
Lindenbruch (*Erpoldus*) 4854.
Lindenbruch (*Fridericus*) 2594.
Lingendes (*N.*) 2770.
Linocerius (*Godofridus*) 3259.
Linschot (*Jean Hugues de*) 3943, 3944, 3945.
Linus (*Franciscus*) 1684.
Lippus Brandolinus, 3461.
Lipsius (*Justus*) *voy.* Justus Lipsius.
Lire (*Nichole de*) 63.
Liron (*Jean*) 5237.
Lisle (*Guillaume de*) 3914.
Livius (*Titus*) *voy.* Titus-Livius.
Lobkowitzius (*Jo. Caramuel*) 3643.
Loccenius (*Joannes*) 1226, 4859.
Locher, *Cognom. Philomusus* (*Jacobus*) 3249 à 3251.
Lochmaierus (*Michaël*) 1114.
Locke (*Jean*) 1657, 1662.
Lockyer (*Charles*) 3949.
Lodola (*Acquarius*) 2753.
Lodovicus, *Ulissiponensis*, (*Antonius*) 1339.
Loëmelius (*Hermannus*) 973.

Lohérans (*N. de*) 5611, 5612.
Lomédé (*Joannes*) 1152.
Long (*Jacobus le*) 5242.
Longepierre (*N. de*) 3433.
Longeville - Harcouët (*le Sieur de*) 5476.
Longueterre (*le Sieur de*) 546.
Lonicerus (*Joannes*) 1356.
Lonicerus (*Philippus*) 4884.
Lonnerus (*Andræas*) 1213.
Lope de Vega Carpio (*Don*) 3214, 3215, 3234, 4160.
Lopès (*Hiérôme*) 4110.
Lopès de Castañeda (*Hernan*) 4899.
Lopès de Gomara (*Francisco*) 4940.
Lorédano (*N.*) 4232.
Lorens (*N. du*) 2874.
Loret (*Jean*) 2892, 2893.
Lorichius (*R.*) 2346, 2347.
Lorris (*Guillaume de*) 2782, 2784, 5586 à 5588.
Lorry (*Anna Carolus*) 1829.
Lorry, *Advocat*, 1135.
L'Ortie (*Jean de*) voyez Ortie.
Lotichius (*Joan. Petrus*) 4736.
Loubayssin de la Marca (*Francisco*) 3341, 5633.
Love (*John*) 1989.
Louis IV, *Roi des Romains, & Empereur d'Allemagne*, 2081.
Louis XII, *Roi de France*, 1266.
Louis, *Chirurgien* (*N.*) 1900.
Lourdelot (*Jehan*) 3332.
Louveau (*Jehan*) 3299.
Louvreleuil (*le R. P.*) 4286.
Louwius (*Petrus*) 4138.
Loyens (*Hubertus*) 4759.
Loyens (*J. G*) 5033.
Lubbæus (*Richardus*) 3623.
Lubertus (*Sibrandus*) 958.
Lubienski (*Stanislaus*) 4870.
Lubin (*le Pere*) 5441.
Lubinus (*Eilhardus*) 2242, 2269.
Lucanus Cordubensis (*M. Annæus*) 2569 à 2577.
Lucas (*Gaspar*) 3346.
Lucas Brugensis (*Franciscus*) 27.
Lucas Eremita Hispanus, 4186.
Lucas Olchinensis, 4330.
Luce, *Chevalier, Seigneur du Chasteau du Gast*, 3378.
Lucembourg (*Pierre de*) voyez Pierre.
Lucenburg (*S. Pierre de*) 4234.
Lucianus Samosatensis, 2349, 3646 à 3650.
Lucilius, *Poëta*, 2470.
Luckius (*Joann. Jacobus*) 5093.
Lucretius Carus (*Titus*) 2494 à 2499.
Luder (*Bartholomæus*) 2719, 2720.

Ludolfus (*Jobus*) 4142.
Ludolphus Saxo *Carthufien-fis*, 130, 131.
Ludolphus *Paftor Ecclefiæ de Suchen*, 3953.
Ludovicus, *Cardinalis de Barro*, *voyez* Barro.
Luitprandus, *Epifcopus Cremonenfis*, 345.
Lullius (*Raymondus*) *voyez* Raymondus.
Lully, *Muficien* (*N. de*) 3076 à 3089, 3109 à 3112, 3128, 3133, 3134.
Luna (*Miguel de*) 4799.
Lune (*Jean de la*) 3731.
Lufchi (*Antonius*) 2366.
Lufcinius (*Ottomarus*) 110.
Lutherus (*Martinus*) 892, 893, 935.
Lycofthenès (*Conradus*) 3578, 3579.
Lycurgus *Orator*, 2343.
Lydiat (*Thomas*) 3972.
Lydius (*Balthafar*) 932.
Lydius (*Joannes*) 463.
Lyonne, *Miniftre de France*, (*N. de*) 1605.
Lyonnet (*P.*) 871.
Lyra (*Nicolaus de*) 163, 884.
Lyre (*le Moine de*) 2789.
Lyfet (*Pierre*) 3503.
Lyfias, *Athenienfis*, *Orator*, 2343, 2348.

M.

Maan (*Joannes*) 4103.
Mabillon (*Joannes*) 354, 563, 583, 5138.
Macedo (*Alexander*) *voyez* Alexander.
Macer Floridus, 1791.
Macharius (*Sanctus*) 336.
Machiavellus (*Nicolaus*) 1535 à 1537, 1552, 1553, 4390, 4391.
Maclot (*Emond*) 127.
Macrobius (*Aurel. Theodofius*) 3445 à 3447.
Madius (*Francifcus*) 4323.
Maffeius (*Joann. Petrus*) 4202.
Magalhanes (*Pero de*) 4947.
Magirus (*Johannes*) 960.
Magius (*Hieronymus*) 5067.
Magni (*Jacobus*) 348.
Magnon, *Diaconus*) 2269.
Magnon (*le Sieur de*) 3046.
Magnus (*Olaus Joannes*) *voyez* Olaus & Joannes.
Magny (*Olivier de*) 2437, 2825.
Mahomet, *faux Prophète*, 1068.
Majanfius (*Gregorius*) 3824.
Maïerus (*Michaël*) 1969.
Maigny (*Olivier de*) *voyez* Magny.
Maigret (*Louis*) 4318.
Maillard (*Jean*) 756.
Maillard ou Maillardus (*Olivier*) 704, 705, 706.
Maillardus (*Nicolaus*) 977.
Maimbourg (*Louis*) 73, 1142.

Maine (*Louis de Chabans*, *Sieur du*) *voyez* Chabans.
Main-Ferme (*Joann. de la*) 4188.
Mainfray (*le Sieur*) 2987.
Major (*Georgius*) *voyez* Georgius.
Mairan (*Dortous de*) 5159, 5160.
Maire (*C. le*) 4625.
Maire (*Jacobus le*) 3932.
Maire de Belges (*Jehan le*) 2762, 4417, 4418.
Maire (*N. le*) 3415.
Mairet (*le Sieur*) 3016, 3029, 3683.
Maisonfleur (*le Sieur de*) 769.
Maison-neuve (*Antoine Héroët*, *dit la*) *voy.* Héroët.
Maison-neuve (*Estienne de*) 3379.
Maister (*Georgius*) 2393.
Maistre (*le Sieur le*) 2400.
Maittaire (*Michaël*) 2469, 5152, 5153, 5154, 5346.
Maius, *Anglus* (*Thomas*) 2575.
Maius, *Parthenopeus* (*Junianus*) *voy.* Junianus.
Majus, *Phorcensis* (*Joh. Henricus*) 205.
Maizeaux (*N. des*) 3847, 4063.
Malagonellius (*Antonius*) 3673.
Malbrancq (*Jacobus*) 4763.
Malcrais de la Vigne, *voy.* Vigne.
Maldonado (*Francisco Herrera de*) 4154.

Maldonat (*Jean*) 497, 581.
Malescot (*Stephanus de*) 1255.
Malestroit (*le Seigneur de*) 1621.
Malherbe (*François*) 2769, 2770, 2870 à 2872.
Malherbe, Sectaire de S. Morin (*la Demoiselle*) 1059.
Malingre (*Claude*) 4052, 4370.
Mallebranche (*Nicolas*) 777, 856, 857, 1634, 1639, 1661, 1662.
Malleolus (*Fælix*) v. Hemmerlinus.
Malleolus (*Paulus*) 2504.
Mallet (*Allain Manesson*) 2158.
Mallet, Doct. de Sorbonne, 74.
Malleville (*le Sieur de*) 2894.
Malouin (*Charles*) 1939.
Malouin (*Jacq. Laurent*) 1939.
Malpighi (*Marcellus*) 1810, 1936.
Malthus (*François*) 2175.
Mambrunus (*Petrus*) 2690.
Mamertinus (*N.*) 3795.
Mancinelli (*Antonius*) 2471.
Mancinus (*Dominicus*) 2641, 2642.
Mandeville (*Johannes de*) 3953, 5622.
Mandeville (*le Sieur de*) 1476.
Mandriny, *Sieur de Gazonval*

çonval (*Sulpice de*) 1147, 1148.
Manesson Mallet (*Allain*) voy. Mallet.
Manethon (*Ægyptius*) 3892.
Manfredus (*Eustachius*) 2009.
Mangeant (*Lucas Urbanus*) 424.
Manget, *Médecin*, 1877.
Manilius (*Marcus*) 2003 à 2005.
Mansi (*Joann. Dominicus*) 5204.
Mantuanus (*Baptista Hispaniolus*) 2625, 2626.
Manutius (*Aldus*) 4324, 5038.
Manutius (*Paulus*) 1232, 2369, 2373, 2507, 3813.
Manzini (*Joann. Baptista*) 2410.
Manzini de Motta (*Porcellus Joann.*) 3788.
Maphæus, *Cardinalis Barberinus*, 2634.
Marana (*Jean Paul*) 4059, 4060.
Marasiote (*Hiérôme*) 683.
Marbeuf, *Chevalier, Sieur de Sahurs* (*N. de*) 2876.
Marbodus, *Episcopus Redonensis*, 454.
Marc, *Académicien de la Crusca* (*l'Abbé de Saint*) 1125.
Marca (*Petrus de*) 582, 4107.
Marcel (*J.*) 3548.
Marcellus (*Gulielmus*) 2746.

Marcellus, *Electus*, voyez Electus.
Marcellus, *Nonnius*, voyez Nonnius.
Marcellus, *Patriarcha Venetorum* (*Christophorus*) 1644.
Marchand (*Prosper*) 5275, 5405.
Marchant (*Loys*) 5447.
Marchesius (*Maurus*) 455.
Marchetti (*Alessandro*) 2498.
Marcoduranus (*Franciscus Fabricius*) 2489.
Marconville *ou* Marcouville, (*Jean de*) 1549, 1643.
Marculfus, *Monachus*, 1262.
Marcus (*Petrus*) 2376.
Marcus Antoninus, *Imperator*, 1429.
Marcus Aurelius, *Imperator*, 1561, 1562, 1563.
Marcus Beneventanus, 1409.
Marcus, *Episcopus Alexandriæ*, 114.
Marcus, *Evangelista* (*Joannes*) 114.
Maréchal (*D. Bernard*) 333.
Marennes (*Jean Baptiste Yriey des*) voy. Yriey.
Mareschal (*le Sieur A.*) 2997, 2998.
Maresius (*Rolandus*) 3816.
Margeret (*le Capitaine*) 4865.
Margotelle de Saint Denys, *Sieur de S. Evrémont*, (*Charles*) v. Evrémont.

Tome II.   Z z

Marguerite, *Royne de Navarre*, 2822, 2823.
Maria, *Epifcopus Burgenfis*, (*Paulus de Sancta*) voy. Paulus.
Mariana (*Juan de*) 4796.
Mariangelus a Fano, *voyez* Fano.
Marie (*Philippe*) 636.
Marie (*Jean*) 3591.
Mariette (*Pierre Jean*) 2125.
Marin, *Cenfeur Royal* (N.) 4919.
Mariniere (*le Sieur de la*) 2198.
Marion (*Simon*) 1290.
Mariz (*Pedro de*) 4793.
Marlianus (*Jo. Bartholomæus*) 5112.
Marlianus (*Raymundus*) 4329, 4330.
Marlot (*Guillelmus*) 4091.
Marmita (*Gellius Bernardinus*) 2566, 2567.
Marne, *Graveur* (*le Sieur de*) 121.
Marnix, *Baron de Potes* (*Jean de*) 1533.
Marolles (*Michel de*) 260, 2475, 2497, 4359.
Marot (*Clément*) 81 à 97, 2548, 2549, 2764, 2765, 2792, 1812 à 2817.
Marot (*Michel*) 2816.
Marot, *Graveur-Architecte* (*Jean*) 2108, 2117, 2142, 2146.
Marquetz (*Anne de*) 768, 834.
Marrier (*Martinus*) 4088.

Marfelaër (*Fridericus de*) 1598.
Marshamus (*Johannes*) 3968.
Marsigli (*Louis-Ferdinand Comte de*) 1747.
Marfilius de Padua, 4745.
Marfus (*Jacobus*) 2018.
Marfus (*Petrus*) 2591.
Marteau (*Martin*) 4636.
Martel (*le Sieur de Gouftimefnil*) v. Gouftimefnil.
Martelange (*Eftienne*) 2054.
Martelli (*Lodovico*) 3192.
Marthe (*MM. de Sainte*) v. Sainte-Marthe.
Martial de Paris, *dit d'Auvergne*, 2796.
Martialis à Sancto Joanne Baptifta, 5232.
Martialis (*Valerius*) 2474, 2583, 2584, 2597 à 2603.
Martin (*Corneille*) 5030.
Martin (G.) 929.
Martin (*Gabriel*) 5277, 5284, 5295, 5298, 5302, 5303, 5309, 5313, 5329, 5335, 5338, 5344, 5353, 5369, 5375, 5394.
Martin (*Jean*) 2132, 2133.
Martin, *Doct. en Médecine* (N.) 1842.
Martiniere (*Bruzen de la*) 4038.
Martiniere (*Pierre de la*) 1865.
Martinius (*Martinus*) 2254, 4908 à 4913.
Martino (*Nicolaus de*) 1982, 2055.
Martinus (*Frater Ord. Prædicat.*) 1083.

Martius (*Galleottus*) 1702.
Martyr, *Anglerius Mediolanensis* (*Petrus*) 4929, 4930.
Martyr, *Florentin* (*Pierre*) 928.
Marullus (*Michael*) 2619.
Mascardi (*Agostino*) 5486.
Mascareñas (*D. Hieronymo*) 4809.
Masenius (*Jacobus*) 3460, 3747.
Maserius (*Ægidius*) 2596.
Massacus (*Raymundus*) 2668.
Masserie (*Jacq. Morin Ecuyer Sr. de la*) v. Morin.
Massiac (*le Sieur de*) 4582, 4583.
Masson (*Joann. Papyrius*) 5464.
Masson des Granges (*l'Abbé le*) 881.
Massuet (*Pierre*) 1804.
Massuet (*Renatus*) 360.
Mastricht (*Gerhardus Von*) voy. Gerhardus.
Matago de Matagonibus, 4673.
Mathanasius (*le Docteur*) 3472.
Matharellus (*Antonius*) 4672, 4673.
Mathas (*A.*) 4689.
Matthæus (*Antonius*) 4951.
Matthæus, *Cardinalis Sedunensis*, 3501.
Matthieu (*Pierre*) 4363, 4526, 4713, 4715.
Matthiole (*Pierre-André*) 1786.

Maubert de Gouvest, 1503.
Maucroix (*l'Abbé de*) 2380.
Maucroy (*N. de*) 3693.
Mauduit, *Astronome* (*le Sieur*) 2007.
Maugis d'Aigremont, 3387, 3388, 3389.
Mauguin (*Gilbertus*) 449.
Mauny (*R.*) 3743.
Maupertuy (*Drouët de*) v. Drouët.
Maurice de Tolon, *Prêtre Capucin*, 1879.
Mauricius Senonensis, 5252.
Mauro (*Mauritio*) 137.
Maurocenus (*Paulus*) 885.
Maurolycus (*Franciscus*) 3975.
Maurolycus, *Messanensis*, 1986.
Maussac (*J.*) 2378.
Maussacus (*Philippus Jacobus*) 2258, 2259.
Maximus Tyrius, *Philosoph. Platon.* 1335.
Maximus, *Confessor & Græcorum Theologus* (*Sanctus*) 440.
Maximus, *Taurinensis*, 428.
Mayerne Turquet (*Louis de*) 1550, 1584, 4795.
Maynard, *Poëte François*, 2770.
Mayno (*Jaso de*) 1260.
Mayr (*Antonius*) 1406.
Mayr (*Georgius*) 2219.
Mazarin (*le Cardinal Jules*) 4598, 4599.
Mazéas (*Jean-Mathurin*) 1988.

Mazochius (*Alexius Symmachus*) 5119.
Mazottus (*Zenobius*) 2390.
Mazzaronius (*Antonius*) 1121.
Medgyes (*Laurentius Toppeltinus de*) voy. Toppeltinus.
Medicis, *Carmelita* (*Franciscus de*) 608.
Médon (*Arnauld*) 5168.
Medrano (*Didacus de*) 1134.
Medrano (*Julian de*) 3563.
Mége (*Don Joseph.*) 593.
Meigret (*Louis*) 2087.
Mela (*Pomponius*) 1739, 3894, 3895.
Melampos, 2039.
Melanchton (*Philippus*) 936, 1645, 2241, 4024, 4025.
Melchior Canus: v. Canus.
Meletius Alexandrinus, 346.
Meletius Syrigus, 346.
Meliton (*N*) 1221.
Mellin de Saint Gelais: voy. Saint Gelais.
Melon (*le Sieur*) 1613.
Mélusine, 3392, 5609.
Ménage (*Gilles*) 2299 à 2302, 2703, 2872, 3514, 3606, 3692, 5017, 5179.
Ménager (*Petrus le*) 242.
Menandrino (*Marsilius de*) 1099.
Ménard (*le Sieur*) 4111.
Menardus (*Claudius*) 3955.
Menckenius (*Joann. Bapt.*) 3473.
Mendoce (*Juan Gonçalès de*) 4903, 4905, 4906.

Menelaüs, *Geom.* 1986.
Ménestrier (*Claude-François*) 3642, 4566, 4702.
Menotus (*Michaël*) 707.
Menou, *Seigneur de Charnizay* (*René de*) 2182.
Mentelius (*Jacobus*) 5148.
Merbesius (*Bonus*) 591.
Mercadanti (*Geronymo*) 3207.
Mercerius (*Joannes*) 3620.
Mercerius (*Nicolaus*) 2688.
Mercurialis (*Hieronymus*) 2178, 2179.
Mercurius Trismegistus, 1320, 1321.
Méré (*le Chevalier de*) 1506, 1507, 3436, 3700.
Merianus (*Matthæus*) 3928.
Merlinus Cocaius: v. Folengi.
Merrett (*Christ.*) 1797.
Mersenne (*Marin*) 1398, 1726.
Merula (*Gaudentius*) 4410.
Merula (*Georgius Alexandrinus*) 1702, 1758, 2372, 2600, 4889.
Merula (*Paulus*) 216, 1610.
Meschinot (*Jehan*) 2804, 2805.
Messala Corvinus, 4359.
Messisbugo (*Christoforo di*) 1851.
Mestræus (*Martialis*) 427.
Mestralus (*Andræas*) 4548.
Mestrezat (*Jean*) 1003.
Mesva, *Syrus*, 1866.
Metasthenès, *Persa*, 3892.
Métel de Boisrobert, 3049.
Métel d'Ouville, 3026.
Métézeau (*Jean*) 65.

Methodius, *Patarensis*, 392.
Meulen (*Vander*) v. Vander Meulen.
Méung (*Jéhan de*) 1972, 2199, 2782, 2784, 5586 à 5589.
Meurier (*Gabriel*) 3574.
Meurisse (*le Pere*) 902.
Meursius (*Joannes*) 3469, 3652, 4760, 5108, 5451.
Meusnier de Querlon (*N.*) 3515.
Mexia (*Pedro*) 5556.
Mey (*Johannes de*) 1802.
Meyer (*Joachim*) 2180.
Meynier (*Bernard*) 4284.
Meynier (*Honorat de*) 3756.
Meyssonnier (*Pierre*) 1819.
Michaël, *Episcopus Mersburgensis*, 234.
Michault (*N.*) 2424.
Michault (*Pierre*) 5595.
Michel (*Guillaume*) 5547.
Michel (*Jehan*) 2968.
Michel-Ange Buonaroti : v. Buonaroti.
Michel de Sainte-Sabine, *Hermite*, 843.
Michel, *dit de Tours* (*Gui*) 4352.
Middelburgo (*Paulus Germanus de*) 3986.
Miggrode (*Jacques de*) 4937, 4939.
Milleran (*René*) 813.
Millet (*Germanus*) 4086.
Millet (*Jacques*) 2970, 2971.
Millet de Sainte-Amour (*Jean*) 4294.
Milliæus (*Antonius*) 2680.
Millinus (*Benedictus*) 3984.
Miltonus (*Joannes*) 4847.
Min-Ellius (*Joannes*) 2510.
Miniatus (*Alphonsus*) 2344.
Minucius Felix, 365, 366.
Mion, *Musicien* (*N.*) 3121.
Mirabella (*Vincenzo*) 4382.
Miræus (*Aubertus*) 1139, 4190, 4208, 5503.
Mirandula (*Joann. Franciscus*) 32.
Mirandula *seu* Mirandulanus (*Joann. Picus*) 146, 1376, 3659.
Mirandula (*Octavianus*) 2617.
Misson (*Maximilien*) 3934 à 3936.
Mitylenæus (*Zacharias*) v. Zacharias.
Mizaldus *ou* Mizauld (*Antonius*) 1766, 1771, 1815, 1942 à 1944.
Modestus (*Publius*) 2154, 2155, 2156, 2167, 2168.
Modius (*Franciscus*) 2154, 4016, 4185.
Modus (*le Roi*) 2188.
Moetjens (*Adrianus*) 5413.
Moëtte (*Carolus*) 5418.
Moine, *Archiviste de Lyon* (*N. le*) 5140.
Moine (*Pierre le*) 1464, 1478, 2897.
Moinet (*Simon*) 2883.
Molanus (*Joannes*) 4138.
Molar (*Estienne du*) 4528.
Moliere (*J. Bapt. Pocquelin de*) 3054, 3062.
Molinæus (*Ludovicus*) 1494.
Molinæus (*Petrus*) 1410.

Molinet (*Claudius du*) 5092, 5135.
Molinet (*Jehan*) 2762, 2784.
Molinier, Sieur de Beauregard (*Blaise*) 3324.
Molitor (*Ulricus*) 1671.
Mollires (*Juigné Broiſſinieres Sieur de*) v. Juigné.
Mombritius (*Boninus*) 4235.
Moncade (*le Sieur de*) 1502.
Moncarré (*Guillaume*) 4136.
Moncornet (*Balthaſar*) 2088, 5474.
Moncrif (*François-Auguſtin de*) 1508, 3702, 3703.
Mondejar (*D. Gaſpar Ibanès de Segovia, Marquis de*) 4011, 4796.
Monfuron, Poëte François, 2770.
Mongius (*Joannes Paulus*) 1834.
Monin (*Joannes Edoardus du*) 2656.
Moniot (*Thomas*) 4174.
Monléon (*le Sieur de*) 2995.
Monlucius (*Joannes*) 331.
Monlyard (*Jean de*) 4974.
Monnier (*N. le*) 2013, 5163.
Monnoye (*Bernard de la*) 305, 2931, 3712.
Monſtrelet (*Enguerrand de*) voyez Enguerrand.
Mont (*Franciſcus Joann. du*) 1707.
Mont (*Pierre du*) 4737.
Montacutius (*Richardus*) 3734.

Montagne (*J. de la*) 5143, 5144.
Montaigne (*Joannes*) 1136.
Montaigne (*Michel de*) 3676 à 3679.
Montalte (*Louis de*) voyez Paſcal, Blaiſe.
Montaltus (*Ludovicus*) 200, 201.
Montalvan (*Juan Perez de*) voyez Perez.
Montand (*Nicolas de*) 4682.
Montanus (*Joann. Fabricius*) 323.
Montauban (*le Sieur de*) 3056.
Montbar (*Philippe Aubery, Seigneur de*) 1294.
Montchreſtien, Sieur de Vaſteville (*Antoine de*) 2991.
Monte Alano da Sena (*Bernardo da*) voyez Bernardo.
Montéclair, Muſicien (*N.*) 3116.
Montemayor (*Georges de*) 3343, 3344.
Montenegro (*Juan de Neyra y*) 3235.
Monteregio (*Joannes de*) 2020.
Montereul (*Jean de*) 1291, 2405.
Monté-Rocherio (*Guillelm, ſeu Guido de*) v. Guillelmus.
Monteux (*Henry de*) 1858.
Montfaucon (*Bernard de*) 381, 393, 5107.
Montfiquet (*Raoul de*) 817.

Montgaillard, *Evêque de S Pons* (*Pierre Jean Fr. de Perſin de*) *v.* Perſin.
Montgaudier (*le Sieur de*) 2983.
Montius (*Petrus*) 2153.
Montluc, *Evêque de Valence & de Die* (*Jean de*) 715, 716, 1571, 4871.
Montméran (*Antoine de*) 2303.
Montmorel (*l'Abbé de*) 1462.
Montmort (*Rémond de*) *voy.* Rémond.
Montpenſier (*Mlle. de*) 4575.
Montreuil (*Matthieu de*) 3684.
Moor (*Jacobus*) 2434.
Moraça (*Petrus à Plaça à*) *voy.* Petrus.
Morales (*Ambroſio de*) 4813.
Morawski (*Joannes*) 1404.
Moreaux, Sr. du Bail (*Louis de*) *voy.* Bail.
Morellius (*Andræas*) 5084.
Morellus (*Federicus*) 160, 388, 427, 2742, 3730.
Moreſtel & Moreſtellus, (*Pierre*) 1319, 1664.
Morer (*Pierre*) 2653, 3486.
Morfouace de Beaumont, (*Gilles*) 3550.
Morgues, *Sieur de S. Germain* (*Matthieu de*) 4536, 4537.
Morhofus (*Daniel Georgius*) 2271.

Morin, *Eſcuyer, Sieur de la Maſſerie* (*Jacques*) 4694.
Morin (*Simon*) 1058, 1059.
Morin (*le Sieur N.* 56.
Morin, *Muſicien* (*N.*) 3159.
Morinus (*Joannes*) 4139.
Morinus (*Joann. Baptiſta*) 908, 2046.
Moriſon (*Robertus*) 1798.
Mornæus (*Philippus*) *voyez* Mornay.
Mornay, *Seigneur du Pleſſis Marly* (*Philippe de*) 986, 987, 988, 995, 4459.
Mornay *de la Ville-Tertre*, (*René de*) 5011.
Morſius (*Joachimus*) 216.
Morus (*Alexander*) 956.
Morus (*Thomas*) 1546, 2733, 3502.
Moſantius (*Jacobus*) 2689.
Moſchophulus (*Manuel*) 2326.
Moſchus, 2252.
Moſellanus (*Petrus*) 2384, 3444, 3720.
Moſes Alſchechus, *voyez* Alſchechus.
Moſes Majemonida (*Rabbi*) 3978.
Mothe Fénelon, *voy.* Fénelon.
Mothe le Vayer (*N. de la*) *voyez* Vayer.
Motin, *Poëte François*, 2770.
Motte (*Dominique de la*) 722, 847.

Motte (*Houdart de la*) *voyez* Houdart.
Motte (*N. de la*) 2443.
Motte Fénelon, *voyez* Fénelon.
Motte-Meſſeme (*N. de la*) 3546.
Motteville (*Madame de*) 4565.
Moulin (*Antoine du*) 2034, 3266, 4419.
Moulin (*Charles du*) 324, 1277.
Moulin (*Pierre du*) 924, 925, 926, 964, 965, 1000, 1001.
Moulinet (*Nicolas le*) 3773.
Moulins (*Guyards des*) 53.
Moulins (*Jean des*) 1786.
Mouret, *Muſicien* (*N.*) 3117, 3118, 3135.
Mouſinho (*Manuel d'Abreu*) 4901.
Moyne de Lyre (*le*) *voyez* Lyre.
Moyne (*Pierre le*) *voyez* Moine.
Muhammedes Alfraganus, *voyez* Alfraganus.
Muirhead (*Georgius*) 2434.
Mul (*Thadæus*) 5080.
Mullerus (*Philippus*) 1971.
Mulhuſinus (*N.*) 960.
Munſter (*Sébaſtien*) 3875.
Mure (*Jean Marie de la*) 4108.
Muret (*N.*) 5046.
Muret & Muretus (*Marc-Antonius*) 2488, 2489, 2653, 3448.
Murmellius (*Joannes*) 2580.

Murner (*Thomas*) 1411.
Muſa Braſavolus (*Antonius*) 1945, 3663.
Muſæus, *Poëta*, 2429.
Muſonius (*N.*) 1120.
Muſſardus (*P.*) 5035, 5036.
Muſurus (*Marcus*) 2458.
Mutio Juſtinopolitano, 875, 900.
Myere, *Sieur de Baſly* (*N. le*) 2622.
Myron, *Seigneur du Tremblay* (*N.*) 5598.
Myrſilus Lesbius, 3892.
Myſerus ab Ehrenbach (*Nicolaus*) 1306.

N.

N ABERAT (*Fr. A. de*) 4218.
Nævius, *Poëta*, 2470.
Nancel (*Nicolas de*) 1876.
Nancel (*Pierre de*) 2866.
Nannino (*Remigio*) 2547.
Natta (*Antonius*) 1648.
Navailles (*le Duc de*) 4577.
Naudæus & Naudé (*Gabriel*) 1436, 1525, 2682, 3512, 3611, 3746, 3862.
Naugerius (*Andræas*) 2615, 3661.
Navieres (*Ch. de*) 4530.
Naulius (*Adamus*) 2075.
Nauticæus (*G.*) 2077.
Nazarius (*N.*) 3795.
Nazianzenus (*Gregorius*) *voyez* Gregorius.
Neander (*Michaël*) 828, 2241.

Nebriſſenſis

Nebrissensis (*Ælius Antonius*) 4800.
Nectarius, *Hierosolymitanus*, 346.
Needham (*Petrus*) 1757.
Negro Bassanese (*Francesco*) 3202.
Nehringius (*Joann. Christianus*) 1721.
Neoportus (*Mauricius*) 2736.
Neovillæus seu Neovilleus, (*Johann.*) 909.
Nepos (*Cornelius*) voyez Cornelius.
Nerlius (*Bernardus*) 2433.
Nervéze (*Antoine de*) 2864, 3328, 3831, 4546.
Nessel (*Daniel de*) 5201.
Nestesuranoi (*Iwan Iwanowitz*) 4867.
Nestor (*Dionysius Novariensis*) 2282.
Neubrigensis (*Guillelmus*) 4834.
Neuhusius (*Reinerus*) 2726.
Newton (*Isaac*) 3765, 3994.
Neyra y Montenegro (*Juan de*) voyez Montenegro.
Nicaise (*le Sieur*) 5126.
Nicandre, *Médecin & Poëte Grec*, 1950.
Nicephorus Basilaca, *Rhetor*, 2345.
Nicephorus Gregoras, *Patriarcha Constantinopol.* 383.
Nichiliere (*Jean Sousnor, Sieur de la*) voy. Sousnor.

Nicius Erythræus (*Janus*) 829, 3467.
Nicolaï d'Arfeuille (*N. de*) 3942.
Nicolas, *Provincial des Capucins*, 646.
Nicolas de Gonesse, 5544, 5545.
Nicolaus Bonæspei, 2018.
Nicole (*N.*) 594.
Nicole (*le Président*) 2895.
Nider (*Johannes*) voyez Nyder.
Nieremberg (*Juan Eusebio de*) 1725, 4815.
Nierszesovicz, *Episcopus Trajanopolitanus* (*Deodatus*) 228.
Nihusius (*Bartoldus*) 557.
Nilus, *Archiep. Thessalonicensis*, 1094.
Nilus Asceta (*Sanctus*) 417.
Niphus (*Augustinus*) 1413, 3436, 2017, 2028.
Nobiles Moraviæ, 934.
Noble (*le Sieur le*) 3062, 3740.
Nodé (*Pierre*) 1673.
Nodot (*le Sieur de*) 3480, 3481.
Nofri (*Fidel*) 2041.
Noguier (*Antoine*) 4654.
Nonius (*Duardus*) 4824.
Nonnius (*Ludovicus*) 1845.
Nonnius Marcellus, 2277, 2278.
Nonnus, *Panopolitanus*, 162.
Noringus (*Livius*) 602.
Noris (*Henricus*) 5049.

Nostradamus (*César de*) 4657.
Nostradamus (*Michel*) 2044, 2045.
Norrius (*Stephanus*) 560.
Nouë (*Hiérôme de la*) 835.
Nouë (*le Seigneur de la*) 1532, 4373.
Nouë, Seigneur de Téligny. (*Odet de la*) 2847.
Nourry (*Nicolaus*) 340, 341.
Nucérin (*J.*) 3588.
Nuñes (*Nicolas*) 3302.
Nuñes de Liao (*Duarte* , 2320.
Nyder (*Johannes*) 624, 626, 627, 677, 700.
Nyssenus (*Gregorius*) voy. Gregorius.

O.

OBADIA , *Propheta* , 223.
Obeilh , *Jésuite* (le Pere F. d') 1450.
Occham (*Guillelmus*) voy. Ockam.
Occo (*Adolphus*) 5086.
Ochinus (*Bernardus*) 953, 1023 à 1029.
Ockam (*Guillelmus*) 489, 1409, 4745.
Oclandus (*Christophorus*) 4833.
Octavien de Saint Gélais, voyez Saint Gélais.
Odaxius (*Lodovicus*) 2284.

Oddo Astensis , *Monachus Benedictinus* , 455.
Oddo , *Episcopus Cameracensis* , 628.
Odet de la Nouë , voyez Nouë.
Œcolampadius (*Joannes*) 389.
Œcumenius, 160.
Oger de Gombaud (*Jean*) voy. Gombaud.
Ogerius (*Carolus*) 3940.
Ogier le Danois , 3385 , 3386.
Ogilvius (*Joannes*) 2509.
Olaus Magnus , *Archiepisc. Upsalensis* , 4857 , 4858.
Olchinensis (*Lucas*) voyez Lucas.
Oldoinus (*Aug.*) 4181.
Oleastro (*Hieronymus ab*) 144.
Olivarius (*Petrus Joannes*) 3895.
Oliverius Arzignanensis , 5541 , 5542 , 5543.
Olivétan (*Robert Pierre*) 78.
Olivier (*Petrus*) 5584.
Olivier de Maigny , voyez Maigny.
Ollecotus (*Robertus*) voyez Holcote.
Olmo (*Josef Vincente del*) 5070.
Omphalius (*Jacobus*) 2328.
Onciacus (*Guilielmus*) 1309, 1310.
Oncieu (*Guillaume de*) voy. Onciacus.
Ongaro (*Antonio*) 3205.

Ongoys Morinien [*Jean d'*] 2200, 4026.
Onophryus Atrocianus, [*Joann.*] 2714.
Onosander, 1551, 2167.
Oosterga [*Cyprianus Regnerus ab*] *voyez* Regnerus.
Opicellus [*Jacobus Philippus*] 5196.
Opmersensis [*Petrus*] 568.
Optatus Gallus, *voyez* Hersent.
Oresme [*Nicolas*] 1345, 1348.
Orgas [*le Sieur d'*] 2916.
Orichovius [*Stanislas*] 962, 4290.
Origenes Adamantius, 6.
Orlandinus [*Nicolaus*] 4203.
Orley [*R. V.*] 3197.
Ortie [*Jean de l'*] 1987.
Ortuñes de Calahorra [*Diego*] 3398.
Orvietano (*Antonio Cararino*) v. Cararino.
Orus Apollo, *Niliacus*, 2028, 3615.
Osiander [*Andræas*] 108.
Osorius [*Hiérôme*] 322, 1466, 1559.
O Tat [*le Cardinal d'*] 4517.
Oudin [*César*] 2318, 2319, 3563.
Ovidius Naso [*Publius*] 2536 à 2562, 3573.
Oultreman [*Pierre d'*] 5489.
Outreman [*Philippe d'*] 796.
Ouville [*Métel d'*] *voyez* Métel.
Ouvreleuil [*le R. P. l'*] v. l'Ouvreleuil.

P.

Pacatus Latinus, 3795.
Paccius [*Cosmus*] 1335.
Pachomius [*Sanctus*] 336.
Pacianus, *Barcilonensis*, 218.
Paciaudi [*Paullus*] 4264.
Pacuvius, *Poëta*, 2470.
Padilla [*Thomas de*] 4921.
Padua [*Marsilius de*] *voyez* Marsilius.
Paëpp Galbaïcus [*Joannes*] 2076.
Pætus [*Lucas*] 5106.
Paëz de Castro [*Juan*] 4813.
Pagès [*Jean*] 1704.
Pagninus [*Santès*] v. Santes Pagninus.
Palacios [*Michaël d*] 1379.
Palæologus, *Phileremus*, v. Phileremus.
Palæottus [*Gabriel*] 1514.
Palæphatus, *Mytholog.* 3257.
Palafox [*D. Juan de*] 4914.
Palearius [*Aonius*] 3666.
Palingenius [*Marcellus*] 2627.
Palladius Rutilius, 1758.
Palladius Soranus [*Domicus*] v. Soranus.
Palliot [*Pierre*] 4987, 4997.
Palmarius [*Julianus*] 1854.
Palmerius [*Andræas*] 4158.
Palmerius, *Pisanus* [*Matthias*] 16.
Palthenius [*Joann. Philippus*] 109.

Paludanus [Bernard] 3944, 3945.
Paludanus [François] 4147.
Pamelius [Jacobus] 241, 442.
Pamphile [Gilles d'Avrigny dit le] v. Avrigny.
Pancirolus [Guidus] 5057.
Pandulphus [Alphonsus] 579.
Panigarole [François] 683.
Panigarole, Evêque d'Ast [N.] 4079.
Panne [Pierre] 1219.
Pantinus [Petrus] 2353.
Panvinius [Onuphrius] 5109, 5110, 5118, 5458.
Panurgus [Vincentius] 5514.
Paolo Sarpi: voy. Sarpi.
Papa [Guido] v. Guido.
Pape [Abrahamus de] 1314.
Papillon [Philibert] 5238.
Pappus [Joannes] 957.
Paracelse Bombaste [Philippe Théophraste] 1964.
Paradinus [Guillelmus] 126.
Paræus [Joh. Philippus] 2481, 2482.
Parc d'Honneur [le Secrétaire & Historien du] 2155, 2156.
Pardesius, Jesuita [Ignatius Gasto] seu Pardies, 1714, 1715.
Paré [Ambroise] 1890.
Pareus [Daniel] 2499, 4752.
Pareus [David] 960.
Paris [Claudius de [voyez Claudius.
Paris [Matthæus] 4829.
Paris, dit d'Auvergne [Martial de] v. Martial.
Parisanus [Æmylius] 1933.
Parisiensis [Guillelmus] v. Guillelmus.
Parkerus [Samuel] 1394.
Parran [Antoine] 2067.
Parthénius de Nicée, Auteur Grec, 3319.
Parvi [Guillaume] 799.
Parvus [Joannes] 465.
Pas [Crispian de] v. Crispian.
Pascal [Blaise] 640 à 643, 868.
Pascal [Jacques] 1948.
Pascal de la Court [Louis] 4423.
Paschal I. Pont. Max. 4226.
Paschalius [Carolus] 5059, 5060.
Paschasius Radbertus: voyez Radbertus.
Pasor [Georgius] 219, 230.
Pasquier [Étienne] 1210, 2867, 3675, 4426.
Pasquier [Nicolas] 4427.
Pasquier, Recteur des Ecoles de Louhans [Estienne] 5442.
Passavantius [Benedictus] 3503.
Passeratius [Joannes] 2664 à 2666.
Pastoir [Philippus Ludovicus] 3748.
Paterculus [Velleius] 4345, 4346.
Pathelin [Pierre] 2797 à 2801.
Patin [Charles] 5074.

Patin [*Guy*] 3611.
Patrice [*Saint*] 766, 5618.
Patricius [*Junius*] v. Junius.
Patricius [*Andræas*] 2381.
Pau ou Paul, *Ecuyer de Marseille* [*Pierre*] 2952.
Pavillon [*Eſtienne*] 3699.
Pavillon [*Nicolas Georges*] 5007.
Paul, *Docteur en Médecine* [*le Sieur*] 1870.
Paule, *Gentilh. Vénitien* [*Marc*] 3911.
Paulian [*le Sieur*] 931.
Paulinus, *Epiſcopus Nolanus* [*S. Pontius Meropius*] 406.
Paulus de Angelis: v. Angelis.
Paulus Dyaconus, 164.
Paulus, *Epiſcopus Aquileienſis*, 561.
Paulus de S. Maria, *Epiſc. Burgenſis*, 141.
Pauſe [*Joann. Plantavitius de la*] v. Plantavitius.
Pautre, *Graveur* [*N. le*] 2102, 2118.
Paz [*Fr. Auguſtin*] 4981.
Pearſonius [*Joannes*] 370.
Péchier [*le Sieur du*] 2994.
Pechlinus [*Joann. Nicolaus*] 1913.
Pedianus [*Q. Aſconius*] v. Aſconius.
Pegne [*Franciſcus*] 4291.
Peléus [*Julien*] 4552.
Pellegrin [*l'Abbé*] 118.
Pelletier [*le Sieur du*] 3835.
Pellevé, Seigneur de Rébès [*Philippe de*] 4079.
Pelreth [*Thomas*] 487.
Pelshoferus [*Joann. Georg.*] 1954.
Péras [*le Sieur*] 2947.
Perceval le Gallois, 5608.
Percheron [*Belleſleur*] v. Belleſleur.
Péréfixe [*Hardouin de*] v. Hardouin.
Peregrinus [*Martinus*] 1659.
Pérelle, *Graveur* [*N.*] 2121.
Pereyra [*Gometius*] 1379, 1380.
Perez [*Pedro Arias*] 3222.
Perez, *Monachus Benedict.* [*Antonius*] 548.
Perez de Montalvan [*Juan*] 3338, 3339.
Perezius [*Antonius*] 3823.
Perinus [*Leonardus*] 4253.
Perionius [*Joachimus*] 2015.
Perleonio [*Giuliano*] 3178.
Perottus [*Nicolaus*] 2284, 2285, 2286.
Perpinianus [*Petrus Joann.*] 2331.
Perray [*Michel du*] 1129.
Perrellus [*Joannes*] 3977.
Perriere [*Guill. de la*] 1548, 3626, 4465.
Perrin [*Beneton de*] v. Béneton.
Perrin [*Pierre*] 2523.
Perron [*le Cardinal du*] 1003.
Perron [*le Hayer du*] voy. Hayer.
Petroquet [*l'Abbé A.*] 5521.
Perrot d'Ablancourt [*Nicolas*] 4310, 4338, 4920.
Perry [*Jean*] 4866.
Perſia [*Juan de*] v. Juan.
Perſin de Montgaillard,

TABLE

Evêque de S. Pons [*Pierre-Jean-François de*] 249.
Perſius [*Aulus Flaccus*] 2578 à 2582, 2585, 2586, 2588.
Perſona, *Prior S. Balbinæ* [*Chriſtoph.*] 395.
Perruchius [*Juſtinus*] 4132.
Péruſe [*Jean de la*] 2977.
Peſcatore da Ravenna [*Battiſta*] 3186.
Petavius [*Dionyſius*] 383, 494, 588, 2354, 2388, 2674, 2675, 2676, 3993.
Petavius [*Paulus*] 5130, 5131.
Petit [*Jean - François le*] 4777.
Petit [*Martin - François*] 1690.
Petit [*le Sieur*] 3516.
Petitot [*le Sieur*] 2058.
Petitus [*Petrus*] 1384, 2702, 3455, 4317.
Petitus [*Samuel*] 3971.
Petræus [*Theodorus*] 4200.
Petrarcha *ſeu* Petrarca [*Franciſcus*] 1484, 3170 à 3173, 3788, 5457, 5527, 5528.
Petra Sancta [*Sylveſter à*] 3632.
Petreus Herdeſianus [*Henricus*] 1594.
Pétri [*Jéhan*] 131.
Petronius [*Alexander Titus*] 1856.
Petronius Arbiter [*Titus*] 3476 à 3483.
Petrus à Plaça à Moraça, 1252.

Petrus à Sancto Joſeph, 470.
Petrus ab Angelis, *Carmelita*, 1187.
Petrus de Alliaco, 465.
Petrus de Honeſtis : *v.* Honeſtis.
Peucer [*Gaſpar*] 4024, 4025.
Peyre [*Jacobus d'Auzoles la*] *v.* Auzoles.
Peyrere & Peyrerius [*Iſaacus la*] 1030.
Peyrere [*le Sieur la*] 4579.
Peyronnenc [*Jean de*] 2409.
Pfintzing [*Melchior*] 3253.
Phædrus, *Fabulator Poëta*, 2563, 2564, 2565.
Phalaris, *Tyran d'Agrigente*, 3791.
Pheſtion *le Songeur*, 1656.
Phileremus Palæologus, 674.
Phileticus [*Martinus*] 2372, 2466.
Philelfus, Philelpho & Philelphus [*Franciſcus*] 3370, 3657, 3803 à 3808, 4304.
Philippe [*Cartier de Saint*] *voy.* Cartier.
Philippe [*Stephanus Andreas*] 4346.
Philippus Henricus, 3983, 3999.
Philippus à SS. Trinitate, 3950, 4191.
Philo, *Geograph.* 3892.
Philo, *Judæus*, 357, 362.
Philo, *Mathemat.* 1977.
Philomuſus [*Jacobus Locher* Cognom.] *v.* Locher.
Philon, *Juif* : *v.* Philo.
Philoponus [*Joannes*] 145.

DES AUTEURS.

Philoſtrate, 3793,
Phocylide, *Philoſophe*, 1421, 1422.
Phornutus Albricus, *Mytholog.* 3257.
Photius, *Patriarcha Conſtantinop.* 3794, 5202.
Pianura [*Lorenzo Craſſo Barone di*] v. Craſſo.
Pibracius [*N.*] 2667.
Picart, *Graveur* [*Bernard*] 2094, 2184, 3364.
Picciolus [*Antonius*] 2037.
Piccolominei [*Alexander*] 1357, 1438.
Piccolomini [*Jacobus*] 3800.
Pichonius [*Antonius*] 3815.
Pichou [*le Sieur*] 2999, 3037.
Picus [*Joannes*] 1067.
Picus Mirandula [*Johann.*] *voyez* Mirandula.
Piedad [*Franciſco de la*] 1215.
Piedrabuena [*Antolinez de*] 3565.
Pierius Valerianus [*Joannes*] 1120, 2506.
Pierre [*Jean de la*] 3543.
Pierre [*l'Abbé de Saint*] *voy.* Saint Pierre.
Pierre de Lucembourg, 836.
Piffet, *Muſicien*, 3160, 3161, 3162.
Piget [*N.*] 5350.
Pighius [*Albert*] 949, 3987.
Pilleterius [*Claudius*] 1794.
Pillon [*le Sieur*] 914.
Pin [*Ludovicus Ellies du*] 465, 5217 & 5230, 5250.

Pincheſne [*le Sieur de*] 5601.
Pincianus [*Ferdinandus*] 1371.
Pincierus [*Joannes*] 3644.
Pindarus, 2426, 2447, 2448.
Pinet [*Antoine du*] 1737, 1738, 3878.
Pingré, *Chanoine régulier*, [*A. G.*] 2022.
Pinus [*Joannes*] 3405.
Pinus [*Matthæus*] 1831.
Pinus Portodemæus [*Antonius*] 2384.
Piraneſi, *Architettore* [*Il Signor*] 2138.
Pirliheimer [*Bilibaut*] 1643.
Pirovanus [*Gabriel*] 2010.
Piſan [*Chriſtine de*] 5596.
Piſanellus [*Balthazar*] 1849.
Piſis [*Bartholomæus de*] 4198, 4199.
Pitatus [*Petrus*] 3988.
Pitaval [*Gayot de*] *voyez* Gayot.
Pitcarnius [*Alexander*] 1383.
Pithœus [*Franciſcus*] 1262, 2594, 4421.
Pithœus [*Petrus*] 429, 3901, 4633.
Pithon-Curt [*le Sieur*] 5026.
Pithou [*Pierre*] *voyez* Pithœus.
Pius, *Bononienſis* [*Joann. Bapt.*] 2287.
Pius II, *Pont. Max.* 2442, 3798, 3799, 4746.

Pizza di Chiaramonte [*Fra Vito*] 725.
Plaça [*Pero Diaz de la*] *voy.* Diaz.
Plaça à Moraça [*Petrus à*] *voy.* Petrus.
Place [*Pierre de la*] 1441.
Placentia [*Symo de*] *voyez* Symo.
Placet [*François*] 3544.
Placidus Lactantius, *voyez* Lactantius.
Placus [*Andræas*] 219.
Planche [*Estienne de la*] 4347.
Planche [*N. le Févre de la*] *voyez* Févre.
Plancus [*Janus*] 1806.
Plantavitius de la Pause, [*Joannes*] 4112.
Platea [*Joannes à*] *voyez* Joannes.
Platina [*Baptista*] 4170.
Platine de Cremone [*Bapt.*] 1848.
Platon, *Philosophe*, 1319, 1325 à 1332, 1339, 1519, 2826, 3553.
Plautus [*M. Accius*] 2479 à 2482.
Pleix [*Scipion du*] *voyez* Dupleix.
Plessis [*A. D. du*] *voyez* Duplessis.
Pleurre [*Franc. Stephanus*] 2478.
Plinius Secundus [*Caius*] 1735 à 1739, 1814, 3795.
Plotinus, *Philippus*, 1336.
Pluche [*Noël*] 182.

Plutarchus Chæronensis ; 1423 à 1427, 1551, 1634, 3575, 4312, 5437 à 5443.
Pobellus [*Catherin.*] 1309.
Poça [*Andrès de*] 1051.
Pochet [*Jacobus*] 2729.
Pococke [*Richard*] 4918.
Pocquelin de Moliere [*J. Baptiste*] *voyez* Moliere.
Poggio & Poggius [*Franciscus*] 3275, 3277, 4388.
Poggius [*Jacobus*] 4388.
Poindreux [*Ignace*] 3991.
Pointe [*François de la*] 4695.
Poiret [*Pierre*] 1021.
Pois [*Antoine le*] 5076.
Poisson [*Joann. Bapt.*] 4927.
Polano [*Pietro Soave*] *voyez* Sarpi.
Polienus, *Rhodiensis*, 488.
Poliphilus [*Franciscus*] *voyez* Columna.
Politianus [*Angelus*] 2372, 3654, 3655, 3786, 4356.
Pollux [*Julius*] 1567, 2257.
Polo [*Gaspar Gil*] 3343.
Polyander à Kerckhoven, [*Johannes*] 5039.
Polybius, 2154, 4318, 4319.
Polycarpe de la Riviere, *voy.* Riviere.
Polycarpus [*Sanctus*] 356.
Pomerius, *Episcopus Toletanus* [*Julianus*] 113.

Pomme

DES AUTEURS.

Pomme le fils, *Doct. en Médecine* (*N.*) 1874.
Pompeius Festus, 2275.
Pomponatius (*Petrus*) 1373 à 1375.
Pomponius (*N.*) 2273, 4322.
Pomponius Gauricus, *voyez* Gauricus.
Pomponius Lætus, 5055, 5112.
Pomponius Mela, *v.* Mela.
Poncet (*le Pere J. N.*) 4806.
Poncet (*Maurice*) 774.
Poniatowia (*Christina*) 1030.
Pons (*Charles de Bouques, Seigneur de*) *voyez* Bouques.
Pont (*Gratien de*) *voyez* Gratien.
Pont (*Louis du*) 851.
Pontanus (*Joann. Jovianus*) 1467.
Pontanus (*Joann. Isacius*, 3902, 3907.
Pontanus (*Robertus*) 3973.
Pontault, *Chevalier de Beaulieu* (*Sébastien*) 2121, 4568, 4569.
Pont-Aymery, *Sieur de Focheran* (*Alexandre de*) 3680.
Pontier (*Gédéon*) 3637.
Pontius (*Basilius*) 482.
Pontius (*Magister*) 1084.
Pontus Tyardæus Bissianus, 2269.
Pope (*Alexandre*) 1663, 2444, 5513.
Popma (*A.*) 4325.

Popma Frisius (*Ausonius*) 2274.
Porcacchi (*Thomaso*, 2317.
Porcheron (*Placidus*) 3890.
Porchetus de Salvaticis, *voy.* Salvaticus.
Porchon, *Médecin* (*A.*) 1843.
Porcius Latro, 4325.
Porcius (*Marcus*) 3892.
Porcius (*Petrus*) 2756.
Porée (*Carolus*) 2751, 3073.
Porphyrius, *Philosophus*, 1333, 1337, 1349, 2023.
Porphyrogenneta (*Constantinus*) *voy* Constantinus.
Porro (*Girolamo*) 3184.
Porrus (*Lucas*) 4341.
Porta (*Joann. Bapt.*) 1816, 1817, 1958, 1992, 2031, 2032, 2079.
Porte (*François Ant. de la*) 1515.
Porte (*Luc de la*) 4903.
Porte (*le Sieur de la*) 3723 à 3726.
Portes (*Philippe des*) *voyez* Desportes.
Portius (*Simo*) 1698.
Portocarrero y Guzman (*D. Pedro*) 1542.
Port-Royal (*MM. de*) 2316, 2779.
Portus (*Æmilius*) 2252, 2448, 2460.
Portus (*Franciscus*) 2252, 2460, 2673.
Portus, *Cretensis* (*Franciscus*) 405.

Tome II.   B bb

Poſſevin (*Jean Baptiſte*) 1468.
Poſſevinus (*Antonius*) 1552.
Poſſinus (*Petrus*) 450, 4150.
Poſtellus (*Guillelmus*) 114, 1034 à 1040, 2011, 2012, 4313, 4387, 4422, 5137.
Poter (*J. le*) 2095.
Potes (*Jean de Marnix*, *Baron de*) *voy.* Marnix.
Potter (*C.*) 1324.
Potterus , *Epiſcopus Oxonienſis* (*Joannes*) 361.
Pouget (*François Amé*) 820.
Poulain (*Nicolas*) 4491.
Pradel (*Olivier de Serres, Seigneur du*) *v.* Serres.
Prades (*Martinus de*) 655.
Prades , *Poëte François*, (*le Sieur de*) 3047.
Pradillæus (*Jacobus*) 2017.
Pradon *(le Sieur)* 2913.
Prætorius (*Abdias*) 221.
Pratus (*Claudius*) 3667.
Préau (*Gabriel du*) 921, 2042, 5583.
Presbyter Juvencus , *voyez* Juvencus.
Preſt (*le Sieur de S.*) *voyez* Saint Preſt.
Prevotius (*Joannes*) 383.
Priézac (*Daniel de*) 1531.
Priézac (*Salomon de*) 1699, 1746.
Primaudaye (*Pierre de la*) 1440.
Primiroſius (*Jacobus*) 1933.
Prince de Beaumont (*Madame le*) 3427.

Priolus (*Benjaminus*) 4460.
Prior (*Matt.*) 3242.
Priſcianus , & Priſcianus *Cæſarienſis*, 3898, 5095.
Probus , Grammaticus (*M. Valerius*) 2269.
Proclus Diadochus Lycius , *Philoſoph. Platon.* 1333, 1985, 2004.
Proclus (*Aſtrol.*) 2023.
Proclus (*Mytholog.*) 3257.
Procopius , Cæſarienſis , 4366.
Propertius (*Sextus Aurel.*) 2500.
Proſperus Aquitanus (*Sanctus*) 424, 425, 426, 2608.
Provais *(le Sieur)* 3048.
Prouſteau (*Guillelmus*) 2259.
Prudentius Clemens (*Aurelius*) 2608, 2609, 2610.
Prugne (*J. de Billon, Ecuyer, Sieur de la*) *voy.* Billon.
Prunæus (*N.*) 416.
Prynne (*Gulielmus*) 1173.
Pſellus , *Philoſophus* (*Michaël*) 1239 , 1333 , 1339, 1978.
Ptolemæus (*Claudius*) 1997, 2023.
Puffendorf (*Samuel de*) 1016, 1630, 4037, 4038.
Puget de la Serre , *voyez* Serre.
Puiſieux (*Madame de*) 1505.
Pulmannus (*Theodorus*) 2489, 2609, 2617.
Purbachius (*Georgius*) 3975.

DES AUTEURS.

Pure (*le Sieur de*) 3037.
Puteanus (*Erycus*) 3643, 3821, 3976, 4738, 5096.
Puteanus (*Jacobus*) 5257.
Puteanus (*Petrus*) 5257.
Puteanus (*Justus Cæcilius*) 3643.
Puteo, *Prior Carthusiæ*, (*Franciscus de*) 1183.
Puteolanus (*Franciscus*) 4393, 4394.
Puységur (*Jacq. de Chastenet, Seigneur de*) 4573.
Pybrac (*Gui du Faur, Seigneur de*) 2855 à 2862.
Pyon (*le Sieur*) 4704.
Pyrard de Laval (*François*) 3947.
Pythagoras, *Philosophus*, 1322, 1323, 1333, 1334.
Pythagorei, 1324.

Q.

Quadus (*Matthias*) 4369.
Quentin (*Joannes*) 778.
Querlon (*Meusnier de*) *voyez* Meusnier.
Quesnay de Bois-Guibert, *voyez* Bois-Guibert.
Quesnel (*Josephus*) 5257.
Quesnel (*Pasquier*) 77, 421, 647.
Quévédo de Villegas (*François*, 1421, 3371, 3778.
Quien (*Michel le*) 1179, 4367.
Quilletus (*Claudius*) 2684, 2685.

Quiñones (*Juan de*) 1805, 2047*.
Quinquarboreus (*Johannes*) 2220, 2221.
Quintana (*Geronymo de*) 4810.
Quintilianus (*M. Fabius*) 2382, 2383, 2384.
Quintinus (*Joannes*) 703.
Quintus Calaber, 2445.
Quiquier de Roscoff (*Guillaume*) 2313.
Quirinus, *Cardinalis* (*Ang. Maria*, 385.

R.

Rabanus, Maurus, (*Magnentius H.*) 442.
Rabardæus (*Michaël*) 1146.
Rabelais (*François*) 3280, 3825.
Rabirius, Brixianus (*Andræas*) 1736.
Racan (*Honorat de Beuïl, Sieur de*) 2770, 2875.
Racine (*Jean*) 1330, 3059.
Racine, *le fils*, 2940.
Racio (*la Royne*) 2188.
Raconis (*C. Fr. d'Abra de*) *voyez* Abra.
Radbertus, Abbas Corbeïensis (*Paschasius*) 443, 444.
Raderus (*Matthæus*) 434, 3995.
Rades y Andrada (*Francisco de*) *voyez* Andrada.
Radulphus, *Archiep. Armachanus* (*Ricardus*) 891.
Raëmound (*Florimond de*) 4178.

Raguenet (*le Sieur N.*) 117, 4838.
Raguseus (*Georgius*) 2047.
Rajas (*Paulo de*) 5091.
Raimondi (*Eugenio*) 2195.
Raissius (*Arnoldus*) 4135.
Raius (*Johannes*) 1797.
Ralegh (*Gualtherus*) 4946.
Rambaud (*Antoine*) 3728.
Rambouillet, *Sieur de la Sabliere* (*Nicolas de*) voyez Sablieres.
Rameau, *Musicien* (*N.*) 3122.
Ramelli, *Agostino*. 2059.
Rampalle (*le Sieur de*) 2035, 3037.
Ramus (*Petrus*) 1364.
Rancé (*Joann. Armandus Buthillerius de*) voy. Buthillerius.
Rangouze (*le Sieur de*) 3834.
Ranutinus (*Alamanus*) 1423.
Ranzovius (*Henricus*) 2027.
Raoul de Montfiquet, voyez Montfiquet.
Raphelengius (*Franciscus*) 2231.
Rapin (*René*) 793, 2692.
Rasarius (*Joann. Bapt.*) 1832.
Ratallerus (*Georgius*) 2455.
Ratramne, *Prêtre & Religieux de l'Abbaye de Corbie*, voyez Bertram.
Raveneau (*Jacques*) 1285.
Ravennas (*Anonymus*) voy. Anonymus.

Ray (*le Sieur*) 870.
Raye, *Archevesque de Sens*, (*Guy de*) 5574.
Raymundus Lullius; 1417, 1418, 1967, 1968, 3755.
Raymundus, *Theologus*, 491.
Raynaudus (*Theophilus*) 468; 586, 607, 1705.
Rays, *Maréchal de France*, (*Gilles de*) 4667.
Rayssiguier (*le Sieur de*) 3004, 3005.
Razilly (*le Commandeur de*) 3959.
Réal (*César Vichard de Saint*) 138.
Rébel, *Musicien* (*N.*) 3106, 3107, 3124, 3132, 3137, 3138.
Rebolledo Señor de Irian, (*El Conde*) 3219.
Réboul (*le Sieur*) 918, 4527.
Rébouïet (*N.*) 4175.
Rébreviettes, Sieur d'Escœuvre. (*Guill. de*) 3366.
Rébullosa (*Jacques*) 718.
Rechemberg (*Adamus*) 910.
Reginaldus (*Antoninus*) 506.
Reginaldus, *Anglus* (*Guilielmus*) 899.
Régis (*Sylvain*) 1405, 1634.
Regius (*Henricus*) 1403.
Regius (*Louis le Roy*, dit) voyez Roy.
Regius (*Raphaël*) 2538.
Régley (*l'Abbé N.*) 3916.

Regnault (*le Sieur*) 3036.
Regnault de Ségrais (*Jean*) v. Ségrais.
Regnerus ab Oosterga (*Cyprianus*) 1313.
Regnier (*Mathurin*) 2869.
Regnier (*Nicolas*) 1433.
Regnoust (*Thomas*) 1143.
Reifenbergius (*Justus*) 3625.
Reineccius (*Reinerus*) 4300.
Reinville (*le Sieur de*) 547.
Remaclus, *Lymburgensis*, 1750.
Rembrandt, *Peintre & Graveur*, 2094.
Remi (*N.*) 4787.
Remigio (*Nannino*) voy. Nannino.
Rémond de Montmort, 1996.
Remus (*Georgius*) 2352.
Remy (*Pierre*) 1828.
Remy (*N.*) 2127, 5479.
Renau (*le Sieur*) 2150.
Renaud, *Dominiquain*, 4729.
Renaudot (*Eusebius*) 346, 4142.
Renouard (*N.*) 2557, 2558.
Requier (*N.*) 5517.
Restauré (*Pierre de Bertier Abbé de*) v. Bertier.
Reuchlin (*Joannes*) 185.
Révérend (*Thomas le*) 366.
Reves (*Jacques de*) 3833.
Revès, Servetus (*Michaël*) v. Servetus.
Revius (*Jacobus*) 1395, 4783.
Reusch (*Erhardus*) 5071.
Reusnerus (*Jeremias*) 1244.
Reusnerus Leorinus (*Nicolaus*) 1244, 3634.
Reynardus (*Johannes*) 710, 711.
Rhellicanus (*Joannes*) 1811.
Rhemnius Fannius, 5095.
Rhenanus, *Beatus*, 2733.
Rhodiginus (*Ludov. Cælius*) 3450.
Rhodomanus (*Laurentius*) 2445.
Riantz (*le Sieur de*) 1293.
Ribadeneira (*Petrus de*) 1537, 5235.
Ricardus (*Antonius*) 499.
Riccius (*Josephus*) 4375.
Riccius (*Matthæus*) 4153.
Riccoboni (*Antonius*) 2381, 3859.
Richard d'Angleterre, 5614.
Richard (*René*) 1162.
Richard sans Paour, 3393.
Richardus (*Joannes*) 3476.
Richea (*Dodo*) 3639.
Richelet (*Pierre*) 2306, 2312.
Richelieu (*Armand-Jean Duplessis, Cardinal, Duc de*) 4543, 4544, 4545.
Richéome (*Louis*) 1289.
Richer (*N.*) 2559.
Richer *le Fabuliste*, 2938.
Richerius (*Christophorus*) 4883.
Richesource (*le Sieur de*) 2195.
Richette (*Estienne la Plonce*) v. Laplonce.
Riencourt (*le Sieur de*) 4441.
Rieus (*Antoine-Pierre de*) 4465.

Rigaltius (*Nicolaus*) 365, 1240, 5507.
Rigaud (*Jean*) 2101.
Rigauville (*N. le François de*) 4590.
Riolanus (*Joannes*) 1929.
Rishton (*Edouard*) 4128.
Rittershusius (*Cunradus*) 416.
Rivault (*le Sieur de Fleurances*) v. Fleurances.
Rivetus (*Andræas*) 334.
Rivey (*Pierre de la*) voyez Larivey.
Riviere (*Estienne de la*) 1932.
Riviere (*Louis de la*) 846.
Riviere (*Polycarpe de la*) 784, 811.
Rivius (*Thomas*) 3873, 3874.
Riupérous (*le Sieur de*) 3063.
Rizzettus (*Johannes*) 1697.
Robert (*Dominique*) 5022.
Robertus, *Abbas*, 4040.
Robertus, *Episcopus Lincolnensis*, 113.
Robertus (*Sanctus*) 448.
Robichon de la Guériniere, 2183.
Robin (*Claude*) 1155.
Robles (*Eugenio de*) 4182.
Robles (*Isidro de*) 3340.
Robortellus (*Franciscus*) 2327, 5525.
Roccus (*Antonius*) 1933.
Roch le Baillif, *Médecin Spagyric*, 1973.
Rochas (*Henry de*) 1878.
Rochefort (*le Sieur de*) 4242.

Rochefoucault (*le Duc de la*) 1447, 4570, 4571, 4572.
Rocher (*R.° M. du*) voyez Durocher.
Roches (*le Sieur des*) voy. Desroches.
Rocoles (*J. Baptiste de*) 3883 à 3886, 4036, 4733, 4734, 4740, 5477.
Rodericus à Fonseca : voyez Fonseca.
Rodericus, *Episcopus Zamorensis*, 1489.
Rodericus Sautius, *Archiep. Toletan*, 4800.
Rodriguez (*Alphonso*) 794.
Rogerius (*Magister*) 891.
Rohan, *Abbesse de Malnouë* Marie-Eléonor *de*) 152, 153.
Rohan (*le Duc de*) 4540, 4541.
Rohan (*le Prince Henry de*) 2157.
Roi (*N, le*) 5122.
Rojas (*Fernam*) 3224 à 3226.
Rolliardus (*Sebastianus*) 2667.
Roman (*Antonio de San*) v. San Roman.
Romanus (*Ægidius*) voyez Ægidius.
Romany (*R.*) 4790.
Romberch (*Joh. Host. de*) 3954.
Romecourt (*Ludov. de Gand, Dom. de*) v. Gand.
Romei (*Annibal.*) 3536.
Romphyle, 2035.

Ronsard (*Pierre de*) 2818 à 2821.
Roque (*Gilles-André de la*) 5004.
Roque (*N. de la*) 2852, 4961.
Roquebonne (*le Sieur de Lhoſtal de*) v. Hoſtal.
Roquelaure (*le Duc de*) 3297.
Roſa (*Salvator*) voy. Salvator.
Roſarius (*Simo*) 978.
Rosberg (*Jacques de Strada à*) voy. Strada.
Roſcio (*Giulio*) 5486.
Roſcoff (*Guill. Quiquier de*) v. Quiquier.
Roſea-Cruce (*Fratres de*) 1969.
Roſellis de Aretio (*Anton. de*) 1097.
Roſenbachius (*Zacharias*) 187.
Roſieres (*Franciſcus de*) 4969.
Roſimond (*le Sieur de*) 3057.
Roſinis (*Celſus de*) 4206.
Roſny (*le Sieur de*) 1778.
Roſſet (*François de*) 3282, 3373, 5563, 5564.
Roſſetus (*Petrus*) 2643, 3462.
Rota (*Claudius à*) 4243.
Rotrou (*le Sieur de*) 3016.
Rou (*Jean*) 3992.
Rouget (*le Sieur N.*) 58.
Roulliard (*Sébaſtien*) 3525, 4094, 4683.
Rouſſeau (*Jean-Baptiſte*) 2924.
Rouſſeau (*Jean-Jacques*) 882, 3510.
Rouſſeau de Baſoches (*Bonaventura*) 4065.
Rouſſel (*D. Guillaume*) 400.
Rouſſel (*N. de*) 2172.
Rouſſier (*l'Abbé N.*) 2068.
Roux (*J. le*) 5031.
Roux (*Nicolaus le*) 2288.
Rouxel (*Claude*) 4037.
Roy (*Jean-Lucas le*) 1953.
Roy, dict Regius (*Loys le*) 1328, 5557.
Roy de Gomberville (*Marin le*) v. Gomberville.
Roye (*Franciſcus de*) 1133.
Royen (*Willebrordus Snellius à*) v. Snellius.
Roziers-Beaulieu (*le Sieur de*) v. Beaulieu.
Ruæus (*Carolus*) 2511, 2512.
Rubenius (*Philippus*) 5051.
Rubys (*Claude de*) 4501, 4643.
Rudbeckius (*Olavus*) 1784, 4856.
Rudingerus (*J. C.*) 3265.
Ruë (*Charles de la*) 3073.
Ruelle (*Joſeph-René*) 1619.
Ruellius (*Joannes*) 1787.
Ruffi (*Antoine de*) 4658.
Ruffinus, *Præsbyter Aquileienſis*, 4073.
Ruffinus, *Præsbyter Provinciæ Paleſtinæ*, 404.
Ruffinus (*N.*) 1338.
Rufus (*Sextus*) v. Sextus Rufus.
Ruggieri (*Ferdinando*) 2137.

Ruisseau (*le Sieur du*) 2930.
Ruiz (*Antonio*) 4161.
Rupertus, *Abbas Monasterii S. Heriberti Tuitiensis*, 338, 457.
Rupeus (*Hieronymus*) 2646.
Rusca (*Antonius*) 574.
Ruscelli (*Jeronymo*) 3184.
Rusdorf (*Joann. Joachimus à*) 4753.
Rutilius Numatianus Gallus (*Claudius*) 2632, 3900, 3901.
Rutilius Palladius : *v.* Palladius.
Ruviere (*N. Boyer de*) *v.* Boyer.
Ruyr (*Jean*) 4119.
Ruyschius (*Fridericus*) 1940.
Ryequi (*Justus*) 5113.
Ryer (*André du*) 1068.
Ryer (*Pierre du*) 4319.
Rymer (*Thomas*) 4852.

S.

Saavedra (*Diego de*) 1573, 1574.
Sabbatier (*F.*) 1104.
Sabellicus (*M. Antonius Coccius*) 4351, 4383.
Sabine (*Michel de Sainte*) *v.* Michel.
Sabinus (*Franciscus Floridus*) 3665.
Sabinus (*Georgius*) 2717.
Sabliere, *Nicolas de Rambouillet Sr. de la*) 2909.
Saboly (*Nicolas*) 2953, 2954.
Sadeler (*Gilles*) 3267, 3633.
Sadeler (*Joannes*) 4249.
Sadeler (*Justus*) 4249.
Sadeler (*Raphaël*) 4249.
Sadoletus (*Jacobus*) 3788.
Sage (*N. le*) 3355, 3356.
Sagittarius (*Joh. Christfiedus*) 3453.
Sagredo (*N.*) 4885.
Saguens (*Blaise de*) 2403.
Sagundinus & Saguntinus (*Nicolaus*) 1551, 2167.
Saigeot (*Jean*) 1520.
Saillius (*Thomas*) 310.
Sainctonge (*Gillot de*) *voy.* Gillot.
Sainte-Sabine (*Michel de*) *v.* Michel.
Saint-Amant (*N. de*) *voyez* Amant.
Saint-Amour (*Jean Millet de*) *v.* Millet.
Saint-Amour (*Louis Gorin de*) *v.* Gorin.
Sainte-Marthe (*Abel de*) 2669, 5195.
Sainte-Marthe (*Charles de*) 2401.
Sainte-Marthe (*Denys*) 4085.
Sainte-Marthe (*Louis de*) 4963, 4990.
Sainte-Marthe (*Scévole de*) 2669, 4963, 4990, 5025, 5463, 5533.
Saintes (*Claude*) 254.
Saint-Foix (*N. de*) 3068, 4624.
Saint-François (*Jean de*) 2404.
Saint-Gelais (*Mellin de*) 2765, 2837.

Saint-

Saint-Gelais (*Octavien de*) 2541, 2542, 2802.
Saint-Gelais (*le Sieur du Bois de*) 2124.
Saint Germain (*le Sieur de*) 3036.
Saint-Germain (*Matthieu de Morgues Sieur de*) *voyez* Morgues.
Saint-Gilles (*le Chevalier de*) 2929.
Saint-Glas (*le Sieur de*)3318.
Saint-Jure (*J. Bapt. de*) *v.* Jure.
Saint-Luc (*Toussaint de*) 4216.
Saint Marc (*l'Abbé de*) *v.* Marc.
Saint-Paul (*Charles de*)4544.
Saint-Pierre (*l'Abbé de*) 2213.
Saint-Prest (*le Sieur de*) 1228.
Saix (*Antoine du*) 1426.
Salamonius (*Marius*) 1538.
Salas Barbadillo (*Alonso Geronymo de*) 1318,3347, 3370.
Salazar (*D. Ambrosio de*) 1596.
Salel (*Hugues*) 2436, 2437, 2438, 2439.
Salerne, 1841, 1842.
Sales (*S. François de*) *v.* François.
Saliat (*Pierre*) 4307.
Salibus (*Dominicus Gulielmus de*) 1717.
Salicetus (*Gulielmus*) 1891.
Salignac (*B. de*) 4483.
Salignac de la Mothe-Fénelon , *voyez* Fénelon.
Saligniaco (*Bartholomæus à*) 215.
Sallebray (*le Sieur de*) 3030.
Sallustius Crispus (*Caius*) 4320 à 4328.
Salmasius (*Claudius*) 363 , 610, 1256, 1949, 2248, 4349, 5039.
Salvaticis (*Porchetus de*) *seu* Salvaticus, 883.
Salvator Rosa, 2093.
Salvianus, *Episcopus Massiliensis*, 428, 429, 430.
Salviati (*Robertus*) 146.
Saluste, Sieur du Bartas , (*Guillaume de*) 2311, 2656, 2838 à 2841.
Samaritanus (*Hieronymus*) 1555.
Samblancatus (*Joannes*) 4660.
Sambucus (*Joannes*) 1308 , 2479.
Sammarthanus, *voy.* Sainte Marthe.
Samonicus (*Q. Serenus*) *voyez* Serenus.
Samson de S. Germain , 1543.
Samuël , *Judæus* (*Rabbi*) 886.
Sanchez (*Franciscus*) 1361.
Sanctarellus (*Antonius*) 1118.
Sanctius (*Franciscus*) 2262.
Sanctorius, *Sanctorius*, 1840.
Sanders (*Nicolas*) 4128.
Sanderson (*Robertus*) 4852.
Sanderus (*Antonius*) 5239.

Sandius (*Christophorus*) 3865, 5236.
Sandolinus (*Frater Cherubinus*) 2048.
Sanlecque (*le Sieur de*) 2917, 2918.
Sannazarius (*Jacobus*) 2628, 3174.
San Roman (*Antonio de*) 4900.
Sanson (*Nicolas & Guillaume*) 3870, 3915.
Santander (*Jean de*) 4147.
Santes Bartolo (*Pietro*) voy. Bartolo.
Santes Pagninus, 32, 33, 227, 2217.
Santeuil (*J. Baptiste*) 514, 2623, 2704, 2705, 3612.
Santeul (*D.*) 4194.
Santos (*Fr. Francisco de los*) 4811.
Sapphus, *Poëtria*, 2426, 2447.
Sarbievius (*Matthias Casimirus*) 2737.
Sarcilly (*C. de*) 1964.
Sardes (*Alexandre*) 5147.
Saresberiensis (*Joannes*) 3465.
Sarpi (*Fra Paolo*) 1125, 4166, 4167.
Sarrazin (*le Sieur*) 4580.
Sartorus (*Joannes*) 3585.
Sasso Ferrato (*Baldassare Olympo da*) 3187.
Savaron (*Joannes*) 410, 606, 1608, 4676.
Savérien (*N.*) 2151.
Savery (*G.*) 2561.
Savery (*Salomon*) 2539.

Savinien d'Alquié, 4408.
Saumaise Chasans (*le Sieur de*) 2399.
Savonarola (*Hieronymus Ferrariensis*) 672, 724, 863.
Sauvage, *Seigneur du Parc-Champenois* (*Denys*) 4045, 4046.
Sauvage (*Denys*) 4438, 4473.
Sauvaige (*François*) 1425.
Scala (*Joseph Juste de la*) voyez Scaligerus.
Scaligerus (*Josephus*) 196, 2005, 2461, 2474, 2475, 2519, 3600, 3833, 3972, 4296, 4297, 4298.
Scaligerus (*Julius Cæsar*) 2721, 3459.
Scappus (*Antonius*) 1123.
Scarron (*Paul*) 3028.
Scavenius (*Petrus*) 2262.
Schardius (*Simon*) 1098, 2385, 3797.
Schefferus (*Johannes*) 1234, 2051, 2082, 2206.
Schegkius (*Jacobus*) 1414, 1892.
Schélandre (*le Sieur de*) 2994.
Schelhamerus (*Guntherus Christoph.*) 1718.
Schelius (*Robert. Henricus*) 1628.
Schenckelius (*Lambertus*) 2072 à 2074.
Scheuchzerus (*Joann. Jacob.*) 1799.
Scheyb (*Franc. Christophorus de*) 3897.

DES AUTEURS.

Schickardus (*Wilhelmus*) 2223, 4894.
Schilterus (*Joannes*) 4735.
Schmidelinus(*Jac. Andrææas*) 875.
Schmidius (*Johannes*) 4003.
Schmidt (*N.*) 5127.
Schmitz (*Henricus*) 2061.
Schoepflinus (*Joann. Daniel*) 4409, 5151.
Schoettgenius (*Christianus*) 5204.
Scholasticus (*Joannes*) *voy.* Climacus.
Schoockius (*Martinus*) 4768.
Schoonhovius (*Florentius*) 3619.
Schooten (*Franciscus à*) 1991.
Schot & Schottus (*André*) 416, 4370, 4792, 5202.
Schot (*François*) 4370.
Schotnovius à Zavorziz, (*Henr. Screta*) 1869, 4925.
Schottennius (*Hermannus*) 4737.
Schrammius (*Jonas Conradus*) 2216.
Schrevelius (*Cornelius*) 2357, 2575, 3385.
Schrevelius (*Theodorus*) 1486, 4782.
Schraderus (*Joann. Joachimus*) 2232.
Schurman (*Anna Maria à*) 3669.
Schultingius Steinwichius (*Cornelius*) 5245.
Schut (*Pierre Henry*) 128.

Schwelingius (*Joh. Eberhardus*) 1387.
Schuys (*Florentius*) 1381.
Scialach Maronita (*Victorius*) 256.
Scioppius (*Caspar*) 960, 2262, 2263.
Scipio Gentilis, 1580.
Scohier (*Jehan*) 4955, 5001.
Scotus (*Joannes Duns*) 485 à 487.
Scotus (*Michaël*) 1813, 1897.
Screta Schotnovius à Zavorziz (*Henricus*) *voyez* Schotnovius.
Scriblerus (*Martinus*) 5513.
Scriptores Historiæ Augustæ, 4358.
Scriverius (*Petrus*) 2472, 2568, 2603, 3505.
Scudery (*Georges de*) 3000, 3001, 5467.
Scutellius (*Nicolaus*) 1334.
Secundus (*Joannes*) *voyez* Joannes.
Ségla, Sieur de Cairas, (*Guillaume de*) 1280.
Ségrais (*Jean Regnault de*) 2891.
Segui (*Juan*) 5522.
Seguierius (*Joann. Franciscus*) 1796.
Seguinus (*Petrus*) 5089, 5090.
Seilerus (*Raphaël*) 359.
Seldenus (*Joannes*) 1231, 1312, 4141, 5047, 5048.
Selva (*Laurentius*) 1457.
Selves (*Georges de*) 5443.

Ccc ij

Semmedo (*Alvaro*) 4156.
Sempronius (*Caius*) 3892.
Sena (*Bernardo da Monte Alano da*) *v.* Bernardo.
Sena (*Petrus la*) 1905.
Senault (*Jean François*) 1479.
Seneca, *Philofophus & Rhetor* (*L. Annæus*) 479, 1366 à 1372 , 2566 à 2568.
Senecey (*Brice Bauderon*) *voyez* Bauderon.
Seneuze (*Laurentius*) 5276.
Sennertus (*Andræas*) 2224.
Sennertus (*Daniel*) 1933.
Septimius Florens Chriftianus, *voyez* Chriftianus.
Serafino da Piagenza (*Il Padre*) 1024.
Séraphin , *Poëte Italien* , 2762.
Serenus Samonicus(*Quintus*) 2006.
Sergius, Grammaticus, 2207.
Sergius (*Joann. Antonius*) 2640.
Serlio (*Sébaftien*) 2133.
Serna (*Joann. Gallego de la*) *voyez* Gallego.
Serrarius (*Nicolaus*) 4296 à 4298.
Serre (*Puget de la*) 823 , 860, 1369, 2398, 2769, 3009, 3010, 4720, 4821, 5448, 5518.
Serre (*N. de la*) 3011 , 3781, 3782.
Serres (*Jean dè*) 1653, 4439, 4440.
Serres, *Seigneur de Pradel* ,

(*Olivier de*) 1775.
Serry (*Jacobus Hyacinthus*) 498 , 504.
Servetus (*Michaël*) 33 , 1022.
Servin (*Louis*) 1289.
Servius Honoratus (*Maurus*) 2207, 2501, 2502, 2503, 2506, 2518.
Severus (*Sulpitius*) *voyez* Sulpitius.
Severus Alexandrinus, *Rhetor* , 2345.
Sextus Rufus, 4359.
Seyffel (*Claude de*) 4076 , 4312, 4355, 4420.
Sfondratus , *Cardinalis* , (*Cæleftinus*) 501 , 1142.
Sforza d'Oddi , 3204.
Shakefpear (*M. W.*) 3246.
Sicler (*Adrian.*) 2036.
Sideta (*Marcellus*) 5203.
Siemienowicz (*Cafimirus*) 2174.
Sigebertus , *Cænobita Gemblacenfis*, 4040.
Signac , *Seigneur de la Borde* (*Francois de*) 4728.
Sigonius (*Carolus*) 2381, 5058.
Silhon (*le Sieur de*) 3865.
Silhouette (*N. de*) 1066.
Silius Italicus, 2590 à 2592.
Silos (*Jofephus*) 2635.
Silvius (*Jacques*) 1946.
Siméon (*Rabbi*) 158.
Similerus (*Jofias*) 3901, 4789, 5205.
Simon (*Richard*) 3846 , 5227.
Simon (*le Sieur N.*) 232.

Simon de Hesdin, 5544, 5545.
Simoneta (Joannes) 4393, 4394.
Simonidès, Poëta, 2426, 2447.
Simonius (Maturinus) 588.
Simonius, Lucensis (Simon) 1414.
Sincerus (Jodocus) 4405.
Siricius (Michaël) 652.
Sirmondus (Jacobus) 352, 404, 419, 431, 443, 447, 587, 1236.
Sirmondus (Joannes) 343, 2686, 2687.
Sitzmannus (Theodorus) 3900, 3901.
Sixte (Barthelemy) 308.
Sixtus V, Pont. Max. 4082, 4495.
Sleidan (Jean) 4027, 4047, 4299, 4476.
Slesius (Caspar Ursinus Velius) 2713.
Sletstat (Hugo de) 1089.
Smith (Joannes) 974, 4123, 4124.
Smith (Thomas) 4143.
Snellius à Royen (Willebrordus) 2050, 2051.
Soave Polano (Pietro) voy. Sarpi.
Socrates Scholasticus, 4071, 4072, 4074.
Solaye (L. de la) 4892.
Solier (François) 718.
Soliers (J. Bapt. de l'Hermite) voyez Souliers.
Solinus (Julius) 3894, 3896.

Solleysel (le Sieur de) 2186.
Solorzeno (Juan Arze) 3337.
Someire (le Sieur de) 3330.
Sonnet, Sieur de Courval, (Thomas) 2873.
Sophocles, 2450 à 2453.
Soranus (Domicus Palladius) 2624.
Sorbiere (Samuël) 3604, 3605, 3838, 3839, 3938.
Sorbin (Arnauld) 332, 717, 922, 1809, 4271.
Sorel (Charles) 5176.
Soret (Nicolas) 2993.
Soucy, Escuyer, Sieur de Gerzan (François du) 1496.
Soudier, Seigneur de Richesource (Jean de) 3769.
Souffrand, Jésuite (le Pere) 719.
Souhait (le Sieur du) 2440.
Soulier, Prêtre (le Sieur) 4279, 4283.
Souliers (Jean Baptiste de l'Hermite) 2887, 4645, 4984, voyez Tristan l'Hermite.
Soullier, Médecin (N.) 1877.
Sousa (Manuel de Faria y) 4156, 4822.
Sousnor, Sieur de la Nichiliere (Jean) 920.
Sozomenus (Hermias) 4071, 4072, 4074.
Spadon (Nicolao) 2041.
Spanheim (le Baron de) 3485, 4176.

TABLE

Spanhemius (*Fridericus*) 193, 202, 4263.
Spenerus (*Philippus Jacobus*) 4960.
Sperlingen (*Joannes*) 1895.
Spigelius (*Adrianus*) 1933.
Spilbergen (*Georgius à*) 3932.
Spina, Hispanus (*Alphonsus de*) 888, 889, 890.
Spizelius (*Theophilus*) 2235, 5244.
Spoleto (*Cherubinus de*) 748.
Spon (*Jacob*) 4313.
Spondanus (*Joannes*) 2430.
Sprecherus à Berneck (*Fortunatus*) 4553.
Stablius (*Joann. Erneſtus*) 1957.
Stanihurſtus (*Richardus*) 4842.
Staniſlas Leczinski, *Roy de Pologne*, 103, 5581.
Starowolſcus (*Simon*) 5459.
Statius (*Publius Papinius Surculus*) 2523 à 2595.
Stay (*Benedictus*) 1407.
Stella, *Graveur*, 296.
Stella (*Joannes*) 4171.
Steno (*Nicolaus*) 1935.
Stephanus (*Carolus*) 1731, 1759 à 1764, 3264, 5040, 5041, 5042.
Stephanus (*Henricus*) 1372, 2239, 2386, 2427, 2447, 2452, 2467, 2470, 3468, 3493, 3795, 4306, 4356.
Stephanus (*Robertus*) 2470.
Stephanus de Gaëta; *voyez* Gaëta.

Stephonius Sabinus (*Bernardinus*) 2390, 2636, 2744.
Steſichorus, *Poëta*, 2426, 2447.
Stewechius (*Godescalcus*) 2154.
Stimmerus (*Tobias*) 123.
Stobæus (*Joannes*) 2455.
Stochove, *Sieur de Sainte Catherine*, 3933.
Strackius (*Theodorus*) 4288.
Strada (*Famianus*) 4773.
Strada à Rosberg (*Jacobus*) 2060, 5119.
Strada à Rosberg (*Octavianus*) 2060, 3633, 5449.
Straparole (*Jean François*) 3299, 3300.
Streinnius (*Richardus*) 8082.
Struvius (*Burch. Gotthelf.*) 5186.
Stupa (*Antonius*) 2024.
Stupanus (*Joannes Nicolaus*) 4378.
Sturmius (*Joann. Christophorus*) 2057.
Sudor (*Joannes*) 891.
Suetonius Tranquillus, 4331, 4351 à 4354.
Sueur (*Jean le*) 4078.
Sueyro (*Emanuel*) 4348.
Suidas, 2255, 2256.
Suiſeth (*Ricardus*) 1358, 1359.
Suizerus (*Joann. Heinricus*) 4791.
Sully (*Maximilien de Béthune, Duc de*) 4518.
Sulpitius Severus, 428, 4064.

DES AUTEURS.

Sulpitius, Verulanus (*Joannes*) voyez Verulanus.
Surita (*Hieronymus*) 3899.
Surius (*Laurent*) 4028.
Sutlivius (*Matthæus*) 993.
Swalve (*Bernhardus*) 1907, 1915.
Sweertius (*Franciscus*) 5081.
Swift (*Jonathan*) 3965.
Sybille (*Bartholomæus*) 570.
Sybille (*Toussaint*) 1585.
Sydrac, *le Philosophe*, 5579.
Sylburgius (*Fridericus*) 2239, 2254.
Sylvestre (*Israël*) 2091, 2109, 2117, 2118.
Sylvius (*Æneas*) 3798, 3799.
Sylvius, *Ambianensis* (*Franciscus*) 2607, 3786.
Syméon & Symeoni (*Gabriel*) 2159, 2560, 5053, 5054.
Symmachus (*Q. Aurelius*) 3796.
Symmachus, Mazochius, (*Alexis*) *v.* Mazochius.
Symo. de Placentia, 616.
Synesius, *Episcopus Cyrenès & Ptolemaidis*, 383, 405.
Synesius, *Platonicus*, 1333.
Syropulus (*Sylvester*) 4165.
Syrus Mimus (*Publius*) 2563, 2564.

T.

Table Ronde (*les Chevaliers de la*) 3376.
Tabourot, *Sieur des Accords* (*Estienne*) 2310, 2845, 3528 à 3534.
Tachard (*Guy*) 3957.
Tacitus (*Cornelius*) 4347, 4348.
Tahureau (*Jacques*) 3723 à 3726.
Taille (*Jean de la*) 2976.
Tallemant (*l'Abbé*) 5441.
Talon (*Omer*) 1108.
Tancredus, *Glossator Juris Canonici*, 1130.
Tannegui le Févre, voyez Févre.
Tantouche (*F.*) 4179.
Tappart (*Ruardus*) 3500.
Tarche (*le Sieur de*) 3198.
Tardieu, *Graveur* (*N.*) 300.
Tardinus (*Joannés*) 1902.
Tarsis, *Conde de Villamediana* (*Juan de*) 3218.
Tartona (*Antonius de*) 3788.
Tassilo (*Dux Bavariæ*) 3453.
Tassin (*le Sieur*) 4407.
Tasso (*Torquato*) 3004, 3005, 3021, 3195.
Tatianus, *Alexandrinus*, 109.
Taupinart de Tiliere, 2395.
Taxil (*Jean*) 2029.
Taygetus (*Joannes Antonius*) 2618.
Teichmeyerus (*Hermann. Fridericus*) 1956.
Teisserius & Teissier (*Antoi-*

nius) 5182, 5480, 5504.
Télemaque & Thélémaque, voyez Fénelon.
Telesius (*Philosophus*) 1339.
Telius Fulginas (*Sylvester*) 1552.
Tellier (*Geoffroy le*) 1841.
Temple (*le Chevalier*) 4055, 4078.
Téniers (*David*) 2098.
Tennevrius (*Jacobus Alexander*) 4671.
Ten-Rhyne (*Wilhelmus*) 4925.
Terentius (*Joannes*) 223.
Terentius Afer (*Publius*) 2483 à 2493.
Terentius Varro, 1758, 2273.
Ternet (*C.*) 3058.
Terrasse (*le Sieur de la*) 156.
Terrieres (*le Sieur de la*) 4560.
Tertullianus (*Q. Septimius Florens*) 363, 364.
Tesauro (*le Comte Emanuel*) 2400.
Testefort (*Joannes*) 483.
Texeira (*Josephus*) 4973, 4974.
Textor de Aquisgrano (*Guilermus*) 701.
Teyssonnier (*Marie*) 846.
Thannerus (*Matthias*) 4120.
Theganus, *Chorepiscopus Trevirensis*, 4746.
Thémiseuil de S. Hyacinthe, 3472.
Themistius Euphrada, *vel*

Suada, *Orator*, 2351 à 2354.
Theobaldus, junior (*Zacharias*) 4868.
Theocritus, *Syracusanus*, 2252, 2466, 2467, 2468.
Théodore, *Religieux Hermite de Saint Jean Bapt*, 4113.
Theodoretus, *Episcopus Cyrus*, 419, 420.
Theodoricus, Theodoretus, *seu* Theodoritus, *Episcopus*, 4070, 4072, 4074.
Theodorus, *Grammaticus*, 2236.
Theodorus, *Monachus*, 396.
Theodorus, Prodromus (*Cyrus*) 143, 3788.
Theodorus, *Studita*, 352.
Theodorus, *Thessalonicensis*, 2168.
Theodosius, Geom. 1986.
Theodosius, *Imperator*, 1235.
Theodulphus, *Episcopus Aurelianensis*, 448.
Theologi Lovanienses, 27, 80.
Théophile le réformé, 3286.
Théophile, *Poëte François*, 3682, 3683.
Theophrastus, *Philosoph. & Naturalista*, 1419, 1785.
Théophilacte, Simocatte, 3730.
Theophilactus, *Archiepiscop. Bulgariæ*, 161, 450.
Thérèse (*Sainte*) 771.

Thesaurus

DES AUTEURS.

Thesaurus, *Patricius Taurinensis* (*Emanuel*) 2637.
Thessalonicensis (*Theodorus*) *voyez* Theodorus.
Thévet (*André*) 3876.
Thewrdanc̈ts (*le Chevalier*) 3253.
Thierriat (*Florentin*) 1282.
Thiers (*Jean Baptiste*) 563.
Thobias (*N.*) 2612.
Tholosanus (*Gregorius*) *voyez* Gregorius.
Thomas (*Alvarès*) *voyez* Alvarès.
Thomas à Kempis, *voyez* Kempis.
Thomas à Turri (*Joannes*) 1109.
Thomas, *Anglus ex Albiis* 974, 1437.
Thomas de Aquino (*Sanctus*) 166, 414, 475 à 483, 498, 628, 629, 700, 776, 1107, 1430.
Thomas d'Aquin, *Religieux Carme*, 772.
Thomas, *Engolismensis*, (*Paulus*) 2660 à 2663.
Thomas le Révérend, *voyez* Révérend.
Thomas, *Parisinus* (*Fr.*) 2243.
Thomasey (*Thomas*) 3773.
Thomassin (*Louis*) 3432.
Thomassin (*Simon*) 2103, 4259.
Thomson (*Georges*) 989.
Thorius (*Raphaël*) 2722.
Thou (*Jacq. Auguste de*) 4050, 5504.

Thucydides, *Athemensis*, 4308.
Thybourel (*François*) 2177.
Thylesius (*Antonius*) 5043.
Tibullus (*Albius*) 2500.
Tignonville (*Guillaume de*) 5577.
Tiliere (*Taupinart de*) *voy.* Taupinart.
Tillet, *Evesque de Meaux*, (*Jean du*) 244.
Tillet, *Sieur de la Bussieres*, (*Jean du*) 4273.
Tillet (*Titon du*) *voyez* Titon.
Timothée, Philalethe, 598.
Timplerus (*Clemens*) 2030, 2052.
Titius (*Joann. Daniel*) 865.
Titon du Tillet, 5532.
Titus-Livius, 4340 à 4344.
Todi (*Jacopone Benedetto da*) 3176.
Tolandus (*Joannes*) 3501.
Toletanus (*Eliphandus*) 561.
Tolomeï (*Claude*) 3852.
Tolon, *Prêtre Capucin*, (*Maurice de*) *voyez* Maurice.
Tomeus (*Joannes*) 4082.
Tonnelier (*Justin*) *voyez* Justin.
Toppeltinus de Medgyes, (*Laurentius*) 4876.
Torinus (*Albanus*) 1551.
Torinus (*Gotofredus*) 2614.

Tome II.   Ddd

Tornaco (*Guibertus* feu *Aubertus de*) *voyez* Guibertus.
Torreblanca Vilalpandus, (*Francifcus*) 1666.
Torrès (*Francifco Caro de*) 4223, 4803.
Torfay (*le Sieur de*) 5487.
Tortellius Arretinus (*Johannes*) 2283.
Totanus (*Guillelmus*) 890.
Tour (*le Sieur de la*) 2905.
Touron (*Antoine*) 4192.
Tourville (*Anne Hilarion de Cottentin de*) 4578.
Toufche (*le Sieur de la*) 2853.
Touffaint de Saint Luc, *voy.* Saint Luc.
Touvant, *Poëte François*, 2770.
Tranfée (*Joachimus de*) 1627.
Trapezuntius, Cretenfis, (*Georgius*) *voyez* Georgius.
Traverfeur des Voyes périlleufes (*le*) *voyez* Bouchet, Jehan.
Trelæus (*Nicolaus Clemens*) 5479.
Trellon (*le Sieur de*) 2848.
Tréville (*le Chevalier de*) 1107.
Trigautius (*Nicolaus*) 4153.
Trincant (*Louis*) 5021.
Trinchavellus (*Victor*) 1358.
Trifmegiftus (*Mercurius*) *voyez* Mercurius.
Triftan de la Table ronde, 3378.
Triftan l'Hermite, 296, 3038.
Trithème *ou* Trithemius, (*Joannes*) 445, 2074, 2177, 4208, 5462.
Triveth (*Nicolaus*) 409.
Triuncurianus (*Claudius Alberius*) *voyez* Alberius.
Trogus, Pompeius, 4013 à 4018.
Tronchet (*Eftienne du*) 3775, 3826, 3827.
Tronfarelli (*Octavio*) 5486.
Troterel, Sieur d'Aves, (*Pierre*) 2985, 2986.
Trublet (*l'Abbé*) 3767.
Trufton (*Malachias*) 1711.
Truxillo (*Thomas de*) 894.
Tubero (*Orafius*) *v.* Vayer.
Tuccaro (*Archange*) 2197.
Turnebus (*Adrianus*) 3449, 3458.
Turpin (*Matthieu*) 4380.
Turquet (*Louis de Mayerne*) *voyez* Mayerne.
Turquois (*Laurent*) 4424.
Turrecremata, Cardinalis, (*Johannes de*) 159, 165, 481, 1089, 1180, 1891.
Turri (*Joann. Thomas à*) *voyez* Thomas.
Turtura (*Auguftinus*) 4295.
Tyard, Seigneur de Biffy, (*Pontus de*) 2845.
Typhanus (*Claudius*) 496.
Typotius (*Jacobus*) 3633.
Tyrius (*Maximius*) *voyez* Maximius.

DES AUTEURS.

V.

Vadianus (*Joachimus*) 210.
Vagedès (*Henricus*) 3748.
Vaillant (*Jean Foy*) 5088.
Vaillant de la Baffardries, (*le*) voyez Baffardries.
Vair (*Guillaume du*) 2334, 3681.
Vairus (*Leonardus*) 1670.
Val (*Antoine du*) 901.
Val (*Guillelmus du*) 1783.
Val (*Jean du*) 3753.
Valagré (*le Sieur de*) 769.
Valcanville (*Hervé de*) v. Hervé.
Valderame (*Pierre de*) 718.
Valentin (*G. T. de*) 3062.
Valentinus, Episcopus Vestanus (*Joseph. Steph.*) 1122.
Valerianus (*Joann. Pierius*) v. Pierius.
Valeriis (*Valerius de*) 1967.
Valerius Flaccus (*Caius*) 2596.
Valerius Martialis, v. Martialis.
Valerius Maximus, 5536 à 5547.
Valerius Probus (*Marcus*) v. Probus.
Valerot (*l'Abbé*) 4428, 4429.
Valesius (*Hadrianus*) 3608, 4402.
Valesius (*Henricus*) 2259, 4069, 4070, 4071.
Valgelas (*Claude*) 1858.
Val-Hébert (*H. P. Simon de*) 2300.

Valla (*Georgius*) 2585.
Valla (*Laurentius*) 2279, 2280, 4305, 4308, 4322, 5455.
Valladier (*André*) 4102, 4528.
Vallambertus (*Simon*) 2654.
Vallange (*le Sieur de*) 2208.
Valle (*Robert de*) 5547.
Vallée (*Pietro della*) 3931.
Vallées Sernay (*Pierre des*) 4271.
Valles (*Dionysio Hippolito de los*) 3218.
Vallier (*Cochet de Saint*) v. Cochet.
Valois (*Hadrien de*) voyez Valesius.
Valois (*Thomas*) 409.
Valois, Royne de Navarre, (*Marguerite de*) 4486 à 4488.
Van-Berlicom (*Andræas*) 1683.
Van-der-Buchius (*Lambertus*) 4958.
Van der Haër (*Floris & Florentius*) 4762, 4770.
Van der Heidius (*Jodocus*) 1348.
Vander Meulen, 2120.
Vandersterre (*Joann. Chrysostomus*) 4134.
Vandyck, Peintre, 1097.
Van Espen, voyez Espen.
Vanierius (*Jacobus*) 1772.
Vanini (*Julius Cesar*) 1052 à 1054.
Vanoccio Biringuccio. N°. 2176.
Vanvitelli (*Luigi*) 2100.

Varadier de S. Andiol (Gaspar de) 1701.
Varançai (Adelaïde de) 3858.
Varchi (Benedetto) 3193.
Varenis (Joannes de) 465.
Varenne (le Sieur de la) 1850.
Varillas (Antoine) 4816.
Varrerius (Caspar) 208.
Varro, Terentius, voy. Terentius.
Vasconcellos de Figueredo, (D. Gomès) 3407.
Vasseur (Jacques le) 4093.
Vasseur (N. le) 4778.
Vasteville (Ant. de Montchrestien, Sieur de) voy. Montchrestien.
Vatablus (Franciscus) 25.
Vavassor (Franciscus) 147, 2331, 2697, 3749.
Vauldemont (Pierre Gringore, dit) v. Gringore.
Vaulgrigneuse (Jean Héroard, Sr de) v. Héroard.
Vaultier (Commissaire d'Artillerie (N.) 4592.
Vauprivas (Antoine du Verdier, Sieur de) v. Verdier.
Vaux (le Sieur de) 3538.
Vayer (de la Mothe le) 1482, 3729, 3771.
Ubeda (Francisco de) 3345.
Uchtmannus (Alardus) 1064.
Véga (Christophe de) 636.
Véga (Garcilasso de la) 3211, 4945.
Véga Carpio (D. Lope de) v. Lope.
Végece ou Vegetius (Flavius) 2154, 2155, 2156, 2168.
Velazquez (D. Balthasar Matteo) 3777.
Velez de Arciniega, voyez Arciniega.
Velez de Guevara (Luis) 3354.
Velserus (Marcus) 4750.
Velutello (Alessandro) 3171.
Vendelinus (Gottifredus) 362.
Venuti (l'Abbé) 4646.
Vera (Antonio de) 1599.
Vera Tassis y Villaroel, (D Juan de) v. Villaroel.
Verdier (le Sieur du) 3329, 3368, 3414.
Verdier, Sieur de Vauprivas, (Antoine du) 3261, 5465, 5466.
Verdus (le Sr. du) 1529.
Vergara (Franciscus) 2244.
Vergier (Jacques) 2923.
Vergilius Urbinas (Polydorus) 5145, 5146, 5147.
Verhoofd (Ludovicus) 1829.
Vérien (Michel) 3573.
Vernes (Jacob) 882.
Verny, Médecin (le Sieur) 1877.
Véronneau (le Sieur) 3017.
Verro (Sebastianus) 1678.
Versé (Noël Aubert de) 895.
Vert (D. Claude de) 250.
Vert (le Sieur le) 3027.
Vertron (le Sieur de) 4603.
Veruchini (Christophorus) 4210.

DES AUTEURS.

Verville (Béroalde de) voyez Béroalde.
Vérulamio (Franc. Bacon de) v. Bacon.
Verulanus (Joann. Sulpitius) 2168.
Vesalius (Andreas) 1931.
Vesaliensis (Arnoldus) 3445.
Veslingius (Johannes) 1934.
Ugonius, Episcopus Phamauguftanus (Matthias, 311.
Vialart (Louis) 5023.
Vias (Balthafar de.) 2671.
Viator (N.) 1054.
Vibius Sequester, 3894, 3898.
Vicecomes (Josephus) 237.
Vicentinus (Bernardus) 2028.
Vichard de S. Réal (César) voyez Réal.
Victor (Aurelius) 4359.
Victor (Publius) 3894, 3898, 5112.
Victor, Episcopus Tunnunensis, 345.
Victor, Episcopus Patriæ Uticenfis, 4144.
Victorellus (Andræas) 4181.
Victorinus, Afer, 343.
Victorius (Petrus) 2356.
Victorius, Aquitanus, 3985.
Vicus (Æneas) v. Æneas.
Vida (Marcus Hieronymus) 2629, 2630, 2631.
Vidal (Pierre) 3852.
Viel (Pierre) 654.
Viéville (D. Filippe le Cerf de) voyez Cerf.

Vigellus, vetus, 3497.
Vigenere (Blaife de) 833, 2080, 4344.
Vignancour (le Pere) 5445.
Vignay (Jehan le) 1513, 5578.
Vignau, Sieur de Joanots, (le Sieur du) 3785.
Vigne (Mlle. Malcrais de la) 2939.
Vignier & Vigner (Nicolas) 1007, 4030, 4413, 5006, 5007.
Vignolius (Joannes) 5104.
Vigor (Simon) 1106.
Vilalpandus (Francifcus Torreblanca) v. Torreblanca.
Viliottus (Francifcus) 4054.
Villagagnon ou Villegaignon (Nicolas de) 3961, 4893, 4948.
Villamediana (Juan de Tarfis Conde de) v. Tarfis.
Villanovanus (Michaël) voyez Servetus.
Villareal (Eftevan de) 4155.
Villaroël (D. Juan de Vera Taffis y (3236.
Villats (François Boyvin) Baron du) 5628.
Ville (Antoine de) 4631.
Villefore (le Sr. de) 413.
Villefroy (l'Abbé de) 181.
Villegagnon ou Villegaignon (le Chev. de) voyez Villagagnon.
Villegas (François Quévedo de) voyez Quévedo.
Villeneuve (Arnauld de) 5476.
Villeroy (M. de) 4457.

TABLE

Villetertre (*René Mornay de la*) v. Mornay.
Villette (*N.*) 4259.
Villon (*François*) 2792 à 2794.
Vimercat (*Scipion de*) 3511.
Vincartius (*Joannes*) 2730.
Vincent (*Jacques*) 2176, 3182.
Vincent *de Beauvais*, 4005.
Vincentius, *Hispanus* (*Beatus*) 712.
Vineis (*Petrus de*) 3797.
Vintimille (*Carol. Gaspar de*) 259.
Violier (*P.*) 3868.
Vion, *Seigneur d'Alibray*, *voyez* Alibray.
Virail (*Fortunatus du*) 39.
Viret (*Pierre*) 900, 944 à 947., 980, 981, 991.
Virey, *Sieur du Gravier*, (*Jean de*) 3058.
Virgilius Maro (*Publius*) 2015, 2476, 2477, 2478, 2501 à 2518.
Virués (*Chrisloval de*) 3232.
Vischerus (*Augustus*) 4744.
Visscher (*Nicolas*) 128.
Vittelleschi (*Mutio*) 4163.
Vitellius Zirizæus (*Regnerus*) 4826.
Vitruve *ou* Vitruvius (*M. Pollio*) 2130 à 2135.
Vitulus (*Carolus*) 3814.
Vitus (*Richardus*) 4227, 4835.
Vivant (*François*) 1176.
Vivès (*Joann. Ludovicus*) 872, 3461.
Viviennus (*Georgius*) 1498.
Vivre (*Gérard de*) 3828.
Ulimmerius (*Joannes*) 444.
Ulloa (*Alfonso*) 3313.
Ulmeus (*Conradus*) 1522.
Ulmus (*Marc. Antonius*) 1901.
Ulstadius (*Philippus*) 1966.
Ulugbeigus, 3976.
Umbertus, *Frater Ord. Prædicat.* 1185.
Untzerus (*Matthias*) 1914.
Vogelius (*Ewaldus*) 1968.
Vogt (*Joannes*) 5184.
Voiture (*Vincent de*) 3685 à 3687.
Volaterranus (*Raphaël*) 1551.
Volca (*Gabriel Lermeus*) 2841.
Volcyre (*Nicolas de*) 4278.
Voltaire (*M. Arrouët*) 2936, 2937, 3701, 4043.
Volusius Mætianus, 5095.
Von der Becke (*David*) 1680.
Voragine (*Jacobus de*) 4238 à 4242.
Vorstius (*Guill. Henricus*) 4000.
Vorstius (*Joannes*) 2270.
Vossius (*Gerardus Joann.*) 554, 2240, 2261, 2262, 2330, 2472, 3670, 3865, 4267, 4345.
Voyer d'Argenson (*Claude de*) *voyez* Argenson.
Vozelle (*Lermite de*) *voyez* Lermite.
Urbanus II, *Pont. Max.* 4082.
Urbicus (*Aggenus*) *voyez* Aggenus.

DES AUTEURS.

Urceus, Codrus (*Antonius*) voyez Codrus.
Urfé (*Honoré d'*) 2989, 3408, 3829, 3830.
Urgelitanus (*Felix*) 561.
Uri (*Johannes*) 2412.
Urient (*J. Baptiste*) 5030.
Ursins (*Jean Juvenal des*) voyez Juvénal.
Ursins, *Vicomtesse d'Ochy*, (*Charlotte des*) 168.
Ursinus (*Fulvius*) voyez Fulvius.
Ursinus, anti-Jesuita (*Joachimus*) 1211.
Usserius (*Jacobus*) 4121, 4122.
Usuardus (*N.*) 4228.
Urino (*Leonardus de*) voyez Leonardus.
Vuicelius, Senior (*Georgius*) 257.
Vuissemburgius (*Wolfgangus*) 979.
Vuitasse (*Carolus*) 495.
Vulcanius (*Bonaventura*, 1094.
Vulson, *Conseiller au Parlement de Grenoble* (*N.*) 1281.
Vulson de la Colombiere, (*Marc de*) v. Wlson.
Vulteius (*Joannes*) 2647.
Vympfelingus (*Jacobus*) 5462.
Uztarroz (*Juan Franç. Andres de*) 5091.

W.

Waddinghes (*Luc*) 4197.
Wagenseil (*Jean Christophe*) 1617.
Wallis (*Johannes*) 1990.
Wallisius (*N.*) 1324.
Wallius (*Jacobus*) 2732.
Wandalinus (*Joannes*) 648, 649.
Waræus (*Jacobus*) 4841.
Warburton (*N.*) 1066.
Wardus (*Sethus*) 2008.
Wasmuth (*Matthias*) 2230.
Wase (*Josephus*) 4325.
Wats (*Willielmus*) 4829.
Wecchiettus (*Hieronymus*) 3981.
Wecker (*Jean Jacques*) 1819.
Weigel (*Christophorus*) 125.
Weinrichius (*Martinus*) 1808.
Weisserus (*Simon*) 4125.
Wendrockius (*Wilhelmus*) 642, 643.
Werdenhagen (*Jo. Angelius*) 3912.
Westherhout (*Arnold. van*) 4204.
Wharton (*Henricus*) 4126.
Whéar (*Degoreus*) 3862.
Wibertus (*Archidiaconus*) 4173.
Wiclefus (*Johannes*) 933.
Wigberchtus (*Sanctus*) 448.
Wilhelmus, *Episcopus Lugdunensis*, 700.
Willichius (*Jodocus*) 2517.
Willis (*Thomas*) 1708, 1947.
Winclerus (*Daniel*) 1933.
Wistace (*Maistre*) 5610.
Wlson de la Colombiere, (*Marc de*) 4950, 5469, 5628.

Wodroëphe (*John.*) 2296.
Wood (*Thomas*) 4817.
Wouweren (*Joannes à*) 3479.
Wytfliet (*N.*) 4933.

X.

Xaverius (*S. Franciscus*) 4150, 4151.
Xavier (*Hieronymus*) 115.
Xénophon, *Auteur grec*, 1428, 3892, 4309, 4310.
Ximenès de Urrea (*Franciscus*) 5091.
Xylander (*Guillelmus*) 1978.
Xystus IV, *Pont. Max.* 535, 828.
Xystus, *Pithagoricus*, 1338.

Y.

Yepes (*Rodrigo de*) 217.
Yriey des Marennes (*Jean Bapt.*) 4605.
Ysidorus, *Episcopus*) 737.
Ysopo, *Fabulador*, voyez Æsopus.
Yver (*Jacques*) 3289.
Yvo, *Episcopus Carnotensis*, 453.

Z.

Zacharias, *Episcopus Chrysopolitanus*, 107.
Zacharias, *Mytilenæus*, 1650.
Zahn (*Balthazar Conradus*) 639.
Zanchius (*Hiérôme*) 963.
Zanchus (*Josephus*) 1658.
Zangerus (*Joannes*) 1254.
Zang-Goddin de Fockenborgh (*Geurige*) voyez Fockenborgh.
Zavorziz (*Henricus Screta Schotnovius à*) v. Schotnovius.
Zeillerus (*Martinus*) 4731.
Zeithoph, *Erphordianus*, (*Johannes*) 1249.
Zenus Policola (*Antonius*) 1899.
Zevecotius (*Jacobus*) 4350.
Zieglerus (*Hieronymus*) 5455.
Zirizæus (*Regnerus Vitellius*) voyez Vitellius.
Zochis (*Jacobus de*) 618.
Zoëmeren (*Henricus de*) 489.
Zohar, 196.
Zonaras, *Monachus* (*Joannes*) 316, 1978.
Zouchæus (*Richardus*) 1223, 1600.
Zovenzonius (*Raphaël*) 2483.
Zuingerus (*Theodorus*) 1910.
Zutphania (*Gerardus de*) 747.
Zyllesius (*Nicolaus*) 4133.

F I N.

De l'Imprimerie de Didot, rue Pavée, 1767.

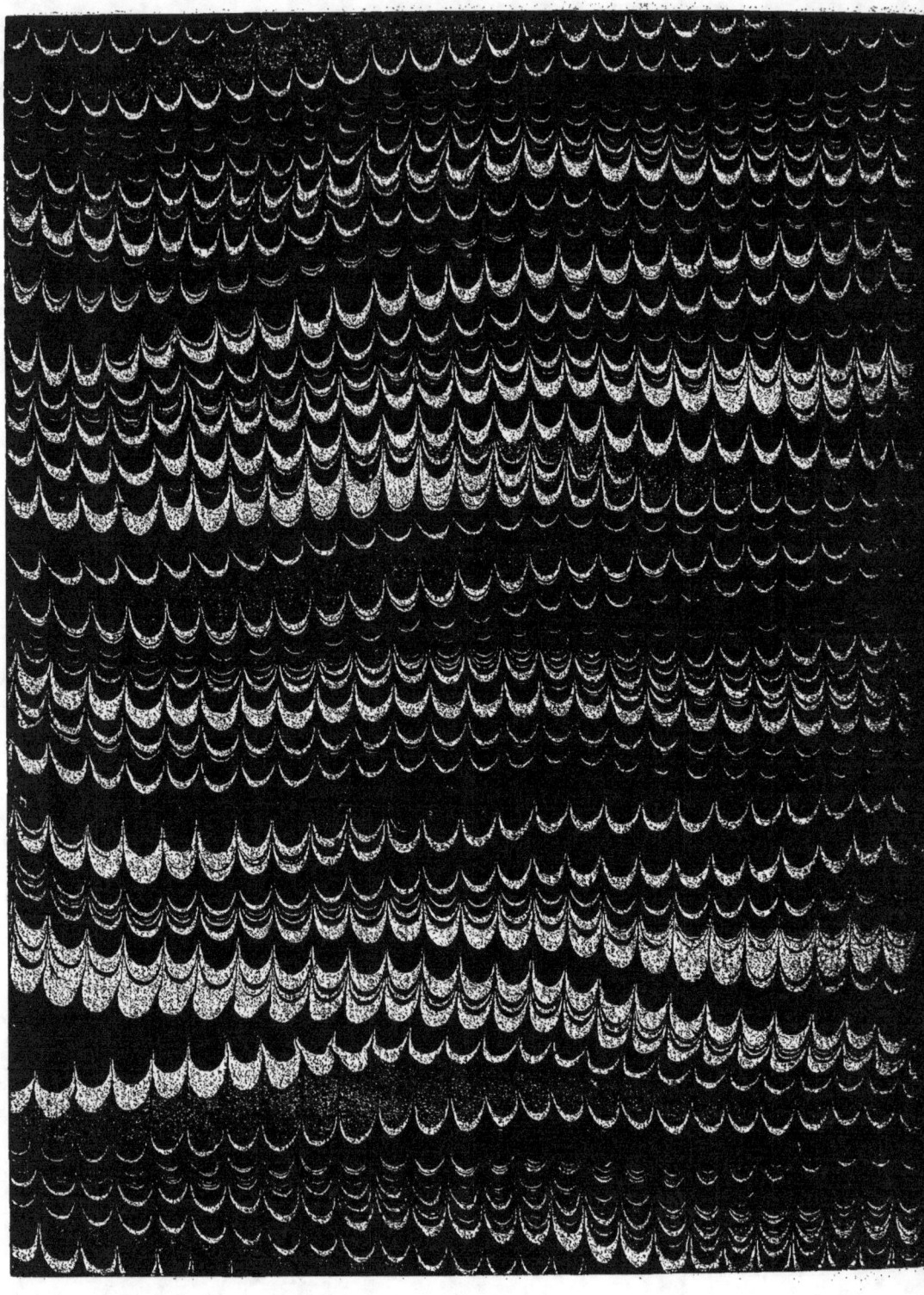

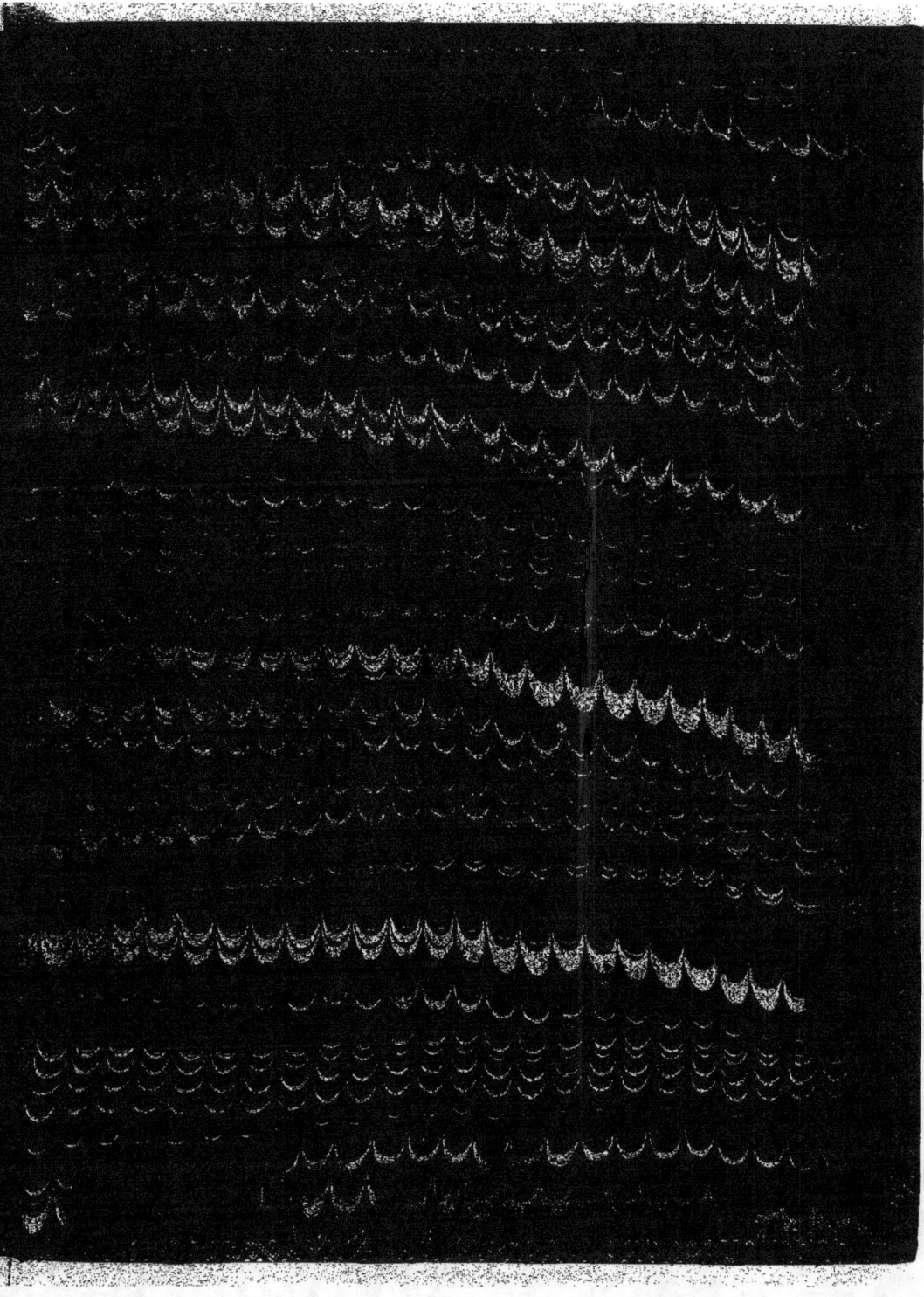

www.ingramcontent.com/pod-product-compliance
Lightning Source LLC
Chambersburg PA
CBHW052123230426
43671CB00009B/1100